CHARLES MOULIN

W0291523

MITTERRAND INTIME

Albin Michel

« *H comme Histoire* »
Collection dirigée par Philippe Bourdrel

22 rue Huyghens, 75014 Paris
ISBN 2-226-01385-7

Sommaire

Pourquoi ce livre ?

J'ai connu François Mitterrand dans la Résistance au début de 1944 ; depuis nous sommes toujours restés amis, amis et même intimes. A vivre près de lui, de sa famille, à fréquenter assidûment la rue Guynemer, Château-Chinon, Cluny, Hossegor, la rue de Bièvre, Latche, à me trouver aussi lié par ces liens de la culture, de la connaissance des livres et des œuvres d'art, des souvenirs, de la familiarité de l'histoire, à avoir vécu près de lui ou avec lui des événements importants de notre histoire, m'a depuis longtemps conduit à approfondir sa vie, à tenter de mieux comprendre quel homme il était, à suivre ses combats... Peu à peu, sans y penser d'abord, puis consciemment, s'est formée l'idée de ce livre, qui s'écrira lentement au rythme de mes temps libres, à partir de 1971.

Le déclic, ce fut peut-être une réaction amicale de défense contre les mensonges, les calomnies qui servaient de base aux attaques dont il était l'objet. Certes il était normal que comme homme public, souvent très en vue, de plus en plus en vue, il ait eu des adversaires, qu'il ait eu des ennemis. Pourtant la fréquence, le volume, la violence, la bassesse des attaques insultantes ou calomniatrices qu'il devait subir, dépassaient largement la moyenne. L'ami était écœuré, irrité, il souhaitait une mise au point ; il voulait savoir les réalités, les déformations et les causes, alors que la victime, François Mitterrand, semblait ignorer tout, même si, parfois, il se sentait touché. Sans doute aurait-il pu dire comme le faisait Léon Blum dans les mêmes circonstances, selon une confidence de son fils Robert : « Je veux avoir la force tranquille du couvreur sur son toit... »

Par nature, je fais confiance et ne cherche pas le mal, mais mon attention fut attirée sur les mécanismes de la calomnie, paradoxalement, par un simple écho, sans importance et sans grande méchanceté, paru en 1961 ou 62, dans un hebdomadaire. J'avais lu, je cite de mémoire : « François Mitterrand n'a pas voulu occuper sa place réservée pour la finale du double au tournoi de Tennis d'Hossegor à laquelle participait Chaban-Delmas. » Tout est parfaitement vraisemblable et possible. J'étais là et je puis témoigner que tout était faux. Mitterrand n'avait jamais mis les pieds à ce tournoi et Chaban n'était pas de cette finale ! Le procédé utilisé à vide, ici, peut permettre le développement des plus scandaleuses calomnies. De la même façon, à la même époque, on parlait de sa riche propriété d'Hossegor et de sa somptueuse piscine. J'y ai vécu pendant bien des étés et je témoigne. C'était une petite maison en « L » qu'une simple arcature fermait en patio, perchée sur une petite butte de sable, comportant cinq pièces et où les plaisirs de l'eau provenaient d'une seule douche. Parfois la méchanceté allait jusqu'à l'ignoble. J'étais là, rue Guynemer, pendant la campagne présidentielle de 1965, quand au milieu de centaines de lettres lourdes d'espoir, de confiance et d'encouragements, fut trouvée la missive d'un coprophile haineux et anonyme qui avait envoyé une feuille de papier hygiénique barbouillée de merde ! J'étais là également avec lui — grâce au ciel — en des circonstances plus mémorables, comme, à la Libération, pour la réception de De Gaulle à l'Hôtel de Ville de Paris par la Résistance intérieure, ou lors de la campagne présidentielle de 1965...

En tout cas, depuis quelque vingt ans au moins, tout acte hostile, mensonge politicien ou haine obtuse, provoquait en moi, automatiquement, un réflexe de refus, la volonté d'étudier le cas dans sa réalité, dans ses déviations, ses truquages, ses causes et ses buts. Certains trouveront peut-être mes réactions trop favorables ; elles ne veulent être que d'honnêteté, traduire un « ras-le-bol » des haines et des mensonges. D'ailleurs, je n'ai jamais eu à interpréter ni à forcer les faits. Même si le regard est parfois candide, fallait-il le voiler parce que nous sommes en politique ?

Côté cour et côté jardin, voici l'homme politique et le cortège d'événements qui sont l'histoire de notre pays et la sienne depuis l'occupation, et l'homme privé, chez lui, dans son cadre et son environnement, dans son histoire propre, avec sa rigueur morale et son épanouissement humain, qui trouvent, quoi qu'on en pense, leur résonance dans le premier. Voici la suite des ans, des événements, des prises de position, les convictions qui se précisent et, pliées à son rythme, les continuités et les fidélités. J'ai connu ou rencontré bien des acteurs de la vie publique, ses collaborateurs, ses amis ; j'ai écouté et j'ai interrogé ; j'ai compilé une foule de textes depuis des années, les siens et ceux des commentateurs ; j'ai regardé surtout et vécu les événements dans une certaine symbiose. Bref, il me semblait avoir les éléments indispensables pour tracer, comme de l'intérieur, ce portrait-biographie. Tout le monde ne sera pas d'accord, bien sûr, mais je ne puis former qu'un vœu : qu'il ne pense pas, lisant ce texte : « Seigneur, préservez-moi de mes amis ! »

Ajouterai-je, pour ceux qui s'interrogent sur la « conversion au socialisme » de François Mitterrand, qu'il n'y a jamais eu, pour moi, conversion, j'espère l'avoir bien montré dans ces pages, mais une lente maturation de ses instincts profonds, de son sens humain, de sa réflexion comme de son expérience politiques, et de sa philosophie. J'ai constaté une évolution et un affermissement continus de ses idées, un renforcement de ses convictions. Le rythme est lent, végétal et soudain, imprévu, le fruit surgit... C'est dire que son socialisme n'est ni de foi théorique, ni de confiance dans un dogme immuable, tranchant de certitudes. Il donne la direction et il serait plutôt d'instinct, de pragmatisme humain et d'idéal, mais il a su, quand même, le conforter en doctrine, en pratique politique et en réalisme.

Au fond, je n'ai pas récusé la partialité de ma conviction personnelle. Il y a autour de moi trop de jalons évocateurs, ne fût-ce que la collection de tous ses livres dédicacés, mon livre sur le « Centenaire de 1848 » que Danielle Mitterrand a habillé pour moi d'une somptueuse reliure, des photographies prises un peu partout, cette vue de Latche dans son état primitif par le « naïf » espagnol Vivancos et que je retrouve photographiée à la dernière page de la brochure que je lui avais consacrée, cette esquisse du « portrait d'un partisan », le sien, peint par mon ami Reynold Arnould. Je n'en finirais pas... mais, malgré tout, j'ai voulu restaurer la vérité des faits, faire sentir les intentions et les volontés, laver l'insulté de calomnies tenaces, retrouver notre passé récent au travers de la passion et de l'action d'un homme qui ne peut, même en dehors de sa fonction actuelle, laisser quiconque indifférent.

1

Les tentations du romantisme

Chronique de Jarnac.

« Je m'appelle Mitterrand avec deux " T " et deux " R "... » Combien de fois, au temps de la Libération, en 1944-45, à une époque où son nom n'était pas encore familier aux Français, l'ai-je entendu en scander vigoureusement, sèchement parfois, les trois syllabes et en préciser l'orthographe, avec ce souci qu'il a conservé de ne jamais laisser même des détails dans le vague. Cet effort ne fut pas totalement efficace, puisque certains, par paresse, par malignité ou par phonétique méridionale, prononcent toujours « Mitrand » le nom du président de la République.

Il avait naguère rêvé que son nom, l'étymologie s'accordant à la géographie, pourrait signifier « milieu des terres », ce qui lui semblait normal puisque son lointain pays d'origine, la terre des Mitterrand, se situe tout près du centre géographique de la France, marqué par la stèle de Bruère-Allichamps, au sud de Bourges, entre le Cher et l'Auron.

Notre grand spécialiste de l'étymologie des noms propres, Albert Dauzat, n'est pas du tout de cet avis : le mitterrand, dit-il, est un mesureur de grains, ainsi nommé à cause du nom de la mesure spécialisée qu'il utilisait, le mittier. C'est la vérité du signe écrit et il n'est pas si mal, après tout, d'être désigné par son nom comme l'homme de la mesure exacte.

La petite ville de Jarnac, en région charentaise, où François Mitterrand est né le 26 octobre 1916, ne doit, à tort, son renom qu'à un coup d'épée, régulier quoique insolite, donné en 1547, au cours d'un duel, par un sire de Jarnac à un sire de La Châtaigneraie. Ce coup de Jarnac est devenu abusivement synonyme de coup de traîtrise mais il ne saurait en rien évoquer cette jolie petite ville, campée sur la Charente entre Cognac et Angoulême, avec ses vieux quartiers, son vieux pont, ses solides maisons grises bien fermées avec de hauts murs pour clore les jardins et protéger la vie de chacun. Son historien, Robert Delamain, nous dit que « les habitants y sont amoureux de leur bien-être, pratiques, pleins de bon sens, calmes et prudents. Ils ont l'esprit ouvert et respectent la tradition et la prévoyance ». La science et la conscience des vieux artisans, ceux qui font la futaille entre autres, règnent toujours en ce temps-là et l'on veille jalousement « sur la vieille eau-de-vie, conservée dans des fûts de chêne derrière les barriques de vin[1] ». Petite ville qui est encore la campagne, qui en a gardé le rythme de vie, qui respecte les vieilles règles de l'économie rurale, on y commerce du vin, du cognac, des tonneaux et des bestiaux, voire de ces pantoufles que l'on nomme « charentaises ».

Il y a une communauté de protestants, dont les plus riches, ceux du cognac, vont s'allier avec la porcelaine de Limoges, et qui se situe politiquement vers la gauche, une gauche modérée, tandis que la communauté catholique est d'ordinaire plus centriste et plus conservatrice. Il n'y a plus de guerre de religion mais les deux communautés, si elles vivent ensemble, si elles travaillent ensemble, ne se mélangent pas. Le pasteur, en particulier, n'aime pas les initiatives comme la création d'un tennis, qui pourraient rapprocher les jeunes des deux confessions et provoquer éventuellement des mariages entre catholiques et protestants.

La vie d'enfant provincial de François Mitterrand, je l'ai découverte progressivement en bavardant librement avec lui sur les greens du golf d'Hossegor en 1960 et les années suivantes comme je passais mes vacances chez lui. Des sœurs et frères, neveux et nièces, une tante aussi ont confirmé ou précisé mon information. J'y étais d'autant plus sensible que j'avais connu au même âge, mi-parisien, mi-tourangeau, des milieux semblables.

Les bonnes familles bourgeoises sont en Charentes comme des clans avec un chef qui est généralement un aïeul. François Mitterrand est né dans la famille Lorrain, dont le chef est alors le grand-père Lorrain, négociant en cognac et en vinaigre, entrepreneur, conseiller municipal modéré dans un conseil

1. Jacques Chardonne, *Les Varais*. Dans ce roman comme dans *Le Bonheur de Barbezieux* ou *La Porcelaine de Limoges* il est l'écrivain qui a le mieux compris et conté l'atmosphère et la vie de la Charente à cette époque. Il disait : « On peut toujours tout dire en peu de mots », et François Mitterrand, qui a dit dans *La Paille et le Grain* son admiration pour Chardonne, a toujours aimé cette formule.

radical et centriste : il est aussi fermier dans sa propriété de Touvent. C'est un homme actif, peu religieux, libre d'esprit et agréable à vivre. Il est nationaliste, ce qui le conduit à une certaine idée de la revanche contre l'Allemagne, mais sans y mettre la passion d'un Déroulède. Il a aussi beaucoup voyagé, notamment en Angleterre. Il est tolérant et avisé. Chez lui il est un peu comme un président de la République de la IIIe, car le vrai pouvoir domestique, la responsabilité de la maison, de l'éducation des enfants, de la vie quotidienne de tous les membres du clan, est naturellement, dans cette région de tendance matriarcale, aux mains de la grand-mère, née Faure, issue d'une famille aisée.

C'est une toute petite femme aux yeux bleus, vive, énergique, active, qui a l'ordre et l'autorité dans le sang. Avec elle, les maisons de Jarnac et de Touvent sont toujours nettes, les choses et les gens sont à la place qui leur a été assignée, les jardins sont propres et bien ordonnancés, la discipline est respectée.

Pieuse sans ostentation, elle apprend, à tous, les préceptes du savoir-vivre du clan, veillant à ce qu'ils soient respectés, car il y a une loi non écrite qui définit les attitudes, loi fondée sur la discrétion et le contrôle de soi. Quelques articles sont caractéristiques : quelle que soit sa sensibilité, quelles que soient les conditions émotionnelles, on doit être maître de soi, ne pas afficher ses sentiments. Quand on se connaît bien dans une famille il suffit d'un rien, d'un mot, d'un sourire, d'un regard, d'un geste et l'on sait tout. Parmi ses petits-enfants elle aura deux favoris, Geneviève et François Mitterrand mais, si on l'a deviné, jamais elle ne le montrera ouvertement. Pour les gens de l'extérieur, on ne s'en occupe pas, surtout on n'en médit pas, comme on ne s'occupe pas de ce qu'ils disent car on a sa fierté. On agit selon ses principes, en homme responsable, les autres n'ont pas à s'en mêler. Enfin l'argent n'est rien en soi et il ne doit jamais être un sujet de conversation. François Mitterrand a appris ce code familial et finalement il le met bien encore en pratique.

Pour les enfants, on leur donne simplement tout ce qui leur est nécessaire, mais ils doivent se plier aux règles établies pour le gouvernement des choses et des êtres. Ils doivent notamment vivre en marge des adultes sauf aux heures prévues pour la vie en commun, un moment après le repas du soir et surtout pendant les repas qui réunissent facilement une douzaine de personnes ; la discipline s'impose mais il y a toujours une libre et sobre conversation sur les sujets du moment, la grande guerre et tous ses disparus, Clemenceau, sauveur de la patrie, l'indignation contre ceux qui l'ont écarté de la présidence de la République, les sinistres suites de l'emprunt russe, cet inquiétant M. Briand...

Au fond, on retrouve dans ce mode de vie, dans cette organisation de la vie quelque chose qui rappelle la règle des couvents et le style des paysans, cette ambiance aussi que traduisait dans son *Livre de raison* Joseph de Pesquidoux, un voisin de la région de Libourne.

Cette rigueur de conduite n'empêchait d'ailleurs ni la vie active, ni les sentiments et le bonheur, ni la gaieté collective. Elle les rendait peut-être plus précieux. De maîtriser son appétit et ses appétits vous faisait plus libre de vous-même. De ne pas se bousculer, de connaître les vertus de patience et de soumission à l'ordre naturel et aux règles établies donnait sans doute plus de saveur à tout, une plus fine dégustation des choses et des instants. Nous sommes au temps des petits-enfants, mais déjà Mlle Yvonne Lorrain, la future Mme Mitterrand, comme les autres enfants de la famille, a reçu cette éducation. Intelligente, cultivée, très pieuse, brillante et gaie, très bonne aussi, elle a appris à organiser sa vie intérieure. François, son fils, a été tout surpris de découvrir un jour dans des papiers de famille des règlements qu'elle dressait pour elle et qu'il a tenu à me lire avant de me les confier. Le premier remonte à 1902. Il s'agit d'un règlement d'hiver avec lever à six heures du matin. A sept heures c'était la messe ou un moment de prière et de méditation avant le petit déjeuner. Jusqu'à l'heure du déjeuner fixé à 11 h 30, récréation avec récitation du chapelet, puis travail de bureau, piano et travaux de maison. Un goûter à 16 heures coupe l'après-midi accompagné d'une méditation. Jusqu'au dîner, à 17 h 30, travail intellectuel. La soirée est consacrée à des travaux pour les pauvres qui se prolongent jusqu'à 22 heures, heure du coucher que précèdent des prières. Une note précise qu'elle doit encore élever son cœur vers Dieu quatre fois par heure.

Cette discipline intérieure, elle s'y soumettra toujours, sans que ses enfants s'en aperçoivent, tant sa piété profonde et sincère est discrète, tant elle met de naturel dans sa vie simple et dévouée. Elle n'en est que plus sensible à tout événement qui apporte quelque nouveauté. Elle note dans son journal qu'une rencontre avec Mgr Hoggear, Primat de Palestine, l'a fait longtemps « rêver au bonheur de vivre la vie de Jésus en Galilée » ; elle décrit longuement le voyage qu'elle fit, toute jeune, avec son père à Saint-Sébastien en Espagne, où elle rencontra l'ancien député d'Angoulême, Paul Déroulède, le créateur de la Ligue des patriotes, le poète des *Chants du soldat,* alors exilé pour complot contre l'Etat. Ses paroles, écrit-elle, « ont éveillé en moi des sensations délicieuses ». Elle note aussi les lectures qui l'ont le plus frappée ; ce seront : l'Imitation de Jésus-Christ, des pages de saint Jean de la Croix, le *Jésus* du R.P. Didon, grand prédicateur de l'époque, mais aussi *Les Oberlé* de René Bazin, qu'elle lit en 1902.

Elle épousera, en 1906, Joseph Mitterrand. C'est un homme sans fortune et de ressources moyennes. La famille tint son rang dans la bourgeoisie locale et les enfants furent bien élevés et bien lancés dans la vie grâce à une austère économie et à une soumission à la règle de l'indispensable. Malgré la légende familiale, certaines inégalités étaient perceptibles dans la famille.

Joseph Mitterrand travaille aux Chemins de fer ; il sera, entre autres, chef de gare à Chantenay, puis à Angoulême au moment de la naissance de François. Un an après, elle se souvient « des émotions profondes de ce jour et de la marche de Tannhäuser qui scanda leur sortie de l'église, sous la pluie... »

Au début de 1908, un drame l'affecte beaucoup ; son frère, Robert Lorrain, se meurt d'hémoptysie au Lycée Henri-IV. Elle court à Paris et le soignera jusqu'à sa mort, pendant neuf jours de veilles continues. Il avait vingt ans et mourra en évoquant « les citronnelles du jardin de sa grand-mère ».

C'était un jeune homme fin, sensible, intelligent « angélique », dira François Mauriac qui était son ami. Il se passionnait pour les problèmes sociaux et collaborait au cercle d'études du « Sillon », fondé par Marc Sangnier.

Si elle avait, à cette époque, grand chagrin de n'avoir pas encore d'enfant après trois ans de mariage, Mme Mitterrand devait en avoir huit par la suite, quatre filles et quatre garçons, dans l'ordre Antoinette, Marie-Josèphe, Colette, Robert, François, Jacques, Geneviève et Philippe. La famille restera installée à Jarnac dans une maison mitoyenne de celle des grands-parents Lorrain avec qui habitent une autre fille, veuve de guerre, et ses enfants, Mme Sarrazin. Il semble que l'atmosphère et le rythme de vie du clan Lorrain aient un peu étouffé Joseph Mitterrand, ce descendant de Berrichons, né à Limoges où son père était agent voyer et où il avait fait, jusqu'au baccalauréat, de bonnes études littéraires classiques, avant d'entrer à la Compagnie des Chemins de fer « Paris-Orléans », à laquelle il appartint pendant quelque trente ans.

Il entra dans le clan Lorrain par amour pour sa femme, qui

était tout pour lui et finit par se soumettre à sa loi, se repliant sur lui-même, satisfait de savoir sa femme et ses enfants heureux, se réfugiant dans les livres et la méditation.

Il ne se détendait un peu que, parfois, en vacances ou, plus tard, quand il venait à Paris voir ses fils étudiants.

La mort de sa femme en 1936 fut un coup terrible pour lui. Catholique de cœur mais non formaliste, il mit quand même dans l'église de Jarnac une plaque : « J'accepte ce calice du Seigneur. » Un jour, au cours d'un dîner, chez moi, une de ses petites-filles qui vécut près de lui pendant la guerre, me confia ses souvenirs et ses impressions : « Il était très sévère, menant une vraie vie de spartiate. Il n'extériorisait pas ses sentiments mais il remarquait tout, avait l'œil à tout. Un bouton qui se décousait ne lui échappait pas. Il me parlait peu, ne me disait rien sur les gens, mais me tenait des propos très sérieux. Je me souviens de cette formule : " Tu grandiras et tes soucis grandiront avec toi. " Il m'apprenait aussi à respecter et soigner les plantes, les fleurs comme à aimer les animaux et à m'en occuper.

« Il m'avait inscrite à l'école libre mais ne voulait pas que j'aille à l'église le dimanche avec les religieuses. Il m'y conduisait lui-même. En dehors des moments des repas, de quelques promenades, il s'enfermait souvent dans son bureau, lisait, écrivait, regardait des photos anciennes. Il vivait avec son trésor familier, ses livres, quelques écrits, mais tout a été détruit accidentellement, à la fin de sa vie, dans un incendie... J'étais très jeune et me sentais toujours un peu en porte à faux près de lui. »

Les souvenirs de François Mitterrand vont un peu dans le même sens : « A Jarnac, mon père était toujours très renfermé, plutôt froid, parfois glacial. Je ne l'ai découvert que plus tard à Paris. C'était un esprit fin, très cultivé, très réfléchi. Je me suis rendu compte plus tard qu'il était toujours là dans les situations importantes ou difficiles, et qu'il était d'un bon soutien. Sa vie professionnelle lui avait donné une expérience ; il avait vécu des conflits sociaux fort rudes, des grèves. Il avait acquis plus tard une connaissance des problèmes patronaux. A 54 ans il avait, en effet, quitté les chemins de fer pour prendre la direction de la vinaigrerie de son beau-père, malade. Il fit ainsi partie de groupements départementaux et régionaux, et mit son courage et sa persévérance à lutter contre le projet d'un trust du vinaigre que tentaient d'établir les grands patrons d'Orléans, notamment les Dessaulx. Catholique et libéral, j'imagine qu'aujourd'hui il serait un syndicaliste inscrit à la

CFTC. Altruiste, sans parti pris, on le voit encourager, aider à se former un ouvrier périgourdin très intelligent et finalement l'intéresser à son affaire malgré l'opposition du clan. Il donnait l'impression de s'être un peu sacrifié par amour de sa femme et d'avoir reporté ses ambitions sur ses enfants. Il fit de gros sacrifices pour qu'ils suivent des études supérieures et eut le bonheur de connaître leur réussite... Par ailleurs, s'il s'est intégré dans le clan, s'il en a respecté les rites, ce fut avec un certain sourire, avec l'impression de vivre en un autre temps... »

On a voulu faire de cette famille un suppôt de la réaction. C'est contraire au tempérament de ces provinciaux réalistes et mesurés, temporisateurs et réfléchis, pour qui les extrêmes ne valaient rien. Sages, conservateurs et ouverts aux nouveautés raisonnables, lucides et résistants au changement brutal, on retrouve chez eux cette sagesse paysanne qui se plie aux mutations lentes de la nature. Une certaine droite a toujours voulu que François Mitterrand, en raison peut-être d'une adolescence pieuse, ait été plus ou moins monarchiste ; elle pouvait ainsi, selon son évolution, le traiter de renégat ou espérer un retour aux sources. Rien ne corrobore cette assertion.

François Mitterrand l'a d'ailleurs souligné avec franchise : « S'il était vrai que j'eusse été d'extrême droite dans ma jeunesse, je jugerais plus honorable d'être où je suis aujourd'hui que d'avoir accompli le chemin inverse, où l'on se bouscule semble-t-il[1]. »

Mais si Jarnac est sa ville natale, le point d'attache familial, pour François Mitterrand, ses vrais souvenirs d'enfance, ses vrais rêves d'enfant sont ailleurs, à Touvent, au-dessus de la Dronne, à la limite des Charentes et de la Dordogne. La maison n'appartient plus à la famille depuis longtemps, mais il a eu l'occasion de la revoir, telle qu'en elle-même sa mémoire se la représentait et je ne l'ai jamais vu aussi libre, aussi spontané et d'une joie aussi vive que là-bas...

Le rythme des jours et des saisons.

« Tout jeunes, deux des enfants Mitterrand, François et Jacques, étaient plutôt fragiles et le médecin avait recommandé qu'en dehors de l'hiver — trois mois passés à Jarnac — ils soient élevés à la campagne, me contait la tante Sarrazin

1. *Ma part de Vérité*, page 48, Fayard, 1969.

qui, veuve de guerre était venue vivre chez ses parents. Je les emmenais donc chez leurs grands-parents à Touvent et j'y restais avec eux et mes enfants. »

Ce n'était pas bien loin mais c'était toute une expédition. Il fallait gagner Angoulême et là prendre un omnibus allant vers Bordeaux. Au passage on saluait Chalais et la résidence princière des Talleyrand avant de descendre à Parcoul-Mérignac, point de départ inattendu d'une ligne qui menait vers Ribérac et Périgueux. On en partait à dix heures pour s'en aller cahin-caha, dans un wagon sans couloir et noirci de fumée, qui s'arrêtait à chaque village, tout au long de la belle vallée de la Dronne. Après Chenaud, Saint-Auloye, Bonnes, Aubeterre, on entrait à 10 h 58 en gare de Petit-Bersac où descendaient la tante, les enfants et les bagages, accueillis par un bon gros cocher, Denis, qui paraissait énorme aux petits. Il embarquait tout et tous dans sa carriole et fouette cocher, on s'en allait à petits pas, pour traverser le village, puis le pont sur la Dronne et suivre lentement la route d'Aubeterre, tourner à droite, monter sur le plateau et s'engager dans la chère allée de tilleuls d'où l'on voyait à quelque deux cents mètres la masse grise et trapue, bien refermée sur elle-même, de Touvent.

Cet ensemble, vendu depuis longtemps par la famille et passé en d'autres mains, a été comme miraculeusement conservé dans sa structure générale, dans ses bâtiments, dans l'ordonnance de ses différentes parties, et j'ai vécu cette visite des retrouvailles avec François Mitterrand.

Un large portail ouvre sur une vaste cour. Sur la droite d'énormes bâtiments, granges, étables, écuries avec de hauts greniers sous les toits et, à gauche, la maison d'habitation avec son étage et le jardin qu'une grille doublée d'une haie tient à l'écart des activités agricoles. On entre dans le jardin d'agrément et l'on découvre la grand-mère, tête enfermée dans sa quichenotte, cette vieille coiffure charentaise qui laisse la tête au fond d'un tunnel de tissu et que les filles, dit-on, portaient autrefois pour se garder des baisers des soldats anglais. Quichenotte c'est kiss me not, ne m'embrassez pas !

François Mitterrand me raconte qu'elle les attend, impassible, en se promenant et surveillant son jardin et ses plantes. Vite un sourire, un coup d'œil aux lieux aimés et il faut aller se préparer car, impérativement, la cloche va appeler tout le monde dans la grande salle aux poutres apparentes, pour le repas.

Après, on peut enfin prendre à nouveau possession de son monde. Repris par le jeu du passé, il me prend par la main, m'entraîne en hâte vers la remise et l'écurie pour saluer le break, toujours présent, retrouver le souvenir des caresses données aux deux mulets, Romain et Bamboche, plonger à nouveau dans les mystères du chai avec son pressoir toujours solide comme les cuves dans lesquelles, la saison venue, il jouait, près des grands, à fouler de ses pieds nus le raisin avant de rejoindre, en passant entre la mare et l'arbre de Judée, le potager et l'espace réservé aux arbres fruitiers. Soudain il me passe le bras sur l'épaule et m'entraîne d'un pas vif sur la gauche vers un petit mur bas et large, son refuge de prédilection, là où il aimait s'allonger au soleil, lisant les livres de son âge comme *Le Capitaine Corcoran* de Paul Féval, ou laissant venir à lui les parfums, les chants d'oiseaux, les rêves.

La liberté, c'est avoir la maîtrise de son espace, c'est pouvoir sortir de l'enclos du jardin, saluer les ruches, les tilleuls de l'allée, le cognassier d'où le frère aîné Robert est tombé un jour, se cassant la jambe, les ormes et dévaler le petit chemin creux, un vrai raidillon, qui vous entraîne entre le mur de la maison et les taillis de mûres vers la route d'Aubeterre, que l'on traverse pour s'élancer comme nous l'avons refait ce jour-là, toujours courant, toujours descendant, jusqu'à la Dronne. On la franchit par un gué ou dans un vieux bateau pour atteindre le coin des merveilles : des arbustes, des arbres, un vieux tilleul surtout autour duquel se noue une glycine centenaire, le bord de l'eau aménagé, où l'on peut jouer à sa fantaisie, une passerelle qui mène à la plus importante de sept petites îles enserrées par la rivière, une passerelle d'où le grand-père est une fois tombé à l'eau provoquant un éclat de rire suivi d'un affolement inquiet car l'accident était grave. Sur la grande île, se dresse un moulin à huile et on y connaît de bons coins pour pêcher les anguilles. Plus loin ce sont les libellules qui frémissent, là-bas des oiseaux de toute espèce.

A Touvent, on est perdu en pleine nature, complètement isolé et on vit à l'ancienne puisqu'il n'y a rien de ce que nous appelons le confort : pas d'eau courante, pas d'électricité, des commodités installées à plus de cent mètres de la maison. Alors, il faut vivre au rythme des jours et des saisons, se plier aux levers et couchers du soleil, réduire les veillées éclairées par des lampes à pétrole qui permettent au grand-père d'apprendre à François la pratique du jeu d'échecs. Parfois la grand-mère lit un passage de la Bible, car l'influence des protestants se fait quand même sentir chez les catholiques, ou des Evangiles.

Enfin le règlement de la maison veut que, si les enfants

doivent disposer d'un temps suffisant pour se détendre, courir et jouer, ils doivent le faire dans le respect de la discipline, écouter l'appel de la cloche, ne pas se faire remarquer par des cris ou des disputes et subir sans récrimination les châtiments, y compris les stages de réflexion dans un placard ; la grand-mère y veille. Le règlement exige aussi qu'ils travaillent : « Je m'étais procuré, me précisait la tante Sarrazin, une publication destinée aux instituteurs et je pouvais ainsi faire travailler les enfants, les initier à l'orthographe, à la grammaire, au calcul, à l'histoire et à la géographie. » Pour les garçons, il fallut pourtant appeler à l'aide un bon gros curé, très soigné et très mondain, celui de Pillac qui donna, en particulier, des leçons de latin à François.

« L'événement, me confiera-t-il, dans cette vie sage et mesurée, dont seule l'imagination pouvait rompre la monotonie, c'étaient les sorties, un vrai changement de monde » et il en énumère les différents modes : on descend en charrette à Petit-Bersac pour se rendre chez la couturière ou chez quelques commerçants. Le break mène la famille à Aubeterre, cette petite ville ancienne qui, face à la Dronne, escalade le coteau et s'épanouit en une place que décore la statue d'un enfant du pays, Gabriel Trarieux, ami de Charles Péguy et collaborateur des *Cahiers de la Quinzaine*. Il aimait revenir dans sa ville natale : « J'y révère en fétichiste les lieux où j'ai vécu enfant. Là, mieux qu'ailleurs, on saisit la portée réelle des événements mystérieux qui font " l'histoire contemporaine ". »

Ce n'est pas ce Monsieur en redingote qui intéresse François mais cette admirable église monolithe, creusée dans le rocher, cathédrale du silence dont Michel de Montaigne aimait « la vaste vastité » qui est nécropole et dépouillement, lieu de culte, de recueillement et de paix. J'ai eu l'impression que cette lourde et noire voûte l'avait alors marqué, incliné à la méditation.

Il y a aussi la calèche pour aller cérémonieusement, le dimanche à la messe à Nabinaud, patrie du triste Poltrot de Méré assassin du duc de Guise, ou à Ribérac, à quinze kilomètres de là, une vraie ville !

Le dimanche amenait aussi des visiteurs habituels comme le maire de Nabinaud radical et laïque avec le curé de son village, l'abbé Marcellin, sec et nerveux à moitié paysan qui, de sa belle voix de basse, donnait des nouvelles de ses abeilles, de son bœuf nommé Herriot et de son cochon dénommé Painlevé. Tous deux se chamaillaient toujours et jouaient, avant la lettre, les rôles de Peppone et de don Camillo, avant d'être, pendant la

Résistance, des compagnons fidèles et hargneux. Le grand-père intervient pour raconter avec esprit et brio des histoires savoureuses en patois charentais.

Parfois, on taquinait la grand-mère, qui, disait-on, avait failli naguère épouser Ernest Monis, un Charentais qui devint député de la Gironde, ministre de la Justice à la fin du siècle et président du Conseil en 1911.

Les fêtes ont leur part et surtout celle des feux de la Saint-Jean avec ses chants et ses danses exaltantes.

A neuf ans, François Mitterrand allait rejoindre son frère aîné Robert, comme pensionnaire à Angoulême. La joie de Touvent ne ressusciterait plus qu'aux époques de vacances.

Le collège de ces Messieurs.

La tradition, la coutume, la religion et les principes imposaient à la famille que ses garçons soient élevés dans un établissement religieux. François, comme son frère Robert avant lui et son frère Jacques deux ans après lui, sera donc interne à Angoulême au collège Saint-Paul que dirigent des prêtres séculiers assistés de quelques laïques.

Comme il est de sa province « aimable et raisonneuse que rien n'étonne et qui aime l'incertaine frontière où se confondent l'ennui et le plaisir », comme il a pris chez lui l'habitude de respecter les règles établies si sévères soient-elles, il s'adaptera vite, la première rupture surmontée, même si cette épreuve doit renforcer encore sa tendance au repliement sur lui-même.

Si le collège est réputé pour donner une très solide éducation classique, il l'est aussi pour la rigueur de sa discipline, pour l'orientation très catholique et même un peu mystique de sa pédagogie.

Les enfants sont fermement pris en main et ces Messieurs n'aiment guère les sorties familiales ni les visites de parents. Les vacances de Noël, où les fils Mitterrand vont manger la dinde traditionnelle à Jarnac et celles de Pâques et de fin d'année scolaire, qui verront le retour à Touvent, sont bien suffisantes.

Pour le reste, la maison se charge de tout, de la formation dans les matières nécessaires pour obtenir un baccalauréat, des exercices de piété, des jeux et des promenades très surveillés, très fatigants aussi, car on néglige la promenade Beaulieu et la tour du rempart pour descendre de la ville haute et gagner la campagne. Les jeunes trouvent plutôt pénibles, après une journée commencée à 5 h 45 du matin, la marche et l'exercice, les retours au collège par les rudes montées piétonnières qui mènent à la ville haute. N'oublions pas les messes et les retraites périodiques chez les jésuites à La Coquille ; chaque fois trois jours de vie recluse en dévotion, mais à la campagne.

C'est une vie qui n'a pas d'histoire sinon celle des routines du travail, des repas en commun, des dortoirs, des réunions dans la chapelle... Si son frère aîné Robert est déjà un brillant mathématicien, lui se sent plus à l'aise dans les disciplines littéraires et est séduit par l'histoire.

« Il est à cette époque à la fois timide et vif, taquin et sérieux, très entêté en tout cas, maître de lui et dur à la douleur, me disait sa tante Sarrazin. Il n'aimait pas beaucoup les critiques. Alors qu'on lui reprochait d'avoir eu de mauvaises places pendant un trimestre et de n'avoir pas obtenu son tableau d'honneur, il répond : " Je me trouve très bien à la place où je suis. " Toutefois le trimestre suivant la situation était rétablie. Comme autre trait marquant, en ce temps de collège, il faut reconnaître qu'il était très pieux. »

On peut compléter ce portrait familial par des souvenirs de ses camarades de collège[1]. Ainsi Pierre Chiron voit en lui « un mystique au tempérament généreux, toujours disponible quand il faut s'engager », tandis que l'avoué Morand a été frappé par ses dons précoces d'orateur. Il avait à peine plus de quinze ans lorsqu'il remporta le concours d'éloquence organisé parmi les écoles libres par la DRAC (Défense des Religieux Anciens Combattants) sur le thème du sacrifice des prêtres au cours de la grande guerre. Le jury était présidé par l'abbé Bergey, tribun et député de la Gironde. C'était là don de nature ; une confidence faite au hasard à Gonzague Saint-Bris le confirme : « Je n'ai jamais appris à parler en public, mais un jour je suis tombé sur un vieux bouquin de curé qui donnait des conseils pour la voix... Il était dit que la première note sur laquelle commence un discours est primordiale, car, après, on ne peut pas changer et tout le ton de l'ensemble en dépend[2]. » Il n'a jamais oublié cette leçon.

L'écrivain Claude Roy allait en ce temps de Jarnac au Lycée d'Angoulême où il était pensionnaire. Il se souvient de rencontres dans le train : « Nous étions deux à discuter plutôt littérature que politique ; François Mitterrand admirait avant

1. Témoignages recueillis par *Sud-Ouest* du 16-1-71.
2. Gonzague Saint-Bris : *Le Romantisme absolu*, 1978.

tout Mauriac. C'est lui qui me fit lire Bernanos et Claudel. Il était catholique et posé[1]. »

Il m'a retrouvé, un jour, ses livrets scolaires des classes terminales. Leur étude n'est pas très révélatrice. Notons qu'en seconde ses points forts sont l'histoire, la géographie et le français... Son professeur note avec la réticence dans l'éloge qui est de règle : « écrit avec assez d'aisance et de goût ». La situation reste la même en première, mais on ajoute qu'il écrit maintenant et compose facilement en latin, même en vers. Malheureusement, juste avant les épreuves du baccalauréat, il est durement éprouvé par une parotidite. Il réussit pourtant son écrit, mais la fatigue, jointe à la timidité, le fait échouer à l'oral. Cela se passait à la Faculté des lettres de Poitiers, et il notera plus tard dans *La Paille et le Grain :* « Les mots dansaient dans ma tête et restaient au niveau du larynx. » Ce sera d'ailleurs son seul échec scolaire et universitaire. Sa seconde année en première lui permet de s'imposer partout, même en mathématiques et en physique, puis d'être reçu brillamment. Cette fois son père était venu l'encourager de sa présence pour l'oral.

Même réussite pour la philosophie, au terme de laquelle il est noté de la sorte : « Bon élève, intelligent, travailleur bien qu'il demeure parfois obscur dans ses dissertations. »

Ces années de la monotonie, ces années de la soumission à la règle, de la vie recluse, lui ont sans doute procuré quelques bonnes camaraderies, permis d'acquérir un solide savoir classique et fait encore rêver à autre chose, à la vie. Il a souvent dit combien la lecture de Chateaubriand, puis celle de Flaubert en particulier, celle aussi de *La Colline inspirée* de Barrès l'avaient marqué, puis celle de quelques philosophes comme Spinoza, Descartes, Bergson. « Pour Hegel, ironise-t-il, il ne nous avait pas été présenté, non plus que Marx, bien sûr. » Il a dit son émerveillement d'avoir découvert grâce à un répétiteur lettré des écrivains de son époque, ceux de la N.R.F., notamment Gide et Claudel.

Malgré les difficultés, il a pu voir à Angoulême son premier film : *Le Trou dans le mur* (1930) de René Barberis avec Jean Murat et Marguerite Moreno, un de nos premiers films parlants.

Naturellement, il s'enthousiasme de l'exploit accompli par Lindbergh, puis de celui de Costes et Bellonte qui relient le premier New York à Paris, les autres Paris à New York. Il prête

1. *Moi, je...*, essai autobiographique, par Claude Roy, Gallimard, 1969.

une attention fébrile au championnat du monde de boxe qui oppose Dempsey à Georges Carpentier, et, chaque année, il va se passionner pour le tour de France cycliste et ses géants. Sa première bicyclette lui fait découvrir une dimension nouvelle, la vitesse et ses griseries. En 1931, une diversion inattendue : toute la famille s'embarque pour Paris et va visiter l'Exposition coloniale. Au total, un maigre bilan.

On comprend dès lors qu'il lui arrive encore de s'interroger sur cette éducation. Souvent nous avons ensemble abordé ce sujet et toujours ressortait un doute. Etait-elle vraiment valable cette discipline de vie qui l'a retenu prisonnier quoique heureux pendant son enfance, qui l'a maintenu artificiellement dans l'enfance à l'écart des grands problèmes humains, étouffé par le rite familial puis par la tradition humaniste jusqu'à son baccalauréat ? Rétrospectivement il s'inquiète sur cette « société aux postulats glacés », sur ce milieu catholique fermé auquel il appartient par sa naissance et par son éducation, sur cette Eglise qui est liée, en ce temps, à une droite dans laquelle, instinctivement, malgré ses ignorances de potache, il ne se reconnaît pas, bien que certains de ses anciens camarades aient pu penser, pensent toujours sans doute, qu'il lui était attaché par le seul fait qu'il était catholique et pratiquant, catholique et croyant. Le raisonnement est un peu trop simpliste !

Autour de lui, pesant sur lui, il sentait des gênes, des carcans, sans bien les définir toujours, mais qu'il n'admettait pas. Il se heurtait à cette ordonnance rigide de la règle, à cette justice de la lettre, à cette discipline factice du comportement, qui ne visait finalement qu'à créer un « quant-à-soi », à cette affection compassée, sans tendresse et sans expansion, contre laquelle il réagissait volontiers par le lyrisme. Peut-être en veut-il secrètement à ce système pour qui former c'était modeler sans que puissent normalement s'exprimer la liberté et la spontanéité individuelles.

Cela explique vraisemblablement ce besoin passionné qu'il va montrer ensuite de rompre toujours les liens et les barreaux, cette ardeur de savoir, de s'enquérir ouvertement des gens et des choses, de donner, en se battant durement et longtemps contre les routines acquises, les mots et les réalités du cœur, de lutter contre les inégalités créées par la fortune et dont il a souffert, d'acquérir le droit de vivre malgré tous les obstacles, selon lui-même, selon ses sentiments, sans aucun camouflage.

Maintenant il est bachelier, donc, selon le code de la bourgeoisie de province, presque un homme, puisqu'on ne l'est vraiment qu'après son service militaire ; il va falloir sortir du cocon, partir pour rompre, pour vivre et pour comprendre.

En transition, il gagnera la Belgique au début de ses vacances, rejoindra son parrain, un ami de son père, qui l'entraînera à bicyclette découvrir Gand, Ostende et les plages nordiques, Ypres avec retour par Malo-les-Bains.

« *Ces jeunes gens qui se préparent une belle destinée...* » (Balzac)

Dans les Charentes, les fils « de bonne famille » ne vont pas préparer leur avenir à Bordeaux ou à Poitiers, ils montent à Paris comme les héros angoumois de Balzac, Rastignac et Lucien de Rubempré. Le bachelier devra donc gagner la capitale comme l'a déjà fait son frère aîné Robert, qui est alors élève de l'école Polytechnique, comme le fera après lui son cadet, Jacques, qui entrera à Saint-Cyr.

Il pense en premier à l'Ecole normale supérieure, option lettres, mais renseignements pris, il lui faudrait d'abord entrer comme interne au lycée Henri-IV pour une ou deux années de première supérieure (la khâgne) et il ne se sent guère l'envie de retrouver le régime qu'il a connu à Angoulême.

Il s'orientera donc vers le droit et l'Ecole des sciences politiques, décision qu'il ne regrettera jamais. Le problème du logement est rapidement réglé : comme François Mauriac naguère et son oncle Robert Lorrain, il ira chez les pères maristes au 104 de la rue de Vaugirard.

Le 104, c'est une sorte d'hôtel où les étudiants trouvent, à de bonnes conditions, une chambre et la nourriture. On n'y dispense pas de cours et les jeunes pensionnaires y sont libres à condition de respecter l'heure des repas qui sont pris par petites tables présidées par un prêtre ou un religieux, y compris le directeur, le père O. Reilly, un ethnologue, ainsi que celle de la rentrée du soir fixée à 22 heures. Il faut dire que sur ce dernier point, certains trouvaient le moyen de tricher avec le règlement. François Mitterrand y aura donc une petite chambre dépouillée, une sorte de cellule monacale, laide et sans confort — s'il y a l'électricité, l'eau courante n'existe pas — encombrée du lit, de la table de toilette avec cuvette et broc, de la table de travail et éclairée par une fenêtre qui ouvre sur une petite cour bien close et sans attrait.

« J'avais rêvé, me dira-t-il, comme beaucoup de jeunes provinciaux à cette époque, de la vie de bohème romantique, pauvre, libre, joyeuse et poétique. La réalité était moins brillante, mais la vie à Touvent et au collège d'Angoulême m'avait habitué à la simplicité, au dépouillement et finalement je n'avais pas de gros problèmes. Pourtant je n'oubliais pas mes deux idées fixes d'adolescent rêvant miracles en Paris : aller au Vel'd'Hiv' ce temple des courses cyclistes sur piste, pour suivre une épreuve de six jours et rencontrer des écrivains, les entendre sans même être connu d'eux. »

Il va mener là, pendant ses quatre années d'étude, une vie très simple, très réglée, très studieuse. Ses parents paient ses inscriptions, ses livres d'étude, sa pension. Il a donc le travail, le gîte et le couvert assurés, mais il n'a guère d'argent de poche, sans doute par mois l'équivalent de 50 à 60 francs d'aujourd'hui. Il se fera un point d'honneur de s'en contenter et ne fera que deux ou trois fois, en quatre ans, appel à son père pour un léger supplément.

Alors, il faut bien se limiter, organiser son budget et choisir ; équilibrer les séances de cinéma, le théâtre, le concert ou une fois par hasard les six-jours du Vel d'Hiv', et un ou deux repas au restaurant, pris en général au Champlain à Montparnasse.

Les extra sont rares, quelques repas le dimanche chez une de ses sœurs, mariée et installée à Boulogne, une fois une visite aux amis de la famille, François Mauriac, M. Marcilhacy, père de l'actuel sénateur et conseiller général de Jarnac, de temps à autre une visite de son père. Il descend rue J.-J.-Rousseau, près des Halles à l'hôtel des Ambassadeurs, que dirige un de ses amis. Il promène ses fils autour des pavillons de Baltard, vers la tour de Jean-sans-peur, ou encore dans le quartier du Palais-Royal et du Louvre et il leur parle avec plus de liberté, avec une affection plus ouverte qu'à Jarnac et les emmène dîner chez Poccardi ; le fils découvre son père.

De temps à autre son frère Robert, très mondain, l'entraîne dans un salon ou aux bals des grandes écoles. Pour finir, il reste les conférences de l'Union pour la vérité, les discussions du club du Faubourg et les bibliothèques qui permettent, en marge du travail universitaire de découvrir, entre autres, le *Lucien Leuwen* de Stendhal, et Dostoïevski ou même un moderne comme Julien Benda dont il apprécie la liberté d'esprit.

En fait, la vraie vie se fait avec les copains du 104. Il les voit toujours : Jacques Marot, Bettencourt, Clayeux, Ferréol de Ferry, Jean Roy, Jacques Benet, François Dalle... Ce sont les amis et Jacques Marot, un de ses camarades du 104, me précisera : « Il était, il est toujours la fidélité même pour ses amis, exigeant pour lui-même et pour les autres. Il ne faut pas lui manquer. Il apporte dans ce domaine sa rigueur et sa droiture. » Cette rigueur qui lui fait écrire dans *La Revue Montalembert,* la revue du « 104 » : « Qu'est-ce que la volonté si elle plie ? Qu'est-ce que la liberté si elle cède ? »

L'éducation sentimentale et les interrogations politiques.

Ce sont aussi les camarades de la Faculté et les étudiantes avec lesquelles il se montre, comme le veut son éducation, réservé et très respectueux. Il rencontre parmi elles, la dernière année, une grande fille blonde très belle, dont une de ses sœurs fera le portrait. « Nous étions vaguement fiancés, dit-il, quand éclata la guerre. » C'était Marie-Louise Terrasse, la future Catherine Langeais.

Avec ses amis, il découvrira Pirandello grâce à Dullin qui joue *Comme il vous plaira* et Giraudoux grâce à Jouvet, marquant sa préférence pour le romantisme de Tessa, tandis qu'il prise peu certaines outrances des mises en scène de Gaston Baty. Au cinéma il découvrira *l'Ange Bleu* et le charme de Marlène Dietrich ; aux concerts, la musique de son temps, Erik Satie, Honegger, Darius Milhaud et Stravinski. Il aura aussi la révélation du jazz qui s'accorde à la sensibilité de l'époque.

C'est encore avec ses amis qu'il apprend l'agrément des voyages en liberté, quand ils s'en vont flâner par les bords de Loire à Sully, à Saint-Benoît, à Germigny-des-Prés, avant de se laisser éblouir par la cathédrale de Bourges, puis par celle de Chartres.

Il est un peu comme son visage de beau ténébreux, régulier, sérieux, un peu froid, mais avec le regard vif et parfois attendri, avec aussi de grands éclats de rire.

S'il sait travailler beaucoup, il sait aussi échapper au travail, dans la promenade solitaire, dans les libres discussions avec ses amis. Ce timide est également taquin — il l'est toujours d'ailleurs surtout en famille ou avec ses amis — il a volontiers le sourire narquois et le mot incisif mais sans méchanceté, il aime aussi les plaisanteries spontanées.

Jacques Marot me contera : « Cela le prenait brusquement. Après un cours de droit assez monotone, il m'entraînait ; nous allions acheter des bigorneaux que nous aimions l'un et l'autre et nous partions par les rues mélangeant le bavardage et la dégustation. Il n'aimait pas beaucoup les jeunes snobs, style anglais, qui venaient à la bibliothèque des Sciences politiques avec leur chapeau melon et leur parapluie. Deux ou trois fois il sortit ostensiblement devant eux des manches de lustrine, dignes des fonctionnaires de Courteline, et se les passa aux bras en se riant d'eux. Je le revois encore, après une séance de préparation militaire, nous entraîner à faire des bonds de groupe au travers du Boulevard Raspail... »

Et la politique ? François Mauriac posait déjà la question dans son bloc-notes de 1954, sans répondre : « Ce François Mitterrand d'il y a vingt ans, avec son visage de Clouet, songeait-il déjà à la politique ? » La situation pouvait l'y inciter. Après le 6 février 1934, il y a eu le Front populaire de 1936, la guerre d'Espagne, le développement du nazisme, l'occupation de la Rhénanie, de l'Autriche, des Sudètes, et le fascisme de Mussolini avec la guerre d'Ethiopie, le voyage d'André Gide en URSS et même l'affaire Stavisky.

Dans le monde des étudiants où la masse est entourée de petits groupes actifs et violents d'extrême droite (Camelots du roi et Croix de feu) ou de gauche (Jeunesses socialistes et communistes) il ne sait pas encore, surtout au début, où se placer. Cela le passionne pourtant. Il suit de près la réalité du moment, analyse les courants, lit les grands hebdomadaires, *La Lumière, Marianne, Candide, Gringoire*. Comme il se sent encore insuffisamment informé, il avance prudemment, un peu timidement, bien que des répulsions très nettes se dégagent en lui, notamment contre tout ce qui est fanatisme. Il se heurte à l'étudiant en droit Biaggi, alors d'Action française et qui est resté d'extrême droite, au groupe « des anciens » Brasillach, Bardèche, Thierry Maulnier, réactionnaires plus nuancés, même à son ami charentais Claude Roy, royaliste légitimiste et rédacteur au *Courrier royal* avant que la Résistance ne le conduise au communisme, à ceux aussi qui sont antisémites...

« Au fond, me conte-t-il, surtout dans les premiers temps, je n'étais pas encore éveillé à la politique. J'ai fait lentement mon apprentissage, mais cela restait un peu théorique. Je ne me sentais pas vraiment engagé. J'avais plutôt des réactions d'instinct que des idées bien arrêtées. La joie populaire dans les rues lors des élections de 1936 m'a fait sentir de quel côté étaient le droit et la justice. *Les Grands Cimetières sous la lune* de Bernanos me firent comprendre le drame de l'Espagne et les justes raisons de sa révolte. Je ne pouvais supporter les provocations de la presse de droite contre l'action des républicains alors que j'avais pourtant été intéressé par l'effort libéral d'un Primo de Rivera. Les outrances, les violences, l'autoritarisme esclavagiste d'un Hitler, d'un Mussolini me heurtaient profondément, sans que je ressente vraiment le poids de ces fascismes qui encerclaient la France. Mais au fond trop longtemps tenu à l'écart, je n'avais pas senti s'éveiller en moi la véritable conscience politique. J'avais pu deux ou trois fois assister à des débats sans grands ténors, à la Chambre des députés et ne me souviens que du chanoine Poliman, député de la Meuse, qui ne m'avait pas du tout bouleversé. Ce n'est pas là que l'étincelle a jailli. J'étais un néophyte qui cherchait sa voie et qui, avec bonne volonté et beaucoup d'intérêt, s'informait en participant à des meetings, à des réunions politiques de tous bords. » Il participera pourtant aux actions de défense du professeur de droit Gaston Jèze violemment attaqué par les étudiants d'extrême droite parce qu'il défendait le Négus et l'Ethiopie contre l'Italie fasciste.

Sa piété, qui est profonde et réelle, puisqu'il vit en chrétien et participe aux activités de la conférence Saint-Vincent-de-Paul, ne semble pas avoir influencé sa recherche, comme ses scrupules n'ont pas empêché ses amis de lui trouver le tempérament politique : dons d'orateur, lucidité, fermeté de caractère, largeur de vues, sens de l'Etat. Toutes ces activités ne l'écartent pourtant pas de ce qui est, à ce moment, l'essentiel : ses études. Elles se déroulent du reste sans à-coups et chaque année, en juin, il est reçu à ses certificats de licence, puis à son diplôme d'études supérieures, au concours de Sciences politiques enfin.

« Ce qui m'intéressait le plus, me confiera-t-il, c'était le droit administratif que nous enseignait Achille Mestre et le droit public tandis que je ne mordais pas au droit privé et que je me passionnais pour le droit international et les cours de Basdevant et de La Pradelle. Le sujet de mon diplôme relevait d'ailleurs de cette discipline puisqu'il traitait du droit public international en république Argentine. »

Il faut ajouter que, par bravade, car des camarades lui avaient affirmé la chose impossible, il avait réussi à décrocher en Faculté des Lettres un certificat de sociologie et un de littérature française. « C'était un pari à gagner, témoignera Jacques Marot, et nous savions déjà qu'il n'aimait pas perdre. Nous l'avions constaté, même au tennis ou au ping-pong ! »

2

La guerre en face et les combats de l'ombre

Premiers contacts avec l'uniforme.

En ce début de 1938, François Mitterrand a 22 ans et il constate qu'il a pratiquement achevé ses études puisque, lauréat de la quatrième section générale des Sciences politiques, il ne lui reste plus que sa thèse de doctorat en droit à rédiger. Le sujet en est déjà choisi et il s'inspire de l'actualité : la récente occupation du territoire des Sudètes par les troupes de Hitler. Il s'agit de définir, à propos de la Tchécoslovaquie, les problèmes juridiques de la souveraineté d'un Etat. La guerre, la captivité, la Résistance empêchèrent ce projet d'aboutir.

A ce moment, il ne sait pas encore comment il va orienter sa vie. Il confie : « Je me posais souvent, à cette époque, le problème de ma vie, mais je le posais en termes de vie et non en termes de carrière. Il me semblait qu'il y avait de toute façon quelque chose à préserver, une exigence de liberté, un épanouissement dans l'insouciance, dans l'imprévu... Il fallait pouvoir concilier ce quelque chose avec la rigueur et la passion imposées par les tâches entreprises. Je crois d'ailleurs être resté fidèle en cela à mon adolescence. Malgré les impératifs d'une vie souvent surchargée, j'ai toujours lutté contre l'empiètement des routines, contre tous les envahissements, j'ai toujours voulu préserver ma part de liberté, ne fût-ce que par un parcours de golf solitaire, une séance de cinéma décidée à l'improviste, une visite de musée, une promenade. »

Il faut dire qu'avant de se lancer dans la vie, il lui fallait encore accomplir son service militaire et cette perspective ne l'enchante guère. Les vagues contacts avec l'armée que lui ont procurés quelques séances de préparation militaire supérieure, suivies en dilettante au polygone de Vincennes, ne l'ont pas convaincu. Ni la grandeur ni la servitude militaire ne le séduisent, mais il reste réaliste et décide d'en finir tout de suite. Adieu donc au sursis et incorporation en avril. L'étudiant se réveille un jour au fort d'Ivry où il va faire ses classes comme soldat au 23e Régiment d'Infanterie coloniale. Il refuse d'être inscrit au peloton des élèves officiers de réserve (EOR) et il se félicitera par la suite d'avoir pu ainsi connaître l'armée par la base.

Après la guerre et la défaite, il sera féroce pour cette armée de 1938 : « Etre soldat alors, écrivait-il en 1945, c'était apprendre de quelle façon un citoyen honnête dans sa médiocrité pourrait s'accoutumer, dans le minimum de délai, à la saleté, à la boisson, à la paresse, aux maisons closes et au sommeil... »

Par un hasard heureux, il rencontre au Fort un de ses camarades du Quartier latin, juriste lui aussi, qui est resté toujours depuis cette époque un de ses plus proches et plus fidèles amis et compagnons des luttes politiques, Georges Dayan.

Georges Dayan se souvenait : « Je l'ai retrouvé au fort d'Ivry, costume mis à part, tel qu'il était sur le Boul'Mich, sérieux et distant, replié sur lui-même et passionné, attentif aux hommes et toujours ouvert à l'actualité. L'expérience militaire l'incite à la révolte mais il se maîtrise bien et ne fait que le minimum nécessaire. »

Il trouve que rien ne va : les longues marches inhumaines, les interminables maniements d'armes, les démontages et remontages de fusils et de mitrailleuses, les méthodes de commandement, l'ambiance humaine créée ainsi... « Tout, lui semble-t-il, évoque la bêtise, favorise l'asservissement, l'encrassement des esprits et des corps... »

En fait, mis à part ces pénibles impressions, le soldat de deuxième classe, devenu par la force des choses caporal, puis sergent, n'aura guère gardé qu'un souvenir : son régiment a assuré, au début de 1939, la protection des députés et sénateurs, réunis en Congrès à Versailles pour élire un Président de la République. Ce sera la réélection d'Albert Lebrun dont le triste visage semble porter le deuil de toutes les espérances humaines. Il lui présentera les armes.

Entre-temps, Georges Dayan a tenté et manqué sa chance au peloton des élèves-officiers de réserve, puis, grâce à une protection, s'est fait affecter à la caserne de Lourcine, boulevard de Port-Royal à Paris, siège du 23e RIC. Il y fera vite venir le sergent Mitterrand qui officiera comme secrétaire au bureau du colonel sous les ordres directs d'un adjudant, amateur du jeu d'échecs. François Mitterrand sera son partenaire.

Les deux amis se sont loué une mansarde, rue Gay-Lussac, à mi-chemin entre la rigueur militaire et la nonchalance estudiantine.

« J'étais fort coureur à cette époque, me disait Georges Dayan, alors que François, très amoureux d'une jeune fille à qui il écrivait des vers et de fort bons vers, ma foi, restait, à ce moment, fort sage et rangé. »

L'armée, ce pouvait être un intermède dépourvu de charme sans doute mais supportable, n'eût été la gravité de la situation politique en Europe, n'eussent été le délire hitlérien, la démesure mussolinienne, la fragilité des accords de Munich, la guerre menaçante, l'inquiétude latente, la montée des périls, la mobilisation prévisible.

Cette situation trouble François Mitterrand qui l'analyse dans une étude publiée dans *La revue Montalembert* (avril 1938). Ses propos sont lucides, sensibles, cruels aussi. La guerre est l'ennemi : « Le vaincu apporte son humiliation, le vainqueur son triomphe... Le traité de Paix est le premier acte d'une nouvelle guerre. » On n'échappe pas à la sinistre alternative : abandon total ou force absolue. Le juste milieu n'existe pas : « Le juste milieu ! comme si l'on pouvait tracer une ligne de partage entre le bon et le mauvais, le juste et le faux et danser sur la corde raide ! » L'Anschluss de l'Autriche enfin le bouleverse : « La venue triomphale du dieu de Bayreuth, écrit-il, sur le sol de Mozart, je ne sais quel sacrilège se prépare et, malgré moi, j'éprouve une sorte de honte, comme si je me reconnaissais responsable. »

Son régiment se regroupe à Ivry et, un jour, comme il s'est fait conduire en moto par un copain jusqu'à Valmondois pour saluer sa belle Marie-Louise Terrasse, qui y fait retraite en famille, il a la surprise, à son retour, de se trouver, en tenue civile, au Fort devant son régiment sur le pied de guerre. Il lui faut en toute hâte se déguiser en guerrier et gagner, par une triste et pédestre traversée de Paris, la gare de Pantin, d'où son régiment s'embarquera pour l'Alsace. Le sergent s'en va-t'en guerre, la drôle de guerre...

Les lauriers de la guerre.

De son point de débarquement, le régiment gagne en trois jours de marches forcées, un secteur d'avant-garde du côté de Bitche en couverture de la ligne Maginot. C'est l'attente, l'ennui et le froid... En janvier 1940, changement de secteur, le 23e RIC va se déployer le long de la Chiers, entre Sedan et

~~Malmédy~~ Montmedy. Dayan est observateur tandis que la section de fusiliers-voltigeurs de François Mitterrand creuse des tranchées anti-chars à un kilomètre de là, sans enthousiasme. Les tranchées, cela évoque des souvenirs, les souvenirs des sinistres tranchées de 1914-1918, dits et redits par les anciens, dans les familles. Et puis il fait froid, très froid ; l'ennemi est tout proche et ne bouge pas, ce qui est inquiétant. Finalement on s'ennuie ferme, personne n'a le moral, les contacts humains manquent. Il reste le recours des lettres ; celles de François ne manquent pas d'amertume : « L'ennui, écrit-il à sa sœur Geneviève, c'est de mourir pour des valeurs auxquelles je ne crois pas... Je me porte bien, mais pas tout à fait bien car un uniforme blesse qui aime la vie... »

L'ami Dayan est parti, une fois encore, aux EOR et François Mitterrand se retrouve seul. Il supporte mal le régime des popotes, l'esprit de caste qui règne dans l'armée et ces officiers hautains, séparés de leurs troupes, soucieux de privilèges acquis dans les casernes. Il a des accrochages avec ses supérieurs et il est menacé de sanctions quand, le 14 mai, une première et très violente attaque contraint le régiment à un décrochage de quelques kilomètres. L'assaut recommence les jours suivants et l'ordre est de résister. Malgré sa discrétion il avoue : « Ces bombardements étaient très impressionnants. »

La pression s'accroît sans cesse et c'est le recul sans espoir vers Stenay, puis en direction de Verdun. Le 14 juin, au Mort-Homme, un nom prédestiné, dont les combats de 14-18 ont établi la triste et glorieuse réputation, il est blessé à l'épaule droite par les éclats d'un minnenwerfer ; il en garde toujours un fragment dans l'omoplate. Le guerrier peu appliqué qui ne voulait pas mourir pour des valeurs (anti-valeurs) auxquelles il ne croyait pas, comme il l'écrivait à un de ses frères en 1939, recevra ainsi la croix de guerre pour sa courageuse attitude en cette occasion. Le blessé, emporté par des camarades, est évacué sur Vittel, puis sur l'hôpital de Bruyères, près d'Epinal [1], enfin, le bras immobilisé, sur l'hôpital de Lunéville d'où les Allemands l'enverront, en août, au Stalag IX A.

Que faire, soldat dans une fausse guerre d'ennui et de morosité, sur un lit d'hôpital où l'on est un captif immobilisé avant d'être un captif en exil, sinon méditer ? Les réflexions de François Mitterrand, à cette époque, on peut les deviner sans doute au travers d'éditoriaux qu'il écrivit dans le quotidien

1. Il y arrive le 18 juin et ne pourra donc pas entendre l'appel de De Gaulle sur les antennes de la BBC.

Libres après la Libération, dans certains propos aussi, quoiqu'il n'aime guère en parler. Ses réflexions lui fournissent un constat de carence, d'erreurs et de laisser-aller. Il cherche des responsabilités : elles sont militaires et politiques. Il dénonce les hommes qui, à la veille de la guerre, « avaient liquidé le sursaut populaire provoqué, précisément, par le maintien sordide des injustices sociales et par le sentiment confus que la fraternité était autre chose que les classiques débordements pour comices agricoles ». C'était écrit en mai 1945 et il ne faut pas solliciter les mots pour trouver une pensée que ne renierait pas le futur premier secrétaire du Parti socialiste. Dans le cadre de l'armée, l'injustice et l'inégalité sont encore accrues par l'esprit de caste entretenu par les officiers. Politiquement, on sent une certaine rancœur contre la IIIe République. Nous la retrouverons. Mais avec la captivité, une nouvelle expérience de la vie et des hommes va se développer et celle-là est capitale.

« Ma grande révélation a été la captivité... »

Un prisonnier, de toute façon, n'est plus qu'un numéro matricule, ainsi, au camp de Cassel, stalag IX A, François Mitterrand devient le numéro 21 716, perdu dans un magma de quelque trente mille hommes.

Nous avons souvent confronté nos réflexions sur cette expérience commune bien que nous ne nous soyons jamais rencontrés alors. Nos conclusions étaient les mêmes, les philosophies que nous en avions dégagées fort proches l'une de l'autre. La souffrance morale et physique, l'ennui et la faim surtout dominent tout. Au début, c'est le règne rapide et brutal des forts et par-derrière celui des habiles, puis, on ne sait comment, des hommes courageux et patients arrivent à imposer la règle du juste partage pour le pain et pour la soupe. Ainsi commence la création d'une nouvelle façon de vivre entre hommes, dans la détresse, sous la contrainte.

A l'arrivée, on pouvait penser à quelque cour des miracles, à quelque gigantesque refuge pour vagabonds. Il fallait y faire son apprentissage d'hommes perdus, coupés de tout, inquiets et bavards, parfois dangereux ou bien s'abandonnant, des promiscuités inattendues, des lits à étages avec leurs poux et leurs punaises, de l'inaction que n'éclairait pas encore la révolte, de la crasse, des immondices et des mauvaises odeurs, des cris sauvages énonçant des ordres en allemand.

Pour ceux qui, comme lui, s'étaient épanouis en marge des rudesses et des cruautés de la vie, connues par des mots pudiques et des récits livresques, le choc est rude, la chair est meurtrie, les révélations sont douloureuses. Il est difficile d'accepter certains refus, certaines lâchetés, difficile aussi de condamner. Finalement l'expérience est salutaire et décisive pour l'avenir.

Il est d'ailleurs passionnant, en marge de cette odieuse vie carcérale, de participer à l'éveil d'une société. Soudain certaines réalités d'hier s'effacent, certains faux-semblants du nom, de la fortune, du prestige de classe, du savoir sans connaissance ni caractère s'abolissent et des hommes nouveaux se révèlent, s'imposent, deviennent des chefs, des organisateurs, des meneurs tandis qu'en même temps, la rupture adoptée, naissent de nouvelles routines et s'installent dans leurs coquilles les hommes escargots. Grande et mesquine captivité ! et cela ne s'oublie pas... Premier lieu d'expérience, le camp de Cassel ne sera d'ailleurs pour Mitterrand, qu'une étape. En octobre, il gagne en Thuringe le stalag IX C...

Il se retrouvera finalement, après avoir échappé à un camp de sous-officiers réfractaires, entre Rudolstadt dont George Sand a donné le nom à son héroïne Consuelo et Weimar, la ville de Goethe, au commando 1515 à Bad-Schaala où sont rassemblés quelque cent cinquante intellectuels, dont la majorité est formée d'instituteurs et de prêtres. Il y est accueilli par l'interprète Bernard Finifter qui m'a raconté cette rencontre. Voici deux hommes de caractère en présence et le premier contact est plutôt sec. L'interprète trouve son nouveau « client » insolent et quelque peu prétentieux, mais ce n'est qu'un malentendu. Il se dissipe vite et les deux hommes se retrouveront amis avant de militer ensemble dans la Résistance.

Le commando est installé dans une vieille minoterie lépreuse, inadaptée et sans confort naturellement. Notre sergent est conduit dans une chambrée où il sera, lui septième, le troisième laïque face à quatre curés.

Dans ce commando, il retrouve les barrières, les gardiens, le froid et la faim mais aussi une vie communautaire rythmée par les départs au travail et les retours. C'est un nouveau problème : il n'accepte pas le travail des prisonniers : « Pour lui, c'est le symbole de l'esclavage, alors il se planque, tire au cul, montre le maximum de mauvaise volonté... », rappelle Bernard Finifter.

Malgré lui et avec beaucoup de réticences, il lui faut encore se plier à la règle du chapardage : « Pour vivre, il faut trouver des appoints, lui expliquent les curés ; nous-mêmes nous faisons de notre mieux pour aider la communauté. » Il s'habituera ainsi à ramener, chaque fois que l'occasion s'en présente, une boule de pain à la chambrée.

Il aura vite découvert ceux sur qui on peut compter, les abbés Delobre et Leclerc, Jean Munier, Patrice Pelat, Vermeille, Charvet... Plusieurs d'entre eux seront à ses côtés dans la Résistance, après leur évasion.

On peut l'imaginer sous son accoutrement militaire fort défraîchi et plutôt sale, gardant cet air un peu froid, un peu distant qu'il avait du temps qu'il était étudiant, cette raideur qui lui permet de masquer sa sensibilité et une certaine timidité.

Il s'est trouvé son rythme : le soir dans la chambre du groupe, il marche lentement, méthodiquement autour de la pièce, tournant en rond « comme un moine dans son cloître », disent en souriant les abbés. Cette marche favorise sa méditation et le maintient en forme.

Il semble lointain mais il est terriblement présent aussi, comme il sait toujours l'être dans la vie ; il vit comme à l'écart mais peu de choses lui échappent et il réagit vite. Il sait trouver le sourire d'encouragement, le geste de réconfort, le mot qui prouve qu'il a compris la peine ou l'inquiétude ou le trouble de chacun et qu'il prend part. Et ce n'était pas une vérité de circonstance.

Un de ses compagnons de chambrée, l'abbé Delobre, m'expliquera : « On était sensible à sa densité d'attention et de malice, à son regard lumineux, à la finesse de son ouïe... comme à la dignité de son attitude, à sa maîtrise de soi. Jamais je ne l'ai vu se jeter comme la plupart d'entre nous sur les maigres portions de mauvaise nourriture qui nous étaient distribuées. La faim pourtant le tenaillait aussi, mais il n'admettait pas qu'elle puisse lui dicter sa conduite. Orgueil ? peut-être ; sens aigu de la dignité humaine ? assurément. Il l'exprime d'ailleurs également dans son refus de la confidence et dans sa discrétion. »

« Je suis arrivé après lui au commando, raconte son ami Charvet, il m'a d'abord semblé très froid, très distant. Mais comme j'étais arrivé en tenue civile, revenant d'une évasion manquée, il est venu vers moi en souriant. Nous étions sur la même longueur d'onde, nous avions la même préoccupation : fuir notre prison. Tout de suite nous nous sommes tutoyés et j'ai vite constaté qu'il était, au fond, beaucoup plus ouvert qu'il ne le paraissait. J'ai constaté également qu'il n'admettait pas que l'on s'abaisse, que l'on se soumette. Il ne pouvait s'empêcher de montrer quelque mépris pour les veules, pour les mous... »

Malgré cela, il est bien un homme de l'équipe.

Des conférences sont faites par les uns ou les autres, par lui aussi et il se révèle un conférencier érudit, brillant, attachant. Qu'il parle de la politique de l'Eglise, de Paris ou, à la veille de Noël, de la guerre, de son évolution, de ses suites, il sait convaincre. Ses anciens auditeurs s'en souviennent encore.

De même, tout naturellement, il ne refusera jamais, bien que ce soit sans enthousiasme, de s'asseoir à la table commune pour faire le quatrième à la belote, de s'y asseoir lors de ces moments d'abandon et de semi-confidence, où l'on discute des petites misères, des petits incidents quotidiens, des lettres reçues ou des colis attendus. Il participe encore spontanément aux moments de grand défoulement avec chants et grosses plaisanteries.

Comme il se promène un soir dans le ronronnement des conversations, soudain il éclate de rire : l'abbé Delobre arrive transformé en une sorte de monstre joyeux, énorme et difforme. Il a roulé autour de lui une paire de draps récupérés sur l'ennemi et des oranges qui gonflent ses poches et les jambes de son pantalon. « J'ai la technique, dira-t-il, gamin de campagne miséreux et affamé, j'allais déjà chiper des fruits dans les jardins et vergers du château... »

Il s'est dépouillé de son chargement en parlant, mais François Mitterrand perçoit comme une fêlure dans sa voix, il s'approche, se fait attentif : « C'est vrai, poursuit l'abbé, nous étions très pauvres à la maison. La nourriture était chiche, le mobilier réduit au minimum. Comme nous n'avions pas de salon, M. le Curé ne venait jamais nous voir, mais chaque semaine, il allait au château pour un repas et pour un bridge. J'en ai longtemps été humilié, j'ai bien peur de n'avoir pas encore pardonné...[1]. »

C'est le contact brutal avec l'injustice de ce monde, mais l'abbé, entraîné au jeu des confidences, poursuit : « Peu après, j'ai connu la ségrégation et où ? je vous le donne en mille, au Petit Séminaire. Nous étions quelques-uns dont les parents ne pouvaient pas payer la pension. Nous étions donc les parias, nous mangions à l'écart, fort mal, si mal, que, depuis, je crois avoir toujours eu faim... »

Il n'y a pas d'amertume dans le ton, mais l'homme dont l'enfance a été préservée, correctement nourrie, écoute et se

1. Extrait d'une lettre de l'abbé Delobre à l'auteur.

trouble, tandis que l'abbé sur sa lancée, reprend : « J'ai eu encore au Grand Séminaire cette fois, une première expérience de la captivité, pas celle des murs et de la discipline que nous avions choisie et acceptée, mais celle de l'esprit. Nous étions jeunes, nous avions soif de savoir et on ne laissait entre nos mains que quelques livres d'étude. La bibliothèque du séminaire nous était interdite...[1]. »

Injustice sociale et poids de la pauvreté, ségrégation, atteinte à la liberté de l'esprit, ces expressions qui n'étaient pour beaucoup que des formules abstraites, pèsent soudain d'un poids insupportable. C'est donc une réalité, le témoin est là, et François Mitterrand sait que désormais il ne pourra plus être, quoi qu'il fasse, quoi qu'il arrive, le petit jeune homme bien élevé, bien appris qu'il a été, qu'il ne pourra plus penser tout ce qu'on a voulu qu'il pense. Sa situation même de prisonnier, comme tant de propos entendus, le met en garde contre tout ce qui permet à l'homme de jouer contre la liberté de l'homme, de créer les hiérarchies de l'injustice et du mépris, de profiter de la misère des humbles. Même la théorie prend une autre valeur persuasive dans ce milieu et il écoute avec intérêt l'abbé Monier, fils d'un militant communiste de Marseille et qui sera dans l'après-guerre un prêtre ouvrier : « C'est l'injustice qui est le suprême désordre. Dieu a des exigences que nos frères renient trop facilement, rendant ainsi indispensables les grèves et les révoltes. Il faut analyser les contradictions internes des systèmes et ne pas oublier la matière car, comme l'écrivait Karl Marx, il est facile d'être saint lorsqu'on renonce à être humain... »

L'ancien élève des bons pères est un peu étonné que des prêtres, sans rien perdre de leur foi d'ailleurs, donnent le signal de la contestation. Il les a connus jusqu'ici favorables au conformisme et à la soumission et lui-même, dans une de ses conférences, avait rappelé combien la papauté s'était montrée hostile pendant trop longtemps à toutes les formes modernes de la liberté, au suffrage universel, au droit d'association professionnelle.

Il est intéressé et inquiet, car ces révoltes et les constructions utopiques qui leur font suite se développent dans un milieu occasionnel et faux. Les ratiocinations des prisonniers sont « démesurément agrandies par l'absence, par le rêve, par l'illusion aussi ». Elles sont une réaction contre les conditions de vie, rudes et anormales qui sont les leurs et s'épanouissent

1. Extrait d'une lettre de l'abbé Delobre à l'auteur.

en mirages humanitaires et égalitaires. Lui, il les redoute, car il craint qu'elles ne provoquent bien des malentendus, bien des déceptions amères quand la reprise d'une vie normale développera d'autres exigences, d'autres contraintes, d'autres espoirs et d'autres luttes à mener.

La grande cavale.

Dès la première heure, il a refusé. Sa blessure dont les séquelles se sont manifestées assez longtemps, la faiblesse qui s'en est suivie l'ont retenu un bon moment mais il n'a jamais songé qu'à rompre ses chaînes, à recouvrer sa liberté. Depuis qu'il est au commando l'évasion est son grand thème de méditation[1] : il étudie, prépare, calcule les modes et les moyens. Il piaffe d'impatience, mais se maîtrise. Déjà il est l'homme des décisions rapides, fondées sur une lente et solide préparation. On limite le champ du hasard et on lance les dés.

Donc pas de départ sans avoir repris des forces et une bonne cadence de marche, sans avoir appris au moins quelques rudiments d'allemand, sans avoir trouvé une carte (il faudra l'établir) et une boussole, sans disposer d'un peu d'argent, de quelques vivres. Il finit par en parler à l'abbé Delobre qui lui trouve un compagnon, l'abbé Leclerc et met l'équipe au courant, car un effort collectif est nécessaire pour leur procurer des chaussures et des vêtements civils, troqués contre des tablettes de chocolat, pour leur constituer une petite réserve de vivres : biscuits de soldat, sucre, figues sèches et même un peu de thé et quelques tablettes d'alcool solidifié. Chacun doit aussi être averti des représailles qui pourront suivre.

Le 5 mars 1941 sera le jour « J ». Ils sont partis dans leurs costumes civils sombres et verdâtres, pendant une corvée à l'extérieur. Un appel truqué, avec l'aide d'un Allemand, ancien légionnaire, empêche que l'alerte ne soit donnée tout de suite. Leur absence ne sera découverte qu'au commando, le soir. Les Allemands furieux n'y croient pas d'abord, ils opèrent fouille sur fouille, destituent (provisoirement) l'interprète, renforcent la surveillance, exercent des brimades mais le commando reste stoïque tandis que les deux hommes vont, par la nuit glaciale, vers la liberté.

Ils chemineront ainsi, en zigzaguant entre les aggloméra-

1. C'est une grave décision à prendre, mais déjà il aurait souscrit à cette réflexion d'un de ses futurs camarades de la Résistance, André Ulmann, qui en juillet 1939 écrivait : « Seule nous importe l'expérience qui crée l'irréparable. »

tions, toutes les nuits, se camouflant le jour pour échapper de leur mieux au froid et aux regards, et se reposer.

L'itinéraire était bien préparé et pendant des centaines de kilomètres, ils avancent, sans alerte, vers la Suisse et ce fameux Schaffhausen qui fut le but de nombreux évadés en 1914-1918.

Ils sont tout près, quand, à bout de vivres et épuisés, ils commettent l'imprudence de traverser, avant la nuit, le petit village d'Egesheim et d'y revenir après avoir repéré aux alentours des postes de surveillance. Les paysans alertés s'emparent d'eux et les enferment dans la salle commune de la mairie. C'est le 25 mars 1941. Le lendemain, un feldwebel les conduit à la prison de Spaichingen, un gros bourg au-dessus du Danube, d'où, après des semaines d'attente, un train militaire les amènera au camp de Ziegenhain. Par châtiment, les deux complices feront d'abord huit jours de cellule.

Sa peine purgée, Mitterrand a la surprise de retrouver dans le camp l'abbé Delobre et Charvet qui ont quitté le commando après lui et ont tenté, sans plus de succès, de fuir par le nord. Avec eux, il découvre Pierre Lemoign', évadé perpétuel, futur grand résistant et compagnon de la Libération.

Il s'occupe du journal du camp, *L'Ephémère,* dans lequel on retrouve plusieurs fois sa signature. Il demande à ses camarades de prendre conscience de leurs forces. « Nous ne sommes pas, écrit-il, à ce point démunis qu'il ne reste chez nous des esprits nets et des muscles solides. Chercher des raisons, travail de philosophe ou d'historien, mais il s'agit de vivre le présent, dégagés d'un passé qui nous colle à la face... Pour nous, il n'y aura pas de création sans cette suprême audace : croire en nous » (1er juillet 1941). Retenons encore cette formule dans un article du 1er août 41 : « Où le représentant des prisonniers puise-t-il son autorité sinon dans la bonne entente de ceux qui l'ont choisi ? »

En même temps, il commence méthodiquement de nouveaux préparatifs d'évasion. Il faut reprendre des forces, trouver des vivres, de l'argent, des compagnons et changer de tactique. La fuite à pied est trop longue et trop risquée. Il faut prendre le train muni de papiers de travailleur civil préalablement fabriqués. Lentement tout s'organise et son ami Charvet qui part en commando disciplinaire lui abandonne son vieux costume bleu des évasions précédentes. Enfin il est indispensable de trouver la meilleure formule pour quitter le camp ; c'est ardu car il faut franchir le cercle des barbelés dominé par des miradors garnis de soldats, de projecteurs et de mitrailleuses...

L'hiver est venu quand trois hommes se laissent enfermer

dans le vörlager, cette partie avancée du camp où sont les services allemands, pour courir le beau risque. Soudain un homme saute, puis un second, puis un troisième. Le bruit a été entendu, les projecteurs éclairent le terrain, les mitrailleuses entrent en action. Levrard le premier et Barrin, le second, sont repris, seul Mitterrand a pu foncer assez loin pour être à l'abri et a pu déjouer les poursuivants en se cachant sous l'arche d'un pont.

L'alerte passée, il repart, prend un train de travailleurs et, par Francfort et Sarrebruck, arrive à Metz.

Par chance, il peut, sans se faire remarquer, quitter la gare. Tout heureux, par un vieux réflexe bourgeois il cherche un hôtel. Il faut dire qu'après ce temps de captivité, un bon lit avec des draps est sans doute ce que l'on peut souhaiter en premier. Tout naïvement, il va donc coucher à l'hôtel Cecilia, mais sa fausse identité de travailleur italien n'a pas convaincu sa logeuse et, au petit matin, la police allemande vient le cueillir au lit pour l'expédier dans un camp de transit pour évadés, près de Boulay-Moselle. Fin de la deuxième évasion.

Dans ce nouveau camp, il n'y a que des chevronnés de l'évasion à qui les Allemands mènent la vie dure avant de les envoyer dans des commandos disciplinaires. La situation est mauvaise, les possibilités d'évasion presque nulles. Le camp est bien gardé et les soldats ont la détente facile et puis, vêtus de treillis marqués d'énormes lettres KG (prisonniers de guerre), ils sont très repérables.

François Mitterrand ne veut à aucun prix repartir pour l'Allemagne. Il se renseigne auprès du chef français du camp, un récidiviste nommé Baland qui lui explique les risques mais lui donne un point de chute et un mot de passe ; cela suffit pour un homme décidé à jouer, au poker de la vie, le tout pour le tout.

C'est un petit matin, froid et brumeux, François Mitterrand s'est glissé dans une corvée qui travaille près de la grande porte du camp. Il s'approche le plus possible et soudain bondit et franchit l'obstacle. Les Allemands sont surpris mais réagissent vite. Ils tirent par rafales, puis, très vite une patrouille s'élance à sa poursuite, tandis qu'il court désespérément vers Boulay. Son avance est faible quand il atteint le bar-tabac marchand de journaux que Balard lui a signalé. Le rideau de fer commence juste à se soulever, il se jette à terre et rampe par en dessous. Il n'a pas un mot à dire, elle a compris tout de suite, la jeune fille de 16 ans, Maya Baron, qui cessant de lever le rideau le rabaisse aussitôt comme passe la patrouille.

Il lui faudra rester trois jours, enfermé dans un placard, avant qu'on ne puisse le conduire à Metz, puis, de filière en filière, avec de bons et mauvais hasards, des rendez-vous manqués, des erreurs de parcours, une tempête, un train dont il faut sauter en marche dans un virage, il se retrouvera au sud de Dôle, non loin de la ligne de démarcation qui est, sur ce point, définie par une jolie rivière jurassienne et romantique, la Loue, et prendre conscience de la cruelle réalité d'une France coupée en deux.

Il la franchira avec l'aide de résistants entre Mouchard, sur la rive droite et Chamblay, sur la rive gauche, et s'en ira à pied, car il est sans argent pour prendre un car, vagabond de la liberté au costume sale et déchiré, surveillant ses chaussures qu'il a déjà dû lui-même rapetasser de son mieux ; il s'en ira par Mont-sur-Vaudrey, patrie du président de la République Jules Grévy, jusqu'à Lons-le-Saunier où il restera le temps de se faire démobiliser et de toucher sa prime d'évadé. Il gagnera ensuite Mantray, dans les environs, où des cousins l'hébergent quelques jours, puis le midi de la France d'où il prendra un nouveau départ.

Les jours de Vichy.

La captivité, misérable et contraignante, exaltante et terre à terre prolonge son adolescence comme le collège son enfance, mais François Mitterrand s'y mûrit aussi. Il en est profondément marqué et c'est un homme de la réalité, d'une expérience et d'une pensée nouvelles qui maintenant s'en va, après une dizaine de jours de repos dans le Jura, pour rejoindre un petit port du midi, sans aucune notoriété en ce temps, Saint-Tropez, où des amis l'attendent. Il reprend contact avec sa famille, restée elle-même figée dans ses routines, avec ses amis anciens et nouveaux... Il remonte même sur Paris pour revoir sa « presque fiancée » du Quartier latin, mais ils ont évolué dans des sens différents et une bague de fiançailles ira, jetée du haut d'un pont, rejoindre le paradis des amours perdues.

Il lui faut trouver du travail, un travail qui ne le ramène pas dans sa Charente natale et familiale maintenant qu'il a connu l'indépendance ; il faut aussi qu'il apprenne où en est précisément la France.

Il n'est pas inutile de rappeler ici que dans les camps de prisonniers comme dans les commandos, et plus encore dans les commandos, on ne savait presque rien des événements et de la situation réelle. On ne pouvait compter pour s'informer que sur les communiqués officiels toujours glorieux et victorieux, que sur *Le Trait d'Union,* organe de la collaboration et de la propagande hitlérienne à l'usage des prisonniers, que sur les lettres venues de France qui, par crainte de la censure et des représailles qui pouvaient en résulter, étaient des plus discrètes.

Si parfois, on réussissait, lisant entre les lignes ou déchiffrant des rébus, à apprendre quelques faits, ils étaient partiels et tardifs. Restaient ces bruits incontrôlés, incontrôlables, les « bouthéons » partis souvent d'une réalité, d'une radio entendue au travail, de quelque conversation surprise entre Allemands ; ils étaient toujours déformés, jamais sûrs. On le savait, la France était sous la botte, coupée en deux zones, la « libre » et l'occupée ; elle était dirigée par le maréchal Pétain, l'homme de Verdun, un des vainqueurs de 1914-1918, dont le nom et le renom imposaient la confiance. On ne pouvait penser qu'il puisse forfaire à l'honneur en collaborant avec l'ennemi. Pour la grande majorité des prisonniers, il ne pouvait être que la France au même titre que ce général de Gaulle, inconnu alors et qui avait créé une France libre à Londres et dont bien peu d'hommes des stalags et oflags avaient pu entendre l'appel du 18 juin.

La réalité était certes bien différente, mais si l'on voulait la comprendre au retour de captivité, en fin 1941, il était nécessaire de reconstituer l'histoire des derniers dix-huit mois, d'apprendre dans quelles conditions Pétain avait pu accéder au commandement du pays et prendre les pleins pouvoirs en juillet 1940, puis rencontrer Hitler à Montoire en octobre de la même année et accepter la collaboration, de découvrir ce qu'était ce nouveau régime, la sinistre réalité du statut des Juifs (paru dans sa nouvelle version au *Journal officiel* du 2 juin 1941) et celle du massacre des otages de Chateaubriant comme de l'exécution de Gabriel Péri.

Il fallait tenter de se retrouver dans cette France où toutes les libertés fondamentales étaient sous contrôle, où tout, et d'abord la nourriture, était mis en carte et contingenté, de se retrouver au milieu des tendances contradictoires et des ambitions qui se heurtaient autour de Pétain, de faire le bilan de santé d'une France écrasée, ruinée, meurtrie, sans travail par manque de matières premières et le bilan de la guerre mondiale et celui de cette autre France exilée, dégagée de l'oppression, qui s'organisait et s'imposait peu à peu à l'étranger comme dans certains de nos territoires d'outre-mer.

Il fallait deviner que dans ce pays « en camisole de barbelés » (Loys Masson), dès la première heure, des hommes avaient refusé l'armistice, entretenu secrètement leur colère, ne pensant qu'à vivre libres, ne se préoccupant que d'une chose : la résistance à l'oppression allemande, comme le fit mon ami le socialiste Jean Texcier dans le premier écrit du refus « Conseils à l'occupé » (juillet 1940).

Déjà des combattants de l'ombre décidés à l'action se préparaient, travaillaient par le renseignement, le sabotage, par l'information, par des ouvrages comme celui de Vercors (le dessinateur Jean Bruller) *Le Silence de la mer* édité par les Editions de Minuit en février 1942. Le secret était de rigueur et il était généralement très difficile de savoir qui, à côté de soi, pouvait déjà être engagé.

Pour ceux qui revenaient d'Allemagne, un temps d'adaptation était donc indispensable. D'ailleurs vouloir participer à l'action clandestine était une chose, trouver les filières une autre chose.

Une occasion s'offre à François Mitterrand : il rejoint Vichy. Il trouvera un logement au 20 de la rue Nationale ; un ami de la famille, le commandant Le Corbeillier, attaché à l'état-major de l'Armée, a obtenu pour ce « bon jeune homme bien élevé et courageux », comme l'a prouvé son évasion, une place médiocrement rémunérée au Commissariat général aux prisonniers de guerre, où il sera attaché au secteur de l'information (service de presse et bulletin).

Vichy désigne Darquier de Pellepoix, raciste fanatique, comme commissaire aux « Affaires juives ». Une telle nomination, imposée d'ailleurs par l'occupant, inquiète et bouleverse François Mitterrand au moment où, en mai 1942, il s'installe, cherche à se situer, à situer les hommes qu'il côtoie. Il est heureux d'ailleurs de retrouver dans cette administration des camarades évadés comme Charvet, André Magne, Van Batten et d'autres. Tant au Commissariat aux Prisonniers de guerre que chez l'un ou chez l'autre on discute ferme de la situation et de ce que l'on peut faire. Encore marqués par la captivité, les évadés se demandent d'abord quelle aide efficace ils peuvent apporter à leurs camarades restés dans les camps. Le climat est nettement hostile à la collaboration.

Finalement, ils décident de fabriquer des faux papiers et d'organiser des filières d'évasion à l'usage de ceux qui veulent rentrer, mettant peu à peu au point une technique impeccable. Il faut ensuite trouver un moyen sûr de faire parvenir ce matériel dans les camps. Il sera soigneusement camouflé dans les manches de bois des brosses à dents, prévues dans les colis de la Croix-Rouge ou des Centres d'entraide. Ce sera leur premier geste, encore timide, vers une action d'opposants. Cette activité est dans la ligne de ce qui était souhaité par les dirigeants des camps les plus dynamiques d'Allemagne, comme le stalag XI B, où l'évasion, méthodiquement organisée, était liée à toutes les formes d'action contre l'occupant et à un esprit de résistance dans le camp comme à l'idée d'un regroupement des évadés en un mouvement de résistance en France qui sera le MRPG, Mouvement de résistance des prisonniers de guerre.

A Vichy, dans ce milieu du Commissariat aux Prisonniers de guerre, tout le monde conspire et refuse la soumission et la collaboration, à l'image du commissaire général Maurice Pinot, adversaire farouche de la politique de Laval, qui a su, par la persuasion et l'autorité, faire des organismes qu'il supervise, Mouvement Prisonniers, Maisons du prisonnier, Centre d'entraide, une base solide pour l'aide aux prisonniers et à leurs familles bien sûr, mais surtout aux évadés avec une arrière-pensée de préparation d'une action de résistance.

François Mitterrand y est bien placé pour définir des objectifs, choisir des hommes, préparer des regroupements. Les prises de contact avec les rapatriés des stalags et des oflags (malades, hommes âgés...), et les évadés, y sont faciles.

Par les uns, par les autres, on peut se renseigner sur le climat et les besoins des camps, apprendre à qui envoyer des faux papiers, connaître les évadés qui se trouvent en difficulté et les aider en leur trouvant un refuge, en leur procurant une nouvelle identité. On peut surtout découvrir et préparer des hommes sur qui on pourra compter le moment venu.

Ce sont les possibilités offertes au départ mais il faudra de longs mois avant que les buts et les moyens ne soient bien définis, avant de pouvoir dépasser le stade d'une petite action ponctuelle et localisée.

Certains se sont étonnés de cette pénible mise en route et en ont conclu que la conviction de François Mitterrand avait été lente à s'affirmer. C'était oublier, outre les obstacles initiaux que nous avons signalés, les lenteurs inhérentes à l'action clandestine : il fallait connaître son but, trouver des hommes de confiance et les contacter en un temps où les hommes et les communications étaient très surveillés, le courrier et le téléphone dangereux et cela même avant l'entrée des troupes allemandes en zone libre, le 11 novembre 1942 et plus encore après.

Tous ceux qui ont agi alors à la direction des Mouvements

savent combien il a fallu de temps pour organiser un réseau de correspondance et trouver des « boîtes à lettres » ; ils se souviennent des retards provoqués par les indispensables règles de sécurité, des difficultés pour renouer après un rendez-vous manqué et aussi des journées passées à effectuer de multiples voyages dans des conditions précaires et parfois dangereuses pour établir des contacts ou mener des actions d'information et d'organisation.

C'est pour ces raisons que, tout en ayant déjà en tête son idée d'un Mouvement qui s'appuierait sur cet élément dynamique qu'est la franc-maçonnerie des évadés, François Mitterrand a été sans hâte, comme à tâtons. Il a multiplié les précautions. On ne pouvait, en effet, même au début de 1942 et en zone libre, ignorer que certains éléments de la police de Vichy et de la Milice étaient favorables à la collaboration et à la répression contre tous ceux qui y étaient hostiles, que des résistants étaient arrêtés, torturés, parfois remis à la Gestapo, fusillés ou déportés. Après l'occupation de la zone dite « libre », le péril sera décuplé.

Il n'hésite donc pas à renforcer à l'occasion sa couverture, à accepter ainsi de donner, en décembre 1942, à une revue officielle intitulée *France,* une prose intitulée « Pèlerinage en Thuringe ». Ce sont des impressions sur sa captivité et son retour, prose sentimentale et descriptive d'un jeune homme appliqué et romantique. Mais une certaine facilité d'action vaut bien un peu de prose juvénile...

De l'été à l'hiver de 1942, la guerre s'étend toujours ; les Allemands ont poussé leurs troupes jusqu'à Stalingrad et y sont stoppés avant d'y être anéantis. De son côté, l'Afrikakorps de Rommel a traversé la Libye, atteint les frontières de l'Egypte et sa carrière s'achève à El Alamein tandis que les Américains par la force et grâce aux complicités trouvées sur place, débarquent au Maroc et en Algérie où le haut-commissaire Darlan est assassiné et remplacé par le général Giraud, bon soldat mais piètre politique, incertain de ses buts et qui sème la confusion et le trouble.

La France va, en cette année, être durement éprouvée par les exigences allemandes en matière de main-d'œuvre. D'octobre 1940 à juin 1942 il n'y avait pas de contrainte réelle, simplement quelque 163 000 de nos compatriotes, appâtés par le gain, séduits par la propagande ou victimes du chômage, étaient partis volontairement travailler en Allemagne. En mars 1942, Hitler doit compléter son armée avec des ouvriers allemands, il faut donc que les pays occupés compensent ces pertes. Un dictateur au recrutement et à l'emploi est donc nommé en mars, Fritz Sauckel qui déclare : « Tous les travailleurs de tous les pays occupés doivent partir en Allemagne », et Laval reçoit une première demande de 500 000 travailleurs.

Pour faciliter le succès de cette demande, Laval propose l'hypocrite manœuvre de la relève. Un prisonnier sera libéré pour trois spécialistes envoyés en Allemagne. A la radio, il proclame : « Français, c'est pour la liberté de nos prisonniers que vous partez travailler en Allemagne. » Comme incitation, un convoi de rapatriés arrive en France le 11 août, mais 17 000 spécialistes seulement et 47 700 manœuvres partent pour l'Allemagne et Sauckel furieux exige davantage. Le 4 septembre 1942 Laval signe une loi qui fait de tous les Français, quels que soient leur âge et leur métier, des requis en puissance. Désormais il y a de moins en moins de travailleurs volontaires, par contre en octobre quelque 175 000 Français sont déportés pour le travail par une action si brutale et si rapide qu'aucune parade ne peut être mise en place.

Jusqu'à la fin de l'année, les départs se poursuivirent. Au début de 1943, sentant une résistance accrue, les Allemands proposeront le retour de 50 000 prisonniers contre le départ de 250 000 travailleurs, soit 1 contre 5, mais en février s'organisait le Service du travail obligatoire (STO) qui menaçait particulièrement les jeunes. De toute façon, les anciens prisonniers résistants étaient profondément hostiles, d'autant plus que ceux qui purent revenir n'étaient pas libérés mais en congé de captivité et pouvaient, en cas de besoin, être renvoyés dans leurs camps. Ce moyen de pression avait les apparences d'un marché de dupes. Même chez les partisans de Pétain il y eut de l'opposition. Maurice Pinot et les hommes du Commissariat aux Prisonniers la montrèrent ouvertement.

François Mitterrand participe le 15 août à une réunion organisée à Montlaur, près de Gap, par Antoine Mauduit, catholique, idéaliste et homme d'action, qui a créé dans le château de ce village une sorte de phalanstère pour la méditation religieuse et morale par le retour à la terre. C'était le genre d'exercice que prônaient volontiers les gens de Vichy, mais ils ne pensaient pas que ce paravent idéologique cachait un centre d'entraînement pour combattants de l'ombre et le point de départ du premier maquis de France. François Mitterrand est venu là grâce à ses amis des Centres d'entraide[1], dont il vient

1. Organisme de secours aux prisonniers et à leur famille, créé le 26 mai 1942 par Maurice Pinot.

d'être nommé vice-président, avec pour président Louis Devaux, futur patron du CNPF et confrère de Marcel Barrois, un de ses plus fidèles compagnons de clandestinité.

Ainsi, peu à peu, le groupe prend forme avec l'appui total de Maurice Pinot qui encourage les fabrications clandestines et le travail de prospection pour mettre sur pied un mouvement de résistance. On appelle alors les membres du groupe les « Pin-Mits ». Au mois de novembre 1942, deux nouveaux venus au Commissariat, Védrine (directeur des centres d'entraide) et Chigot sont tout de suite d'accord et apportent leur concours total. La situation est d'ailleurs critique, l'hostilité entre Pinot et Laval ne cesse de croître. Laval demande sa démission à Pinot qui répond : « Non! je veux être chassé comme un domestique. » Laval hésite car le prestige acquis par Pinot est grand auprès des prisonniers et de leurs familles. Mais sa décision est déjà prise, il cherche l'occasion.

En attendant, François Mitterrand retrouve, au cours de ses déplacements, et intègre dans son groupe deux évadés du commando 1515 ; Patrice Pelat, tout prêt à l'action dans la Chartreuse, et Bernard Finifter fidèle au rendez-vous dans un train méridional. L'un et l'autre joueront un rôle important dans le mouvement futur. A Vichy il entraînera avec lui d'anciens camarades du Quartier latin, Jacques Marot et André Bettencourt qui deviendra plus tard député et ministre, ainsi qu'un haut fonctionnaire du ministère de l'Intérieur, J.-P. Martin.

En fin 1942, un hasard le remet en présence d'un ancien condisciple d'Angoulême, de Bénouville, membre actif d'un mouvement de résistance, qui va faciliter certaines rencontres importantes. Il verra ainsi Claude Bourdet, puis plusieurs membres du NAP (Noyautage des Administrations publiques) de zone sud avec des dirigeants comme Rollin, Nègre, qui sera le premier patron de l'Agence France-Presse, Suzy Borel des Affaires étrangères, future femme de Georges Bidault, qui chargeront son groupe de leur fabriquer de faux papiers pour des résistants, des réfractaires, des juifs.

Les chemins de la Résistance.

C'est le 14 janvier 1943 que la crise éclate. Laval se décide enfin à limoger Maurice Pinot, en faisant dire qu'il avait démissionné, et sans même avertir le Maréchal Pétain. Il le remplace par un ancien prisonnier, opportuniste, collaborateur et partisan de la relève, André Masson. Toute l'équipe dirigeante du Commissariat donne aussitôt sa démission ainsi qu'une bonne partie de la délégation en zone nord.

Devant l'orage provoqué par cette démission collective, Mitterrand, Védrine et Chigot vont passer quelques jours dans la Creuse, près d'Aubusson, dans la maison familiale de Chigot. Il faut faire une mise au point et définir une ligne d'action. La situation mérite examen car il faut vivre et poursuivre l'œuvre entreprise.

On ne peut fixer une date précise, mais c'est dans les premiers mois de 1943 que le mouvement, le rassemblement national des prisonniers de guerre, est créé. Jacques Benet (Auvray), un ancien du 104 rue de Vaugirard, devenu l'adjoint de François Mitterrand, situe en fin février début mars, après une nouvelle réunion à Montmaur (13 février 43) et après que Maurice Pinot a obtenu, par l'intermédiaire de B. de Chalvron, du général Revers une aide financière fournie par l'organisation de résistance de l'armée (ORA) pour les quatre permanents : Barrois, Benet, Mitterrand, Pilven, la véritable structuration du nouveau mouvement de résistance. C'est le Rassemblement national des prisonniers de guerre (RNPG). Il va regrouper plusieurs éléments : les « Pin-Mits », « La Chaîne » de Mauduit, les CAP (Centres d'action prisonniers) du docteur Guy Fric et de Gagnaire, futur député-maire de Villeurbanne, ainsi que les centres d'entraide de l'Allier. François Mitterrand devient « Morland » du nom d'une station de métro parisien[1].

Former un Mouvement, c'est bien; encore faut-il qu'il soit connu et reconnu. François Mitterrand poursuit donc sa politique de contacts, lie connaissance avec des résistants importants comme Baumel et Emmanuel d'Astier de La Vigerie, puis à Lyon avec Jacques de Montjoye chez qui il rencontre un représentant de l'équipe du stalag XI B, Michel Cailliau, neveu du général de Gaulle et créateur du réseau Charrette. Ils n'éprouvent aucune sympathie l'un pour l'autre. Henry Frenay, le patron du mouvement « Combat » écrit même dans ses souvenirs : « L'un et l'autre se détestaient cordialement[2]. »

1. Il faut remercier le groupe « Dossiers PG-Rapatriés. 1940-45 », créé et conduit par Maurice Pinot et animé avec compétence et efficacité par Jean Védrine. Son effort de recherche, de recollection des témoignages et documents sur l'action des anciens prisonniers en France, particulièrement dans la Résistance a été exemplaire. Il offre aux historiens de demain, en deux gros volumes datés de juin 1981, un ensemble de chronologies, de notes analytiques et explicatives, de témoignages d'un grand intérêt.

2. *La nuit finira*, par Henry Frenay, pages 282-283, Robert Laffont. Frenay mémorialiste n'a pas la classe de l'homme d'action ; les confusions, les partis

Frenay avait voulu les rencontrer parce qu'il avait appris, à son retour de Londres, en novembre 1942, que « des hommes, eux-mêmes anciens prisonniers, tentaient de développer dans ce milieu l'esprit de la Résistance ».

Henri Frenay et François Mitterrand auront donc une entrevue en février 1943, à Charnay-lès-Mâcon, en présence de Berty Albrecht, héroïne de la Résistance, très favorable à l'action des anciens prisonniers et à un effort d'unification des mouvements. Mitterrand définit sa stratégie : « Je me suis proposé d'utiliser les structures mises en place par le gouvernement de Vichy, Commissariat aux Prisonniers de guerre, Maisons du prisonnier, Mouvement Prisonniers pour prendre contact avec les évadés et les rapatriés et les intégrer dans l'action clandestine, pour développer avec eux un mouvement de résistance dont les structures sont maintenant en place. »

Frenay est séduit et accepte d'en instruire les premiers organismes unifiés de la Résistance, les « MUR » (Mouvements Unifiés de la Résistance) créés en mars 1943. Claude Bourdet y sera chargé de la liaison avec les anciens prisonniers et le Comité de coordination organisé en novembre 1942 par Jean Moulin, que le général de Gaulle a chargé de superviser la résistance intérieure.

Les idées de François Mitterrand sont approuvées, son mouvement, le Rassemblement national des prisonniers de guerre, reconnu et un appui financier lui est accordé. Désormais il est officialisé, classé comme responsable clandestin et il va se donner totalement à son action.

C'est à cette époque que réussissent à rentrer d'Allemagne les principaux dirigeants du mouvement créé au Stalag XI B : Philippe Dechartre (Jean Duprat-Geneau), Lebreton (Pierre Lemoign'), Charles Moulin (Charles Bonnet) et un mois plus tard André Ulmann. Ils vont le reprendre en main et développer vigoureusement ce qui avait été, selon les principes élaborés en Allemagne, amorcé par Michel Cailliau avec son réseau Charrette et quelques autres ici et là en France.

Parallèlement, le Front national (émanation du Parti communiste clandestin) chargera, en juin 1943, Delarue (Paumier) de développer une petite organisation d'anciens prisonniers, créée par un ancien du XI B, le camarade Duchesne, pour aider

pris, les jugements a posteriori abondent. Il est hanté par la peur du communisme, veut que Jean Moulin ait été manipulé par le PC, ce qui est démenti par tous, et que quiconque n'a pas été d'accord avec ses idées, ait été aussi un stipendié de ce parti. François Mitterrand, bien que Frenay ait été son témoin lors de son mariage, n'échappe pas non plus à cette suspicion.

les évadés, les amis restés dans les camps et les femmes de prisonniers et de l'unifier en mouvement de résistance. Ce sera le Comité national des prisonniers de guerre où se retrouveront entre autres Poirier, Bugeaud, Georges Thevenin, Delecole. C'est le plus secret de tous et François Mitterrand n'apprit son existence que de la bouche de De Gaulle à Alger. Il est clair qu'au départ surtout, les mouvements de prisonniers eurent des préoccupations et des modes d'action identiques. Le but initial était d'aider les évadés, d'envoyer dans les camps des faux papiers d'identité avec, autant que possible, des domiciliations dans des communes dont les archives avaient été détruites, et des cartes d'Allemagne à l'usage des futurs évadés ; de faire parvenir dans les camps des notes d'information précises sur la situation en France et sur l'évolution de la guerre ; de s'occuper des familles des prisonniers (étiquettes pour colis, formules officielles de correspondance, envois de faux marks de camp à retourner aux familles, etc.). Dans une seconde phase, les points d'appui étant assurés, on est passé à la lutte clandestine. Cette unité de vue et d'action favorisera plus tard la fusion des mouvements.

Sur le plan général la situation reste précaire en ce début de 1943. A l'intérieur, si les vivres sont rares (les cartes d'alimentation donnent droit à 120 grammes de viande par semaine et à un œuf par mois), les affiches de propagande qui vantent l'action contre le bolchevisme et le travail dans les usines de guerre en Allemagne se multiplient. C'est l'enfant qui dit en riant : « Finis les mauvais jours, papa gagne de l'argent en Allemagne », ou cette autre qui invite les Français à « donner leur travail pour sauver l'Europe du bolchevisme », propagande qui prend d'ailleurs les Français à rebrousse-poil. Le Service du travail obligatoire rendu effectif depuis février 1943 révolte ; les réfractaires sont de plus en plus nombreux ; des travailleurs qui viennent en permission tentent bientôt de gagner les premiers maquis pour ne pas repartir.

A l'extérieur, le général de Gaulle rencontre Giraud à Marrakech, le 24 février, avant de venir s'installer à Alger fin mai et de créer le CFLN (Comité français de libération nationale) qu'il préside d'abord avec Giraud, puis seul après le 9 novembre 1943.

La résistance intérieure, mieux assurée, tend à des regroupements qui doivent accroître son efficacité. Sous l'impulsion de Jean Moulin, après la création des MUR se met en place, en mai 1943, une sorte de gouvernement clandestin, le CNR (Conseil national de la Résistance) où vont se retrouver, à côté des dirigeants des grands mouvements, des délégués de partis politiques (notamment le PC et la SFIO) et des dirigeants syndicalistes. Dans ces conditions, le problème de l'union des trois mouvements de résistance des prisonniers ne doit pas tarder à se poser.

Aventures et mésaventures.

Il est difficile alors de vivre en clandestinité, mais François Mitterrand a la sagesse de suivre le conseil de prudence d'un de ses amis qui le fait inscrire fictivement comme délégué au Service national des étudiants, titre qui lui donne droit à une carte officielle et l'apparence d'avoir un travail alors qu'il n'a jamais su de quoi s'occupait exactement cet organisme, ni même où étaient ses bureaux, et qu'il n'a jamais été rémunéré par lui. En tout cas, cette fonction de façade lui vaudra une mésaventure. Au début de l'automne 1943 le gouvernement de Vichy tente une opération de séduction à l'égard de différents organismes bienfaisants ou corporatifs comme le Secours national, le Scoutisme français, la Corporation paysanne, le Service national des étudiants, les centres d'entraide des prisonniers de guerre.

C'est au titre de ce dernier organisme que François Mitterrand se vit offrir la « francisque [1] », la décoration du maréchal et de l'Etat français. Trouvant que ce satisfecit pouvait être une excellente protection pour un clandestin, il accepte... Il applique ainsi les conseils donnés au BCRA par Jean-Pierre Bloch : « Refuser une décoration, c'est se faire repérer... Ne vous démasquez pas, soyez complices, jouez le jeu. » Il aura donc comme parrains un industriel, Gabriel Jeantet, et un journaliste du *Temps*, Simon Arbellot. Cette francisque ne jouera d'ailleurs pas son rôle protecteur, car si elle lui fut réellement attribuée, elle ne lui sera jamais remise puisqu'il était à Londres quand sa nomination parut.

C'était d'une savoureuse ironie que ne comprirent pas ou ne voulurent pas comprendre, par la suite, certains de ses adversaires politiques qui la lui reprochèrent avec violence, bien que Simon Arbellot, son parrain, ait écrit après la Libération : « Je n'eus pas de mal à m'apercevoir que François Mitterrand et ses amis André Magne et Pierre Chigot notamment, se livraient à

1. Le brevet n° 2202 lui est attribué. Comme profession, il est reconnu « délégué au Service national des étudiants », preuve du désarroi qui régnait alors à Vichy ; ce titre fictif devient une réalité.

certains petits jeux qu'un fonctionnaire vichyssois n'avait pas à connaître. C'est le premier réseau qu'il me fut donné de deviner et d'approcher... »

Entre-temps, François Mitterrand a abandonné Vichy, avec raison, car un de ses camarades et son logeur sont arrêtés peu après au 20 de la rue Nationale. Il s'installe un moment à Lyon, où il travaille avec Munier, Marcel Barrois, Gagnaire, le docteur Guy Fric et bien d'autres.

« C'est dans le souterrain de la gare de Lyon-Perrache que je l'ai vu pour la première fois, raconte Philippe Dechartre. C'était par un triste petit matin brumeux et glacial qui évoquait plus les fusillés à l'aube que la joie des rencontres humaines. Je le revois toujours tout maigre avec son béret basque, sa moustache, des knickerbockers, un grand pardessus noir et un foulard vert foncé. Mon ami Lemoign' qui m'accompagnait et l'avait connu au stalag IX A, me le présente, on se dit trois mots ; il partit vers le Midi et nous vers nos clandestinités... »

Peu après, François Mitterrand s'installe à Paris, qui malgré des risques importants, offre de plus grandes possibilités d'action. Il y rejoint Patrice Pelat, Benet, Védrine, Bettencourt, etc., mais poursuit également ses déplacements provinciaux.

Comme il vient de remonter sur Paris, le gouvernement Laval organise un grand rassemblement (ils sont 3 500), de prisonniers rentrés et particulièrement de ceux qui sont revenus grâce à la relève, ainsi que des responsables de leurs organisations. C'est le 10 juillet 1943. L'ordre est assuré à l'intérieur par la Milice et au-dehors par les Allemands. Pierre Laval préside et vante à l'Assemblée la grande espérance de Montoire. Il ose dire : « Pour la première fois, l'Allemagne tendait la main à la France et laissait à notre pays toutes ses chances de se relever ! » Il ose malgré la guerre vanter « cette politique de conciliation et d'amitié avec l'Allemagne pour laquelle il demande des sacrifices aux Français ». C'est le bureau qui applaudit : Scapini, de Brinon, Darnand et le Commissaire général aux prisonniers de guerre, André Masson qui va chanter, devant une salle de plus en plus morne, la gloire du maréchal et les vertus de la collaboration.

Le but final est évidemment d'obtenir des participants l'approbation unanime d'une motion favorable à la collaboration, au travail obligatoire dans les usines de guerre allemandes et aux engagements dans la LVF (la Légion des volontaires français contre le bolchevisme). Soudain un homme se lève et crie : « Non, ce n'est pas vrai ! vous mentez ! la France n'est pas derrière vous ! » Il ajoute : « Nous n'acceptons pas le honteux marché que vous appelez la relève et qui se sert de nos camarades restés là-bas comme moyen de chantage pour justifier la déportation des Français... »

François Mitterrand, sous le nom et avec les papiers d'un certain Pierre Roussel, fait là, avec courage et autorité, ses débuts d'orateur public. La salle est surprise et se met à vibrer ; elle se serre autour de lui pour le protéger, tandis que le service d'ordre, perdu, incertain de ce qu'il doit faire, n'ose intervenir et qu'au bureau, ces Messieurs de la collaboration restent consternés. Leur opération a échoué, leur beau projet tombe à l'eau... Bien entouré, François Mitterrand réussira, sa diatribe achevée, à échapper aux miliciens et à disparaître.

L'affaire fera du bruit et Maurice Schumann en rappellera les termes essentiels à Radio-Londres, le 12 janvier 1944.

Après ce coup d'éclat, il reprend ses déplacements et son action, en particulier à Lyon, où, au passage, il renoue des contacts avec le CNR qui l'admettra comme membre consultant de la Commission sociale que préside Bloch-Masquart, un des chefs de l'OCM (Organisation civile et militaire). En septembre, il rencontrera encore Pascal Copeau, Claudius Petit et Avinin, chargé de suivre les trois mouvements de prisonniers de guerre. Avec eux, il va soulever le problème de la fusion et de ses modalités. Il leur montrera que son organisation est alors la plus forte, la plus structurée, celle qui a la plus large implantation et propose un plan d'union qui est approuvé et qu'il est chargé d'aller défendre auprès du gouvernement d'Alger.

Automne 1943 : l'offensive générale contre l'Allemagne nazie est commencée et en septembre, les troupes alliées ont débarqué en Italie ; sur les murs de Paris fleurissent des affiches qui évoquent l'anniversaire de la bataille de Valmy (20 septembre 1792) et proclament : « La patrie est en danger ». Elles sont l'œuvre des FTP. C'est la première manifestation ouverte de la résistance intérieure. C'est aussi la révélation d'une réalité, car l'oppression allemande se fait de plus en plus pesante vers la fin de 1943, quand le général SS Oberg veut imposer à Laval l'entrée de Darnand, chef de la Milice, au gouvernement comme ministre de l'Intérieur. Laval réussit à gagner du temps mais il est déjà aux abois.

Le premier face à face avec de Gaulle.

Disposer d'un mouvement de résistance, être lié avec les responsables nationaux et les dirigeants des autres mouvements, savoir que son action est reconnue officiellement, c'est bien mais il faut encore recevoir la bénédiction du général de Gaulle, surtout si l'on veut rester maître de son action et s'il y a des opposants. C'était l'indispensable « pèlerinage à La Mecque » des résistants. Et puis, après l'éclat de la salle Wagram, il n'est pas mauvais de prendre l'air. Il faut donc aller à Alger. A l'époque ce n'est pas tellement facile et le plus simple est de transiter par Londres, donc d'obtenir son passage sur un avion clandestin.

Par chance, François Mitterrand a eu, en ce début d'automne 1943, des contacts avec l'Organisation de résistance de l'Armée (ORA) créée après l'armistice mais qui a été un moment suspecte à la Résistance à cause d'une certaine faiblesse pour le général Giraud [1]. Les choses s'étant finalement arrangées avec la venue de De Gaulle à Alger, l'ORA est rentrée en grâce et c'est avec un de ses membres que François Mitterrand s'envolera le 15 novembre d'un terrain sis sur le territoire de Seiches-sur-le-Loir entre Angers et La Flèche à bord d'un Lysander anglais pour gagner Londres où on le nommera capitaine Monnier.

C'est la première étape, et elle lui réserve des surprises. Les fonctionnaires gaullistes de la France libre veulent lui faire signer un engagement dans les forces de la France combattante. Il refuse, expliquant : « Il y a un travail énorme à faire en France, je suis responsable d'un Mouvement, j'ai une mission à remplir auprès du général de Gaulle avec l'accord du CNR... », mais son refus entraîne leur propre refus de lui trouver une place sur un avion pour Alger.

Le petit jeu aurait pu durer longtemps si le capitaine de Courson, ses amis de l'ORA, des membres du réseau Buckmaster et le colonel Passy ne lui avaient facilité les choses en lui permettant de prendre place sur un « bristol » qui emmenait à Alger un membre du Cabinet de Henri Bonnet, chargé de l'Information.

A Alger, où il arrivera le 3 décembre, il n'est pas perdu ; il retrouve son frère Jacques, Henri Frenay et d'Astier de La Vigerie, devenus, depuis le 9 novembre, le premier commis-

1. Il faut signaler que le mouvement Pinot-Mitterrand avait alors la réputation assez justifiée d'être favorable à Giraud, ce qui ne devait pas lui rendre de Gaulle favorable. Un rapport d'André Ulmann (XI B) à de Gaulle du 16 juin 1943 parle encore du « mouvement attentiste et giraudiste de Mitterrand ». Ce n'était plus exact à cette date.

saire aux prisonniers de Guerre et Déportés, le second commissaire à l'Intérieur, tandis que son ami Dayan, mobilisé comme aspirant à Alger, accourt le voir. Tout de suite Mitterrand fait demander une audience à de Gaulle par l'intermédiaire de Frenay, qui l'accompagnera, quand, peu après, il se rendra sans préjugé à la villa des Glycines. L'entretien sera déroutant, cordial et rude ; il finira plutôt mal.

De Gaulle a entendu parler de François Mitterrand, il le cite d'ailleurs dans ses souvenirs parmi ceux qui lui envoyaient de bonnes informations de France sur la situation du pays, sur l'action des résistants et l'état d'esprit des habitants ; il le connaît aussi, moins avantageusement, par les lettres de son neveu Michel Cailliau, comme un homme qui a ses idées et ne se laisse pas manœuvrer.

L'entrée est marquée par un trait de l'humour spécial du Général : « Pourquoi êtes-vous donc venu à Alger sur un avion anglais ? » Ce « voyagez français » peut paraître aujourd'hui assez saugrenu mais traduisait un reproche au résistant qui ne s'était pas plié aux règles de la France libre et ne s'était pas engagé à Londres dans les Forces françaises.

Le coup porté, de Gaulle enchaîne avec plus d'aménité et un certain sourire sur les conditions actuelles de vie, d'opinion et de lutte en France ainsi que sur l'effort particulier des mouvements de résistance des prisonniers. Il précise qu'il n'y a pas eu d'armistice et que la France est à Alger où on se doit de rester. Enfin arrive l'instant crucial. « Il y a trois mouvements de résistance des prisonniers, il est nécessaire pour l'action qu'ils fusionnent sous les ordres de Charrette. » Mais il ne dit pas que Charrette est le nom de résistance de son neveu Michel Cailliau.

Mitterrand proteste et tente de faire admettre que la résistance intérieure a ses règles et qu'il n'est pas normal de lui imposer une décision autoritaire. On est d'accord sur l'union, mais elle ne peut provenir que d'une discussion entre les dirigeants de ces mouvements et selon les modalités qu'ils adopteront librement sous la présidence du Comité national de la Résistance.

De Gaulle est devenu très froid, il souligne l'importance qu'il attache au problème des prisonniers et à la préparation de leur retour, à la propagande qui doit être menée dans les camps, à une efficacité accrue des actions communes des mouvements. La demi-heure est écoulée, un sourire, une poignée de main... et Dayan retrouve dans l'entrée un François Mitterrand plutôt abattu, frappé par l'autorité de l'homme comme par sa partialité.

Les complications vont suivre. On veut qu'il s'engage, on veut le nommer délégué à l'Assemblée consultative, on lui refuse le moyen de rentrer en France, comme il le demande. La résistance intérieure n'est pas très bien vue, en général, à Alger...

L'homme qui a été, par la suite, accusé d'être un ambitieux forcené, vient — et cela lui arrivera plus d'une fois par la suite — de s'attirer l'animosité du chef de la France libre, pour rester fidèle à lui-même et à ceux qui, en France, lui ont donné leur confiance, et cela en dépit de toutes les difficultés qui peuvent en résulter.

Elles ne manqueront pas dans la circonstance[1] mais il résiste, réussit à s'affirmer, à s'imposer, à se faire reconnaître par tous comme responsable d'un mouvement à existence officielle. Finalement, grâce à un membre du cabinet militaire du général Giraud, il peut gagner rapidement Marrakech, où un dirigeant marocain, qui loge déjà Joséphine Baker, lui donnera asile. Par un coup de chance, il peut profiter de l'avion de Montgomery, qui le dépose à Southampton avec de Chevigné et un des gendres de Paul Claudel. De là, il gagne Londres où il lui faudra encore patienter quelque trois semaines au cours desquelles il nouera de nombreux contacts, notamment avec Waldeck Rochet, avant qu'une grosse vedette MTB, puissamment armée, ne l'emmène avec deux autres résistants vers les côtes bretonnes. Ils seront lâchés dans des barques vers la passe du Beg an Fry — le bout du nez — un promontoire situé entre Loquirec et Saint-Jean-du-Doigt. Des résistants les recueillent, leur font passer la nuit dans un baraquement de bois proche de la côte. Au petit matin une camionnette de marayeur emmènera Mitterrand jusqu'à Morlaix d'où il prendra le train pour Paris, sans histoire.

Gare Montparnasse, à Paris, il y a un service d'accueil... Un policier lui fait ouvrir sa valise où il découvre un revolver. Il referme la valise et dit : « Police économique, ce n'est pas ce que je cherche. » Ouf ! Il faut maintenant reprendre les contacts, faire le point avec ses amis et préparer la fusion.

On est en février 1944 ; la vie, en France, est de plus en plus

1. Il rappelle dans *Ma part de vérité,* page 21, qu'il a toujours en main un document émanant d'un familier de De Gaulle qui proposait de l'envoyer sur le Front d'Italie ou de le garder dans un bon régiment à Alger ou à Londres « par mesure de sécurité pour lui » !

difficile ; l'Allemagne nazie, harcelée de toutes parts, renforce ses exigences et sa pression sur Pétain et Laval ; Sauckel, le négrier, veut que notre pays lui fournisse 91 000 travailleurs par mois ; la Gestapo et la Milice accentuent leur répression tandis que Philippe Henriot, nouveau responsable de l'Information, joue les sirènes de la collaboration, disant de sa belle voix séduisante : « Nous sauverons la France malgré elle ! », et que Jean-Hérold Paquis ressasse son éternel leitmotiv : « L'Angleterre comme Carthage sera détruite. » En face, les maquis se renforcent et l'action directe contre l'occupant se développe.

Rentré à Paris, François Mitterrand constate bientôt que, malgré quelques à-coups, son Mouvement se porte bien et qu'il peut prendre les premiers contacts en vue de la fusion avec les autres mouvements et avec le CNR. Philippe Dechartre le voit ainsi à une entrevue préparatoire accompagné de ses amis Benet, Ripert et Merli. Il faut un certain temps avant que tout ne soit réglé. Enfin la réunion définitive aura lieu dans l'après-midi du 23 mars 1944, au 117, rue Notre-Dame-des-Champs, dans l'atelier de deux amis peintres, Denise et Georges Goës (lui est un ancien du XI B). Sous la présidence d'Avinin, qui représente le CNR, François Mitterrand, assisté de son second Jacques Benet-Auvray se trouve en face de Philippe Dechartre, de Pierre Lemoign', de Charles Moulin (stalag XI B) et de Paumier (Front national-Parti communiste). C'est là que je l'ai rencontré pour la première fois. On se doute que, sur la période antérieure comme sur la suite des événements et d'une action menée désormais en commun, nous avons eu souvent l'occasion de discuter.

Philippe Dechartre raconte : « Je me suis retrouvé assis à côté de François Mitterrand sur un divan dans l'étroite loggia de l'atelier. Je l'avais vu trop rapidement auparavant pour pouvoir le juger, mais j'avais un sérieux préjugé contre lui. On me l'avait dépeint comme un catholique fort conservateur alors que notre équipe du XI B était nettement orientée à gauche. Au bout d'une heure de discussion, je commençais à être conquis. Certes il y avait cette apparence froide, cette dialectique implacable et sèche, mais j'avais été frappé par son réalisme humain, par certains coups d'œil rapides qui dénonçaient une chaleur insoupçonnée, par des élans, vite réprimés d'ailleurs. En tout cas, il n'était pas possible de rester indifférent. Tout le temps qu'a duré notre combat clandestin, mes impressions favorables n'ont fait que se confirmer et j'ai apprécié sa droiture, sa sincérité, sa fidélité, qualités que j'ai toujours retrouvées en lui par la suite. »

Tous les participants furent étonnés de la facilité avec laquelle la fusion fut réalisée. En fait, tous ces anciens des stalags parlaient le même langage, ils avaient vécu les mêmes expériences, ils se sentaient toujours mobilisés et comprenaient la nécessité d'unir leurs efforts. Il fut donc décidé sur-le-champ que désormais un seul mouvement existerait, le Mouvement national des prisonniers de guerre et déportés (MNPGD) avec un Comité exécutif restreint présidé par François Mitterrand, assisté de Philippe Dechartre, Jacques Benet et Paumier. Un Comité directeur complétait l'organisme central dont firent partie, parfois successivement, Pierre Lemoign', Gagnaire, Bertin, Charles Moulin, Pierre Bugeaud puis Delecole et André Bettencourt. Michel Cailliau, lui, gagne en avril 1943 Alger par l'Espagne (filière du BCRA). Il continuera à y travailler avec et pour le mouvement.

Ce climat favorable n'existe pas seulement à la tête, et la fusion sera connue et approuvée, sans problème, à tous les échelons.

Le sens de la fraternité acquis dans les camps, le courage et l'esprit de décision de ceux qui se sont évadés, les souffrances qu'ils ont endurées ont créé, avant la lettre, l'esprit et l'entente.

Il faut se hâter car l'événement presse, et l'on fait vite. A cet effet, les mécanismes mis en place par chaque mouvement sont conservés. On peut ainsi agir immédiatement en sauvegardant les dispositifs de sécurité. Les filières d'information et de liaison établies ne sont pas touchées et c'est par leur canal que sont transmis les directives nationales, les renseignements, les recommandations indispensables ainsi que la définition des limites dans lesquelles chacun peut agir sous sa responsabilité, sur son initiative propre. Les schémas d'action sont définis et mis au point, les responsables nationaux ou régionaux des différents secteurs d'activité sont désignés. On prévoit le développement des maquis (avec Barrois), des groupes-francs (avec Jean Munier), des commandos et des groupes de sabotage. Les règles de sécurité sont précisées et bientôt les responsables seront doublés pour pallier toute rupture si l'un ou l'autre venait à être grillé, arrêté ou tué.

Un service de propagande en France et d'information vers l'Allemagne est organisé sous la direction de Charles Moulin assisté de Georges Le Sidaner. Ainsi naîtra, succédant au *Temps des Captifs*[1] le clandestin *L'Homme Libre* qui aura avant

1. Il faut également mentionner un bulletin intérieur, *Le Front des barbelés*, qui a survécu comme mensuel de la Fédération de la Seine des combattants prisonniers.

la Libération une édition à Paris, puis, dans un maquis du Cantal, sous la responsabilité de Marcel Haedrich, une autre qui connaîtra en Auvergne une grande diffusion.

Des tracts seront imprimés et diffusés en Allemagne[1] rédigés en français, pour informer les prisonniers de la situation et les préparer à la libération et à l'action, ou en allemand pour saper le moral des autochtones et favoriser les opposants au régime hitlérien.

La fusion est bénéfique ; les divergences politiques s'effacent devant les nécessités de l'action. Le tempérament plus combattant des uns, lié à l'esprit d'organisation ou à la rigueur dans le respect des règles de sécurité des autres, va donner un étonnant dynamisme à tous. De plus, l'importance des implantations préparatoires mises en place par les uns et par les autres (on en trouve dans dix-sept régions de France), se révèle soudain et l'on constate que les anciens des stalags forment un des plus importants mouvements de la Résistance. Les Allemands eux aussi s'en rendent compte. Les gestapos allemandes et françaises s'acharnent contre le MNPGD. Une grande offensive est notamment menée contre lui en juin 1944.

Il ne s'agit pas ici de dresser un mémorial. Il faut pourtant rappeler quelques noms : la mort de Steverlinck et de Mauduit, l'arrestation et la déportation de Bertin, d'Eléonore Cramer (la future Mme Dechartre), d'Antelme et de sa sœur, de Barrois (mort en déportation), puis d'André Ulmann. Quant à Pierre Lemoign', arrêté, torturé, il fut arraché par un commando au camp de Compiègne juste avant son départ en déportation. Il y aurait bien d'autres noms à citer car, si l'action a été considérable, le prix payé a été lourd. Au fond, François Mitterrand n'aime pas en parler. Parfois, avec un de ses compagnons d'alors, le nom d'un disparu, mort dans la lutte ou des suites de la déportation, est évoqué. Il redit ce nom, note parfois un fait, un souvenir et l'on se tait.

Premier responsable du MNPGD, il déploie une inlassable activité, il est toujours là où il faut, aux comités directeurs qui décident aussi des actions à mener lors de la Libération (la protection des camps lors des combats, le refus du cordon sanitaire demandé par Alger et un retour immédiat, le refus de toute consultation politique avant les retours...). Il multiplie les voyages pour bien expliquer la situation nouvelle aux responsables provinciaux et les nouvelles directives, pour

1. Grâce aux liaisons organisées par André Ulmann, en particulier dans les milieux des chemins de fer allemands.

trouver des hommes qui conduiront l'action, pour assurer les liaisons, ou encore pour définir les marges d'initiative. Toute cette activité est rendue encore plus délicate par les difficultés de déplacements et de rencontres et la pression de plus en plus sensible des polices allemande et « collaborationniste ».

Mitterrand échappe de justesse, et à plusieurs reprises, aux coups de l'adversaire : notamment lors d'une descente de la Gestapo au centre de la rue Dupin à Paris, grâce à son habitude de toujours téléphoner avant de se présenter. Là, je ne fus pas témoin, mais j'étais avec lui, avenue Charles-Floquet au Champ-de-Mars dans ce rez-de-chaussée où se tenait le comité directeur en avril 1944 ; on sonne, Bertin le locataire des lieux, va ouvrir et est aussitôt emmené. On le croyait seul. Tous les présents ont compris, la Gestapo est là ; dans le calme, nous nous dirigeons vers la cuisine, sautons par la fenêtre dans la cour arrière, franchissons une grille, une cour et l'immeuble qui fait face, et nous nous retrouvons dans l'avenue parallèle. Dispersion immédiate, mais sans concertation, par des voies différentes ; nous revînmes sur les lieux voir la situation et vérifier si quelque retardataire n'arrivait pas.

Il faut en outre rencontrer d'autres responsables résistants, entretenir et développer les contacts existants avec le CNR pour mieux insérer l'action du Mouvement dans les actions d'ensemble proposées à tous les Mouvements de résistance ; il faut aussi veiller à un certain nombre d'activités propres au MNPGD.

Les compagnons de François Mitterrand apprennent alors à mesurer cette étonnante résistance physique et intellectuelle qui se révélera à tous, plus tard, dans sa vie politique.

Ces tâches ne comblaient sans doute pas son activité puisqu'il va pouvoir encore les agrémenter d'une idylle. Un jour de mars 1944, il déjeune avec son ami et collaborateur Patrice Pelat (le colonel Patrice de la Résistance), venu avec Madeleine Gouze (la productrice Christine Gouze-Rénal, Mme Roger Hanin), résistante elle-même, qui lui montre au cours du repas une photographie de sa jeune sœur, Danielle. La légende familiale veut qu'il ait été si troublé par ce visage, qu'il se serait écrié : « C'est elle que j'épouserai. » En tout cas, il n'a de cesse que la grande sœur ne fasse venir sa cadette de Cluny où elle réside, à Paris à l'occasion des fêtes de Pâques et qu'ils ne se rencontrent pour un déjeuner « chez Beulemans », boulevard Saint-Germain.

A la sortie, Danielle ne sait pas très bien où elle en est, mais lui il est conquis et veut la revoir. Comme son ami de captivité et de Résistance, Bernard Finifter, va se marier à Toulouse, il décide de l'emmener avec lui. Encore faut-il son assentiment et celui de ses parents. Il organise donc des déplacements, indispensables pour son action, de façon à passer par Cluny et à se retrouver en fin de parcours à Toulouse.

... A Cluny, c'est un monde nouveau qu'il va découvrir. Les parents de Danielle habitent un peu à l'écart de la ville, route de Salornay. Sur la gauche, après le Champ de Foire, comme la campagne est déjà là, une grille suivie de la façade d'une petite maison qui est louée. Derrière la grille, au fond d'une cour-jardin, une autre petite maison, toute simple à un étage. Derrière la maison, un jardin potager qui donne sur une autre route... M. et Mme Gouze vivent là, très retirés, un peu en proscrits. Lui avait été instituteur, puis professeur et directeur de collège. Il était laïque, socialiste et dignitaire franc-maçon, philosophe lucide et courageux, droit et ferme dans ses convictions, intransigeant et utopiste. Il avait été mis à pied, sans salaire, par Vichy en raison de ses opinions ainsi que sa femme, une institutrice, laïque aussi, vive et gaie, courageuse et réaliste. Ils se complètent admirablement.

L'un et l'autre ont opté spontanément pour le refus et la Résistance. Leur double maison est un centre actif de liaison et d'action. On y travaille avec les mouvements de la région et avec les maquis voisins et, sous couvert de location, la maison du devant abrite généralement des résistants en difficulté[1]. Henri Frenay, le patron de « Combat » y est venu et surtout Berty Albrecht qui se fera arrêter le 26 mai 1943 lors d'un rendez-vous piégé dans Cluny, ce qui vaudra à ses hôtes une descente de la Gestapo. Mais comme c'était une locataire et qu'on ne trouve rien de compromettant grâce au sang-froid de Mme Gouze qui fait disparaître, à la barbe des policiers allemands, le stencil d'un document clandestin, ils ne seront pas inquiétés.

La Résistance est une bonne entrée en matière et François Mitterrand se sent vite à l'aise dans cette famille qui est à l'opposé de la sienne, tandis que M. Gouze apprécie la solide formation classique et l'intelligence de son hôte, cependant que Danielle commence à s'habituer à ce bouleversement de sa vie.

« Au début de cette année 1944, m'expliquera-t-elle, j'étais une jeune fille toute simple, qui vivait très strictement avec ses parents, à l'écart de tout, insouciante, heureuse et libre.

1. Le Comité national de la Résistance y a même tenu une de ses séances secrètes.

J'aimais les lentes et longues promenades à pied à travers la campagne et je travaillais beaucoup pour pouvoir passer mon baccalauréat. Mon père me guidait et j'allais deux fois par semaine à Mâcon prendre des leçons avec des professeurs du lycée ; j'y allais à bicyclette sauf par trop mauvais temps, alors je prenais le train.

« Mes parents m'avaient tout caché de leurs activités clandestines mais je devais bien m'étonner des visiteurs furtifs qui se glissaient chez nous, des locataires invisibles de la maison attenante, de ces plis que l'on me donnait parfois à porter discrètement ici ou là. C'était un peu oppressant, mais je n'ai vraiment compris que quand la Gestapo est venue perquisitionner après l'arrestation de Berty Albrecht [1]. J'ai beaucoup admiré la présence d'esprit et la maîtrise de soi de ma mère en cette occasion. Alors il a bien fallu qu'elle m'explique la situation.

« Désormais c'en était fini de ma tranquillité : il y a eu ce voyage à Paris où j'ai rencontré François, les attaques allemandes contre les maquis de Saône-et-Loire et, sur la route, mon premier mort, le fils d'un boucher de Cluny, tué d'une balle dans l'œil. De ce jour j'ai voulu aller chaque fois qu'il le fallait au maquis pour aider, au moins, à donner des soins.

« Et puis, il y a eu ce tourbillon nommé François, ses passages à Cluny, ses messagers. En juin, il envoie un de ses amis, Ferréol de Ferry, me chercher pour me conduire à Paris, chez mes cousins car il a perdu des photos, dont la mienne, et il craint pour ma sécurité. Je reviendrai à Cluny pour mon bachot où je suis, dans ces conditions, tout naturellement recalée. Le 11 août, c'est un autre de ses amis, Jean Munier, qui doit m'emmener à Dijon chez ses parents. François sait que Cluny va être bombardé et veut que je sois à l'abri. Chaque fois, ma mère, non sans hésitation, m'a fait confiance et cela m'a donné confiance en moi. Je restais pourtant un peu inconsciente puisque je partis pour Dijon à bicyclette avec, dans ma valise, une belle robe taillée dans la toile d'un parachute anglais ! C'est dans Dijon, libérée quelques jours après Paris, que François vint me chercher pour me reconduire à Paris via Cluny... »

La Libération.

Entre-temps, la situation générale s'améliorait puisque la victoire de Monte-Cassino en Italie ouvrait la porte de Rome,

1. Berty avait laissé à Danielle une boîte ouvragée que nous avons toujours vue dans sa chambre.

que l'île d'Elbe avait été conquise par le maréchal Juin, que la pression s'accentuait contre l'Allemagne hitlérienne. En France, par contre, les mois qui précédèrent le débarquement furent très pénibles. Darnand, responsable de l'ordre puis Secrétaire à l'Intérieur, donnait tous pouvoirs à sa Milice [1] pour écraser brutalement les résistants et ceux qui les couvraient et lui enjoignait de livrer à la Gestapo les suspects qu'elle réclamait.

Le monstre hitlérien blessé et harcelé devient encore plus féroce ; SS et Gestapo délirent. Ce sont les massacres de Tulle et d'Oradour-sur-Glane. Les fusillades d'otages en représailles contre les attentats et les sabotages comme les déportations se multiplient. Les troupes allemandes sont lancées à l'attaque des maquis qui gênent leur ravitaillement, ralentissent leurs déplacements, attaques dont les points culminants sont l'assaut du Plateau des Glières en mars et les combats du Vercors jusqu'en juillet.

A Alger, on se prépare activement pour la libération du pays. L'Assemblée consultative fonctionne et les mouvements de résistance sont invités à envoyer d'urgence leurs représentants. Philippe Dechartre et Jacques Benet-Auvray, désignés par le MNPGD (comme l'avaient été aussi Gagnaire, Bugeaud et André Ulmann, alors déporté), partent, chargés de missions précises, le 6 mai par l'Espagne. Par malchance, ils seront arrêtés et internés à Pampelune, ne pouvant arriver au but que le 15 juin. Ils représenteront la France combattante aux cérémonies du 14 Juillet.

A la même époque, le Comité français de libération nationale (CFLN) est devenu le Gouvernement provisoire de la République française (GPRF) et les ministres sont invités à désigner, dans la Résistance, des hommes qui pourront, avec le titre de secrétaires généraux et sous la conduite de M. Parodi, assurer l'autorité et la continuité du pouvoir au moment de la Libération, en attendant le retour de l'équipe d'Alger. Pour cet intérim, Henri Frenay désigne François Mitterrand comme responsable des prisonniers et déportés ; de Gaulle approuve.

Dès le début de juin l'action est lancée. Le 3, de Gaulle est prié de rallier Londres d'urgence et le 6 c'est le débarquement en Normandie et, à la mi-juin, le premier commissaire de la République installé à Bayeux. Désormais la France haletante,

1. Elle assassine alors Jean Zay, le 20 juin et Georges Mandel le 7 juillet.

exaltée, inconsciente d'héroïsme parfois, va vivre son retour à la liberté.

Au cours de ces derniers mois l'action politique de la Résistance est marquée par la mise au point du programme du CNR, de l'organisation des Comités de Libération (CDL) qui doivent, dans chaque commune, comme les Commissaires de la République pour le département ou la région, assurer la transition et la réalité du pouvoir. Son action militaire grâce aux hommes des maquis, à tous ceux des Forces françaises de l'intérieur (FFI), des Francs-Tireurs et partisans (FTP) prend alors toute son ampleur et joue un rôle souvent ingrat mais capital par le harcèlement des convois, par des sabotages et des attaques des voies ferrées et routières, par la destruction des stocks de munitions et d'armes, par les retards apportés au ravitaillement et aux approvisionnements et même aux mouvements de troupes. La machine allemande est fortement paralysée.

Les équipes du MNPGD firent alors très largement et souvent très brillamment leur devoir. Nous ne voulons pas rappeler telle ou telle action, nous ne voulons pas mesurer. Ce qu'a fait la Résistance, comme ses morts et ses martyrs, fait partie d'un grand ensemble de gloire, de dévouement, de sacrifice que nul mouvement, nul parti n'a plus le droit aujourd'hui de s'attribuer en propre.

Le gouvernement de Vichy commence aussi à se sentir aux abois, le maréchal Pétain est emmené à Paris et sera envoyé à Sigmaringen en Allemagne au mois d'août. Le 28 juin la Résistance abat le saboteur du moral des Français, Philippe Henriot.

Si la Gestapo française (celle de la rue Lauriston avec Bony et Lafont) et la Milice continuent leur œuvre de sang, elles sont de plus en plus contrées. La foi dans la collaboration commence sérieusement à se perdre. Bien des vestes se retournent...

François Mitterrand et les dirigeants du MNPGD restés à Paris sont pratiquement coupés de leurs équipes provinciales. Il leur reste à se préparer pour la libération de la capitale. On suit attentivement l'avance des armées de Leclerc et de Patton qui frappent les coups du destin : Saint-Lô le 15 juillet, Avranches le 30, Rennes le 5 août, Le Mans le 9, Alençon et Chartres le 10, Orléans le 15 comme l'armée de Lattre de Tassigny débarque en Provence, Dreux le 19... L'arrivée des Alliés à Paris est donc imminente. Le 18, sont placardées des affiches de mobilisation générale signée du gouvernement provisoire de la République, des réunions de dirigeants se font à la Préfecture de Police, changée en camp retranché de la Résistance. François Mitterrand y participe activement.

Le 19 août, sous les ordres du colonel Rol-Tanguy, l'insurrection commence. Les FFI doivent éviter les bâtiments fortifiés où se sont réfugiés les ennemis, mais les harceler, s'emparer de l'Hôtel de Ville, des mairies, des bâtiments publics, des dépôts.

Le 20 août, tandis que Parodi et le consul Nordling négocient une trêve avec le responsable allemand, général von Choltitz, trêve qui sera conclue et dénoncée aussitôt par les Comités de libération et les FFI, Paris commence à construire des barricades et François Mitterrand, avec un des commandos de Jean Munier dit Rodin s'empare, revolver au poing, de l'immeuble du Commissariat aux prisonniers, rue Meyerbeer, et s'y établit en responsable. Le Mouvement réquisitionne un immeuble rue de Tilsitt pour y installer ses services, l'imprimerie Centrale du Croissant, près du café où fut tué Jean Jaurès, et des bureaux, rue de la Paix, pour réaliser et administrer un quotidien du soir, son périodique clandestin.

Le 22 août, dans un Paris hérissé de barricades, les journaux de la France Libre : *Combat, Franc-Tireur, Ce Soir, Le Populaire, L'Humanité, L'Homme libre,* etc. sont vendus à la criée dans les rues à côté même des camions auto-mitrailleuses et chars des Allemands en fuite.

Des lendemains en plein jour.

Les événements vont vite, après l'arrivée du général Leclerc, le plus populaire alors des hommes de France, qui gagne un soir la Préfecture de Police, tandis que dans la nuit les cloches de toutes les églises de Paris se mettent à sonner le retour de la liberté, que les rues s'illuminent un instant et que retentit la Marseillaise. De Gaulle est reçu le 25 à l'Hôtel de Ville par les représentants de la résistance intérieure.

Venu dans la jeep d'un correspondant de guerre américain, j'y retrouve François Mitterrand et Pierre Lemoign' dans cette petite pièce où Georges Bidault reçoit de Gaulle au nom du CNR. Le moment est extraordinaire et on touche au délire quand, les discours achevés, de Gaulle, traversant le grand salon, va paraître au balcon central et salue la foule qui emplit la place et hurle sa joie. Il crie : « Paris est libre, la guerre continue » en se penchant si bien en avant qu'il manque basculer. François Mitterrand et le colonel de Chevigné ont juste le temps de le retenir par les jambes.

Le 27, de Gaulle réunit un conseil des ministres du gouvernement intérimaire présidé par Parodi, assisté de Le Troquer. Parmi les seize secrétaires généraux représentant les ministres d'Alger, François Mitterrand. Trente et un ans après, dans *La Paille et le Grain*[1] il a rappelé ses impressions : « J'ai encore dans l'oreille son monologue de ce jour-là ; j'écoutais, j'observais, j'admirais... » car nul « n'a parlé comme lui le langage de l'Etat. »

C'est son premier contact avec le pouvoir et il sera bref. Dès le 1er septembre, ramenés en France par le croiseur-école *Jeanne-d'Arc,* les ministres d'Alger arrivaient avec quelques collaborateurs dont Philippe Dechartre... Le 5 septembre, le MNPGD recevait rue de Tilsitt en grande pompe le ministre des prisonniers de guerre et déportés, Henry Frenay. J'ai toujours gardé la « une » de notre quotidien *Libres* avec sa photographie montrant, de droite à gauche, debout sur le perron, tandis que les volontaires du groupe franc de Courbevoie sous les ordres de leur chef Napoléon rendent les honneurs : François Mitterrand, Henry Frenay et moi-même avec, derrière nous, Pierre Lemoign' et Philippe Dechartre. Les affrontements avec le ministre sur les problèmes et leur solution viendront plus tard.

Paris délire de joie. Les hommes de la Résistance se retrouvent libres ou se découvrent, et le MNPGD, sorti de la clandestinité, constate que son action est loin d'être achevée. Dès son premier numéro, *L'Homme Libre* veut faire savoir ce qu'a été et ce qu'est ce mouvement, les principes qu'il défend et les buts qu'il s'est assignés. La guerre continue et il ne faut pas l'oublier. Les résolutions prises par le Comité directeur comme les motions votées lors de son congrès des 7 et 8 octobre qui a confirmé les pouvoirs de la direction clandestine, comme les éditoriaux publiés par *L'Homme Libre* signés de François Morland (il a gardé son pseudonyme), de Charles Moulin (alors directeur de la publication), de Pierre Bugeaud, de Pierre Lemoign', définissent les problèmes et les thèmes de l'action à mener.

Voici quelques-unes des formules de Morland-Mitterrand qui rappellent les directives essentielles qu'avait définies le MNPGD : « Rien ne sera achevé tant que prisonniers et déportés ne seront pas libérés, rapatriés et réintégrés convena-

1. Page 11, Fayard, 1973.

blement dans la Nation. » Pour atteindre ce but il faut avoir à l'esprit que « nous sommes toujours dans la même guerre, que nous sommes toujours en guerre ». Aucun relâchement ne doit être toléré, surtout sur le plan de l'union, car « l'unité est notre seule force ». Un mot que nous entendrons souvent par la suite !

Il s'intéresse aussi à des problèmes plus généraux ; une condamnation des partis et de l'action politique de l'avant-guerre, certains excès de l'épuration aussi. Il lui semble que l'on a été trop sévère à l'égard des intellectuels et pas assez à l'égard des constructeurs français du mur de l'Atlantique ou des grands trafiquants du marché noir.

Ceci dit, il faut donner la priorité aux problèmes du retour des prisonniers et déportés ainsi qu'à cet accueil qu'il faut mettre au point et en faveur duquel Philippe Dechartre, au nom du Mouvement, va parcourir en camion les régions du Nord et de l'Est, tandis que d'autres étudient les problèmes techniques du rapatriement, les problèmes juridiques et les problèmes financiers qu'il faudra résoudre. Il y a déjà des injustices à réparer dans l'immédiat : il faut aider les femmes de prisonniers comme Vichy n'a pas su le faire, il faut régler les problèmes des évadés clandestins ; il faut ouvrir dans le journal une rubrique des recherches.

Et puis, comme la vie reprend, il y a d'autres luttes à mener, notamment contre ces forces d'argent qui ont survécu à Vichy. *L'Homme Libre* est traîné en justice par ceux qui avaient acheté ce vieux titre du journal de Clemenceau tout en ne l'utilisant pas. François Mitterrand s'indigne : « Comment peut-on mettre en parallèle le droit acquis par l'argent et celui acquis par le sang, les souffrances et le sacrifice de ceux qui ont lutté pour le salut de la France ? » Finalement le titre sera quand même changé en *Libres* à partir du 10 octobre pour répondre à une décision de la Fédération de la Presse qui a condamné les titres non sabordés.

Il faut aussi défendre les prisonniers de guerre que certains membres de la Résistance veulent dénigrer. François Mitterrand s'y emploie : en France, les anciens prisonniers évadés ou rapatriés, unis dans le MNPGD, ont mené un dur combat : ils ont libéré Rodez, Vichy, Ploermel, Nice, Courbevoie, Saint-Maur, Colombes, etc. En Allemagne, peu à peu, se sont créés un esprit de résistance contre le travail forcé, contre l'oppression, une réflexion sur le thème de la liberté de l'homme et sur l'égalité des droits et des chances, qui va d'ailleurs dans le sens de ce programme du CNR qui a été approuvé par le Mouvement dans ses résolutions.

Rien ne peut donc se faire de valable dans le pays tant que tous les exilés (prisonniers, déportés politiques, victimes du travail obligatoire) ne seront pas rentrés. Comme dès le dernier trimestre de 1944 on parle d'élections législatives, *Libres* titre : « Votera-t-on sans eux ? » Non, bien sûr ! A la rigueur on admettra des élections municipales en raison de la nécessité urgente de remplacer les conseils et les maires qui ont disparu à la suite de l'épuration. Toutefois les prisonniers devraient être toujours représentés par un évadé, un rapatrié, par une femme de prisonnier. Finalement les élections municipales n'auront lieu qu'en avril-mai 1945 et les cantonales en septembre.

Morland-Mitterrand continue son action par des interventions, par des éditoriaux de *Libres* dont il a pris la direction en fin février 1945 après la démission de Charles Moulin, mais il n'oublie pas d'aller présenter sa fiancée « socialiste et laïque » à sa famille en Charente et de se marier en grande pompe à l'église Saint-Séverin le 28 octobre 1944. Il va aussi, car il faut vivre, diriger le périodique *Votre Beauté* et les Editions du Rond-Point, rue Jean-Mermoz, qui dépendent du groupe Schoeller.

« Les premiers temps de notre union furent difficiles pour moi, me dira Mme Mitterrand, François était toujours parti pour des réunions, des congrès, des rendez-vous officiels, le Mouvement, le journal, la rue Jean-Mermoz... De plus il avait gardé ces habitudes de secret qui étaient obligatoires aux temps de la Résistance et on ne savait jamais où il était... Remarquez que c'était bien normal ; on ne perd pas en un moment les routines de prudence acquises en deux ans et demi de vie clandestine, ni un goût inné de la liberté... »

En fait, il est fort occupé, ne fût-ce qu'à trouver sa vraie voie : le journalisme ? le barreau ? la politique ? et puis les responsabilités du MNPGD, donc les siennes puisqu'il est son président, sont toujours importantes : il faut être prêt pour toutes les éventualités, diriger la campagne pour l'accueil, agir en faveur des revendications des prisonniers et de leurs familles, chercher à obtenir un supplément de papier car *Libres* a utilisé son contingent pour publier des listes de rapatriés. Il ne s'agit pas ici de rappeler les étapes finales de la libération totale de la France, ni cette marche des alliés vers l'Allemagne que ralentissent un moment les coups de boutoir des armées hitlériennes dans les Ardennes et en Alsace pour protéger leurs frontières...

L'avance reste irrésistible tant à l'Est qu'à l'Ouest, le Rhin est franchi et les prisonniers libérés commencent à affluer sur Paris à partir du 8 mars 1945 et tous les jours à la suite ; puis les 15 et 17 avril des déportés de Ravensbrück et de Buchenwald sont accueillis dans la capitale par le général de Gaulle.

Le MNPGD, opposant de toujours aux plans trop systématiques d'Henri Frenay, qui n'avait pas assez tenu compte de la réalité des routes mauvaises et encombrées par la guerre, du réseau ferré en partie détruit et détérioré, ni d'un effort possible de transport par avions, vient énergiquement au secours des arrivants, réquisitionnant des hôtels, fournissant du personnel d'accueil et d'encadrement, sensibilisant le pays par ses campagnes d'information, intervenant vigoureusement par ses représentants à l'Assemblée consultative, manifestant devant les bureaux de Frenay.

En avril, se tient à Paris le premier congrès de Prisonniers rapatriés. Vice-président du mouvement j'y étais auprès de Mitterrand, à la tribune, heureux qu'il soit notre porte-parole avec son talent d'orateur déjà affirmé : il évoque pour eux la situation du pays, leurs droits et leurs devoirs, il leur demande de rester unis pour ce qui reste à faire et condamne fermement ceux qui disent non à la politique. Y renoncer c'est se désintéresser de sa propre vie et du sort de la France.

Pour maintenir un moyen d'action, avec Louis Devaux, représentant les Centres d'entraide, il provoque alors la création de la Fédération nationale des prisonniers de guerre, fondée effectivement le 5 avril 1945 avec Devaux comme président ; Cornuau, Desbœuf et Mitterrand comme vice-présidents.

Le 8 mai, *Libres* titre sur cinq colonnes : « Victoire. » L'Allemagne vient de capituler mais il faudra des mois encore avant que le pays ne reprenne vie, n'échappe aux nécessités du rationnement, des années pour que les ruines et destructions soient réparées. Un immense besoin de paix est ressenti et voulu et les déportés et internés politiques du MNPGD qui tiennent leur premier congrès en mai 1945 n'entendent pas que les sacrifices consentis restent vains.

La vie politique s'organise, le gouvernement provisoire prend fin le 21 novembre 1945 après l'élection d'une Assemblée nationale (où domineront les MRP, les Socialistes et les Communistes) reconnue, par référendum, comme constituante tandis que de Gaulle reste Chef du gouvernement. Ils vont préparer la IVe République.

« Il ira loin... »

Tous ses amis de la Résistance en étaient convaincus : François Mitterrand avait la vocation et l'étoffe d'un véritable homme politique. Même s'il n'en parlait guère et par boutade seulement, le choix d'une carrière politique était l'objet de sa méditation intérieure. Il est alors très mince, vif et passionné, débordant de forces vitales, parfois tranchant parfois primesautier, habile à charmer par ses propos et le velouté de ses yeux autoritaires, pétillants ou caressants. Il plaît en général, pourtant certains le trouvent distant, un peu cassant et dédaigneux, trop sûr de lui... un « jeune loup ambitieux ».

L'homme est multiple et varié. Il plisse volontiers les paupières sans réussir à masquer l'éclat de son regard inquisiteur et inquiet. Il sait prendre, avant de l'être, le visage du politique au masque froid avec un langage souvent sec et caustique. C'est une réalité sans doute, mais aussi la façade d'un homme qui n'a pas perdu toute sa timidité d'adolescent, d'un homme qui veut faire oublier qu'il est encore très jeune, qui veut aussi préserver sa liberté d'être. En fait, il domine avec gentillesse et sait montrer sa chaleur humaine sans jamais être familier. Il confiait lui-même à la télévision en mars 1975, comme il aurait pu le dire alors : « Je suis d'un naturel un peu vif et je ne cherche pas à plaire à tout le monde... », et d'ajouter : « Je n'aime pas tellement l'indifférence... » Comme il disait, dix ans plus tôt : « Je n'aime pas l'obséquiosité. C'est signe de caractère et de rigueur, mais rude parfois. »

Déjà, en ce temps, il ne fallait pas juger trop vite ; déjà ceux qui le connaissaient bien savaient capter les modulations de voix et les clins d'œil qui nuançaient son propos ou son attitude, permettaient de différencier l'ironie, voire la taquinerie...

Il sait ce qu'il veut et ce qu'il vaut et ne cherche pas à tromper. Il ne manque pas aux autres et n'entend pas qu'on lui manque. Mendès France notait un jour : « Mitterrand qui est très susceptible [1]... » ; c'est de tempérament sans doute mais sa connaissance des hommes le renforce dans ses réactions.

Les neutres, ceux qui ne savent pas ou qui ne veulent pas prendre parti, ceux qui ne se décident jamais, qui ne sont contraints que par l'événement, l'agacent. Lui, il pèse, il médite, fixe sa ligne de conduite puis envers et contre tous et

1. Pierre Mendès France, *Choisir,* page 137. Stock, 1972,

tout, il va jusqu'au bout ; il fait le maximum pour atteindre le but fixé. Il a un tempérament de gagneur. Dans ses sports favoris, au tennis, au ping-pong auquel j'ai souvent joué avec lui à Hossegor, j'ai noté ses réflexes, sa rapidité à juger le coup et à agir. Il est vraiment ce qu'on appelle un accrocheur, il ne lâche pas, il veut gagner et il gagne, au moins il fait tout pour gagner, même s'il s'accorde parfois certaines nonchalances, même s'il joue avec le temps et avec les retards. Il suit son idée et n'en dévie pas. « Je n'abandonne pas facilement le terrain, c'est ma nature », avoue-t-il. Il semble ne pas écouter, mais entend et enregistre. Il a l'air d'oublier parfois mais sait toujours où en sont ses amis, où il en est avec eux. Lucide mais sans cynisme, d'une lucidité qui ne ravage pas les sentiments et s'il a encore des illusions, il ne se hâte pas de les détruire. Il lui faut bien parer son jardin secret, préserver son optimisme et sa liberté d'être et de penser.

Pour l'instant, après la Libération, s'il pense à la politique, il n'est pas prêt et n'a pas franchi le pas, envisageant aussi de rester dans le journalisme ou de devenir avocat. En fait, il ne renoncera jamais complètement à ces trois vocations bien que la politique ait pris la priorité.

Au fond de lui, il sait déjà, mais il se donne le temps de tout peser. Les révélations de la captivité, puis celles de la Résistance l'ont éclairé sur lui-même. Il s'est bien éprouvé et jaugé. Il peut être lui-même.

Ce fils de petits-bourgeois aurait dû prudemment suivre une de ces voies toutes tracées de la sécurité et de la respectabilité où l'on avance avec bonheur parfois, en tout cas avec méthode et sagesse. Cela ne lui convient guère ; il entend encore l'exhortation de l'évêque de Besançon à Julien Sorel[1] : « Si vous êtes sage, vous aurez... mais il faut être sage ! », et il n'a pas toujours envie de l'être ! Sa curiosité toujours en éveil, sa vive passion de la vie ne vont guère dans ce sens.

Selon le goût et les traditions de sa famille, il aurait pu vivre une carrière de magistrat, devenir un avocat, puis un bon député radical socialiste ou, après 1945, de ce mouvement de catholiques libéraux et traditionalistes, le MRP, mais il ne se sent pas à l'aise sur les chemins trop bien tracés. Il lui faut toujours secouer l'arbre des saines traditions. Il a toujours des foucades comme de refuser de devenir officier de réserve ou, en 1943, de ne pas plier, à Alger, devant un diktat du général de Gaulle, si ce qui lui est proposé n'est pas conforme à son

1. Stendhal, *Le Rouge et le Noir*, 1re partie, chapitre XXIX.

sentiment ou à ses engagements. Chez certains ce type de réaction reste un péché de jeunesse que l'on pardonne, mais lui persévérera dans cette conduite peu orthodoxe ; d'où bien des colères traditionalistes.

Même en ce moment de la Libération, il aurait pu rejoindre un des partis traditionnels qui reprennent leur activité, mais il a déjà jugé qu'ils ne correspondaient pas à son idéal et qu'ils avaient une part de responsabilité dans la défaite ; il sait qu'un grand parti de résistants ne peut se créer, car les héros sont fatigués, et qu'ils n'ont pas assez de volontés politiques profondes en eux.

Il est toujours un catholique pratiquant à cette époque, mais ne se sent pas à l'aise avec les catholiques du MRP... Enfin, en 1945, se crée un rassemblement de résistants : l'UDSR, l'Union démocratique et socialiste de la Résistance. Il va y adhérer, mais cela, c'est déjà l'histoire du Mitterrand de la IVe République.

3

Les premières allées du pouvoir

Un Charentais dans le Nivernais.

C'est vraiment une période curieuse que celle des lendemains de la Libération et de la paix, surtout depuis que le gouvernement provisoire et son Assemblée consultative se sont démis le 21 octobre 1945, cédant la place à une Assemblée constituante qui vient d'être élue.

On est dans le désert constitutionnel. Est-ce encore la IIIe République sans président ? Est-ce un nouveau régime sans constitution ? Selon de Gaulle, c'est tout simplement la France puisqu'il est présent. Quand il démissionnera le 20 janvier 1946, la fiction continuera avec un ministère présidé par le socialiste Félix Gouin tandis que Vincent Auriol, un autre socialiste, sera élu président de l'Assemblée constituante. Celle-ci mènera vite à bien son projet de Constitution mais il sera repoussé par les Français en mai 1946 et il faudra tout de suite (dès le 2 juin) élire une nouvelle Assemblée constituante. François Mitterrand fera, à cette occasion, ses débuts dans la politique active puisqu'il sera candidat dans la Ve circonscription de la Seine, la couronne de Paris, de Neuilly à Saint-Denis et Courbevoie.

Il est en tête d'une liste RGR (Rassemblement des Gauches Républicaines) qui recueillera 25 580 voix et se classera au cinquième rang derrière le PC, le MRP, la SFIO, le PRL.

L'élection se fait à la proportionnelle et sa liste n'a pas recueilli assez de suffrages pour avoir un élu. « Ce n'est là qu'un faux pas, commente Roland Cayrol[1]. Venu de la province, c'est en province qu'il va réussir à se faire comprendre et élire. »

1. Roland Cayrol, *François Mitterrand* (1945-1967) ; Fondation nationale des Sciences politiques ; Série Recherches ; le 5 juillet 1967.

La fin de 1945 avait été douloureuse pour lui : son fils Pascal meurt peu après sa naissance, victime, comme tant de jeunes, de la mauvaise qualité du lait distribué. A Paris la mortalité infantile s'est élevée, cette année de fin de guerre, à 10,5 pour mille ! Danielle Mitterrand, rudement choquée, tombe malade. Elle se remettra lentement, cherchant un dérivatif dans l'apprentissage de la reliure.

La paix est revenue. La colombe de Picasso règne sur tous les rêves, mais les problèmes créés par la guerre demeurent. La France reste traumatisée par l'occupation, les restrictions, la propagande pétainiste et « collaborationniste » qu'elle a subie. Aujourd'hui, elle se retrouve ruinée, sous-alimentée, sans finances, elle manque de tout, y compris de logements et de travail. La vie est chère et augmente sans cesse en raison de la rareté des produits et spécialement des produits alimentaires comme de la faiblesse de notre monnaie et de la spéculation sur les logements. Tout est à reprendre mais rien ne peut se rétablir rapidement. Tous les ans, des mesures seront prises pour empêcher que ne s'accroisse exagérément l'hiatus entre les salaires et les prix : augmentation modérée des salaires, figés en 1939 et mal réajustés après, indemnités exceptionnelles de vie chère, indemnités temporaires, primes à la production... tout est tenté pour améliorer le pouvoir d'achat sans démolir une économie très chancelante.

Il faut agir sur tous les secteurs, avec méthode, sans brusquerie, en tenant compte des priorités, des nécessités et des possibilités. C'est difficile en raison des ruines et de « ce mal essentiel qui était dans l'archaïsme de notre équipement et de nos méthodes de production » précisera Jean Monnet[1] qui fut chargé de préparer notre premier plan quinquennal d'organisation et d'équipement, traçant les grandes étapes du relèvement, du redressement et de la modernisation, un plan dont la réussite exigeait, selon lui, le soutien du peuple français par l'intermédiaire des industriels, des syndicats et de l'administration. Il sera opérationnel au début de 1947 au moment même où la Sécurité sociale rénovée sera mise en vigueur.

En politique les pronostics électoraux sont rendus difficiles par la mise en application de la loi sur le vote des femmes, votée en octobre 1945 et dont on n'a pas encore bien mesuré les répercussions. Est-ce la seule raison ? En tout cas les élections de juin 1946 favorisent le MRP, donc, en gros, des catholiques. Son leader, Georges Bidault, devient président du Conseil. Une

1. Jean Monnet, *Mémoires*, page 278, Paris, Fayard, 1978.

nouvelle Constitution est donc préparée, dont la plus grande originalité est de prévoir une seconde assemblée, absente du projet rejeté par le pays. Ce sera le Conseil de la République. Cette Constitution ne soulèvera aucun enthousiasme mais elle sera adoptée de justesse avec un tiers d'abstentionnistes. François Mitterrand votera contre. La Constitution ratifiée, il est procédé à de nouvelles élections qui auront lieu le 10 novembre 1946.

Pour lutter contre l'alliance politique dominante, le tripartisme, curieuse association des socialistes, communistes et MRP, les radicaux et les modérés ont signé un accord électoral. Les dirigeants de ces mouvements, comme Herriot, Queuille, Barrachin, n'auront pas de concurrents radicaux ou modérés. C'est Henri Queuille qui propose à François Mitterrand d'aller combattre le tripartisme dans la Nièvre à la tête d'une liste « action et unité de la République ». « Je n'ai pas négocié cet accord, dit-il, mais j'en ai été bénéficiaire par ricochet. »

Premiers pas dans la Nièvre.

La Nièvre, il ne la connaît pas. C'est un pays dur « à l'abri des brumes du nord et des coups de sang du midi », écrivait Jules Renard, illustre enfant du pays. Elle semble à l'écart de tout avec son bastion central du Haut-Morvan, où s'entassent les monts, les forêts profondes, les eaux courantes, les vallées encaissées ou ouvertes, les éleveurs et les cultivateurs, les petits villages perdus. Les grandes voies modernes de communication la contournent sans la pénétrer. Les hommes y sont rudes et francs, sensibles au réel, au concret.

François Mitterrand a écouté ces hommes, tout spécialement les agriculteurs[1], et il n'oubliera jamais leurs leçons qui s'accordent d'ailleurs au souvenir des pensées et des propos de sa Charente natale.

Voyageant en Chine quelque quinze ans plus tard, il aura toujours présent à l'esprit cet avertissement de ses amis nivernais : « Seul celui qui possède la terre peut l'aimer au point de supporter ses humeurs et comprendre la joie des humbles victoires qu'elle procure. Seul celui qui possède la terre peut acquérir l'âpreté au gain sans laquelle la terre refuse ses fruits et son profit[2]. »

1. Les agriculteurs-forestiers forment, lors du recensement de 1954, le secteur des actifs le plus fort — bien qu'il soit en régression régulière — avec 34 490 personnes dont deux tiers d'exploitants et un tiers d'ouvriers agricoles.
2. François Mitterrand, *La Chine au défi*, page 49, Julliard, 1961.

Un peu invraisemblable cette première campagne électorale qui commence par des difficultés avec le Préfet de la Nièvre, hostile au dépôt de sa candidature et qui se poursuit comme une véritable aventure.

Il va la mener hardiment, sans argent, avec le seul appui de sa femme qui, bien qu'enceinte, se rend courageusement partout comme lui et celui de son ami de la Résistance, André Collin.

Cette campagne active va lui faire connaître cette terre de sévérité et de beauté et ses habitants avec qui il s'accorde bien. Son verbe précis et direct, ses promesses franches et mesurées, de celles qui peuvent être tenues et le seront, son flegme, son attention réelle aux propos de chacun plaisent comme son souci cartésien de n'affirmer, comme eux, par besoin de vérité conquise, parfois aussi par timidité, que ce dont on s'est bien assuré, ce qui se réfère aux instincts fondamentaux de l'homme et au concret, au quotidien plus qu'à la théorie.

Cette entente est heureuse et nécessaire, car il semble avoir tout contre lui : il est jeune, sans expérience du pays, (c'est un « parachuté »), un débutant, sans amis au départ, sans moyens et qui se heurte à des hommes du pays, bien en place, des notables soutenus par le MRP et la SFIO.

Finalement la liste de François Mitterrand qui, en soi, devait être du centre, voire du centre droit, mais hostile au tripartisme, devient un peu ce que les politologues américains appellent un « catch all party », un parti attrape-tout, une machine à rassembler; ainsi des Radicaux que déjà Pierre Mendès France pousse dans l'opposition, des anciens prisonniers, d'anciens résistants, des catholiques qui aiment un candidat élevé dans un collège religieux, vont un peu partout se rallier à lui. Sa liste arrivera au deuxième rang avec 30 080 voix, soit 25,4 % des suffrages, derrière la liste communiste (39 909 voix), mais devant la socialiste (25 800 voix) et la MRP (20 049 voix). Selon les règles de calcul du scrutin proportionnel départemental, chacune de ces listes a droit à un député. François Mitterrand, tête de liste, est donc élu. Il se souviendra alors du docteur Queuille qui lui avait dit, en l'envoyant dans la Nièvre : « On vous offre cette chance parce qu'elle n'existe pas. Allez-y quand même. Vous réussirez si vous écoutez tout le monde et n'en faites qu'à votre idée. » Ce conseil correspondait trop bien à son tempérament pour qu'il ne le mette pas en pratique.

C'était un beau succès personnel et un bon départ dans la vie politique. Comme je l'en félicitais, il me répliqua, ne voulant pas rester en retard de compliments et de fidélité : « Sais-tu que j'ai trouvé ton roman à la bibliothèque de la gare de Lyon et que je l'ai lu dans le train... » Désormais, il ne cessera pas de renforcer sa position et d'améliorer son entente avec les Nivernais.

Tout va bien et le député de la Nièvre, député de la première Assemblée de la IVe République, peut être d'autant plus heureux que son fils naît en décembre, Christophe Mitterrand.

Il va maintenant être notre guide pour revivre l'histoire de cette IVe République à laquelle il sera intimement mêlé.

On peut dire que le vrai début de la IVe République, en fait sinon en droit, date du 18 janvier 1947, jour de l'élection à la présidence de Vincent Auriol[1]. Trois jours après, Edouard Herriot devenait président de l'Assemblée nationale et le 28, Paul Ramadier, président du Conseil, tandis que Gaston Monnerville accédait à la présidence du Conseil de la République. Deux socialistes, deux radicaux-socialistes mais, en tout cas, quatre hommes politiques chevronnés de la IIIe occupent ainsi les quatre plus grandes charges de l'Etat ; s'il était prévisible qu'ils cherchent à retrouver et à maintenir les pratiques de leur passé, ils le firent. On comprend, dès lors, que François Mitterrand ait pu écrire en 1964 dans *Le Coup d'Etat permanent*[2] non sans quelque sévérité et quelques regrets : « La IVe République avait reçu en héritage les manies et les travers de la IIIe, morte six ans plus tôt dans la ruine et l'opprobre. Elle collectionna les crises ministérielles et jongla avec les présidents du Conseil[3], vedettes d'un jour... La crise devenait la garantie de la stabilité... Un ministère par problème, telle était la règle de la IVe... Ainsi furent anéanties les chances d'un régime qui avait pansé les plaies de la Deuxième Guerre mondiale avec une rare intelligence et donné, pour vingt ans, un vigoureux élan au développement économique et social de la France. » Pensons, en vrac, au gaz de Lacq, aux hélicoptères, à l'atome, au nouveau régime des Conventions collectives et à la création du SMIG, à l'établissement d'un modus vivendi entre l'enseignement public et laïque et l'enseignement privé et généralement religieux.

Il complétera cette critique, entre autres, dans un éditorial du *Courrier de la Nièvre* du 11 novembre 1962 : « Quand le

1. « Un médiateur intransigeant », disait de lui Poincaré.
2. Plon.
3. 21 ministères dirigés par 16 personnalités différentes du 18 décembre 1946 au 28 mai 1958, donc en onze ans et demi.

Parlement se mêle de gouverner aux lieu et place du gouvernement, écrivait-il, c'est l'anarchie. Nous avons connu cela à la fin de la IIIe et de la IVe République. » Il ajoutait, il est vrai : « Mais quand le gouvernement légifère aux lieu et place du Parlement, la dictature n'est pas loin. Il faut chercher un équilibre. »

Critiques justifiées sur cette République que Joseph Barsalou appelait « la mal aimée »[1]. Il ne faut pourtant pas oublier la situation qui était encore celle de notre pays à ses débuts et la façon dont elle nous a sortis de la ruine.

En ce début de 1947, c'était encore la disette, les tickets de ravitaillement ; 200 000 habitations totalement sinistrées et 900 000 partiellement ; une dette qui dépassait cinq milliards de l'époque ; les deux tiers de notre marine marchande anéantis ; une production nationale qui ne représentait que 60 % de celle de 1938 ; un indice des prix monté de 100 en 1938 à 497 en 1945 et qui continuera à s'élever encore bien davantage : 1 645 en 1948 ; bref nous ne survivions que grâce à des aides américaines négociées successivement par Jean Monnet, Blum, Bidault et Robert Schuman.

En politique intérieure, le dogmatisme autoritaire des partis va ruiner toute cohésion politique et tout sens de responsabilité gouvernementale chez les dirigeants. Pour s'affirmer ils renversent les ministères, et, souvent, le nouveau réussit à faire voter le projet sur lequel son prédécesseur est tombé. De plus en plus, vers la fin, ils jettent l'interdit sur tel président du Conseil pressenti qui ne leur convient pas. François Mitterrand sera victime de cet ostracisme, notamment de la part de la SFIO. Les ministres communistes, eux, sont démissionnés du gouvernement par Paul Ramadier le 4 mai 1947 parce qu'ils n'ont pas respecté la discipline gouvernementale (notamment au sujet de l'Indochine) et que leur présence déplaît à notre banquier, le gouvernement des Etats-Unis. Le Parti communiste sera de plus ligoté par le stalinisme (sa collaboration au gouvernement lui sera vivement reprochée par le Kominform en septembre), et par le développement de la guerre froide, lancée au congrès de Moscou d'avril 1947. Son influence va s'en ressentir. En tout cas, on revient à la lutte des classes et aux grandes suites de grèves tournantes qui obèrent encore notre économie, mais son bon équilibre et son développement seront surtout mis en péril par la dramatique guerre d'Indochine.

Pour de Gaulle, le pouvoir abandonné, il n'abandonne rien. Il

1. Dans l'ouvrage paru sous le même titre.

prodigue des conseils, crée ou laisse créer, en avril 1947, le RPF. On le sent toujours aux aguets. Comme le disait Louis XVIII au sujet du futur Louis-Philippe : « Il ne bouge pas, et pourtant je m'aperçois qu'il chemine[1]. »

C'est dans cette atmosphère que François Mitterrand, jusqu'à la fin du régime, va faire son apprentissage de député, puis de ministre.

Il reste l'homme de la méditation et de la réflexion solitaires ; certes il fait partie du groupe UDSR (Union démocratique et socialiste de la Résistance), fondé en juin 1945 par des membres d'anciens mouvements de Résistance, le MLN, l'OCM, ceux de la Résistance, Libération-Nord, etc. Le Secrétaire général est Francis Leenhardt ; bientôt René Pleven, un gaulliste, en sera le président ; à côté de lui on trouve d'autres gaullistes comme Capitant, Soustelle et Baumel qui s'en iront en 1949 ; il y a aussi des socialistes non marxistes comme Bourdan, des libéraux comme Jean Marin, Legaret, Bonnefous... Tous sont attachés au régime parlementaire et sont hostiles aux partis anciens et particulièrement au Parti communiste qui, après la lutte, sont revenus à leur immobilisme, hélas ! alors que tout bouge : le franc, les salaires, l'expansion industrielle, et tout le monde colonial qui s'éveille à l'indépendance.

C'est donc plutôt une union de personnalités qu'un parti structuré autour d'une doctrine. En tout cas ce petit parti et son groupe parlementaire restreint jouent un rôle considérable dans la politique d'alors. Comme il n'y a pas de parti majoritaire dans les assemblées de la IVe, qu'il est un parti charnière entre le centre et la gauche, il peut apporter l'appoint de voix nécessaire à l'établissement et au soutien d'un gouvernement, aussi aura-t-il toujours un ou deux ministres, et deux fois avec M. Pleven un premier ministre.

Même si Mitterrand ne se sent pas toujours à l'aise au sein de l'UDSR, il agit et se situe à l'aile gauche du mouvement. J'y avais des amis qui me parlaient de lui, de sa forte personnalité, de son emprise morale. Ses prises de position fermes lui donneront peu à peu une influence qui s'affirmera en 1952 quand les députés noirs du RDA viendront se joindre au groupe parlementaire UDSR dont il gagnera ainsi la présidence. A ce titre, il donnera, entre autres, son accord à la ratification immédiate de la CECA (Communauté Européenne du Charbon

1. Jacques Julliard dans son livre sur la IVe République a eu bien raison de citer cette phrase, si caractéristique.

et de l'Acier). « Si l'on retarde le vote, dit-il, les problèmes de l'acier, du charbon, des rapports franco-allemands, continueront de se poser d'une manière aussi angoissante, même plus, alors que nous avons maintenant la chance unique, l'occasion historique de diriger, d'orienter un potentiel économique considérable. » (*J. O.* — Débats à l'Assemblée nationale du 18 novembre 1951). Il se sent de moins en moins en communauté d'idées avec le président René Pleven et, au congrès de Nantes, en octobre 1953, une majorité se ralliera sur ses propositions. Devenu ainsi président de l'UDSR, il donnera un vigoureux coup de barre à gauche, rappelant que dans UDSR, il y avait le vocable « socialiste » et que tous ses membres devaient en prendre conscience.

Il avait déjà affirmé cette tendance quand, en janvier 1953, il était intervenu, au nom de son groupe, lors du débat d'investiture de René Mayer, demandant des mesures contre les patrons qui licencient trop facilement ou ont recours au chômage partiel et provoquent une diminution du pouvoir d'achat de la classe ouvrière, souhaitant que « l'on frappe le superflu pour aider à construire des logements pour les travailleurs et les personnes modestes », exigeant « une application rigoureuse des dispositions prévues dans le code du travail pour les Territoires d'Outre-Mer » (*J. O.;* Débats parlementaires du 7 janvier 1953).

Déjà dans *L'Express* du 5 septembre 1953, il avait réclamé des réformes pour le Maroc, valables partout d'ailleurs : des salaires convenables, la multiplication des logements d'habitation, la liberté syndicale (agricole et industrielle), le respect absolu des libertés individuelles, le développement de l'instruction publique...

Au congrès de Nancy en 1956, dans une intervention remarquée, il propose pour l'Algérie : le collège unique, un pouvoir exécutif et un pouvoir législatif, ce qui implique pour la France un changement de Constitution ; elle doit devenir une République fédérale.

Position hardie pour l'époque, tendance qui se maintiendra et qu'il affirmera jusqu'à la fin de la IVe.

Membre, puis président de l'UDSR, il est aussi député conseiller municipal de Nevers, conseiller général de Montsauche et ministre.

Mais ce sont d'autres aspects, d'autres actions qu'il faut analyser.

Elu brillamment en 1946, François Mitterrand se présente de nouveau devant les électeurs le 1er juin 1951. Il a des atouts supplémentaires : il a rendu des services au département, il lui a fait honneur ayant été cinq fois ministre, deux fois ministre des Anciens Combattants et trois fois comme secrétaire d'Etat à l'Information, enfin il s'est assuré des amitiés sérieuses dans le département dont il a poursuivi méthodiquement l'exploration. Elément nouveau et inquiétant : une liste de gaullistes rassemblés sous le sigle RPF ; celle de François Mitterrand s'intitule d'« union démocratique et républicaine » ; elle est assez composite, très modérée, aussi éloignée du communisme que du gaullisme[1].

Il n'y aura pas de problème : si le PC reste en tête avec 29,9 % des voix, la liste RPF est seconde avec 22,9 %, celle de François Mitterrand troisième avec 17,5 % et la socialiste quatrième avec 16,6 %. Ces quatre listes ont chacune droit à un député... Mitterrand est donc réélu, il a obtenu personnellement 21 870 voix, contre 20 310 à sa liste.

Lors des élections du 2 janvier 1956, il a encore renforcé son crédit d'homme politique national ; il a encore été plusieurs fois ministre : à la France d'Outre-Mer, ministre d'Etat et ministre de l'Intérieur du gouvernement Mendès France. Mais la situation n'est pas la même à Paris qu'en province ; bien qu'il soit un des leaders du Front républicain qui regroupe socialistes, radicaux, UDSR et certains gaullistes comme Chaban-Delmas, la fédération socialiste de la Nièvre lui est toujours fermement hostile ainsi que le PC. L'une et l'autre l'attaquent violemment. Sa liste s'intitule cette fois « Union démocratique et de défense républicaine » et ajoute à ses partenaires habituels le Centre républicain d'action paysanne et de défense des classes moyennes, lié aux radicaux et aux socialistes. La campagne sera très violente, car des commandos de poujadistes viennent semer ou tenter de semer la terreur dans ses réunions. Il fait front aux menaces et aux coups. Il y a huit listes en présence, et quatre députés sont élus, les têtes de liste du PC, de la SFIO, des Républicains sociaux et naturellement de son union démocratique. Réélu donc, il aura été député de la Nièvre pendant toute la IVe.

Coincé, selon la terminologie classique, entre la droite et la gauche traditionnelle (PC et SFIO), il aura toujours un électo-

1. On y trouve des UDSR, des Radicaux, des RGR, des PRL et des Indépendants paysans. Roger Duchet dans ses souvenirs : *La République Epinglée*, 1975, déclare qu'il a aidé indirectement François Mitterrand pour ces élections « en faisant saborder une liste indépendante et en demandant à ceux qui se recommandaient des Indépendants paysans ou du PRL de voter pour le leader de l'UDSR ».

rat composite qui semble moins attaché à une doctrine ou à un parti qu'à ses tendances individuelles, à son humeur, à ses réactions devant les problèmes du moment, un électorat qui est sensible à sa personnalité, à ses prises de position réalistes, à l'efficacité de son action départementale. On reste fidèle à l'homme [1], à son intelligence, à cette sensibilité qu'il faut deviner derrière la façade de réserve. On suit insensiblement son irrésistible évolution vers la gauche. L'homme est devenu un homme du Morvan, un vrai.

Toujours il restera ce député qui tient sa place, sans familiarité mais qui n'est pas fier, que l'on peut aborder, qui comprend les hommes, les traite en hommes et connaît leurs problèmes si humbles soient-ils, qui ne subit pas l'esclavage des horaires, qui peut arriver en retard — et c'est fréquent — mais reste à vous écouter, à regarder et à réfléchir avec vous, même si la rencontre n'est pas prévue. Il accepte cet imprévu de la même façon qu'il sait, en route, s'arrêter d'inspiration pour aller marcher dans les bois en méditant, ou pour rester à admirer un paysage, comme s'il voulait toujours mieux comprendre cette « terre profonde dont les flancs portent les eaux de cent rivières », cette terre dont la nature commande également la nature, la psychologie et les réactions politiques des hommes aussi bien que le rythme de vie de chacun.

Il sait ce qui doit être fait et il agit avec efficacité, c'est pourquoi même ceux qui ne sont pas d'accord avec lui, qui ne l'aiment pas, reconnaissent sa loyauté : s'il a promis, il tient toujours sa promesse.

Lors de son jubilé parlementaire en 1975 à Château-Chinon, Charles Lyron, président de l'association des amis de François Mitterrand pour la Nièvre, le soulignait : « Vous êtes resté fidèle à ceux qui, les premiers, vous avaient fait confiance alors que rien ne nous importe plus que la parole donnée. » D'où l'accord permanent avec lui.

La nécessité de la vie politique dédouble l'homme politique. Il est cet homme de la Nièvre, qui va de l'avant d'un pas tranquille, qui vient, chaque semaine, visiter quelques communes, qui leur prend le pouls, qui étudie les problèmes, voit ce qu'il convient de faire et agit. Il y a l'homme de Paris, lointain, le ministre recherché, le député qui intervient comme rapporteur de commission (par exemple les finances en 1950), ou dans

1. Il recueille toujours plus de voix que l'ensemble de ses colistiers ; nous l'avons vu pour 1951, c'est plus net encore en 1956. Il a 24 843 voix et sa liste 22 418.

de grands débats, comme ceux qui ont traité de la communauté européenne, de la politique en Tunisie, de la fixation des prix du blé, de l'Indochine à plusieurs reprises, sur un projet de loi « pour mettre en œuvre, en Algérie, un programme d'expansion économique, de progrès social et de réformes administratives » (juillet 1957), comme dans des débats d'investiture. Mais il n'est pas parmi les bavards de l'Assemblée. S'il prend la parole, c'est que le problème est d'importance. Ses propos sont pensés, ils reposent sur un dossier solide autant que méthodique : un exposé des faits, une analyse de la situation, une constatation des défauts et défaillances, enfin une énumération des remèdes immédiats et des solutions à long terme. Le tout dans un langage précis et brillant car il aime le verbe comme un Méridional et ne supporte pas le mot inexact. Un exemple est nécessaire, sur un thème très prosaïque, par exemple son intervention du 8 juillet 1952, à propos d'une épidémie de fièvre aphteuse qui avait durement touché la Nièvre.

Les faits ? « Pour le département que je représente, déclare-t-il, l'un de ceux qui ont été le plus touchés, et c'est, vous le savez, un gros département producteur, les 25 cantons atteints, 279 communes sur 313, 2 861 exploitations, 87 000 bovins, 33 000 ovins et caprins et 17 000 porcs. La simple énumération de ces faits dans leur sécheresse montre l'étendue de la catastrophe. Combien de petites exploitations disparaîtront, de chefs de famille ruinés et perdus pour le service de notre économie nationale ? »

Les solutions immédiates ? « Des mesures s'imposent : donner des délais pour le paiement des impôts et ne pas sanctionner les retards ; le montant des bénéfices forfaitaires doit être diminué du montant des pertes subies ; on doit instituer des prêts à faible taux d'intérêt pour permettre de rétablir la situation. »

Vues d'avenir ? Il a constaté des défaillances : « Les vaccins fournis par des entreprises privées et subventionnées n'ont pas pu répondre aux besoins », on a eu raison d'en faire venir d'Allemagne en les détaxant, mais il faut mettre sur pied une autre politique plus réaliste : « Il faudrait renforcer les efforts de recherche pour obtenir un vaccin préventif qui dure plus de six mois et mettre la fabrication des vaccins sous la direction ferme et diligente de l'Etat[1]. »

On a volontiers parlé de François Mitterrand comme d'un

1. *J. O.* Débats parlementaires. Assemblée nationale du 9 juillet 1952.

conquérant, voire d'un conquistador. Il ne conquiert pas la Nièvre, il est conquis par elle et il s'y intègre profondément.

Village par village, par tous les temps, par toutes les routes et les chemins, il la parcourt, il pénètre ses secrets, il recrée pour lui sa géographie terrestre, politique, historique, sociale et humaine. Par ce long chemin répété inlassablement pendant des décennies (trente-quatre ans aujourd'hui), il s'est forgé une âme de morvandiau, et aujourd'hui il ne l'a pas perdue.

Depuis son premier périple électoral de 1946, séduit, il ne revient pas seulement parce que c'est son devoir d'élu et de responsable politique, mais parce qu'il est attiré par cette terre et ses habitants. Il est devenu leur confident, leur conseiller et surtout, l'indispensable intermédiaire entre les communes, les citoyens et l'administration ou le gouvernement. Il peut l'être car il a la fonction mais aussi la compétence, la maîtrise des dossiers[1] et une conscience persévérante. Qu'il s'agisse d'adduction d'eau, de routes et de transports, des difficultés de l'agriculture et de l'élevage, du petit commerce ou de l'artisanat, de l'emploi, de la survivance des villages, du développement culturel, il écoute, explique ce qui peut être fait en fonction de la loi, des règlements et surtout des impératifs budgétaires qui imposent souvent des délais, un étalement dans le temps. Il en profite souvent pour dégager du cas particulier une leçon de politique, d'orientation politique. Il le faisait déjà en ces temps de la IVe République où il était le pouvoir local et le pouvoir national, il le fera plus encore lorsqu'il sera le pouvoir local et l'opposition nationale.

Les retours réguliers dans le Morvan lui deviennent peu à peu indispensables. Paysage et climat font maintenant partie de lui. Il en est pour lui comme pour les villageois de Giono dans *Ennemonde,* qu'il considère d'ailleurs comme le chef-d'œuvre de l'écrivain : « Le beau temps ici n'est pas gai, il n'est pas triste non plus, c'est autre chose, ceux à qui il convient ne peuvent plus s'en passer. » Le Morvan lui convient. Il y fait ces cures de solitude et de silence qui ont tant de prix pour lui. Il y fait revivre en lui le sens de la terre, le sens des choses : « J'y retrouve, dit-il, la démarche de la nature qui m'aide à retrouver celle des hommes. J'y échappe aux mécanismes factices de

1. Il notera : « La simple politesse envers les électeurs ne consiste-t-elle pas à connaître les dossiers qui se traduisent par des améliorations ou par de graves ennuis dans la vie quotidienne des citoyens ? » Dans le périodique de la convention des institutions républicaines, *Combat républicain,* en 1966.

la vie de Paris, aux conventions qui tuent le rythme vrai de la vie. »

Comme pour mieux assurer son implantation, il se fait élire conseiller municipal à Nevers en 1947 ; c'est important, bien qu'il n'ait jamais eu une majorité pour lui au conseil municipal, mais, de plus en plus, il se sent attiré par l'intérieur du pays, par les hautes terres de l'est, difficiles d'accès, secrètes et épanouies à la fois, un peu comme lui. Il se sent à son aise sur les vieux terrains granitiques qui conviennent à son tempérament ; alors qu'il se sent plutôt étranger sur les terres alluvionnaires.

Il voudra être conseiller général de Montsauche, un gros village, détruit pendant la guerre, village martyr comme celui de Dun-les-Places ; il est situé à l'opposé de Nevers, au-dessus du lac des Settons, que dominent les 705 mètres du mont Morey. Il y a de grands bois et la belle vallée de la Cure. Il sera heureux d'être élu en 1949, non pas parce qu'il prend le siège au Parti communiste, mais bien parce qu'il est maintenant là où il veut, dix ans avant de venir à Château-Chinon qui lui offrira cet indispensable mandat de maire qui lui manque, ce mandat « le plus nécessaire à l'équilibre d'une démocratie », comme il aimera le dire par la suite.

Pour être plus près de ses Morvandiaux qui lui ont donné « ce qu'ils peuvent donner comme personne, écrit-il, la grave et simple fidélité de ceux pour qui l'hiver est long et la tâche difficile », il loue en 1949, après la naissance de son fils Gilbert, une vieille maison de curé, en bonne pierre de taille, à Champagne, hameau du village de Metz-le-Comte, entre Château-Chinon et Clamecy, au-dessus de l'Yonne naissante et du canal du Nivernais.

Les plafonds sont bas, les pièces spacieuses et sombres, la salle à manger est dallée de pierre, mais tout est solide et agréable à vivre, bien qu'il n'y ait aucun confort et que l'on ne puisse se chauffer qu'avec des feux de bois dans les cheminées. Tout autour, il y a un grand jardin, très beau, plein de fleurs inattendues et d'arbres fruitiers, avec des haies qui le bordent. La famille s'y rend tous les week-ends, dès que naît le printemps et pour les vacances. Il vient s'y détendre, suivre la croissance de ses deux jeunes fils, jouer avec ses chiens. Il y rend aussi les invitations qu'il a reçues, car la vie publique ne se laisse jamais oublier. Pendant dix ans, il y reviendra avec les siens. Je n'en ai entendu parler que par ouï-dire, n'ayant pu, à l'époque, répondre à ses invitations, je ne sais plus pourquoi, sans doute des déplacements à l'étranger. Il ne l'abandonnera qu'après avoir acquis un terrain à Hossegor, puis fait construire sa petite maison de vacances, rétablissant ainsi l'équilibre entre son sud-ouest natal et sa patrie d'adoption.

Il pense aussi à l'information des Nivernais qu'il veut instruire des problèmes de l'heure, des solutions qu'il préconise, de son expérience, de ses réactions et de ses options. Il réussit en 1950 à devenir directeur politique d'une petite publication départementale : *Le Courrier de la Nièvre*. Désormais il y publiera régulièrement des éditoriaux et quelques articles, toujours envoyés à la dernière minute. Bien sûr, il est généralement surchargé, mais il a aussi, malgré son goût pour l'écriture et ses dons, une certaine réticence initiale devant une page blanche, une certaine paresse à vaincre. Il lui faut du temps pour se décider, il lui en faut pour écrire. Sa pensée est bien assurée, il sait exactement ce qu'il veut dire, mais il aime peser ses mots, mais il a une conscience très profonde de l'exigence littéraire, il veut une parfaite adéquation des mots à l'idée, une forme adaptée à la compréhension de tous et un rythme qui donne à la phrase sa profondeur et sa vérité. Il a grand souci de la justesse du mot et du juste mouvement de la phrase. Alors il reprend son texte, le remet sur le métier jusqu'à ce que, de corrections en repentirs, il se sente satisfait. Cela lui posait déjà des problèmes quand il écrivait ses brillants éditoriaux pour *Libres* à la Libération, cela lui en posera autant pour rédiger sa chronique de l'hebdomadaire du Parti socialiste, *L'Unité,* celle qu'il intitule, comme l'un de ses livres, « Ma part de vérité ». La Nièvre, en tout cas, comme on a pu le constater, joue déjà un rôle capital dans sa vie, mais il ne faut pas oublier qu'il a également à cette époque un destin national et des responsabilités ministérielles multiples.

C'est assurément la période où nous nous sommes le moins vus. Il était fort occupé, comme il n'a jamais cessé de l'être : la Nièvre, les ministères, l'Assemblée nationale, la vie familiale et une certaine vie du monde officiel et para-officiel, lui enlevaient sans doute de sa disponibilité comme m'en enlevait à moi-même une vie quelque peu agitée et surchargée de travaux professionnels et de rédaction de livres. Le contact ne fut pourtant jamais rompu, ni les rencontres supprimées ; il y avait aussi des lettres et des appels téléphoniques. Il y eut des réunions pour la liquidation du MNPGD. J'assistai à une de ses conférences, à quelques séances à l'Assemblée où il devait intervenir. Si l'intimité était absente, nous eûmes l'occasion de revenir plus tard sur cette période. Certains de ses amis et de ses collaborateurs m'expliquèrent les événements et j'ai été souvent dans la Nièvre ; j'ai lu ses livres et tous ses discours à l'Assemblée ou au Sénat pour retrouver dans leur juste expression ses idées, ses réactions, ses initiatives et son rythme de pensée.

De la façon d'être ministre.

Dans un livre de souvenirs paru en 1972 [1], Françoise Giroud notait : « Un soir de 1951, François Mitterrand est venu dîner chez moi, très sombre, avec cet air qu'il avait alors d'être dessiné à l'encre de chine sur un bristol blanc. Il était ministre de je ne sais quoi, comme toujours. Je l'ai connu à trente ans, il était déjà ministre... »

En fait c'est le 21 janvier 1947 que François Mitterrand apprend chez lui, par la radio, qu'il vient d'être nommé ministre des Anciens Combattants et Victimes de la Guerre dans le gouvernement qu'avait formé Paul Ramadier. C'était aussi le point de départ d'une carrière ministérielle qui le portera onze fois au pouvoir, pour des temps allant de quelques jours à quinze mois ; en tout, quelque six ans et demi au gouvernement en onze ans et demi de IVe République, et à des postes très différents puisqu'on le verra encore à l'Information, à la France d'Outre-Mer, aux Affaires européennes, à l'Intérieur et à la Justice.

Son premier grand voyage ministériel, un voyage d'étude en Algérie lui permet de reprendre contact avec son ami Georges Dayan, alors établi à Oran. Il le fera par la suite revenir en France. Dayan me disait : « Je l'ai retrouvé toujours semblable à lui-même, bien à sa place, avec beaucoup d'autorité. »

François Mitterrand a une très haute idée de la fonction ministérielle comme du sérieux, de l'autorité et de la rigueur qu'elle exige, ce qui découle d'ailleurs de sa conception rigoureuse des devoirs de l'Etat. Il faut « un Etat fort et stable qui sache imposer sa loi », car « l'Etat qui protège ou supporte l'injustice perd le droit d'exiger la discipline des citoyens » [2].

Lui, on ne peut guère l'accuser de faiblesse, peut-être parfois d'une certaine désinvolture, d'un dilettantisme raisonné, d'une tendance à se fier trop aisément à ses dons de compréhension rapide et d'improvisation, à sa mémoire impeccable, ce qui ne rend pas toujours la vie facile à ses collaborateurs. « Il était froid et correct, peu liant, reconnaît Pierre Nicolaï qui fut son

1. Françoise Giroud : *Si je mens...*, Stock.
2. François Mitterrand : *Présence française et abandon*, Plon, 1957.

habituel directeur de Cabinet, difficile à aborder même pour ceux qui travaillaient directement avec lui et avaient parfois du mal à le rencontrer ou même à le joindre par téléphone. Il s'ingéniait à esquiver les problèmes administratifs et financiers, par contre, s'il vous confiait une tâche ou une mission, il vous faisait entièrement confiance et vous couvrait en cas de nécessité. »

De son côté, notre ami commun Georges Beauchamp, que l'on trouve toujours près de lui, avoue qu'il était très exigeant pour ses collaborateurs comme pour lui-même, mais il est surtout resté marqué par sa « vista » politique : « Il nous envoyait, dit-il, parfois étudier un problème sur place. Il avait déjà son idée mais voulait une information plus précise. Il étudiait au retour nos observations, nos conclusions, réfléchissait et disait : Voilà ce qu'il faut faire. Je dois avouer que ce n'était pas toujours conforme à nos suggestions mais, la suite le prouvait, la vérité était de son côté ; son sens politique, son intuition le trompaient rarement. » Tel qu'il est alors, on comprend qu'un jour il déclare devant les députés : « Il faut être capable de faire un effort pour arriver à gouverner » (10 juin 1950). Il tente cet effort, bien que ce ne soit guère facile en ce temps où, faute de majorités cohérentes, on vit en état d'instabilité ministérielle permanente. Il voudrait que l'on arrive à une certaine continuité, que l'on cesse d'user un ministère par problème, il voudrait que l'on mette au point des programmes d'action commune : « Il n'est pas possible, déclare-t-il à l'Assemblée en juin 1951, de maintenir, de préserver ou de reconstruire une majorité de gouvernement si l'on ne s'en tient pas à un programme minimum. » De même, il n'est pas possible que tous les membres du gouvernement ne respectent pas la solidarité gouvernementale. Il le dit clairement dans une discussion à l'Assemblée nationale sur les redevances que certains députés voudraient faire verser à la radio, pour services rendus, par les Ministères intéressés : « Un ministre respecte la solidarité gouvernementale ; or, le gouvernement tenant compte de l'ensemble des nécessités nationales n'a pas admis ce paiement de services. Votre vœu correspond au mien, mais je ne puis l'accepter. »

Si l'essentiel est évidemment l'action ministérielle, on ne peut oublier les à-côtés. Un ministre se doit d'être présent à un certain nombre de cérémonies officielles, à des inaugurations, à des congrès. Il doit encore répondre à des invitations publiques et privées. Ce n'est pas toujours aussi plaisant que de se trouver, garde des Sceaux, ministre de la Justice, en habit, au Festival de Cannes 1956, entre Michèle Morgan et Brigitte Bardot, mais il se plie sans difficulté à ce genre d'exercice. On le voit toujours à l'aise, sérieux, parfois sévère, distant même avec cet air d'être absent dans la présence, qui est souvent le sien, souriant s'il le faut ou spontanément charmeur, faisant alterner le plaisir de dominer et celui de séduire, attentif aussi et humainement disponible.

Ajoutons qu'il se montre également un brillant causeur, éblouissant, « à la fois précis jusqu'à la méticulosité, abondant en détails, en chiffres, en dates, sans que le détail l'empêche jamais d'exprimer et de narrer les faits, dans leur ensemble et sous leur aspect le plus large [1] ». Ce jugement de Françoise Giroud, je puis le confirmer par les conversations auxquelles j'ai assisté, chez lui, chez moi, en voiture ou dans le train, qu'elles aient porté sur la vie, les lectures, l'histoire, les hommes... il y avait toujours quelque chose en plus.

La jeune Mme Mitterrand est moins à son aise, moins intéressée mais sans complexe. A sa première réception chez le président de la République, comme l'huissier lui demande : « De qui êtes-vous la fille, Mademoiselle ? » — « De Monsieur Gouze », répondit-elle fièrement en passant devant lui... Elle ne se sent pas préparée à ce rôle. « Il m'a fallu, disait-elle, toute la gentillesse et la généreuse compréhension du Président Auriol, pour me permettre de m'adapter, tant bien que mal. » Elle m'avait avoué sa gêne d'être, femme de ministre, accompagnée par un inspecteur de police ou de porter aux cérémonies officielles des bijoux prêtés par Cartier ou par Van Cleef qu'elle avait toujours peur de perdre.

Il y a aussi les occasions de prendre la parole devant le public très choisi des Conférences des Ambassadeurs. Le Ministre des Anciens Combattants y sera convié, le 16 mai 1947, pour distiller des « leçons de chose de la captivité ». Il donne une analyse sociologique et humaine, lucide et sans illusions ; il demande que l'on n'idéalise pas trop cette société des camps, construite dans l'exil et le malheur « sublime et grotesque, grandiose et mesquine », encombrée des fantasmes de l'absence, du rêve, des regrets. Il ne faut pas oublier qu'à côté des hommes qui se sont révoltés, dépouillés de tout et sont partis en quête de la liberté, inlassablement, il y a eu aussi dans les camps des hommes escargots, endormis dans la routine des jours, dans l'attente d'une libération, venue comme un don, comme un miracle... Dans le même cadre, il fera, comme

1. *Françoise Giroud vous présente le Tout-Paris*, Gallimard, 1954.

secrétaire d'Etat chargé de l'information, l'éloge de la République, le 19 novembre 1948.

Malgré leur cérémonial un peu figé, ces Conférences sont sans doute plus agréables que les réponses faites devant les assemblées aux questions écrites des députés et sénateurs, d'autant plus que la rotation accélérée des Ministères... oblige généralement à répondre à la place d'un autre. François Mitterrand s'y emploie pourtant avec beaucoup de précision, de netteté et comme il n'est guère indulgent (péché de jeunesse), avec quelques impatiences de langage parfois. On le comprend, car ces questions ne sont trop souvent que de l'anecdote.

Ainsi le député Fernand Grenier avait demandé, un an avant, des explications sur certaines coupures infligées au film *Clochemerle,* tiré sans finesse ni talent du best-seller de Gabriel Chevallier, cette sordide et truculente histoire contestataire autour d'une pissotière villageoise. François Mitterrand met les choses au point et conclut pour le député communiste : « Tout cela s'est accompli dans le cadre de l'ordonnance du 3 juillet 1945, instituant une censure, ordonnance signée par le général de Gaulle et par votre ami et collègue François Billoux. »

Une autre fois, harcelé de questions sur l'objectivité générale de l'information à la radio, il riposte sèchement : « Le RPF [Gaullistes] affirme que l'information favorise le gouvernement et le parti communiste ; le PC qu'elle favorise le gouvernement et le RPF ; les Radicaux, l'UDSR et les Socialistes qu'elle donne trop de place à l'opposition. En faisant la moyenne générale, je finis par croire que la radiodiffusion est objective. » (*J. O.*, 21-7-49). Comme je lui rappelais cette phrase, il me dit : « En ce temps-là, je n'avais pas encore appris à maîtriser tous mes réflexes ! »

J'ai d'ailleurs pu noter bien d'autres exemples, comme en mai 1952 : A la fin d'une intervention sur un projet de réforme en Tunisie qui proposait, entre autres, la création d'un Conseil législatif de trente membres, il s'écrie : « Il y a déjà eu, en 1861, un projet tunisien identique pour un Conseil de soixante membres, ce qui laisse supposer que les Beys depuis lors ont acquis deux fois plus de sagesse puisqu'ils ont besoin de moitié moins de Conseillers ! »

Il faut dire que de pareilles boutades sont rares et qu'il se « surveille ». D'ordinaire, ses interventions, brillantes et solides, se distinguent par leur clarté. Il sait en effet unir la précision, voire la minutie, dans l'exposé des faits, si elles sont nécessaires à l'explication de ses idées et un remarquable esprit de synthèse. Il n'a pas du tout ce que Robert Escarpit a appelé « l'esprit du périphérique » qui consiste à tourner toujours autour des choses et des problèmes. Il a son but et se dirige droit vers lui.

Il a naturellement un goût un peu didactique et méridional de la belle démonstration. Il en donne un bon exemple, en 1949, quand il explique aux députés une affaire rocambolesque et compliquée à souhait, celle de Radio-Andorre, qui remonte à l'avant-guerre : sombre histoire aussi où se mêlent des tricheries, des escroqueries, des publicités abusives, des contrats qui n'ont pas été signés, des émissions frauduleuses sur une longueur d'onde non reconnue et qui recoupe celle de Stockholm avec une puissance d'émission décuplée, sans accord international, de refus de payer à la SACEM les droits sur les disques utilisés, bref un ensemble d'actions qui conduisent la France à interdire le passage des disques en Andorre et à brouiller les émissions comme aux plus beaux temps de la guerre. Il réussit à rendre l'affaire claire et à suggérer une solution.

Dans le même esprit, il sait souligner l'élément de droit décisif qui impose la décision. Interrogé sur les difficultés qu'éprouve la presse dans certains tribunaux, il rappelle : « La discipline des audiences appartient entièrement au Président du Tribunal dont les pouvoirs disciplinaires sont régis par un article de la Constitution qu'il ne m'appartient pas, quoi que je pense de la question, de modifier » (*J. O.*, 8-7-1956).

C'est finalement une vie brillante sans doute mais toujours harcelée, toujours agitée, un peu harassante. Il est jeune heureusement et très résistant, prompt à s'adapter et bien organisé. Dans ce chaos de la vie politique il sait préserver son domaine secret.

L'étude des dossiers, les actions politiques, les mises au point avec ses collaborateurs, les rencontres et les discussions indispensables pour connaître les tendances et les hommes, les Conseils des ministres, les séances à l'Assemblée ou au Sénat, les cérémonies, la vie privée, les séjours dans son département qu'il ne néglige jamais, les sorties, les mondanités, les amis qu'il n'oublie pas, les distractions et les indispensables moments de réflexion, tout cela trouve son temps et sa place. Il trouve encore le moyen de maintenir l'équilibre physique en jouant au tennis aussi souvent que possible et en entraînant parfois ses collaborateurs directs, à pied, de son Ministère à la Présidence du Conseil ou à l'Elysée, tout en discutant avec eux.

Sa façon de vivre et de se comporter, ses attitudes permettent une approche, mais il nous semble diflicile de comprendre ses réactions fondamentales, si l'on ne connaît pas, si l'on ne garde pas en tête cette formule qui est à la fois d'éthique et de politique ; cette formule qu'il écrivit en 1957 dans son ouvrage *Présence Française et Abandon* (page 230). Elle s'applique à la France dans le cadre de la politique « coloniale ». Il lui demande, pour être fidèle à elle-même « de parler un langage clair et de tenir ses promesses ».

François Mitterrand occupera deux fois le poste de ministre des Anciens combattants et Victimes de la guerre, d'abord dans le gouvernement de Paul Ramadier, du 22 janvier au 9 novembre 1947, puis dans le gouvernement Robert Schuman du 24 novembre 1947 au 19 juillet 1948.

Son entrée en fonction n'aura pas été simple, car il lui faut négocier avec un piquet de grève pour pouvoir entrer dans les bâtiments de la rue de Bellechasse. Il s'agissait d'une grève politique montée contre son prédécesseur, ministre d'un gouvernement Léon Blum, Max Lejeune qui avait lui-même remplacé le communiste Laurent Casanova. Lejeune avait voulu mettre de l'ordre et empêcher que les nombreux camions réquisitionnés en 1945 pour le rapatriement des prisonniers de guerre ne servent plus essentiellement qu'au transport des militants lors des meetings du Parti communiste.

François Mitterrand ne peut accepter d'être brimé dans son ministère et il réagit sèchement. Il organise la riposte et donne quarante-huit heures à tous les fonctionnaires du ministère pour reprendre le travail tant à Paris qu'en Province, sinon d'anciens prisonniers de guerre, en accord avec leurs organisations, remplaceront les défaillants. Tout rentrera dans l'ordre tandis que les camions en litige seront remis à l'armée. Par la même occasion, il réglera le problème des nombreux auxiliaires (23 % du personnel) embauchés provisoirement pour le seul retour des prisonniers et déportés. Ils seront licenciés.

D'autres difficultés l'attendent. Tout de suite il est en butte à l'hostilité des anciens combattants, ou plutôt d'une camarilla de dirigeants des principaux groupements d'anciens combattants et plus spécialement de l'UFAC habitués à faire la pluie et le beau temps au Ministère. Ces Messieurs affirment représenter seuls les vrais combattants, proclamant leur mépris pour les prisonniers de guerre de 1939-1940 et, par la force des choses, pour leur Ministre, malgré son évasion et son action dans la Résistance... Ils le harcèlent de petites revendications ; ils se livrent à des attaques publiques. François Mitterrand doit plusieurs fois les rappeler à la décence et les remettre à leur place.

Cette atmosphère tendue est particulièrement pénible à ce moment où il lui faut régler les problèmes de la carte du combattant de la guerre 1939-1945 et faire définir officiellement les droits des prisonniers de guerre[1] et leur statut.

Il doit encore conduire la mise au point délicate, et même difficile politiquement, de la définition du statut des déportés politiques et internés résistants. Pas de difficultés pour faire admettre le bénéfice de la présomption d'origine pour les déportés politiques, mais il semblait anormal que soient reconnus comme tels les militants communistes arrêtés avant la guerre comme opposants au régime pour avoir mené des actions subversives à la suite de la signature du pacte germano-soviétique. Cette façon de voir fut finalement acceptée, mais non sans difficultés politiques.

Malgré tout, il s'occupe activement des anciens combattants de 1914-1918 et aux pensionnés, il apporte même deux bonnes réalisations. D'abord une simplification administrative de la procédure de liquidation des pensions qui la rend beaucoup plus rapide et facile (elle demandait jusqu'alors de deux à trois ans). L'autre mesure capitale est la mise au point d'un rapport constant des pensions[2] : un indice doit désormais permettre de maintenir régulièrement la parité entre le niveau des pensions et celui du traitement des fonctionnaires, donc de créer un rapport constant entre eux, d'éviter une dévalorisation régulière des pensions. « Cette réforme, écrivait-il en 1951 dans un engagement électoral, garantit définitivement les pensionnés, qui ont par ailleurs été, durant les dix-huit mois de ma présence au Ministère des Anciens combattants, augmentés de 72 à 78 %. »

C'est un Ministère technique où il lui faut encore faire organiser le retour et la restitution des corps ou cendres des prisonniers ou déportés morts en Allemagne, la régularisation des Mutuelles et Amicales des Camps, l'attribution de grades et de médailles de la Résistance, la mise à jour du code des pensions, etc. cependant que sa femme Danielle s'intéresse aux enfants des déportés et s'occupe d'eux.

1. Ce qui fut fait par un décret du 29 janvier 1948, mais un recours en Conseil d'Etat en suspendit longtemps les effets.

2. Grâce à un amendement Pleven voté le 27 février 1948. Des décrets d'application signés du successeur de François Mitterrand, M. Bétolaud, changèrent la référence ; il fallut cinq ans d'action pour amorcer une révision. La vigilance reste de rigueur.

Robert Schuman démissionne avec tous ses Ministres, mais déjà on offre à Mitterrand un nouveau poste ministériel.

L'Information et la Télévision.

On trouve François Mitterrand au poste de secrétaire d'Etat auprès du premier ministre chargé de l'Information dans trois gouvernements qui vont se succéder ; l'éphémère gouvernement André Marie (du 28 juillet au 28 août 1948), un nouveau ministère Robert Schuman encore plus bref (du 5 au 7 septembre 1948) et un ministère Henri Queuille qui tiendra du 11 septembre 1948 au 6 octobre 1949.

Il aura donc en tout quelque quatorze mois pour comprendre et régler des problèmes délicats. En effet, il faut encore compter, à cette époque, avec les séquelles des situations qui se sont créées au temps de Pétain et de l'Occupation, comme aux temps bouleversés de la Libération. La presse, en particulier, n'a pas encore retrouvé son équilibre. En septembre 1944 avaient été décidées l'interdiction des titres des périodiques qui avaient continué à paraître après le 26 juin 1940 en zone nord et le 11 novembre 1942 en zone sud, ainsi que la confiscation de leurs biens. Les locaux et imprimeries furent mis sous séquestre, gérés par la Société nationale des entreprises de Presse (SNEP) créée en 1946, et occupés par de nouveaux journaux. On disait, non sans quelque raison, cette Société fort mal conduite.

Le Ministre dut donc faire prescrire des contrôles justifiés.

Cette situation devait entraîner un problème, plus politique que technique, de dévolution de ces biens de presse, provoquant des procès, litiges, protestations sans fin. Par ailleurs, chaque année, disparurent des journaux issus de la Résistance et des périodiques ; finalement ne subsistèrent que ceux à qui des groupes financiers s'intéressèrent ou des partis politiques et, avec des noms différents, on revint à une situation semblable à celle de l'avant-guerre.

Le Figaro et *L'Humanité* qui s'étaient sabordés se retrouvaient, le premier chez lui, le second à l'imprimerie de l'ancien *Matin ; Le Parisien Libéré* continuait *Le Petit Parisien ; France-Soir, Paris-Soir ; Paris-Presse, L'Intransigeant ; Le Monde, Le Temps,* etc.

Les actionnaires de ces nouveaux titres récupérèrent les locaux et imprimeries de leurs ancêtres. Mais il y eut encore en 1948-1949, surtout en province, de rudes contestations et de délicats problèmes d'attribution.

La distribution des journaux voyait aussi le retour des mêmes puissances ; si les Messageries Hachette et leur monopole avaient disparu, si les entreprises de presse avaient le droit d'assurer elles-mêmes leur distribution ou de s'unir pour former des coopératives de distribution, on constatait, à cette époque, que la plus importante de ces coopératives, les NMPP, (Nouvelles messageries de la presse parisienne) avaient un actionnaire de marque, le groupe Hachette lui-même (49 % des actions), et que l'on s'acheminait vers un retour à la situation ancienne. Le capital prenait sa revanche sur la Résistance.

Le deuxième grand problème fut celui de la télévision qui est alors la formule d'avenir. Certes il y a la radio qui fonctionne bien et est aussi assez libérale. « On y faisait à peu près ce qu'on voulait », note l'écrivain Paul Guimard qui dirigeait alors « La tribune de Paris ». Il faut pourtant y réduire la pression des communistes qui l'ont noyautée fortement. Il en résulte des attaques comme celles de Virgile Barel, député communiste ; François Mitterrand lui répond qu'il ne veut pas que « notre radio devienne l'instrument du Parti communiste ».

En ce qui concerne la Télévision, elle cesse d'être un gadget expérimental et est prête à devenir opérationnelle. Il reste pour cela à décider de la définition qui sera adoptée. D'un côté on trouve les Américains avec leurs 605 lignes, de l'autre la Hollande dont la société Philips a adopté le 625 lignes. L'adoption de l'une ou l'autre de ces définitions leur ouvrirait un beau marché. Il y a aussi des industriels français qui sont, eux, attachés aux hautes définitions.

François Mitterrand soucieux de favoriser notre industrie nationale à qualité égale, demande un rapport d'experts. En final, ils laissent le choix entre le 1019 lignes de la Compagnie des Compteurs et le 819 lignes de Radio-France. Ils recommandent le 819 lignes qui permet trois chaînes parallèles contre le 1019 qui n'en autorise que deux, et le Ministre, malgré les pressions (son successeur à l'Information dira devant l'Assemblée : « Je crois que M. Mitterrand a fait preuve de courage lorsqu'il a choisi cette définition », 2 juin 1950), approuve leurs conclusions.

Il a contrecarré Philips ainsi que les compagnies américaines et avoue devant l'Assemblée en 1950 : « Assurément, je ne me suis pas rendu favorables les Américains ! » Il subit aussi la vindicte de dirigeants déçus qui se vengent en payant contre lui et le Président Wladimir Porché une campagne de scandales et de calomnies dans des périodiques spécialisés. Ce fut sa première expérience de la haine. L'action fut poussée plus loin. Comme le gouvernement voulait tenter de faire adopter sa définition chez ses voisins européens (comme on le tentera plus tard pour le procédé en couleurs SECAM), des interventions hostiles réussirent à bloquer les négociations et ruiner une espérance favorable à notre industrie.

Il doit encore, en cette période et par la suite, intervenir en faveur d'une multiplication progressive des installations lourdes de télévision (stations et relais). Si la Tour Eiffel a été admise, si la station de Lille est programmée, il y a de sérieuses réticences devant le coût du développement normal de l'implantation dans toute la France[1].

Le moyen technique ainsi décidé, François Mitterrand veut donner un statut au nouveau système d'information et de formation qui se crée. Il le fait étudier. Les thèmes en étaient : la création d'un office disposant d'une autonomie budgétaire, la détermination d'une certaine indépendance à l'égard du pouvoir, la création d'un instrument culturel sans publicité. Projet audacieux et loyal qui parut scandaleux car il pouvait ruiner bien des espoirs de profits. D'où un barrage, qui fut efficace. Le projet est en effet soumis en premier au ministre des Finances d'alors, qui, comme pour mieux affirmer sa réprobation, lui fait répondre : « Je ne puis que vous demander de renoncer au principe même de votre réforme pour des raisons politiques. » Ce fut l'occasion pour François Mitterrand d'une de ses plus belles colères ministérielles. Il veut exiger des excuses officielles du ministre des Finances. Ses collaborateurs atténuent sa protestation et la chute du Ministère anéantit le débat.

Il aura pu, en tout cas, montrer sa volonté de favoriser l'indépendance des organes d'information et de mettre en valeur la nécessité d'une information loyale. Trois ans plus tard (23-12-52), le président Auriol le remarquera. Il note à cette date, selon ce que révèle le *Journal du Septennat*[2], qu'il a exposé à François Mitterrand les problèmes posés par la démission du gouvernement Pinay et la situation réelle du pays. Son interlocuteur lui répond alors : « A mon avis, il faudrait que ce soit un peu expliqué à l'opinion publique. » Ce qui définit un programme politique d'information.

Il ne cessera d'ailleurs de s'interroger sur l'importance future de la télévision.

1. Le plan Monnet prévoyait alors sept stations principales et quatorze stations secondaires.

2. Armand Colin, 7 tomes, de 1970 à 1980.

L'Outre-Mer.

François Mitterrand n'est resté ministre de la France d'Outre-Mer que pendant un an, au cours de deux ministères successifs : celui de René Pleven, du 13 juillet 1950 au 26 février 1951, et celui de Henri Queuille du 9 mars au 11 juillet 1951. C'est peu en durée, mais ce fut une année capitale où il a pu s'affirmer, agir en homme d'Etat ; définir une tendance politique et, du même coup, soulever contre lui des tempêtes et des haines inexpiables.

Pleven lui avait donné le choix entre l'Education nationale et la France d'Outre-Mer. Il choisit ce dernier poste parce qu'il s'est déjà vivement intéressé à ces territoires, qu'il a jugé leur importance et l'importance des problèmes à résoudre.

Il n'oublie pas ces villages de Kabylie qu'il a vus en 1947, et où le chef musulman lui disait : « Je ne puis vous présenter tous nos enfants car nous n'avons pas assez de vêtements pour les habiller tous... » De plus, en 1949, il avait effectué un voyage d'études en Afrique noire avec retour par Le Caire. Il avait alors été fort sensible à certaines difficultés, à certaines injustices ; il avait souffert de certains abus ; il avait été scandalisé par la ségrégation raciale qui sévissait dans les hôtels, les restaurants, les clubs, et... dans l'administration. Il avait été outré par cet état d'esprit colonialiste oscillant sans cesse entre « le paternalisme et la répression », brandissant le patriotisme pour la seule défense des intérêts privés, comme par le slogan de la majorité des officiels, qu'ils soient civils ou militaires : « Force, autorité, prestige » ; état d'esprit qui détruisait tout ce que par ailleurs la France avait pu et pouvait apporter aux populations locales. Il le soulignera avec netteté dans son livre *Présence Française et Abandon :* « Le considérable apport de la France — ses écoles, ses hôpitaux, ses dispensaires, ses investissements, l'humus enrichissant de sa civilisation, la contribution de sa force militaire et de sa diplomatie au maintien de la paix dans ce secteur du monde — mis à la disposition des citoyens noirs non plus comme un instrument à peine déguisé de domination, mais comme un moyen complémentaire de bien-être, d'équilibre et de progrès, ne recouvrerait-il pas sa pleine valeur ? »

Il faut signaler que ce Ministère de la rue Oudinot n'a pas autorité sur tout l'Empire. A cause de la guerre d'Indochine, on en a séparé ce que l'on appelle les « Etats Associés » qui ont leur ministre ; de plus, le ministre des Affaires étrangères a autorité sur les protectorats (Tunisie et Maroc), comme le ministre de l'Intérieur sur l'Algérie. Il lui reste l'Afrique noire, Madagascar, les Comptoirs de l'Inde, etc. et c'est déjà considérable.

François Mitterrand ne vient pas avec des idées révolutionnaires a priori mais il est homme de justice et de liberté et veut que la loi soit appliquée. Il s'inspire de cet article de la Constitution qui affirme : « La France entend conduire les peuples dont elle a pris la charge à la liberté de s'administrer eux-mêmes et de gérer démocratiquement leurs propres affaires. » Il n'oublie pas non plus cette loi du 23 avril 1946 qui a abrogé le travail forcé et entend bien qu'elle ne soit pas négligée. Il n'oublie pas non plus le programme de l'UDSR, son propre parti, qui prévoit pour nos territoires d'Outre-Mer « des réformes sérieuses ». Cette tendance est alors fort mal vue et combattue.

Pour comprendre le climat qui règne alors dans notre pays, il faut citer une affaire qui relève de l'anecdote mais qui est révélatrice d'un état d'esprit dans les milieux politiques, de la susceptibilité, du conservatisme des milieux coloniaux, de la peur de tout changement qui traduit sans doute une peur plus profonde.

En 1950, le Haut-Commissaire de l'Afrique occidentale française, le socialiste Béchard, gagne un procès contre des individus qui ont mis publiquement en doute son intégrité. A sa grande surprise, il trouve le lendemain un compte rendu de ce procès dans un journal local qui ne lui veut pas de bien, *L'Afrique Nouvelle,* édité par la Congrégation des Pères Blancs de Dakar, alors qu'une loi de 1881 interdit toute publicité pour les procès en diffamation. Le Haut-Commissaire n'hésite pas, il traîne en justice les bons pères responsables. Ils sont condamnés, mais avec sursis. Rien de grave.

A Paris, pourtant, c'est un tollé contre le Haut-Commissaire. François Mitterrand le maintient et lui apporte son appui, d'où le scandale.

Tous ceux qui pensent qu'il faut préserver, comme ils l'ont appris à l'école, la grandeur de notre empire, pour le bonheur des populations autochtones, comme il faut épanouir pour eux les vertus humaines et civilisatrices de la France, et qui n'ont ni évolué ni compris que les peuples colonisés avaient, eux, évolué, tous les apôtres, hypocrites ou non, de l'ordre colonial et moral pleurent sur ces bons pères, anciens combattants de surcroît, traînés au banc d'infamie. La hiérarchie catholique proteste, des députés radicaux et gaullistes mènent la vie dure au Ministre et veulent réduire le montant des crédits de son Ministère. Frédéric-Dupont, surnommé à Paris le député des concierges, s'exalte contre le sectarisme socialiste qui « s'attaque au prestige des missions et de la civilisation chrétienne ». François Mitterrand, accusé, réplique : « Je ne vois pas pourquoi la loi ne s'appliquerait pas à telle ou telle personne qui se trouverait la contredire. » Cette vérité essentielle calmera les esprits mais ne supprimera pas le haine.

Du tumulte provoqué par ce fait divers, on peut induire les violents remous que peut déclencher une affaire d'importance. Précisément, à son entrée au Ministère, François Mitterrand trouve sur son bureau un dossier sur « les émeutes » en Côte-d'Ivoire. Elles sont attribuées, dans les rapports officiels, à un mouvement, le RDA ou Rassemblement démocratique africain, contre lequel on demande des mesures.

Ce Mouvement a été créé par Félix Houphouët-Boigny, un Ivoirien, chef traditionnel, grand propriétaire terrien, planteur, médecin (il a créé de ses deniers un dispensaire dans son village), créateur de coopératives, député et catholique.

Pourquoi provoque-t-on l'interdiction du Mouvement, l'arrestation de nombreux responsables, l'ordre d'arrêter Houphouët ? Le prétexte, c'est que le RDA serait d'inspiration ou d'obédience communiste. Or, il n'en est rien. Certes, il existe un lien tactique : les députés du RDA (en Côté-d'Ivoire et dans les pays voisins), isolés, se sont rattachés à l'Assemblée au groupe communiste, le seul qui a bien voulu les accueillir et les soutenir; ils ont aussi mené dans leurs pays respectifs des actions revendicatrices avec le PC. En fait, on craint, politiquement, le poids que donne à ce Mouvement l'appui presque unanime de la population; on craint qu'il ne veuille, un jour, lutter pour l'indépendance. Economiquement on craint aussi l'exemple d'Houphouët-Boigny : il a imposé sur ses terres des méthodes rationnelles de culture et obtient de meilleurs rendements de cacao et de café que les exploitants d'origine européenne, il lutte contre le travail forcé aux époques de cueillette et surtout, il a créé des coopératives agricoles d'exploitants noirs pour obtenir que leurs produits soient payés aux mêmes prix que ceux des Blancs, ce qui est jugé comme un acte de rébellion. On craint aussi son prestige et son influence sur les populations autochtones; d'où la volonté de l'abattre.

Cette situation, François Mitterrand l'a constatée lors de son voyage de 1949; depuis ont été montées, avec l'appui du Gouverneur, qui d'ailleurs ne fait que respecter les ordres reçus, des campagnes de provocation, suivies d'actions répressives. Chez les Européens d'Abidjan, on dit alors : « Pour éclaircir la situation, il nous faudrait dix mille morts[1] ! » C'est significatif et François Mitterrand, d'emblée, s'est étonné de ces soi-disant émeutes provoquées par le RDA qui n'auraient fait de victimes que parmi ses membres. Il n'aime pas cette situation qui peut dégénérer et devenir dramatique tant en Côte-d'Ivoire que dans les pays noirs où le RDA est aussi implanté. Il décide donc de faire venir Houphouët-Boigny à Paris pour confronter les points de vue et trouver une solution. Les revendications connues du RDA sont de justice, d'ordre économique et social. Il s'agit de savoir s'il les conçoit bien dans le cadre de l'Union française et en dehors de la pression du Parti communiste.

Comme il connaît parfaitement les réactions conservatrices de nos politiques en la matière, notamment celles des Radicaux de René Mayer, des MRP de Georges Bidault et des Gaullistes, il tient à prendre des précautions : il expose sa thèse et les moyens qu'il compte mettre en œuvre à Vincent Auriol très ouvert à ces problèmes ; il me l'a dit et l'a écrit : « Un des seuls hommes de sa génération à ressentir à la fois l'ébranlement de la société coloniale et la chance française d'inventer une communauté politique d'un type original[2] », à Pleven et aux présidents des deux assemblées, Herriot et Monnerville. Il reçoit leur approbation et passe à l'action.

Houphouët arrive par avion et François Mitterrand doit se montrer intransigeant avec le Ministre de l'Intérieur qui veut le faire arrêter. Enfin les entretiens ont lieu, serrés, directs et loyaux. Avec réalisme, Houphouët comprend et accepte la nouvelle politique qui lui est proposée.

François Mitterrand en a rappelé les points essentiels dans *Présence Française et Abandon* (p. 179). Il veut « des Africains libres chez eux, libres de travailler, de se syndiquer, de lutter pour leurs salaires et leur sécurité, de circuler, d'agir, de parler, d'abolir les privilèges scandaleux, d'imposer l'égalité sociale et humaine entre les communautés ethniques ; d'instituer le suffrage universel et le collège unique... de promouvoir les institutions qui amorceraient la Fédération future, donc le maintien dans la paix et le progrès des rapports avec la France ». Les deux hommes peuvent alors mettre au point le texte d'une lettre dans laquelle le président du RDA accepte le

1. Sur cette question, un livre capital : Georges Chaffard, *Les Carnets secrets de la décolonisation*, Calmann-Lévy, 1965.
2. Le *Coup d'Etat permanent*, page 31.

cadre de l'Union française. Un protocole est signé qui définit cette ligne d'action, prévoit la tolérance administrative avec application du code du travail, parité des prix à qualité égale pour les productions des Blancs et celles des Noirs, droit pour les Noirs d'accéder aux fonctions électives dans leurs villes et villages ; il rend sa légalité au RDA, arrête les poursuites contre Houphouët-Boigny et les siens. Il fait libérer entre autres sept chefs du RDA qui deviendront plus tard présidents de la République dans leur pays. Ce protocole sera présenté par Pleven au Conseil des Ministres en fin de séance et adopté à la sauvette.

Pour mieux assurer cette nouvelle tendance, François Mitterrand ira, au début de 1951, inaugurer le nouveau port d'Abidjan. Il en profite pour exposer aux Européens l'intérêt et les buts de cette orientation. Ce sera dur : il devra imposer avec toute son autorité la présence des élus noirs à toutes les cérémonies et aux banquets, résister aux protestations des Blancs et subir les assauts de nombreuses délégations noires qui se disent hostiles au RDA. Par chance, il retrouve dans l'une d'elles deux condisciples noirs de son collège d'Angoulême, qui expliquent les pressions administratives et les menaces particulières qu'ils y ont subies avant de tenter cette démarche. Ils agiront désormais dans le sens voulu par le Ministre. De son côté, Houphouët-Boigny tiendra rigoureusement et loyalement ses engagements. Il deviendra ministre de la IVe République, puis du général de Gaulle [1] avant de présider aux destinées de son pays devenu indépendant.

En tout cas, le risque est désamorcé, la situation est assainie. L'Afrique noire ne bougera pas. C'est le succès d'une politique franche, humaine et réaliste [2]. C'est un effort qui s'avérera fructueux pour préparer une indispensable évolution institutionnelle et améliorer les relations humaines dans les Etats francophones, un effort qui trouvera son achèvement dans la loi-cadre de 1956 dite loi Defferre, qui ouvrira les portes de l'indépendance.

A Paris, en revanche, c'est le déchaînement : « Le Ministre brade l'Empire, trahit la France. » François Mitterrand méprise ses détracteurs et ne rend même pas publique la lettre

1. « Cerveau politique de premier ordre », écrira de Gaulle, *Mémoires d'Espérance*, tome 1, page 73.

2. Georges Chaffard aboutira lui aussi à cette conclusion : « Le tournant de 1951 aura permis à l'Afrique française de préparer dans l'ordre son émancipation politique. »

que lui a signée Houphouët. Malgré les attaques des députés radicaux et gaullistes des Colonies, Henri Queuille le soutient comme il faut ; il n'y a plus qu'à attendre les nouvelles élections, après lesquelles, d'ailleurs, on ne l'invitera plus à présider aux destinées de la France d'Outre-Mer.

Il lui reste un souci ; il ne veut pas que l'on revienne en arrière. Pour cela il est indispensable que le RDA ne remporte pas aux élections un succès massif, qui soulèverait des colères et mettrait la réforme en péril. François Mitterrand passe donc un accord avec le RDA qui, de lui-même, freinera son expansion. Plusieurs de ses leaders, dont Gabriel Lisette et Modibo Keita, seront battus. Cet échec voulu arrêtera les réactions. Cinq ans plus tard, le RDA prendra sa revanche en remportant dix sièges. Entre-temps ses députés se seront ralliés au groupe UDSR de l'Assemblée.

La réussite de cette opération marque déjà profondément en faisant ressortir la maîtrise politique du Ministre que l'on redécouvre à propos de Madagascar. Il y a une opposition entre les rapports du gouverneur Barges qui dit que tout va et qu'il a la situation bien en main, et ceux du responsable militaire, l'Amiral Auboyneau, pour qui couvent de gros dangers. Mitterrand saute dans un avion et sur place réunit les deux hommes : fermement le gouverneur justifie sa position, se révèle un responsable conscient tandis que l'Amiral se trouble et fait machine arrière. La cause est entendue et l'affaire réglée.

En Inde aussi, il y a des problèmes. Devenue indépendante, elle veut récupérer Pondichéry et les Comptoirs français, sans impatience du reste. Le gouvernement français n'y est pas hostile, mais la Constitution exige qu'un référendum règle le problème. Or, tous les Comptoirs sont pratiquement aux mains de politiciens, gangsters et trafiquants qui font la loi et suscitent des émeutes chaque fois que l'on parle de référendum. On ne peut tout de même pas reconquérir les Comptoirs pour les céder ensuite. Alors, il faudra biaiser : le rattachement à l'Inde sera voté par les Assemblées locales, le total de leurs votes (en majorité favorables) donnant le résultat final, qui n'amènera le traité de cession qu'en 1956 et la ratification en 1962.

Plus importantes sont les mesures d'intérêt général : François Mitterrand a constaté que l'on dépense vraiment trop d'argent pour des actions ou des constructions de prestige. Pour lui, il faut d'abord affecter les crédits à l'économie et aux efforts qui la soutiennent. Il demande donc aux hauts-commissaires et gouverneurs de donner une nouvelle orientation à leurs investissements : ils doivent être productifs pour le pays et autant que possible rentables.

Il estime également que l'évolution politique qui se dessine conduit normalement les pays noirs de notre empire vers une autonomie interne. Il lui semble donc indispensable de prévoir des liens contrôlés avec tous ces Etats par le moyen de la monnaie ; or chaque gouvernement a son Institut d'émission de monnaie particulier, dont la responsabilité est souvent concédée à des organismes privés. Le système est très fragile et peut servir de base à la spéculation. François Mitterrand demande donc à son directeur de Cabinet, Pierre Nicolaï, de faire établir une étude monétaire. Elle sera confiée à Bloch-Laîné et des Commissions de spécialistes y travailleront dans le plus grand secret. Les rapports de ces groupes permettront d'aboutir plus tard à la création de la zone franc.

Selon la loi, en raison des élections, Henri Queuille a remis la démission de son gouvernement au président de la République. François Mitterrand quitte la rue Oudinot, mais il ne cessera jamais de porter intérêt aux problèmes de la France d'Outre-Mer, de réfléchir à son rôle propre et à la place qu'elle devrait jouer dans une politique globale de la France... Nous en reparlerons.

1952-1953, une période politiquement peu exaltante pour François Mitterrand ministre, mais aussi une période de réflexion, de mise au point et d'affirmation de ses idées, d'action par la presse.

Pourtant, le 20 janvier 1952, Edgar Faure constitue un ministère et le nomme ministre d'Etat. Il a tout juste le temps de composer son Cabinet, de participer aux discussions qui permettront au gouvernement d'engager des négociations sur la Communauté européenne de Défense et c'est la chute du ministère, le 28 février 1952. La droite et le centre droit l'emportent alors avec Antoine Pinay conservateur et libéral, l'homme de la baisse, puis avec le radicalisme figé de René Mayer.

Bien à contrecœur, mais pour répondre au vœu de ses amis, il accepte finalement d'entrer le 28 juin 1953 dans le cabinet formé par l'indépendant Joseph Laniel, un cabinet sans socialistes, le seul auquel il aura participé, et encore pour un bref passage de trois mois, tandis que le Ministère, lui, se survivra jusqu'au 12 juin 1954, malgré le fâcheux scandale des trafics sur la piastre, malgré le pénible drame de Diên Biên Phu, malgré l'épuisante élection du nouveau président de la République, René Coty. Cette élection fut télévisée et quelques centaines de milliers de Français purent ainsi y assister. François Mitterrand a noté dans *L'Express* du 3 janvier 1954 l'importance de ce nouveau moyen d'information : « Le spectateur participe aux divers actes du Congrès... ne manque aucune scène... On imagine mal les conséquences qu'aura sur notre vie publique le démontage du mécanisme parlementaire lorsque les citoyens... pourront examiner et vérifier la façon d'être de leurs élus... Ce moyen d'expression, dans cinq ans, informera plus que tout autre la conscience de l'homme. »

Entre-temps, il est revenu siéger à l'Assemblée et, obsédé par les problèmes vitaux et dramatiques de l'Indochine, par ceux de la Tunisie, il rédige son premier livre *Aux frontières de l'Union française*[1] qui paraîtra en juin 1953, avec une lettre-préface de Pierre Mendès France, qui loue son courage, sa lucidité et ajoute : « Comme vous j'ai la profonde conviction qu'il faut que soit mis un terme au drame de là-bas (l'Indochine). » En épigraphe de l'ouvrage une phrase vigoureuse de Clemenceau, prononcée en 1881 lors d'un débat sur l'Indochine : « Nous voulons la vérité, on nous la cache, nous voulons la connaître, nous voulons que le pays sache la vérité. » Sur l'Indochine en 1953, il est temps aussi de savoir la vérité.

Pour François Mitterrand cette vérité est claire : « S'il est plusieurs méthodes pour quitter l'Indochine, je n'en connais pas une qui permette d'y rester » (pages 94-95).

Dans le gouvernement Laniel, il est ministre délégué au Conseil de l'Europe. C'est un poste ministériel récent : devant l'importance prise par les problèmes européens, on a décidé de dédoubler les responsabilités du ministre des Affaires étrangères en nommant un ministre d'Etat pour suivre et traiter les affaires de l'Europe. Guy Mollet fut le premier à occuper ce poste dans deux ministères consécutifs, puis vint Pflimlin, puis François Mitterrand. L'historien de la politique étrangère de la France sous la IVe République Alfred Grosser estime que « ce titre ne correspond à aucune réalité diplomatique précise ni administrative, ne serait-ce qu'à cause du manque d'importance concrète alors de ce Conseil de l'Europe »[2].

François Mitterrand s'était, dès le début, montré un partisan convaincu de l'Union européenne[3] ; il avait été favorable à la

1. *Aux frontières de l'Union française (Indochine, Tunisie)*, lettre-préface de Pierre Mendès France, Julliard, 1953.

2. Alfred Grosser, *La IVe République et sa politique extérieure*, Armand Colin, 1961.

3. Jean Monnet rappelle qu'il participa à la conférence de La Haye sur l'Europe en 1948, où se retrouvèrent sous la présidence de Churchill des hommes comme Walter Hallstein et Adenauer. (*Mémoires*, page 323.)

création de la Communauté européenne du charbon et de l'acier (CECA) que de Gaulle appelait alors dédaigneusement « un méli-mélo de charbon et d'acier ». Il aurait sans doute tenté de faire quelque chose à ce poste, comme le prouve son intervention dans un débat sur l'Europe, organisé par *L'Express* et publié dans son numéro du 10 octobre 1953. Il y souhaitait que « les difficultés rencontrées ne conduisent pas la France à abandonner son idéal européen ». Il préconisait surtout la recherche d'une formule convenable pour y associer l'Union française, une véritable nécessité car « si la France a des amis, l'Union française n'en a pas ». En fait, comme ministre à cette époque il ne pourra guère prendre que quelques contacts.

En effet, comment agir vraiment quand on n'est pas d'accord avec la politique de son premier ministre, quand on ne pense qu'à trouver la raison valable, le moment opportun pour donner sa démission ? La politique menée en Afrique du Nord le hérisse. Après le mauvais coup qui a provoqué la déposition du Sultan du Maroc, Mohammed V, le 24 août de cette année 1953, un mauvais coup préparé par la Résidence générale et des Français influents, alliés aux éléments les plus traditionalistes et les plus réactionnaires du Maroc conduits par le Glaoui, pacha de Marrakech, en prétextant de l'immobilisme et du refus de réformes du Sultan, il est très inquiet. Il craint qu'une offensive du même style, allant dans le même sens, ne soit tentée en Tunisie. Déjà le texte d'un projet de réforme administrative pour ce pays qui a été présenté au Bey n'est pas le même que celui qui a été adopté par les deux Assemblées en France : on a notamment supprimé pour les Tunisiens le droit fondamental d'être admis à faire partie des cadres administratifs dans leur propre pays. Il lance donc des mises en garde et, n'obtenant aucune garantie, il démissionne le 4 septembre 1953, malgré l'insistance de Vincent Auriol et de Laniel.

Le lendemain, dans son numéro du 5 septembre, *L'Express* lui consacrait une page d'interview. Il y disait les raisons de sa démission et ses inquiétudes sur la politique étrangère du moment. Sa conclusion ? « Je crois aux vertus de la fermeté, à la vertu du prestige mais il faut les mettre au service d'une évolution qui se fera contre nous si elle ne se fait pas avec nous. »

Aujourd'hui, on peut se demander comment ce ministère composite sous la direction d'un homme de droite a pu se constituer, comment François Mitterrand a pu y participer.

C'est incompréhensible si l'on oublie que s'imposait encore l'esprit d'ouverture et d'unification de la Résistance. A cette date tous les présidents du Conseil et la plupart des ministres ont été de grands et authentiques résistants. La fraternité du combat clandestin survit, transcende la politique et est le véritable ciment de ministères hétérogènes.

Cette démission va, tout naturellement, réveiller la rage des « colonialistes inconditionnels » : il n'a pas démissionné, crient-ils, on l'a mis à la porte. Aussi bien, quiconque n'est pas avec eux est un traître. Cette accusation était quand même gênante pour le gouvernement, aussi Georges Bidault vint-il la démentir devant les deux Assemblées, reconnaissant que Mitterrand avait bien démissionné. Il le fit visiblement à contrecoeur et mollement, mais le fit.

François Mitterrand reprend sa place de simple député et est ravi d'apporter son concours à *L'Express* qui est soucieux d'intéresser les Français aux problèmes de l'Economie et du Travail, autant qu'aux autres problèmes humains, politiques et sociaux. A partir du 30 mars 1954, il sera un des participants d'une tribune permanente, « Le Forum », aux côtés de Pierre Mendès France, qui avait ouvert le premier numéro de *L'Express* avec cette formule : « Les Français peuvent supporter la vérité », de Robert Schuman, de Soustelle, de Gaston Defferre et de Paul Monteil.

Chaque semaine, en vingt à trente lignes, ils donnaient leur avis sur les problèmes d'actualité. Il lui arrivera ainsi de préciser son opinion sur de nombreuses questions du moment comme le scrutin d'arrondissement (plus axé sur l'homme que sur le parti), sur la bombe atomique, sur l'Europe, sur la Tunisie à qui l'on a donné un Résident général « sans fixer les termes de sa mission », sur l'Indochine surtout : « Tout se passe, écrit-il, comme si les responsables de notre politique alimentaient cette guerre assez pour qu'elle dure mais pas assez pour qu'on gagne », cette Indochine où nous nous battons pour les fantômes du passé, quand la Grande-Bretagne a rendu l'Inde à son destin et que Mao recrée la Chine, et où notre drame devient une agonie.

Ni le gouvernement Laniel dépassé, ni l'Armée qui doute depuis Diên Biên Phu, ne sachant plus pour qui ou pour quoi elle se bat, ni l'Assemblée nationale divisée ne savent vraiment que faire : abandonner et comment ? envoyer le contingent, sans doute contre l'opinion ? On préférera s'en remettre à Pierre Mendès France ; encore un ministère pour répondre à l'exigence immédiate d'un problème grave mais, enfin! un ministère qui marquera.

L'Intérieur.

Le gouvernement Pierre Mendès France dans lequel François Mitterrand a la charge du ministère de l'Intérieur, ne durera que huit mois et demi, du 19 mai 1954 au 5 février 1955, et pourtant on s'en souvient encore. Le ministre de l'Intérieur devra naturellement s'occuper des affaires administratives courantes; il faut bien nommer des maires adjoints à Paris, suivre des problèmes d'ordre, nommer des préfets et surtout un nouveau préfet de Police, M. Dubois, à la place de M. Baylot qu'il a limogé en juillet 1954... Il doit aussi, dès son arrivée, s'occuper du dossier des écoutes téléphoniques. Il trouve cette pratique scandaleuse et contraire à la liberté des citoyens. Il réagit avec autorité, faisant immédiatement envoyer aux Préfets des instructions impératives à ce sujet et en suivant les résultats. Ce sera un succès puisque fin 1954, il n'en restait plus que vingt-cinq environ établies sur information judiciaire ou pour menace contre la sûreté de l'Etat. Pierre Mendès France lui rendit hommage pour son efficacité en ce domaine, ce qui n'empêchera pas Pierre Messmer, premier ministre en 1974, de l'accuser d'avoir multiplié ces écoutes. Informé de la réalité par un ancien collaborateur de François Mitterrand, Messmer reconnut en privé qu'il avait été abusé, mais n'eut pas le courage de démentir publiquement son affirmation calomnieuse.

Pour François Mitterrand l'essentiel n'est pas là, il lui faut d'abord soutenir l'action de son président du Conseil pour régler l'affaire d'Indochine. Depuis le début de l'année 1954, il n'avait cessé, tant à la tribune de l'Assemblée que dans *L'Express,* de dénoncer une politique sans fermeté, qui jouait du destin des peuples sans les consulter, qui donnait des semblants d'autorité en gardant le pouvoir de décision. Il répète inlassablement : assez de solutions à court terme, de mesures dilatoires qui font le jeu des trafiquants et des intérêts, il faut négocier, il faut quitter le terrain. « La France, écrivait-il déjà en juin 1953 dans *L'Express,* s'inquiète de la guerre d'Indochine qu'il faut arrêter par tous les moyens. » « Tombeau de tant de vies et d'espérances françaises », l'Indochine nous ruine, nous coûte des milliards inutilement dépensés aux dépens de notre Education nationale, aux dépens de la

Santé publique et du soutien de notre politique en Afrique noire.

Le rapport du général Morlière disait déjà en 1947 : « Il faut négocier et le plus tôt sera le mieux[1]. » Mendès France le réussit avec autorité, rapidité et loyauté sept ans après. Il signe la paix à Genève le 22 juillet 1954. Le Parlement ratifie le traité.

En 1957, revenant sur ces problèmes, François Mitterrand constatait que notre échec résultait « de nos hésitations, de notre refus devant les nécessaires transformations d'un monde où la tutelle coloniale n'a plus de place[2] ».

Mais deux affaires vont surtout peser lourdement sur ses épaules, l'affaire des Fuites, et, vraiment importante celle-là, l'affaire algérienne.

L'Affaire des Fuites.

Il n'y a plus aujourd'hui que des réactionnaires attardés et des esprits de mauvaise foi pour tirer argument contre François Mitterrand de ce misérable complot de calomnies. Un journaliste comme Jacques Fauvet, qui à l'époque ne lui était guère favorable, écrit dans son *Histoire de la IVe République :* « Des fuites il y en eut de réelles et de nombreuses ainsi que le procès devait le prouver, mais il devait aussi confirmer que, ni de près ni de loin, l'auteur n'en était Mitterrand. »

De quoi s'agit-il ?

En juillet 1954, un informateur, le commissaire Dides, apporte à M. Pélabon, directeur du cabinet de Mendès France[3], le procès-verbal des délibérations d'une récente séance du

1. Léon Blum, président du Conseil en fin 1946, fut le seul à vouloir un accord sincère sur la base de l'indépendance, mais que faire en un mois de pouvoir ?

2. *Présence française et abandon,* conclusion, page 222.

3. On ne sait pourquoi ni Pélabon, ni Mendès n'avertirent tout de suite Mitterrand de cette affaire ; à cause de la négociation sur l'Indochine, pour faire entreprendre eux-mêmes une enquête ? En tout cas, pour Pierre Nicolaï, ce fut, en dehors de certaines oppositions de tempérament et de divergences sur certains problèmes, une des causes de la tension entre les deux hommes « qui pourtant se complétaient si bien », ajoute Nicolaï, son ancien chef de cabinet. Les rapports entre les deux hommes ont, il est vrai, pris une autre tournure par la suite, et l'on se souvient de l'accolade chaleureuse de François Mitterrand à Pierre Mendès France lors de l'élection présidentielle.

Comité central du Parti communiste portant sur des problèmes discutés au très secret comité de la Défense nationale en sa réunion du 28 juin. Ce comité réunit le président de la République et celui du Conseil, les ministres de la Guerre et de l'Intérieur, les chefs d'état-major des différentes armes et quelques hauts fonctionnaires. On ne peut suspecter personne à priori, et pourtant il y a eu des fuites. Dans les coulisses, on laisse entendre qu'il y aurait un traître au gouvernement ; on glisse même le nom de Mitterrand. En fait, le même type de fuite avait déjà été noté deux mois avant, mais Laniel n'en avait pas averti Mendès France, ni son ministre de l'Intérieur, Martinaud-Déplat, son successeur, François Mitterrand.

Mitterrand n'est d'ailleurs informé et saisi de l'affaire que le 8 septembre. Il charge aussitôt le service de Sécurité du territoire de mener une enquête et ordonne une surveillance spéciale, après avoir fait constater que la salle n'était pas pourvue de micros, lors de la réunion du 10 septembre. Trois jours après pourtant, on sait que les dernières délibérations sont connues. Les rumeurs redoublent et le ministre de l'Intérieur est souvent désigné comme responsable. François Mitterrand ne réagit pas : « Je n'ai pas à me défendre », dit-il, mais il suit l'enquête de près, la pousse et, le 18 septembre, fait interpeller le commissaire Dides, dans la serviette duquel on trouve deux documents, dont un compte rendu analytique de la séance du 10, écrit à la main ; on saura après qu'il a été écrit par un journaliste très conservateur et maniaque de l'anticommunisme, Baranès. On peut désormais remonter la filière et aboutir.

L'enquête prescrite permettra de démonter le mécanisme, de trouver les responsables directs, le journaliste Baranès, lié à certains milieux policiers, deux fonctionnaires du Comité qui avaient abusé de la confiance du secrétaire général Jean Mons et pouvaient avoir en main les comptes rendus, le commissaire Dides[1] qui s'en sortira bien et pourra plus tard se faire élire député. Il s'agit à la base d'un réseau anticommuniste, qui s'appuie sur des éléments de la police agissant pour leur propre compte, et de son utilisation pour une machination politique

1. Dides avait, sous l'Occupation, travaillé en liaison avec les services allemands. Arrêté après la Libération, il avait été relâché sur présentation de certificats délivrés par les services américains. « Il est clair qu'il travaillait pour ceux-ci en même temps qu'il était réintégré dans la police française », explique Paul-Marie de La Gorce dans *Apogée et mort de la IVe République*, page 209, Grasset, 1979.

destinée à discréditer le gouvernement Mendès France et la politique qu'il menait... « La machination s'écroula, note Jacques Fauvet, et avec elle l'honneur de quelques hommes hormis celui de M. Mitterrand. Elle avait illustré l'état de dégradation des esprits et des mœurs... » Il était grave que des hommes aient pu fabriquer des faux « pour déshonorer un homme, un gouvernement, une politique », et surtout que des hommes politiques aient employé ces individus pour « obtenir l'arme et la preuve destinées à abattre leur adversaire ». De plus, dans une étude du 6 février 1966 *Le Monde* soulignait que « l'affaire avait permis de mettre en lumière la politisation de certains services de police ».

Mais avant le procès d'avril 1956 qui mettra définitivement les choses au point [1], même si les noms des véritables instigateurs et responsables ne furent pas révélés, François Mitterrand aura à affronter un violent débat. « Il a tenu tête avec calme, notait alors François Mauriac dans son bloc-notes de *L'Express,* avec un excès de calme, il me semble, à un spécialiste des coups bas. » Mauriac pensait au député conservateur de l'Oise, Legendre, véhément et emporté, qui se fit traiter au cours de la même séance par d'Astier de La Vigerie de « calomniateur et de provocateur, c'est-à-dire d'homme méprisable ». Ce qui reste important aujourd'hui, c'est sans doute la conclusion de Mauriac : « La haine inexpiable de ses adversaires le désigne comme l'un des chefs — il en faut plusieurs — de cette gauche française qui finira bien par se constituer. » Paroles prophétiques !

Pierre Mendès France défendit vigoureusement son collaborateur, « patriote, homme d'honneur dont la place était parmi ceux qui ont droit d'occuper les plus hautes responsabilités dans le gouvernement de la France [2] ».

Quant à François Mitterrand, il se contente de faire le bilan de la situation : « Il est important de constater que si tous les traîtres ne sont pas encore connus et arrêtés, l'essentiel de ma tâche a cependant été rempli car les fonctionnaires que vous venez de dénoncer ont été arrêtés et remis entre les mains de la justice... Si depuis plusieurs années cette trahison s'est développée au cœur même de nos institutions, vous reconnaîtrez que c'est le gouvernement que j'ai l'honneur de représenter au

1. Le 20 mai 1956, le tribunal condamnait les deux intermédiaires, Labrusse à six mois de prison et Turpin à quatre mois. Les autres furent relaxés.

2. Voir *J. O.*, 4-12-1954, Débats parlementaires, Assemblée nationale, séance du 3 décembre 1954.

ministère de l'Intérieur qui a pu, en quelques semaines d'enquête, en déterminer les contours et en dénoncer les auteurs. » Il estimera, en 1964, que ce fut une étape dans le travail de sape entrepris par les Gaullistes contre la IVe République. Ils voulaient déconsidérer ses hommes politiques et les vouer au mépris.

Parfaitement élucidée dans les faits, résolue sur le plan judiciaire, cette misérable affaire survivra dans les commentaires douteux des adversaires acharnés de François Mitterrand. On entend encore certains dire à l'énoncé de son nom : « Ah oui ! les fuites. » Si on les presse un peu, ils ne savent pas même, généralement, de quoi il s'agit. Hélas ! le cher Basile de Beaumarchais n'avait que trop raison.

En tout cas, cette affaire a été humainement fort pénible, quoiqu'il n'en ait rien laissé voir, pour François Mitterrand et l'a empêché de se consacrer entièrement au problème capital, une fois la paix signée avec l'Indochine, celui de l'Algérie.

L'Algérie : la guerre commence.

Depuis longtemps déjà, François Mitterrand était inquiet au sujet de l'Algérie ; il ne lui semblait pas possible que la guerre d'Indochine, puis les troubles du Maroc et de la Tunisie ne finissent par provoquer « de profondes secousses » dans ce pays comme il l'écrivait en mai 1953 dans *L'Express.*

Ministre de l'Intérieur et responsable du même coup des trois départements d'Algérie, il veut tenter une approche de la vérité. Officiellement, ce n'est pas facile : pour le Gouvernement général, il n'y a pas de problème : l'Algérie n'a besoin de rien d'autre que d'une aide économique et sociale. Politiquement, tout va bien, plutôt il n'y a pas de problème politique. Et, comme il vaut mieux ne pas approfondir, le dialogue est rendu impossible. Pour savoir quelque chose, il faudrait pouvoir discuter avec les administrateurs du bled. En tout cas, François Mitterrand juge qu'il faut au minimum mettre en application le statut de 1947 établi par le ministre de l'Intérieur de l'époque, Depreux, un socialiste de la SFIO, qui prévoyait « une égalité effective entre tous les citoyens français » — or les Algériens le sont — et créait une Assemblée algérienne élue par deux collèges.

Ce statut fut bloqué par les Européens ultras grâce à la fraude électorale. Rappelons qu'à cette époque, même un député arabe à cette Assemblée n'avait pas droit d'accès dans certains hôtels d'Alger !... Mitterrand a d'ailleurs clairement signifié sa volonté, le 12 novembre, devant l'Assemblée algérienne, tout en annonçant la création d'une école d'administration pour les Algériens afin de leur donner la capacité de prendre leur place dans la fonction publique à tous les niveaux. Il sera pris de court, dès le 1er novembre ; des attentats dans le Constantinois et une révolte dans les Aurès vont inaugurer la guerre d'Algérie.

Absorbé d'abord par la négociation de Genève sur l'Indochine, puis par le règlement de l'affaire tunisienne avec l'octroi de l'autonomie interne, la libération et le retour de Bourguiba dans sa patrie, Pierre Mendès France reconnaîtra plus tard : « Mitterrand m'avait alerté plusieurs fois avec beaucoup de lucidité, il estimait que la situation était malsaine, même si les autorités civiles et militaires restaient euphoriques. » Mendès avait quand même rencontré un des grands leaders algériens, Ferhat Abbas, peut-être le plus ouvert, qui avait un jour écrit : « Rien n'empêche un musulman d'Algérie de devenir Français », mais il précisait : « Il s'agit de savoir si nous sommes des Français comme les autres. » Il exigeait, au départ, comme base minimale, la mise en application réelle du statut de l'Algérie voté en 1947, et que les groupes de pression avaient, par tous les moyens, réussi à annihiler. Mendès France, surchargé, demanda du temps à Ferhat Abbas, puis la révolte éclata[1].

Elle éclata dans les Aurès, région montagneuse, un peu écartée, qui était devenue un véritable désert administratif. Le Gouvernement général concentrait au maximum toutes les activités sur Alger, et dans les Aurès il n'y avait plus de présence française, plus de gendarmes, plus d'instituteurs, de postiers, d'agents forestiers, plus rien qu'un abandon qui devait sécréter la colère et la révolte.

François Mitterrand a tout de suite compris les risques d'une généralisation du conflit et les répercussions qu'elle ne manquerait pas d'avoir. Il se propose donc d'orienter son action dans deux sens : rétablir l'ordre pour la sécurité de tous et mettre au point, puis en place, les réformes indispensables.

Au ministère de la Guerre, malgré l'incompréhension des militaires pour qui il ne s'agit que d'une petite révolte locale

1. L'Algérie était restée calme en apparence depuis l'affaire de Sétif qui, en mai 1945, fit de nombreuses victimes. Charles Tillon, ministre de De Gaulle, voulut démissionner ; le comité central du PC s'y opposa et *L'Humanité* du 28 mai 45 réclama des mesures pour « instaurer véritablement l'ordre français » !

sans importance, il obtient grâce au soutien déterminant de Pierre Mendès France, la mise en œuvre de gros moyens. Venu à Alger pour contrôler l'application, il rencontre presque partout l'ironie et même l'hostilité. Aux yeux des chefs militaires une courte opération de répression suffira, mais Mitterrand veut une démonstration de force plus qu'une action de force. Il s'agit de se montrer, de faire du bruit ; il réclame une multiplication des patrouilles, qui doivent aller partout, même là où il ne se passe rien, accompagnées d'une aviation qui ne bombarderait que des points déserts. On ne tirera qu'en action défensive. C'est avant tout d'une action psychologique qu'il s'agit, destinée à rassurer les Européens dont la peur peut devenir dangereuse et à habituer de nouveau les Musulmans à l'imposante présence française. Il précise : « L'armée n'est pas ici pour faire de la répression, mais pour ramener la paix, l'ordre et la confiance en la France. »

Il s'est d'ailleurs expliqué devant l'Assemblée nationale le 12 novembre, dans un discours très prudent. Il connaît les opinions des députés d'Algérie, il sait que leur vote est indispensable à l'existence de la majorité qui soutient le ministère. Il réussit à tout dire sans choquer, une acrobatie sans doute, mais indispensable s'il veut pouvoir mener à bien sa politique. Il déclare : « Tout a été mis en place... pour affirmer la force française et marquer notre volonté », mais il rappelle en même temps : « Si les Algériens sont des Français, il est de notre rôle de nous demander si les conditions d'existence qui s'offrent à eux sont véritablement admissibles... Ce n'est pas toujours le cas. » Il conclut enfin : « La concorde et la paix en Algérie ne sont pas séparables de l'égalité et de la prospérité. » La formule n'était pas tellement convaincante pour les ultras d'Alger, mais elle passa.

Les réactions sont moins favorables quand il parle vraiment de réformes. Il s'attaque d'abord au problème de la police très indépendante du ministre de l'Intérieur, aux ordres du Gouvernement général et des groupes de pression, et qui s'est déjà distinguée par des sévices et des tortures. Il décide donc, puisque l'Algérie est la France, la fusion des polices métropolitaine et algérienne. Normalement il eût fallu une loi, mais dans ce climat difficile, le ministre de l'Intérieur signe un décret qui est avalisé par le Conseil d'Etat avec le sourire complice de M. Ettori, ancien secrétaire général en Algérie sous Pétain, qui approuve la manœuvre et le but poursuivi. Par contre, les policiers algériens (surtout les chefs) accueillirent fort mal ce danger de mutation en France, tandis que ceux de France envisagent comme une déchéance d'aller en Algérie. Cette grogne n'eût rien été sans la fureur scandalisée des ultras, notamment du sénateur Borgeaud et du député René Mayer, que la mesure privait d'un moyen de pression. Leur action fut sournoise et violente, et il semble aujourd'hui évident que cette mesure d'assainissement et de remise en ordre fut une des grandes raisons de la chute du Ministère.

En même temps le ministre de l'Intérieur prépare un train de mesures qu'il devra proposer au Conseil des ministres du 5 janvier 1955. Si modérées qu'elles soient, si justes qu'elles soient, ces réformes signeront la rupture, alors que les Musulmans y verront une raison de confiance et d'espoir. Que veut-il ? Une augmentation des salaires de 15 % pour les Musulmans afin de « réduire cette marge fatale qui sépare les salaires métropolitains des salaires algériens ; parallèlement seront engagés des grands travaux, notamment l'irrigation au profit de tous, et sera mise en route une réforme agraire qui redistribuerait aux Musulmans les bonnes terres non cultivées des grands propriétaires. »

François Mitterrand estime encore que rien de valable ne sera fait si, grâce à des élections loyales, les Musulmans ne peuvent accéder régulièrement aux fonctions municipales. (Il n'y a à l'époque qu'un seul maire musulman pour toutes les communes d'Algérie.) C'est par l'accession à des responsabilités politiques que pourra se former une génération d'interlocuteurs valables qui ne seraient pas des pantins, des hommes de paille dociles et appointés. Mitterrand ministre de l'Intérieur ambitionnait encore de supprimer les communes mixtes, à la dévotion des Européens, pour les changer en arrondissements avec des conseils élus. Sur ce plan, le maire d'Alger, secrétaire d'Etat, Jacques Chevallier, et le gouverneur Léonard opposèrent leur veto.

Dans l'ensemble, ces réformes, qui étaient l'amorce d'une nouvelle politique, soulevèrent une opposition hystérique des profiteurs de l'Algérie et de tous les privilégiés, alors qu'elles auraient dû, par le bon sens politique, et humainement, faire l'unanimité.

Il y avait déjà eu de dures discussions à l'Assemblée en novembre. Elles reprirent le 12 décembre, acharnées et violentes. Ce jour-là, Pierre Mendès France se montre très ferme au sujet de la révolte : « On ne transige pas, dit-il, lorsqu'il s'agit de défendre la paix intérieure de la nation, l'unité, l'intégralité de la République française... Entre leurs populations et la France il n'y a pas de sécession possible. »

A son tour, Mitterrand intervient et lance la formule : « L'Algérie, c'est la France[1] », qu'on lui a tant reprochée. Mais il serait honnête de ne pas isoler la petite phrase de son contexte : « Il nous faut corriger les erreurs passées, corriger les injustices, remédier à la misère... Si l'Algérie c'est la France, elle doit être dirigée par le gouvernement de la France et non par une oligarchie locale ; les lois de la France et ses principes doivent y être appliqués, sur les salaires, sur la Sécurité sociale, sur la formation, et sur l'égalité des chances[2]. »

C'est la définition de la méthode d'action préconisée ; les Borgeaud et les autres ne prirent d'ailleurs pas son propos comme une concession, mais comme une déclaration de guerre. Le ministère fut sauvé de justesse, mais le combat reprendra.

Le 15 décembre, Mitterrand subit un nouvel assaut. Le général Aumeran, député d'Algérie, mène le combat ; il exprime les sentiments des féodalités françaises d'Afrique du Nord, leur refus de tout changement, car le changement « prépare la démission de la France et la décadence de sa force », leur peur de tout gouvernement qui ne pratiquerait plus une politique de renoncement devant leurs exigences et ce mépris fondamental enfin à l'égard des populations autochtones de l'Afrique noire et de l'Algérie, « ces mineurs qui ont besoin de la main ferme d'un tuteur », même s'il doit les maintenir dans leur misère. « Cette misère, réplique Mendès France, qui fournit aux recruteurs des fellaghas les réserves indispensables de la faim et du désespoir. » Quant à François Mitterrand, il réfute ces thèses et réclame pour tous les Algériens, avant tout, le respect des libertés individuelles, puis l'indispensable mise en place d'une nouvelle organisation.

Il croit que cette première série de réformes, qu'il faudra poursuivre, est encore viable, qu'elle est tout ce que la France peut proposer au moment où elle est proposée. Il reconnaîtra dans *Ma part de vérité* son erreur : « J'avais tort de vouloir concilier les contraires. Il n'est d'émancipation coloniale comme il n'est de révolution sociale que globale et irréductible[3]. » Jean Daniel, le journaliste qui a vécu sa jeunesse en

1. Mendès l'avait déjà dit en novembre et de Gaulle, lui-même, le 8 juin 1958, criera à Mostaganem : « Vive l'Algérie française. » Deux ans plus tard, il fit semblant de s'en étonner, commentant : « C'était superficiel ! » — J. R. Tournoux : *La Tragédie du Général*, page 289, Plon, 1967.

2. *J. O.*, débats parlementaires, Assemblée nationale, n° du 14-12-1954.

3. Il note aussi dans *Ma part de vérité* (page 55) : « En décembre 1954, j'ai établi un plan de réforme qui s'inspirait de celui de Depreux, mon prédécesseur en 1947, en étendant considérablement le champ d'application. »

Algérie, affirme avec raison, semble-t-il, que les temps étaient passés[1] : « Peu avant le 1er novembre 1954, si je ne croyais plus à l'assimilation, j'estimais encore — et les amis de Ferhat Abbas le pensaient aussi — qu'une fédération franco-algérienne gardait encore quelques chances. Après le déclenchement de l'insurrection, je compris que tout était perdu si nous ne traitions pas au plus tôt avec les insurgés. »

La France pourtant n'était pas prête encore à accepter cette solution d'humanité, de justice, de respect des peuples et de leurs droits ; d'où le drame qui va se jouer encore pendant des années, d'où la violence hystérique des débats qui secouèrent l'Assemblée au début de février.

Le chef de guerre est René Mayer ; les insultes et les rejets fusent de partout contre Mendès et Mitterrand. Un homme pourtant a pu parler, mais sans être entendu, dont le propos ferme, réaliste et émouvant bouleverse Mitterrand, c'est le député de Constantine Mostafa Benhamed : il dénonce hardiment la torture, les injustices, la responsabilité de l'oligarchie qui veut régenter l'Algérie pour son seul profit : « Si ce gouvernement n'est pas maintenu, conclut-il, c'est que la France dira non à la politique de réforme et cela les Musulmans ne le comprendront pas ou, plutôt, ils comprendront que votre vote signifie la condamnation de la politique de réforme... Vous ouvrirez une voie de larmes et de sang. »

Les députés, une majorité d'entre eux, ne comprirent pas. Mendès France et Mitterrand, confortés par cet appel, firent front, mais furent submergés par le torrent de boue déversé par les conservateurs. L'opération avait d'ailleurs été préparée par une brutale campagne de presse payée par les seigneurs d'Alger. Mais la satisfaction des vainqueurs ne résolvait aucun problème, elle les aggravait en ôtant aux Musulmans amis de la France tout espoir de changement et en les rejetant vers la rébellion.

Après ces mois épuisants, François Mitterrand, député, reste vigilant ; il suit angoissé l'évolution des événements et l'action d'un gouvernement Edgar Faure qui doit faire face à de grandes grèves, décider l'état d'urgence en Algérie avec maintien d'une classe sous les drapeaux et rappel de disponibles, décider le rappel et le retour du Sultan Mohammed V après les cruels massacres de Oued-Zem et, finalement, acculé, dissoudre l'Assemblée. Mendès France devenu président du Parti radical crée avec Guy Mollet pour la SFIO et François Mitter-

1. Jean Daniel, dans *Le temps qui reste*, page 76, Stock, 1973, .

rand pour l'UDSR, le Front républicain. Aux élections du 2 janvier 1956, on constatera une poussée mendésiste et poujadiste, mais il n'y aura pas de vraie majorité.

On attendait Mendès France, ce fut Guy Mollet qui devint président du Conseil pour un temps record ; du 2 février 1956 au 21 mai 1957. François Mitterrand sera garde des Sceaux, ministre de la Justice dans ce ministère très composite qui aura un ministre résident en Algérie, le socialiste Lacoste.

François Mitterrand ne se sent pas à sa place dans ce ministère. Il sait qu'il peut être appelé, un jour ou l'autre, à la présidence du Conseil. Il y pense beaucoup, il s'y prépare mais ne néglige pas son département ministériel. Il médite même des réformes utiles, « mais il se heurtera, disait son ami Georges Dayan, à un blocage administratif efficace ».

Alors il suivra les problèmes du moment : il soutiendra avec vigueur et fera voter le projet de loi Minjoz sur la légitimation des enfants adultérins : le problème présente une certaine acuité. C'est encore une séquelle de la guerre, de la captivité et des déportations qui ont bouleversé les familles, provoqué des naissances hors mariage. Il était nécessaire de régulariser au mieux les situations.

Il soutiendra encore un projet de loi réglementant des sursis aux expulsions de locataires et un autre concernant les baux commerciaux et les modalités d'expulsion.

Il fait étudier l'échelonnement et la durée de la contrainte par corps, fait créer deux Chambres à la Cour d'Appel de Paris, propose la création d'un code de procédure pénale, etc.

En marge de cette technique administrative de la justice, il y a des problèmes gouvernementaux graves : il faut tenir compte des violentes réactions provoquées dans le pays par les deux interventions de l'URSS en Hongrie qui relancent l'anticommunisme, et surtout des développements inquiétants de la situation en Algérie. Il faut prendre des mesures qui lui donnent des soucis. En effet, s'il a été un des cosignataires, le 17 mars 1956, avec Guy Mollet, Bourgès-Maunoury et Lacoste du décret « relatif à l'organisation et au fonctionnement de la justice militaire en Algérie en vue du rétablissement de l'ordre, de la protection des personnes et des biens et de la sauvegarde du territoire », il ne sera pas d'accord avec les méthodes expéditives et brutales employées dans ces tribunaux. Mais désormais cette justice échappe à sa compétence et à son autorité ministérielle. Il veut que l'ordre soit rétabli mais pas à n'importe quel prix, que la justice militaire ne sorte pas de ses attributions ; il s'efforcera donc de protéger au mieux les tribunaux civils contre l'envahissement des tribunaux militaires qui voulaient connaître de tout.

C'est ainsi que le procureur de la République à Alger put lui demander rendez-vous pour solliciter ses instructions dans l'affaire dite du bazooka. En janvier 1957, le docteur René Kovacs, activiste, membre de l'ORAF (Organisation de résistance pour l'Afrique du Nord, organisation déjà responsable de l'assassinat de seize musulmans) a fait placer deux tuyaux de bazooka sur une terrasse qui fait face au bureau du général Salan. Le double coup est tiré, provoquant de graves dégâts ; le général étant absent par hasard, c'est son adjoint, le commandant Rodier, qui est tué. L'enquête aboutit vite, Kovacs est arrêté, interrogé ; il explique ses intentions et laisse entendre qu'il a été télécommandé par un certain comité des six dont feraient partie Pascal Arrighi et Michel Debré [1]. La justice est saisie à Alger et s'inquiète des prolongements politiques... Le Procureur présente à son ministre les conclusions de l'enquête judiciaire et ajoute : « Il vous appartiendra de décider si je dois inculper Pascal Arrighi et Michel Debré pour complicité d'assassinat, pour association de malfaiteurs ou pour complot contre l'Etat avec levée de l'immunité parlementaire. Alger y est favorable. »

C'est l'avis du parquet d'Alger. Mitterrand, après réflexion, pense qu'il faut envisager les implications humaines et politiques. Il n'aime pas douter d'hommes qu'il connaît sans un arsenal de preuves sûres. Il ne veut pas laisser se développer un scandale sans que tous les points en litige aient été bien confirmés. Enfin, s'il y a vraiment complot, il ne veut pas pousser à bout les conjurés dans une conjoncture déjà fort délicate.

Dans ces conditions le ministre demande au parquet de Paris d'ouvrir une information sur cette affaire. Puis il fait convoquer les deux hommes.

Ils vinrent, le premier tout de suite, le second, d'abord introuvable, au bout de huit jours. François Mitterrand a rappelé publiquement à la tribune du Sénat (*J. O.* du 10 novembre 1959), lors du débat sur l'affaire de l'Observatoire, cette dernière rencontre : « Tout de suite, M. Debré proteste de son innocence... Il vient affirmer auprès de moi qu'il ne connaît rien ni personne qui, de près ou de loin, ait touché à l'assassinat d'un officier français commis en plein

1. On se reportera, pour le détail, aux *Mémoires du général Salan*, tome III, pages 98 à 141, Presses de la Cité, 1972.

Alger... Sans doute existe-t-il dans le dossier des pièces accusatrices et des aveux troublants, mais il s'en expliquera plus tard. Il lui faut seulement du temps. »

Mitterrand le lui accordera, expliquant qu'à son avis les faits n'étaient pas suffisamment explicites et qu'il avait demandé un complément d'enquête. En attendant, il n'y aurait pas de demande de levée d'immunité parlementaire [1].

Par cette attitude, il respectait l'honneur des suspects ; il les contraignait aussi à la circonspection, avec profit d'ailleurs, puisque J. R. Tournoux rapporte [2] que les milieux activistes furent contraints de se mettre en veilleuse. « Il a retardé de six mois notre préparation du 13 mai », auraient-ils avoué. En tout cas, Michel Debré ne lui pardonnera pas cette mansuétude, il le montrera bien lors de l'affaire de l'Observatoire.

Tout se poursuit cahin-caha : on discute de la loi Billères sur l'Education nationale. L'indépendance est accordée à la Tunisie et au Maroc. L'Inde récupère les comptoirs français. L'Angleterre et la France montent la discutable expédition de Suez, « mal préparée, écrit Daniel Mayer qui y était hostile, aucune des éventuelles réactions des Etats-Unis ou de l'URSS n'ayant été prévues par les dirigeants conservateurs britanniques ou socialistes français, elle devait se traduire par un échec militaire et diplomatique [3] ». Cette expédition fut en effet arrêtée, après un début victorieux, par les Russes et les Américains. François Mitterrand avait accepté cette intervention comme la majorité des ministres [4] par un réflexe antimunichois. Cependant la guerre d'Algérie s'intensifie, les excès se multiplient de part et d'autre, le général Massu donnant l'exemple à Alger. Tout se dégrade malgré les pleins pouvoirs votés même par les communistes, malgré ou à cause de la scandaleuse arrestation de Ben Bella, enlevé en plein ciel algérien sans que le président du Conseil en ait été averti. Le plus long ministère de la IVe République s'écroule, laissant pressentir l'écroulement de la IVe République elle-même. Il

1. Cette affaire du bazooka, évoquée de la même façon par François Mitterrand au procès du général Salan (octobre 1962), fit l'objet d'un procès, deux fois retardé, en octobre 1958, sans véritable accusé puisqu'on avait laissé Kovacs fuir en Espagne, et sans suites sauf pour quelques comparses. Le fonds de l'affaire ne fut alors pas évoqué.
2. J. R. Tournoux, *Secrets d'Etat*, page 199, Plon, 1960.
3. Daniel Mayer, *Pour une histoire de la gauche*, page 350, Plon, 1969.
4. Pierre Mendès France, réticent depuis le début, a donné sa démission en demandant à Mitterrand de rester. Alain Savary aussi.

tombe le 21 mars, presque à la veille de la signature à Rome des traités du Marché commun et de l'Euratom (25 mars).

Pris au piège de ce ministère hétéroclite où les extrêmes se heurtent, François Mitterrand a tenté, en vain, de limiter les dégâts, mais il semble las de ses efforts inutiles. On regrette aujourd'hui que pour éviter le pire, il n'ait pas donné sa démission. Je dois avouer qu'il ne m'a jamais semblé en avoir gardé un bon souvenir et qu'il m'a toujours paru peu soucieux d'évoquer ces jours de mauvais combats et d'impossibilité d'être lui-même au pouvoir. Ce sera en tout cas son dernier poste de ministre sous la IVe République, mais il va choisir un autre destin politique, plus conforme à ses instincts profonds, à sa philosophie humaine et à la ligne de conduite politique qu'il mûrit lentement.

4

L'opposition et les mauvais coups de la politique

Le retour de De Gaulle.

Le ministère Guy Mollet tombé, François Mitterrand reprend, une fois encore, le chemin de l'Assemblée. Il entend poursuivre son combat en faveur de l'Algérie par la voix et par l'écrit. Bourgès-Maunoury devient président du Conseil et, tandis que la bataille fait rage à Alger, le Parlement ratifie les traités de l'Euratom et du Marché commun ; une dévaluation partielle est opérée et on discute de la bataille mondiale contre l'inflation ; puis, comme Bourguiba devient président de la République tunisienne, on veut tenter de trouver une solution au drame algérien : une négociation est proposée avec la Tunisie et le Maroc pour obtenir leurs bons offices et un projet de loi-cadre pour donner un statut plus libéral à l'Algérie est élaboré au moment même où le Résident général Lacoste continue à proclamer : « L'Algérie est partie intégrante de la France ». La loi-cadre suscitera de sévères discussions à l'Assemblée nationale et sera fatale au ministère Bourgès-Maunoury.

François Mitterrand est d'accord avec ce plan d'action et intervient vigoureusement en sa faveur à la tribune. Il rappelle, pour bien situer le problème, que « la Méditerranée et non plus le Rhin est l'axe même de notre sécurité, donc de notre politique étrangère ». Il faut donc qu'un effort considérable soit accompli en faveur de l'Algérie. Par son vote, l'Assemblée doit donner « une réponse claire, simple, décisive et solennelle », expression d'une volonté nationale. Dans une interview à *Paris-Presse* (29 juin 1957) il rappelle les positions adoptées au précédent congrès de l'UDSR. L'intervention militaire ne se justifie que si elle conduit à une solution négociée pour une réforme, dont il résume les principes en sept points : liens indissolubles entre la France et l'Algérie ; égalité réelle entre musulmans et Français d'Algérie ou de métropole ; création d'une République fédérale ; gestion des intérêts communs par un exécutif et un législatif fédéraux installés à Paris ; gestion autonome de chacun des Etats pour ses affaires propres ; suffrage universel ; application des principes de la Déclaration des droits et des devoirs.

La France doit affirmer la personnalité algérienne, imposer un suffrage universel égal avec un Collège électoral unique, une représentation obligatoire des Communautés minoritaires. Elle doit se refuser à toute discrimination arbitraire et mettre en valeur « le système fédératif sous-jacent » pour arriver à la véritable loi-cadre, celle de la Constitution d'une République française fédérative. (*J. O.*, Débats Parlementaires du 30-9-1957)[1].

Sentant leur hostilité, il s'attaque une fois de plus « aux spécialistes de la présence française qui s'acharnent inconsciemment à détruire ses raisons d'être », réclamant que soient conférés à tous les Algériens « les droits politiques, économiques, sociaux, qu'hommes libres, ils peuvent librement et justement exiger de nous ».

Son appel, haché d'interruptions, pas plus que ceux de tous les défenseurs du projet, ni son vote favorable ne réussirent à empêcher la chute du ministère.

Son effort de pensée, son action sont alors essentiellement orientés vers la recherche d'une solution aux problèmes de l'Algérie. Pour mieux expliquer ses thèses et les justifier, il publie un livre *Présence française et Abandon* que l'on commence à trouver en librairie en novembre 1957. Le point de départ de sa réflexion est le drame indochinois, qui fut l'obstacle fatal au développement de la France après la Libération. Il regrette que de Gaulle, par crainte que l'Empire ne se disloque, n'ait pas entendu l'appel d'Hô Chi Minh ni celui du général Leclerc qui écrivait en 1946 : « Il ne faut pas hésiter à prononcer le mot : indépendance. » De Gaulle a laissé l'amiral d'Argenlieu libre de lancer la guerre. « Désormais, écrit-il, immobilisée, fixée, rongée par l'Asie, la France manquera le rendez-vous européen et délaissera sa mission africaine. » On a donc laissé faire les professionnels du colonialisme, « ceux qui s'identifient à la France chaque fois que leur profit personnel est menacé », ceux qui ont empêché que « l'effort de production, la multiplication des richesses ne profitent assez au plus grand nombre » (p. 238).

1. Il revenait alors du Congrès du RDA à Bamako.

On a voulu arrêter le temps et l'évolution des peuples, trouver de faux interlocuteurs, sans s'apercevoir que « des colères, des amertumes, des révoltes naissaient, en même temps que se perpétuaient le pacte colonial, le travail forcé, la ségrégation ».

En opposition il dresse le tableau instructif des résultats de l'ouverture qu'il a créée en dédouanant le RDA d'Houphouët-Boigny et ceux de la politique qu'il a lancée en faisant confiance aux peuples noirs, en leur permettant de prendre conscience d'eux-mêmes et de leurs possibilités, de leur capacité à se gouverner eux-mêmes. Cela leur a permis, en vrais responsables, de refuser l'émeute et la révolte ; ils ont normalisé leurs liens avec la France et la loi-cadre du 23 juin 1956 a pu facilement établir un équilibre entre notre pays et ces pays maîtres d'eux-mêmes. Une action du même ordre est-elle encore possible en Algérie, malgré la guerre ? Il le dit encore mais ce n'est plus du tout évident.

D'accord avec lui et sensible à son refus de faire partie du ministère Bourgès, car il n'admet pas le maintien de Lacoste à la tête de l'Algérie, *L'Express* consacre trois pages à des extraits de ce livre (28 novembre 1957).

La crise ouverte va se prolonger plus d'un mois à cause de Guy Mollet qui veut reprendre le pouvoir avec la SFIO. Il faut que le président Coty menace de démissionner pour que, le 5 novembre 1957, Félix Gaillard soit intronisé comme président du Conseil. Dans *L'Express* Maurice Duverger annonce alors « la fin du Molletisme » et le dessinateur Jean Eiffel raille « la mollarchie absolue » !

Félix Gaillard ne peut négliger aucune possibilité de résoudre le conflit algérien, il reprend donc le projet de loi-cadre mais le fait édulcorer et le soumet au vote de l'Assemblée. Réaction défavorable dans la presse : *L'Express* écrit que le projet est devenu « un ballon de football parlementaire sans aucun rapport avec l'Algérie ». A l'Assemblée les débats seront houleux.

La droite insulte Mendès France qui dit sa déception. Un de ses adversaires les plus bruyants, un poujadiste, crie : « Nous ferons silence quand Mendès France sera en Haute Cour ! » François Mitterrand et Georges Bidault interviennent pour calmer les esprits. Mais Mitterrand ne sera pas ménagé non plus quand il définira sa position : « J'avais approuvé et voté le texte présenté par le précédent ministère, mais le nouveau n'est plus acceptable. Il supprime toute réalité politique à l'Algérie... car il y a contradiction entre l'évolution proposée pour l'Algérie et les pouvoirs que s'accorde la France. » (*J. O.*, Débats parlementaires, 30 novembre 1957.)

En conséquence, il demande des explications, ne les obtient pas et restera parmi les opposants. Finalement ce projet, dénaturé par sa sauce conservatrice, sera adopté le 31 janvier 1958, mais l'heure du choix est désormais passée.

Pendant ce temps, l'opinion change. Les articles de *Témoignage Chrétien* en 1956, puis la même année la demande de rappel du général de La Bollardière ou la démission du secrétaire général de la Préfecture d'Alger, Paul Teitgen, les protestations de comités d'intellectuels et la publication en 1957 du livre de Pierre-Henry Simon *Contre la torture* bouleversent et inquiètent... Rien ne va plus après l'affaire de Sakhiet, village de Tunisie, bombardé en vertu du « droit de suite » et les révélations du rapport Delavignette, président du « Comité de sauvegarde des droits et libertés individuels[1] » sur les tortures en Algérie. Ce refus favorisera les premiers appels en faveur d'un gouvernement de salut public avec recours au général de Gaulle. Félix Gaillard tombe le 15 avril 1958.

Le 13 mai 1958.

Félix Gaillard, jeune, brillant, ultime rempart de la IVe République, a finalement succombé. Le grand complot des Gaullistes va donc pouvoir se développer. Ils rongeaient leur frein depuis la malheureuse affaire du bazooka.

Dès le 30 octobre 1957, dans *L'Express*, Maurice Duverger annonçait que « certains rêvaient d'investir le général de Gaulle comme président du Conseil ». Ils rêvaient activement quand Duverger commentait : « Solution de désespoir. »

On sentait pourtant déjà le désarroi de nombreux politiques, de nombreux députés, plus sensibles à la facilité de l'homme providentiel qu'à un effort de pensée et d'action. De son côté, le pays, mal informé, ne comprenait plus ; il cherchait une politique claire, volontaire et réaliste, ne la trouvait pas et n'avait plus finalement confiance en rien ni personne. Il n'imaginait pas comment le salut pouvait venir, ni d'où, ni de qui, cependant que l'armée, dont les directives étaient incertaines et fluctuantes, doutait de son devoir.

Les fidèles du Général s'appuient sur ces incertitudes d'un

1. Ce comité comprenait des personnalités comme René Cassin, le Bâtonnier Thorp, Me Garçon, Jean Wahl, François Mauriac. Delavignette, ancien gouverneur des Colonies, avait dirigé l'enquête et rédigé le rapport, un bilan cruel et révélateur, daté du 21 juillet 1957.

peuple lassé par dix ans de guerres coloniales sans issue, et mènent campagne. Le tandem Soustelle-Debré s'occupe de l'Algérie, le premier sur place, le second de Paris, ils noyautent les activistes, les colonels de la guerre psychologique, les généraux attachés à ce pays, les passionnés de la vie en Afrique du Nord. Cependant à Paris, Olivier Guichard, de la rue de Solferino, organise l'action en France. Déjà le président Coty, tout en cherchant un successeur à Félix Gaillard — il y faudra un mois — envoie des émissaires à Colombey-les-Deux-Eglises pour savoir quelles conditions de Gaulle poserait pour son retour au pouvoir. Les appels à l'homme de juin 1940 se multiplient. Le général Ely lui écrit d'Alger où le journal *Dimanche Matin,* édition hebdomadaire de *L'Echo d'Alger* d'Alain de Sérigny, publie un appel au secours à de Gaulle.

Le 13 mai enfin, Pierre Pflimlin est investi comme président du Conseil, au moment même où Alger, en pleine rébellion, se dote d'un comité de salut public insurrectionnel qui occupe les bâtiments du Gouvernement général. Passions, ambitions et peurs se déchaînent et font craindre le pire. Très digne, le président Coty donne ordre à l'armée de rester loyale et fidèle aux autorités légales de la France. Cet appel fit peut-être réfléchir les militaires de la métropole mais n'eut guère d'échos à Alger.

Tout naturellement le général Massu se rallie à de Gaulle, comme Bidault et Pinay. Le général en chef pour l'Algérie, Salan, qui « assume tous les pouvoirs civils et militaires », garde sans doute au fond de lui le souci de la légalité, mais il est submergé par les extrémistes et finit par crier, le 15 mai « Vive de Gaulle » au balcon du Forum à Alger ; ce dernier, à l'affût, répond quelques heures après : « Je me tiens prêt à assumer les pouvoirs de la République ! », sans d'ailleurs parler de l'Algérie. Il est clair aujourd'hui que le but était d'assurer le retour du sauveur, de faire, comme disait Michel Debré « une révolution dans l'Etat, conduite par le général de Gaulle », qu'aucun de ces Gaullistes ne pensait sérieusement aux problèmes profonds de l'Algérie, aux erreurs d'hier, à la misère dans la trop grande richesse, aux votes truqués, à la ségrégation, au sort des Musulmans, à la main-d'œuvre mal payée, à la révolte, aux tortures, aux désespoirs des hommes, ni même à la présence secrète ou ouverte des fellaghas, à la montée des courants favorables à l'indépendance.

« La France dispose d'une légitimité de rechange, jubile Michel Debré, le général de Gaulle. » Beaucoup de Français, déçus, déchirés, inquiets des violences d'Alger, de l'occupation de la Corse, des menaces d'envoi de parachutistes sur Paris, sont prêts à le croire. Ils n'ont plus confiance dans le régime ; ils ne croient plus à l'autorité et à la rigueur du gouvernement.

Pierre Pflimlin tente pourtant de préparer une réforme constitutionnelle pour donner plus de force et de stabilité aux gouvernements ; il souhaite aussi « qu'aucun interlocuteur ne soit écarté dans la recherche de la paix ». Il est trop tard et son désir de négociation enrage les extrémistes d'Alger comme les Gaullistes bien décidés à profiter de l'occasion. De Gaulle lui-même veut hâter le mouvement pour ne pas arriver au pouvoir derrière les paras.

Le 23 mai, Guy Mollet aussi fait appel à de Gaulle qui répond le 27 : « J'ai entamé le processus régulier nécessaire à l'établissement d'un gouvernement républicain capable d'assurer l'unité et l'indépendance du pays... », phrase incroyable où l'on détecte plus de cynisme que d'humour, phrase de revanche surtout : sa légitimité républicaine, usurpée pendant une décennie par la IVe République, lui est rendue, enfin ! Le plan qu'exposait déjà, en fin février, Georgette Elgey dans *Paris-Presse* est réussi : elle annonçait la rentrée politique du Général « de préférence par la voie réglementaire et légale ». Le coup d'Etat, dénoncé avec tant de vigueur par François Mitterrand, a donc pris les apparences patelines d'un changement de gouvernement, mais il est là ; de Gaulle, comme le rappelait Mendès France, a mis en route son processus de changement « sans mandat de qui que ce soit sauf des insurgés d'Alger » (*Choisir*, p. 137).

Le 28 mai, comme le cabinet Pflimlin disparaît aussi discrètement qu'il a existé, deux dirigeants du Parti socialiste vont à Colombey, Guy Mollet et Deixonne, au lieu de suivre le peuple de Paris qui défile de la Nation à la République pour protester contre les menaces que font peser sur la République et la liberté les interventions annoncées de parachutistes sur la capitale. Paris dit non au fascisme et réclame les moyens de se défendre. François Mitterrand est là. Le 29 mai, René Coty, président de la République, fait officiellement appel au plus illustre des Français.

Ce 29 mai est un jour dramatique pour Mitterrand. Il doit choisir et s'en va le long des quais de la rive gauche de la Seine, méditer sur la situation. La IVe République lui semble perdue, qui n'avait pas su s'inspirer d'un grand thème politique, alors qu'elle avait su créer l'Europe, mais il ne peut accepter cette anti-démocratie, voisine de la dictature qui se prépare. Il dira non à de Gaulle pour rester fidèle à lui-même et sauver son honneur.

Il se trouve que cette décision c'est la plus belle réponse contre ceux qui dénoncent son « ambition forcenée ». Daniel Mayer (*Pour une histoire de la gauche,* p. 267) l'a justement noté : « Incontestablement sans calcul, sans souci de carrière non pour l'immédiat mais pour une période qui déjà s'avérait longue et qui le fut, il sacrifie à la conception qu'il possédait de la démocratie les avantages évidents qu'il aurait pu retirer de son adhésion au néo-gaullisme. »

Le 31 mai, de Gaulle est à Paris, il reçoit les responsables politiques à l'hôtel La Pérouse ; il y a les soumis, il y a des inquiets comme Teitgen et Ramadier qui se souviennent du RPF réactionnaire, qui n'aiment pas ce bruit de bottes qui vient d'Alger et reçoivent des affirmations en guise d'explications. Il y a François Mitterrand qui exige des engagements immédiats : « Tant que vous n'aurez pas désavoué les comités de salut public, je m'opposerai à vous (en plus de celui d'Alger, il y en a dans le sud-ouest et à Lyon)... " Vous voulez ma tête, monsieur Mitterrand " », réplique de Gaulle[1].

François Mitterrand s'en va en méditant ce refus de discussion, en réfléchissant au discours qu'il prononcera à l'Assemblée pour la séance d'investiture tandis que de Gaulle donne une conférence de presse et répond, bonhomme et matois, aux journalistes inquiets : « Croyez-vous qu'à 67 ans je vais commencer une carrière de dictateur ? »

De son côté le président Coty reçoit les chefs de groupes parlementaires pour les inviter à voter en faveur de De Gaulle. Il le demandera à François Mitterrand et lui dira qu'il avait pensé l'appeler pour résoudre la crise mais qu'il avait craint (en pleine insurrection !) que cela ne provoque des incidents à Alger...

Le 1er juin Mitterrand passe à l'offensive : il veut des explications sur le processus qui a provoqué et orienté la crise. Il ne peut se contenter des formules vagues que de Gaulle affectionne, du type : « L'Armée scandalisée par les carences du pouvoir... » Elles ne peuvent le satisfaire ni le décider à accorder les pleins pouvoirs demandés.

Certes de Gaulle apporte « un prestige unique, une gloire incomparable ; des services rendus exceptionnels », mais quel dessein secret le pousse à vouloir changer la Constitution ? C'est important : « Le 10 septembre 1944, dit-il, de Gaulle

1. Cité dans l'ouvrage de J. M. Borzeix, *Mitterrand lui-même,* Stock 1973.

avait près de lui deux compagnons qui s'appelaient l'honneur et la patrie. Ses compagnons d'aujourd'hui, qu'il n'a sans doute pas choisis mais qui l'ont suivi jusqu'ici, se nomment le coup de force et la sédition. » Son exemple donne la possibilité à « toute minorité violente de partir impunément et victorieusement à l'assaut de la démocratie »...

On est en présence d'un complot minutieusement mis en place et d'une sédition marquée par l'occupation de la Corse. Il insiste : « Je ne puis oublier que le général de Gaulle, président du Conseil pressenti, fut appelé d'abord et avant tout par une Armée indisciplinée. Les pouvoirs qu'il demande, il les tient déjà du coup de force. » Pour lui, comme pour tous les opposants « foi, volonté, liberté, restent l'espoir ». Il votera contre l'investiture[1] car, finalement il ne s'agit plus d'une réforme de la Constitution mais d'un changement de régime.

De Gaulle sera investi et recevra les pleins pouvoirs pour six mois, à une confortable majorité. Les députés sont favorables, soumis ou vaincus. Parmi les irréductibles, Mendès France, Mitterrand, Charles Hernu et Waldeck Rochet.

Ce vote fait exploser les partis et les familles spirituelles. On vote « oui » ou l'on vote « non » moins par doctrine, par discipline qu'en fonction d'un jugement plus ou moins raisonné sur la situation ou d'un attrait sentimental pour l'ancien chef de la France libre. A l'extrême droite comme chez les radicaux, chez les socialistes et à l'UDSR des divergences se manifestent. Au « oui » de Guy Mollet et de Lacoste s'oppose chez les socialistes le « non » de Depreux, de Daniel Mayer, de Gazier et de Naegelen. Le radical Berthoin dit « oui » quand Daladier est contre. Mendès France n'est pas suivi dans son « non » par tous les Mendésistes. Pleven est d'accord à l'UDSR malgré le « non » violent de Mitterrand.

Le pays se divise aussi mais comme l'explique Daniel Mayer[2] l'absence d'un courant populaire pour défendre des institutions mal adaptées pousse la majorité des Français à accepter le nouveau régime.

Une opposition de gauche tente pourtant de s'organiser tout de suite, comme pour répondre au vœu de François Mauriac (Bloc-notes du 10 juin 1958) : « La Gauche est à reconstituer. »

En effet, le 24 juillet, est créée l'Union des forces démocratiques (UFD) à l'instigation de Daniel Mayer, de Mendès France,

1. *J. O.* Débats parlementaires, séance du 1er juin 1958.
2. Daniel Mayer, *Pour une histoire de la gauche,* page 339.

de Mitterrand, de Depreux et de Martinet qui reçoivent l'appui de la Fédération de l'Education nationale (FEN) et de la CFTC.

En même temps, les juristes gaullistes mitonnent une constitution sur mesure pour le Général. « Le pouvoir exécutif qui lui appartient en propre, note François Mitterrand [1], est complètement domestiqué. Le premier ministre est son aide de camp, les autres ses ordonnances. » On obtient ainsi « une société politique à la merci d'un seul homme ». Il n'y a plus qu'à s'en remettre au père.

Le 28 septembre, un référendum, symbole de la démocratie, pour le nouveau souverain, décide de l'avenir. Le régime proposé est plébiscité par 79,25 % des Français. Cette fois les électeurs de la Nièvre, malgré la véhémente action de son député en faveur du « non », ne le suivent pas. La Nièvre dit oui à la nouvelle Constitution lors du référendum par 94 808 voix contre 31 997 non. L'arrêt de mort lancé contre la IVe République a été exécuté. L'heure de la Ve République est arrivée.

Un nouveau destin se prépare pour François Mitterrand.

La Politique et l'Homme.

On s'en doute, c'est moins parce qu'il a été un député en vue fréquemment ministre de la IVe République que parce qu'il s'est révélé en juin 1958 un des adversaires les plus farouches, les plus irréductibles, les plus impitoyables du Gaullisme, que les hommes de la Ve République ont voulu, par vengeance, faire de François Mitterrand le symbole même du système politique, qui, avec leur aide sournoise d'ailleurs, a provoqué la ruine du régime fondé après la Libération.

C'était d'autant plus paradoxal que, pendant ces onze années et demie de IVe République, il avait été pour les vrais hommes du système, un ennemi inquiétant tandis que lui-même qui avait dit « non » lors du vote de la Constitution, ne s'était jamais identifié au régime et n'avait jamais cessé de dénoncer ses fâcheux travers politiques, tout en reconnaissant l'importance de l'œuvre accomplie à cette époque.

Que voulait-il ? Sans conteste, un Etat fort, le respect de la loi, des gouvernements stables [2] bien compris par le pays. Il le dit nettement à l'Assemblée en février 1955 : « Le pouvoir

1. *Le Coup d'Etat permanent*, pages 81 et 86.
2. Il déclarera à l'Assemblée le 26 mai 1953 : « J'approuve pleinement tout ce qui contribuera à la stabilité gouvernementale » (*J. O.* du 27).

exécutif n'est rien s'il ne se sent constamment soutenu par la volonté nationale. » Il faut aussi des dirigeants qui « agissent au plein jour des responsabilités ». En faveur de la stabilité, il s'est toujours montré favorable aux tentatives de regroupement vers la gauche et à partir du Centre gauche, que ce soit le RGR, le Front républicain, l'UFD, et il a souvent recommandé la recherche d'une majorité solidaire et disciplinée autour d'un programme d'action afin d'obtenir une moins forte emprise des partis à l'égard desquels il garde ses réticences hostiles du temps de la Libération, et la possibilité d'une évolution et de réformes. Dans cette perspective, il pensera sans ennui à un retour au scrutin d'arrondissement majoritaire uninominal qui permettrait à l'électeur de choisir plutôt un homme qu'un parti et à l'élu de garder une certaine indépendance à l'égard des partis.

Vains efforts, et la IVe a disparu « victime d'un étouffement de la démocratie par les partis, dominés par des bureaucraties qui avaient fermé les portes et les fenêtres par où pouvait passer l'air frais », comme il l'écrivait dans *Ma part de vérité.*

Ces partis, il les a jugés, dénonçant leur dogmatisme stérile, leurs ambitions tatillonnes également. Il refuse véhémentement le groupe hétéroclite des Gaullistes et le Rassemblement du Peuple Français (RPF), « mélange d'authentiques résistants et d'hommes qui voulaient se dédouaner », rassemblement qui n'existe que grâce à l'intelligence, à l'autorité et au prestige d'un seul homme, le général de Gaulle.

Il est hostile au Parti communiste d'alors, dominé par le stalinisme dictatorial que durcissent les purges et des procès qui font scandale, soumis aux contrecoups des interventions en Hongrie et de la guerre froide. Il dénonce « ses méthodes d'action, son refus de la libre discussion, son sectarisme autoritaire ». Pourtant s'il entend bien le combattre uniquement « sur le plan des idées et des réalisations », il a déjà compris qu'il n'y a pas de majorité de gauche sans le « peuple communiste ».

Lui-même et l'UDSR avec lui, après qu'il en eut pris la présidence en 1951, fuyant un centrisme incertain et ces modérés « qui, disait Renan, ne sont pas modérément conservateurs », vont s'orienter de plus en plus à gauche, entre les Radicaux de gauche de Pierre Mendès France, ses alliés, et cette SFIO qui le bloque, envers qui il est toujours loyal mais dont il regrette le dogmatisme figé et les mécanismes administratifs qui nuisent à son expansion.

De son côté, il peut bien appartenir à l'UDSR — « Mais ce

n'était pas un parti organisé », me dit-il un jour en souriant — il est plutôt considéré comme un franc-tireur.

Au fond, il conduit sa politique selon lui même, sans référence à une tradition ni à un texte de doctrine. Il a des réactions imprévues et cela gêne.

Il ne suit pas l'héroïne de Stendhal, la comtesse Pietranera qui explique : « Une cour, c'est ridicule, mais c'est amusant. C'est un jeu qui intéresse mais dont il faut accepter les règles. Qui s'est jamais avisé de se récrier contre le ridicule des règles du jeu de whist [1] ? » La formule évoque bien la politique des partis à cette époque, devenue un jeu aux règles complexes et subtiles, donnant le pas aux astuces sur les principes, créant des règlements pour initiés.

Certes François Mitterrand connaît ce jeu, il en a assimilé les finesses pour n'être pas dominé par lui, mais ce n'est pas sa méthode. Il l'a toujours récusé quand l'intérêt du Pays, sa conviction profonde, son analyse politique sont en cause. De ce fait, il est jugé dangereux. Ses prises de position et ses décisions au Ministère de la France d'Outre-Mer en sont un exemple. Elles lui ont valu des haines violentes qui sont difficiles à comprendre aujourd'hui qu'il n'y a plus ni empire ni problèmes coloniaux (en dehors de la Côte des Somalis, des Comores, etc.). Même s'il n'a pas totalement échappé à l'emprise des idées reçues, des formules apprises à l'école et visualisées par ces grandes taches roses qui délimitaient l'empire sur les cartes mondiales, des propos familiaux, des leçons de l'Université sur l'importance politique, économique et militaire de nos colonies, sur la mission civilisatrice de la France, sur le refus de tout ce qui pourrait porter atteinte à notre ensemble national et colonial, même s'il n'a pas alors parlé d'indépendance, pensé indépendance, s'il n'a pas été un décolonisateur, il fait figure d'épouvantail et subit « l'hostilité agissante des féodalités ». Pourquoi ?

Parce qu'il n'accepte ni le paternalisme ni le recours à la répression, parce qu'il a naturellement le respect de la parole donnée et un sens profond de l'homme qui, quel qu'il soit, d'où qu'il soit, à quelque race qu'il appartienne, doit pouvoir être un homme au sens plein du mot, disposant donc de tous les droits de l'homme et du citoyen. La devise de la France « Liberté, Egalité, Fraternité » souvent citée, jamais mise en pratique, doit devenir une réalité vivante. Elle doit s'imposer partout,

1. Stendhal, *La Chartreuse de Parme*, 1re partie, chapitre 6.

permettant le libre arbitre, le libre développement de chacun et l'épanouissement des Communautés.

L'important est de trouver la formule politique qui autorisera, en accord avec tous, l'existence de pays autonomes et responsables dans le cadre de la République française. Finalement il avait opté pour un système fédératif. Cet esprit et ces prises de position lui ont valu, si élémentaires qu'ils nous paraissent aujourd'hui, d'être traité de traître à la Patrie.

Son réalisme politique l'avait en outre poussé, dans ses interventions en faveur de l'organisation de l'Europe, à vouloir y inclure l'ensemble de nos territoires d'Outre-Mer que l'on a oubliés faute d'une politique globale, et sans doute parce qu'il a manqué à cette indispensable création « une autorité politique préalable ».

De même, tout en approuvant les garanties que nous apporte le Pacte atlantique, regrette-t-il que « nous n'ayons pas obtenu de garanties méditerranéennes » (Octobre 1952). Il voudrait également que l'ensemble français ne soit pas à la merci des USA qui se sont réservé le droit de décision pour l'emploi de l'arme atomique. Il se montrera donc favorable, dès 1954, à toutes les actions de détente avec l'Est et à l'établissement d'une coexistence pacifique.

On peut le constater, ses positions sont toujours nettes et réalistes, prêtes à se traduire en actes, malgré cette réputation d'habileté, de subtilité florentine, de machiavélisme que ses adversaires se sont toujours efforcés d'accréditer. C'est François Mauriac qui a raison contre eux quand il écrit dans son bloc-notes de décembre 1965 : « Celui-là ne trompe personne, il ne trahit jamais. » D'ailleurs est-ce habileté que de savoir précéder l'événement par prescience ou par science politique ?

En fait de trahison, c'est par lui-même, parfois, que cet homme de caractère, qui a bon caractère mais pas toujours bon caractère, est trahi : trahi par sa fougue intérieure, par sa volonté de s'affirmer sans concessions et de bien affirmer ses convictions, trahi par son orgueil qui le fait parfois manquer de prudence, qui lui interdit de se justifier, de se défendre, par son refus de la polémique personnalisée pour laquelle il avait des dons, trahi par son apparence d'impassibilité qui donne à penser que les injustices, que les calomnies et les insultes ou les coups bas ne le touchent pas alors qu'il en reçoit toujours et en est toujours profondément déchiré, écorché...

Il faut le rappeler : après son année de combats au ministère de l'Intérieur en 1954-1955, quand les violences et les outrages se déchaînèrent contre lui au sujet de l'illusoire affaire des

Fuites et plus encore de sa politique en Algérie, il est durement secoué par un accident de santé qu'il lui faudra patiemment surmonter. Il doit alors renoncer au tennis, modifier son style habituel de vie, se modérer. Lui, qui, pour préserver sa vie intérieure, sa vie familiale et son indépendance, n'a jamais voulu habiter les appartements ministériels, ira, pour moins de fatigue, s'installer place Vendôme au ministère de la Justice en 1956. Il n'aime pas cela du tout, car il tient à sa liberté comme à certaines habitudes reposantes, utiles dans une vie toujours bouleversée comme la sienne. Il tient au calme de son appartement de la rue Guynemer, où il est venu s'installer en 1949, après la naissance de son second fils Gilbert, à son balcon du quatrième étage qui domine les arbres du jardin du Luxembourg, invitation permanente à la promenade méditative, comme à la proximité de Saint-Germain-des-Prés, où il aime se rendre à pied, acheter son journal au kiosque qui fait face aux « Deux Magots ». Y retrouver des amis ou dîner chez « Lipp ». Il n'aime pas cet exil car le fait de résider au Ministère lui donne un peu l'impression d'être toujours en représentation, alors qu'il est resté le même, simple, ennemi du faste, passionné de lectures, équilibrant au mieux les nécessités de son travail et de ses responsabilités avec les détentes familiales et amicales.

Il n'a pas accepté le coup de juin 1958 ; sa vie politique va en être bouleversée, sa vie familiale va en souffrir, les haines vont encore le pourchasser, aller plus loin mais il n'estime pas qu'il va faire sa « traversée du désert ». Il entend continuer ouvertement son action de son pas tranquille.

A l'écart de la politique.

Depuis le 1er juin 1958 la France vit toujours, en terme de Constitution, sous le régime de la IVe République ; dans les faits c'est déjà le régime « de Gaulle ». Tandis que la République de 1946 s'efface doucement dans l'indifférence, le Général a toutes facilités pour imposer sa volonté puisque l'Assemblée lui a accordé les pleins pouvoirs pour six mois et des pouvoirs spéciaux pour l'Algérie, qu'elle lui a donné le moyen de réviser la Constitution.

Pour les Français, il avait été « rappelé » afin que puisse être résolu le problème algérien et apaisés les différends avec l'Armée, mais de Gaulle estime, lui, que la priorité va aux institutions : il veut avoir les siennes, en gros celles qu'il avait déjà définies dans son discours de Bayeux de juin 1946. Une commission est donc nommée, pour mettre au point le nouveau texte. C'est la priorité du moment.

Pendant qu'elle travaille, il se rend à Alger, en juin, pour crier aux foules en délire : « Je vous ai compris » et lancer, comme par hasard « Vive l'Algérie française », un jour, à Mostaganem. Il revient en juillet pour parler à Constantine de développement économique, de promotion économique et sociale, de collège unique, de vote des femmes musulmanes — tout ce qu'avaient déjà proposé Pierre Mendès France et François Mitterrand, en vain ! En même temps il rappelle la guerre de pacification indispensable et nomme délégué général le chef des armées d'Algérie, le général Salan, et préfet d'Alger, le général Massu. Stratégie tous azimuts avec des contradictions fatales : réforme, séduction, maîtrise par l'armée, fermeté. Au fond l'important est de gagner du temps !

A l'intention de l'Afrique noire, il fait insérer dans le projet de Constitution, l'idée d'une communauté française, fédération des Etats d'Afrique noire avec la France. François Mitterrand, nous l'avons vu, l'avait déjà proposée et c'est son ami Houphouët-Boigny, alors ministre de De Gaulle, qui assure la mise au point du système.

Le Général va le présenter en Afrique et à Madagascar en fin juillet. Il dit en substance : vous voterez pour et vous aurez notre aide et notre assistance ou, si vous votez « non », vous serez indépendants et abandonnés. Sur l'instant, seule la Guinée dira « non », mais deux ans après, tous auront renié leur « oui » et acquis l'indépendance.

Le Général travaille aussi avec son ministre des Finances, Antoine Pinay. Un emprunt indexé sur le louis d'or est lancé qui rapportera 320 milliards dont 290 d'argent frais : en même temps les impôts sont renforcés : il est créé une taxe de luxe, des taxes sur l'essence, un impôt sur les sociétés... Au début de septembre, la Constitution est prête et soumise à référendum. La peur de la subversion, d'une guerre généralisée en Algérie avec retombées en France, le prestige du Général, la propagande intensive en faveur du « oui », le souvenir des erreurs et des faiblesses de la IVe République pousseront finalement les Français à voter massivement pour le « oui », qui entérine le changement de régime. François Mitterrand, bien sûr, aura dit « non ».

C'est l'époque où il est bien vu d'être gaulliste, où, comme disait, en connaisseur, André Malraux « le Gaullisme, c'est comme le métro, on y rencontre tout le monde » : la fortune et les banques, les affaires, les grands et moyens bourgeois, des technocrates avides d'autorité, d'anciens résistants de toutes classes fidèles à l'ancien chef de la France libre, une majorité de femmes et naturellement les opportunistes. C'est dans ce climat d'enthousiasme épidermique et de soumission à l'instant que vont se dérouler les élections législatives des 23 et 30 novembre 1958, élections au scrutin uninominal d'arrondissement à deux tours.

Les choses ne sont pas faciles pour François Mitterrand qui a fait campagne contre la nouvelle Constitution et que ses électeurs n'ont pas suivi. Il devra abandonner le siège de la troisième circonscription de la Nièvre (Clamecy-Château-Chinon) à un candidat d'action républicaine soutenu par les Gaullistes, qui a milité pour le « oui » et accuse son adversaire d'être un homme du système. Le système, c'est le régime des partis qui a régi la IVe République et que François Mitterrand a souvent dénoncé ; en 1965 encore, lors des présidentielles, il rappellera : « La IVe République a été un régime de reconstruction économique, mais pas de reconstruction politique. Elle a fini dans l'anarchie. » (*Combat républicain* du 4-11-65.)

Au second tour, J. Faulquier sera élu avec 15 318 suffrages contre 12 219 à François Mitterrand en faveur de qui s'est désisté le candidat communiste (c'est la première fois), et 10 489 au candidat socialiste qui s'est maintenu. La nouvelle Assemblée sera donc à majorité UNR (gaullistes) et aura pour président M. Chaban-Delmas [1].

François Mitterrand tel que ses amis le rencontrent alors n'est ni amer ni découragé ; il avait fait son choix dans l'indignation en mai-juin 1958 ; il avait expliqué son opposition à un régime fondé sur le coup d'Etat ; il savait les risques qu'il courait dans sa personne et dans sa carrière, il les assume pleinement et ne transigera jamais. Comme il ne croit pas au confort politique, il sait qu'il continuera à agir. C'est d'ailleurs « l'insolence et la continuité de son refus » qui le conduiront de nouveau à la notoriété.

En tout cas, il n'en veut pas à ses amis nivernais. Ils n'étaient pas satisfaits d'une situation générale qui les troublait ; ils en avaient assez de la valse des ministères et des méthodes incertaines de la IVe ; ils voulaient donner un coup de semonce, sans penser perdre leur député. Surpris eux-mêmes du résultat,

1. Les statisticiens de la politique noteront qu'il a fallu à ce scrutin en moyenne 19 000 suffrages pour élire un député UNR, 23 000 pour un MRP, 46 000 pour un radical ; 76 000 pour un socialiste et 380 000 pour un communiste. Le PC n'aura plus que dix députés !

ils surent vite lui montrer que ce n'était qu'un accident. Il reste d'ailleurs à ce moment avec eux comme conseiller général de Montsauche et comme conseiller municipal de Nevers.

L'année s'achèvera par un grand ballet financier organisé par le tandem Pinay-Rueff : l'un veut fournir de l'argent au régime et l'autre restaurer le stock d'or de la banque de France, alors on rogne les subventions, on relève les tarifs des postes et des chemins de fer, les cotisations de la Sécurité sociale tout en réduisant les prestations. C'est encore la hausse des loyers, la suppression de l'indexation des prix agricoles et celle de la retraite du combattant, enfin la libération des échanges à 80 % (50 % pour la zone dollar).

Le 21 décembre, le Général est élu président de la République par un collège de 82 000 notables. Il obtient 62 000 suffrages, écrasant le communiste Marrane et le recteur Chatelet (Union des forces démocratiques) tandis qu'en Algérie, les hommes du Front de libération nationale ne se laissent pas séduire. Le gouvernement provisoire de la République algérienne (GPRA) que préside alors Ferhat Abbas, établi au Caire depuis le mois d'août, veut affirmer sa détermination ; il dit « non » à l'autodétermination puis à « la paix des braves » proposées par de Gaulle. Le Général en est ulcéré et décide de donner la priorité à l'économique. Le général Salan est disgracié et Delouvrier nommé délégué général tandis que le général Challe est mis à la tête des troupes en Algérie. Sur le fond, rien n'est changé.

Tenu à l'écart de l'action, François Mitterrand pense qu'en attendant un retour à ses activités politiques, il lui faut du moins assurer la vie de sa famille, et il décide de reprendre la toge d'avocat.

Le métier d'avocat et le Sénat.

S'il s'était déjà inscrit au barreau de Paris en 1953, Mitterrand n'avait que peu plaidé. Il avait commencé normalement à suivre les conférences du stage, quand il fut nommé ministre de la Justice. Situation paradoxale : chaque semaine le président du stage recevait donc de son ministre un mot d'excuse. Cette fois, c'est sérieux : il lui faut se remettre au droit, s'organiser et trouver des clients. Il s'associe avec la femme de son ami Dayan, elle-même avocate au barreau de Paris, prend des contacts et, très vite, des sociétés lui confient leurs intérêts.

« Je lui préparais les dossiers de façon toute classique, raconte Mme Dayan, sur les plans de la procédure, de l'établissement des faits et des références juridiques. Je dois avouer que tout n'était pas facile avec lui : il n'avait pas l'esprit maison ; rien ne l'agaçait comme l'ancien langage stéréotypé du Palais, celui des références et des attendus, comme son amour de la forme et des arguties juridiques. Il faut dire qu'il n'aime aucun langage de spécialiste.

« Ses débuts, poursuit Mme Dayan, soulevèrent la curiosité. Les vieux magistrats guettaient avec une certaine ironie les premiers pas de cet ancien député, ancien ministre, mieux même leur ancien ministre, qui venait s'exercer devant eux comme avocat stagiaire alors qu'il ne pouvait être rompu à toutes les subtilités du langage et de la pratique des milieux de justice. Ils eurent d'ailleurs quelquefois sur ce plan l'occasion de sourire, mais furent surtout surpris et étonnés par la maîtrise et l'originalité de son style. Il avait su discerner dans le dossier qu'il plaidait et qu'il connaissait à fond tous les éléments essentiels ; il avait élagué tous les détails oiseux, tout ce qui pouvait égarer l'esprit pour tout ramener au nœud de l'affaire. Il développait son argumentation selon une progression ordonnée avec rigueur et précision dans le langage précis et châtié qu'on lui connaît. La réalité des faits soutenue par le droit imposait clairement les conclusions.

« Si sa plaidoirie était naturellement simple, directe, rigoureusement honnête, il se dégageait, en plus, de ses propos cette passion intérieure qui l'anime dans tout ce qu'il fait, donnant un poids vivant et humain à sa parole. »

Il gagnera ainsi de nombreux procès au civil, soit seul, soit comme assistant, y compris un procès au pénal quand il défendit le docteur Schwing, chiropracteur célèbre, accusé d'exercice illégal de la médecine.

J'ai gardé d'une de ces affaires un souvenir très précis. Il était venu dîner à la maison au sortir du palais de justice. Il venait d'assumer la défense de la société des films Marceau et du metteur en scène Vadim pour leur adaptation des *Liaisons dangereuses* de Choderlos de Laclos. Après le repas, il ne peut s'empêcher de revenir sur sa plaidoirie. Il me demande un exemplaire du roman pour retrouver certaines citations et reprend, avec lyrisme, sa démonstration : « Quel enchantement, dit-il, d'avoir relu ce texte, d'avoir été contraint par nécessité professionnelle d'en approfondir le sens et l'esprit. Il me fallait en effet prouver que les réductions, coupures, raccourcis ou modifications, indispensables d'ailleurs pour réussir ce concentré qu'est un film tiré d'un roman, n'avaient pas altéré son inspiration, son charme, son climat de plaisir et de sensualité, son érotisme cruel, sa subtilité profonde, son intelligence, mais au contraire avaient permis à ces qualités de s'épanouir et, en même temps, d'être mieux ressenties par les hommes de notre époque malgré une ambiance et un style de vie tout différents ! »

Il aurait pu se constituer un beau cabinet et réussir comme avocat, surtout comme avocat de la défense, situation où sa vivacité d'esprit et son sens de la réplique faisaient merveille, une grande carrière, mais il cessera toute activité en ce domaine après les présidentielles de 1965, achevant seulement de plaider les affaires pour lesquelles il était déjà engagé. La politique avait gagné.

1959 : tandis que René Coty regagne discrètement Le Havre, de Gaulle prend ses fonctions de président de la République le 8 janvier et nomme Premier ministre Michel Debré qui conservera ce poste jusqu'au 14 avril 1962. La stabilité est apparente, car de multiples démissions et des renouvellements partiels transforment continuellement son cabinet.

En dépit des protestations des syndicats contre la politique économique et sociale du gouvernement et de celles des anciens combattants ulcérés de la suppression de leur retraite de combattant, rien ne bouge et de Gaulle préfère la politique étrangère aux problèmes d'intendance ; il noue des liens avec Adenauer et reçoit le premier anglais MacMillan.

Tout en fréquentant assidûment le palais de justice, François Mitterrand profite de cette accalmie pour faire le point, prendre ses distances avec la vie politique quotidienne, retrouver les justes proportions des choses, pour réfléchir, lire et travailler, pour penser sérieusement aussi à ce livre sur Laurent de Médicis qu'il a envie d'écrire et pour lequel il a réuni une grande documentation et fait plusieurs voyages à Florence. On tirera prétexte de ce projet, qui n'a pas encore abouti, pour le traiter de... Florentin machiavélique. Nous avons souvent évoqué ce projet et je puis affirmer que l'idée directrice était tout autre. Connaissant bien Florence, il avait trouvé passionnant le destin de cette famille des Médicis qui, par le négoce et la banque, avait réussi à conquérir une puissance souveraine et un grand impact international, tout en favorisant l'épanouissement d'une civilisation humaniste et raffinée dans sa ville. « Je voulais comprendre, me disait-il, les mécanismes économiques et politiques, les moyens humains qui avaient permis cette ascension. Florence était la capitale de la teinture de la laine et des tissus de laine, comment pouvait-elle garder cette primauté sinon par la maîtrise des matières telles que l'alun, pour fixer les couleurs et les plantes tinctoriales (la garance pour le rouge, le pastel pour le bleu, etc.). Il lui était encore indispensable de défendre la liberté des échanges, donc de disposer d'un véritable réseau d'import-export avec des agents dans les centres importants, et de mécanismes d'assurances pour les marchandises transportées. Un réseau international de banque devait faciliter les règlements et permettre d'agir par des prêts ou des dons sur la politique de la Papauté des princes italiens et des souverains étrangers en faveur de ce commerce. »

Financiers, économiques et politiques, tels étaient donc les thèmes de sa réflexion sans qu'il oublie pourtant le prestige de quelques artistes de génie, la grande explosion humaniste des arts et des lettres qui a parachevé cette épopée matérialiste, ni cette splendeur traduite par les fresques de Benozzo Gozzoli au palais Médicis [1].

Mitterrand réfléchit aussi sur lui-même et constate que peu à peu le catholique pratiquant qu'il était est devenu un agnostique : « Je me suis éloigné alors, reconnaîtra-t-il le 11 mars 1975 à la télévision, de cet enseignement catholique qui avait profondément marqué mon enfance et mon adolescence. Je respecte l'Eglise catholique et les croyants catholiques, mais je ne suis plus un croyant », et pourtant, ajoutait-il, « il y a sans doute une explication globale du monde ». Ce fut un cas de conscience ; sa fidélité foncière se rebellait contre l'inéluctable évolution. La pratique, dernier rempart, qui survivait en juillet 1960, va aussi s'effacer.

Alors qu'il semble écarté de la vie politique, il est cependant nommé en ce début de 1959 membre du comité directeur de l'Union des forces démocratiques et surtout des amis nivernais, conduits par Fernand Dussert, maire d'Arleuf et futur sénateur de la Nièvre, viennent le voir, lui parlent de Château-Chinon, des nombreux supporters qu'il compte dans cette ville et d'une proposition : accepterait-il de diriger une liste aux élections municipales de mars ? François Mitterrand étudie le projet, donne son accord mais, comme pour être sûr que l'appel est profond, il lie cet accord au refus de faire campagne. Il ira seulement voter.

En fait, il va voter, il est élu conseiller municipal le 15 mars

1. Il écrit aussi notamment sous le titre « Dialogues à contretemps », *La Nef* (janvier-avril 1959), une analyse critique de l'action de De Gaulle et des siens, contre laquelle il préconise de lutter par « la création d'un rassemblement des forces socialistes et républicaines fortement structuré »... et par « l'arme du suffrage universel ».

et le 26 devient maire de Château-Chinon. Deux ans après, il sera élu président de l'union des maires de la Nièvre. Il a suivi à l'envers la filière normale de la carrière politique. Député et ministre au départ, il se retrouve à 43 ans maire d'une petite ville. Il a souvent dit l'importance qu'il accordait à cette fonction qui vous contraint à retrouver les réalités quotidiennes, les problèmes des hommes dans leur centre de vie.

Sur sa lancée, il se présente à l'élection sénatoriale du 26 avril. Sa forte implantation régionale, son crédit, son talent le font élire au deuxième tour par 330 voix. Il devance le second élu, Gadoin, de la Gauche démocratique, de 112 voix ; tous deux battent l'UNR sortant, un socialiste et un communiste... Au Sénat il se retrouvera sous la houlette de Gaston Monnerville, élu président pour la dix-septième fois, avec d'autres grands battus des législatives de novembre 1958 : Gaston Defferre, Jacques Duclos, Edgar Faure. Le 16 mai, il devient membre de la commission des Affaires étrangères, de la Défense et des Armées.

Sa première intervention portera sur l'Algérie ; il déclare alors franchement et non sans courage : « Il m'est arrivé de m'associer à une politique dont je vois aujourd'hui les effets malheureux, je m'en excuse auprès de la Nation... mais je m'honore aussi d'avoir lutté pour une politique de progrès et de justice. » Ses préférences vont désormais « à une émancipation généreuse des peuples sous tutelle », mais il est angoissé par les menaces de guerre toujours existantes et ne peut admettre « qu'on puisse aller jusqu'à la ruine et l'extermination » (*J. O.* Sénat, 25 juin 1959).

Tandis que de Gaulle voyage en France, va inspecter les dispositifs militaires en Algérie, déclare à *L'Echo d'Oran :* l'Algérie de Papa est morte, propose aux travailleurs l'intéressement et offre enfin à l'Algérie le choix entre trois formules : fédération, francisation ou séparation, en laissant percer sa préférence pour la première solution ; tandis que le GPRA tergiverse avant de répondre que « la seule solution possible est une Algérie indépendante », que Massu annonce « la pacification continue », que *Le Monde* publie le rapport secret de la Croix-Rouge internationale sur le drame des tortures en Algérie, un mauvais coup se prépare contre François Mitterrand. Certains milieux activistes, qui ont des antennes dans la police et même au gouvernement, n'apprécient guère qu'il ait repris un rôle politique actif, qu'il dispose d'une tribune officielle pour combattre le régime et les spécialistes de l'Algérie française.

L'Observatoire.

« Déjà des commandos de tueurs ont passé la frontière espagnole. Les personnalités à abattre sont désignées... » C'est ce qu'annonçait le jeudi 15 octobre 1959, le journal *Paris-Presse.*

Aussi, le lendemain, nul ne s'étonnera d'apprendre que le sénateur François Mitterrand avait échappé, dans la nuit, à un attentat.

C'est le commissaire Clot qui reçoit sa déposition. Il lui explique qu'il se trouvait à Saint-Germain-des-Prés avec ses amis Beauchamp, Finifter et Dayan. Ce dernier, qui reste très inquiet des menaces proférées, veut qu'il vienne, comme les jours précédents, coucher chez lui. Mitterrand, las d'être traqué et révolté aussi de l'être, veut regagner la rue Guynemer et retrouver dans son cadre familier et familial un véritable équilibre. Il prend donc sa voiture et, tout de suite, il a l'impression d'être suivi. Il accomplit donc plusieurs détours pour s'en assurer, puis, ayant l'impression qu'on veut le forcer, il accélère brutalement sur le boulevard Saint-Michel, vire sèchement à droite dans la rue Auguste-Comte, bloque sur la gauche, devant la grille des jardins de l'Observatoire, saute de voiture, franchit prestement la grille peu élevée qui les entoure, se jette à terre derrière une haie.

Il est à peine étendu, qu'il entend arriver une voiture qu'il ne peut voir, puis le bruit d'un tir de mitraillette, et le choc des balles sur sa voiture ; on y relèvera sept impacts. Sa narration terminée, il rappelle que ce n'est pas sa première mésaventure : après un attentat manqué en 1958, il n'a cessé depuis son élection au Sénat, de recevoir des menaces de mort pour lui comme pour sa famille. Il a d'ailleurs dû prendre certaines précautions, envoyer son fils aîné dans une pension isolée en Saône-et-Loire et confier son cadet à sa belle-mère qui habite Cluny, comme il a dû faire blinder sa porte d'entrée que l'on avait fait sauter au plastic... Il confirmera cette déposition devant le commissaire Pelletier chargé de l'affaire.

Paris s'indigne, la France s'inquiète, des perquisitions sont ordonnées dans les milieux activistes.

C'est le premier acte : un fait divers, dramatique sans doute en son fond sinon dans ses résultats, mais qui a pris de l'importance en raison même de la personnalité de la victime. Le coup semble manqué puisque l'attentat physique a échoué.

Il reste à le transformer en attentat moral, à l'utiliser pour démolir un homme politique jugé dangereux.

Le 22 octobre, l'hebdomadaire d'extrême droite *Rivarol* publie une interview d'un certain Pesquet, ancien député poujadiste, personnage fort douteux, étroitement lié aux mouvements activistes, interview qui suscite la stupeur et les ricanements. L'homme affirme qu'il s'agissait d'un attentat « bidon » qu'il avait lui-même monté à la demande de François Mitterrand.

Le même jour, les deux hommes seront confrontés devant le juge d'instruction. Pesquet confirme la version publiée par *Rivarol.* François Mitterrand nie. Il montre que l'initiative venait de Pesquet qui a, pendant une quinzaine de jours, tenté de le joindre chez lui par téléphone en vue d'obtenir un rendez-vous. Ces appels ont été soigneusement notés par sa secrétaire et jamais aucune réponse ne lui a été donnée. Aucune collusion n'était possible. Enfin, changeant de tactique, Pesquet a réussi, le 7 octobre, à le rencontrer au Palais de Justice de Paris où il plaidait. Il lui a dit : « Je suis chargé par un groupe d'activistes de vous tuer, mais je ne suis vraiment pas un tueur, je ne veux ni sang sur mes mains ni correctionnelle, alors je vous mets en garde et je vous tiendrai au courant de l'évolution de la situation. Ne prévenez pas la police, jurez-moi que vous ne donnerez pas mon nom, il y va de ma vie. C'est ma seule exigence. » Malgré ses réticences, François Mitterrand décide de lui faire confiance et accepte.

Pesquet le reverra le 14 octobre à l'Assemblée nationale, rapidement entre deux rendez-vous, puis le 15 dans la matinée. Ces rencontres n'apportent rien ; il n'y a pas de nouveau, mais comme Pesquet veut savoir où le toucher, en cas d'urgence, François Mitterrand lui déclare qu'il dînera assez tard chez Lipp (boulevard Saint-Germain). Il s'y est trouvé en effet aux heures annoncées mais n'a reçu aucun appel. C'est alors qu'il a décidé de rentrer chez lui, rue Guynemer ; on sait la suite. En tout cas, il pense à ce moment que l'intervention de Pesquet, en attirant son attention sur le danger, lui a sauvé la vie et, fidèle à la parole donnée, ne soupçonnant pas une machination, il n'a pas mentionné le nom de son informateur dans ses dépositions. Maintenant il connaît le piège dans lequel il a été attiré ; il se sent libéré de son serment puisque Pesquet a révélé qu'il était sinon l'instigateur, du moins l'agent d'exécution dans cette affaire.

On peut certes s'en étonner aujourd'hui : pourquoi François Mitterrand n'a-t-il pas parlé de cette affaire à ses amis, en dehors de Beauchamp et de Dayan, ni au directeur de la Sûreté qui appartint pourtant à un de ses cabinets ministériels ? Pour lui, c'est une affaire personnelle qu'il entend régler seul. Il a fait, dans une situation périlleuse, confiance à un homme et il s'est trompé. A lui donc de s'en sortir tout seul. C'est la rançon de son orgueil et la seule faute qu'il puisse se reprocher en la circonstance.

Pesquet sera finalement inculpé ainsi que son tireur Abel Dahuron, d'outrage à magistrat et de détention d'arme illicite, mais laissé en liberté provisoire tandis que François Mitterrand se porte partie civile avec plainte en diffamation. Tout semble réglé, tout devrait l'être si l'on n'était en plein imbroglio politico-policier : comment comprendre que Pesquet soit arrêté de nouveau puis libéré encore ; il sera arrêté, pour la troisième fois, le 29 novembre, pour sa participation à un attentat au plastic contre le Palais-Bourbon, remontant au 5 décembre 1958 et libéré une fois de plus ; grâce à quelles complicités ?

En ce qui concerne François Mitterrand l'affaire tourne au règlement de compte politique. Le procureur général près du barreau de Paris, sur instruction du gouvernement, demande la levée de son immunité parlementaire. Il est accusé de n'avoir pas mentionné le nom de Pesquet lors de sa première déposition ; il y aurait donc outrage à magistrat. « Mais depuis quand demandera-t-il, le silence est-il constitutif de délit ? » C'est aberrant, mais le Sénat devra en délibérer dans un débat le 18 novembre 1959.

Mitterrand sait combien il est difficile de faire comprendre la vérité dans ces complots du mensonge et de la calomnie. Peu après l'événement, comme il dînait à la maison, nous en étions venus, comme malgré nous à parler de « l'Affaire », il nous commenta la situation : « Oui, il existe des cas où, d'entrée, la vérité semble impossible à prouver, même la simple bonne foi. Un exemple : supposez que je sois assis à la terrasse des " Deux Magots " à Saint-Germain-des-Prés avec des amis. Un homme s'avance vers moi, souriant, qui veut à tout prix me serrer la main. Je refuse sèchement. Il insiste. Finalement, pour avoir la paix, je finis par accepter. L'air satisfait, il s'en va... En fait, il se rend à mon domicile, rue Guynemer, plastique la porte de mon appartement et comme mon domicile est sous surveillance, il se fait arrêter. Il déclare à la police : " C'est M. Mitterrand qui m'a commandé cet attentat. D'ailleurs, il vient de me donner le feu vert, lui-même, quand je l'ai vu et lui ai serré la main il n'y a pas une heure, aux 'Deux Magots'. Renseignez-vous, c'est la vérité, il y a eu de très nombreux témoins... " Que faire en pareille circonstance ? Comment démontrer son innocence ? Il pourra toujours rester des doutes. C'est un peu l'affaire Pesquet. Ce sont les mêmes difficultés... »

Malgré tout, il faut lutter et il va lutter. « J'ai décidé de faire front, déclare-t-il dans le discours remarquable qu'il va prononcer au Sénat en cette occasion, les accusations dont on m'accable sont fausses, les moyens qu'on emploie pour m'abattre sont infâmes. »

Il prouve alors que Pesquet n'en est pas à son coup d'essai. Un mois avant il avait harcelé de la même façon l'ancien président du Conseil, Bourgès-Maunoury, à Toulouse, à Périgueux, en Bourgogne, à Paris pour obtenir enfin un rendez-vous. Il avait alors expliqué sa démarche dans les termes mêmes qu'il a employés avec lui, et il a fait prêter à son interlocuteur le même serment de ne pas le nommer : « Même scénario, commente François Mitterrand, même procédé, même technique et même agent provocateur, c'est Pesquet ! » Cependant Bourgès-Maunoury avait eu le temps de prévenir le directeur de la Sûreté Jean Verdier, tout en taisant le nom de Pesquet, et l'affaire n'eut pas de suite.

Sur ces entrefaites, Bourgès partit pour affaires en Afrique noire et il était absent lors de l'attentat de l'Observatoire. A son retour, il demande à Jean Verdier, à qui il peut maintenant révéler le nom de Pesquet, d'alerter le ministre de l'Intérieur et son secrétaire d'Etat, ce qui est fait ; mais le ministre ne réagit pas avant le 13 novembre quand Bourgès-Maunoury, scandalisé, veut aller déposer devant le magistrat instructeur. La mauvaise volonté est évidente et Mitterrand riposte : les fuites, le bazooka, l'Observatoire... « les mêmes hommes employant les mêmes procédés », et d'attaquer les activistes et leurs responsables, Arrighi, Biaggi, Le Pen, Tixier-Vignancour, l'ex-commissaire Dides, accusations qu'il répétera dans un article de *L'Express*, (29-10-59), ajoutant : « Il est grand temps que les hommes de raison et de cœur comprennent que la loi du gang ne peut être celle de la France. » Puis s'adressant à M. Michel Debré, premier ministre, qui ergote au sujet de l'affaire du bazooka et de la rencontre qu'il eut à ce sujet avec François Mitterrand, alors garde des Sceaux, il lui lance : « Il y a des choses qu'on n'a pas le droit de faire, jouer ou laisser jouer avec l'honneur d'un adversaire politique et tenter de disqualifier l'opposition en la mêlant abusivement à des faits criminels ou simplement délictueux. »

En 1975, dans *Minute*, Pesquet dénoncera nommément

Michel Debré et Christian de La Malène comme instigateurs de l'affaire. Certes la parole de Pesquet est plus que sujette à caution, mais l'acharnement que manifeste Debré contre François Mitterrand en la circonstance donnait volontiers à croire qu'il montrait sinon quelque complaisance à l'égard du complot, du moins peu de hâte à faire éclater la vérité.

La levée d'immunité parlementaire d'abord retardée est finalement votée, sans résultat d'ailleurs, car Pesquet qui était de nouveau en liberté provisoire (grâce à quelles complaisances ?) est convoqué pour une confrontation et ne se présente pas. Il s'est réfugié à l'étranger. Tout le personnage se révèle bien par la suite. Les faits suffisent.

Expulsé d'Italie en 1962, Pesquet est condamné par la cour de Sûreté de l'Etat à vingt ans de réclusion pour constitution d'un réseau OAS en Normandie. Il s'enfuit, disparaît puis revient en France, comme si de rien n'était. Il devient agent d'assurances dans l'Ouest où il va se distinguer par des abus de confiance avant de disparaître à nouveau et de dénoncer ceux qu'il veut désigner comme ses chefs. Dahuron, lui, fut tué dans un règlement de compte.

On traînera ainsi sans résultat et l'affaire ne sera jamais jugée. M. Pesquet a eu de la chance !

Aujourd'hui, avec le recul du temps, un constat s'impose : l'affaire dite de « l'Observatoire » fut montée de toutes pièces à partir d'un attentat manqué. Le fait divers devient événement politique, il est exploité abusivement pour détruire un homme jugé dangereux par les activistes d'extrême droite et les conservateurs gaullistes. Ils ont le soutien d'une presse dévouée et avide de scandale. Une véritable campagne de dénigrement est montée, pataugeant dans le mensonge et le truquage des faits. Ils ont cru que l'homme pouvait être abattu et ils ne veulent pas qu'il puisse se relever : la calomnie amplifiée, ressassée sans fin avec vigueur et continuité, marquera longtemps ; quelques attardés en parlent encore... On reste déconcerté par ce paroxysme de haine, par ce déchaînement de basses passions autour d'accusations sans fondement.

Paradoxalement, la situation s'est vite retournée en faveur de Mitterrand. Il fallait que l'honnêteté, que la loyauté de l'homme, que sa stature politique, son autorité et sa maîtrise aient été considérables pour qu'un si puissant assaut fût lancé contre lui, et pour qu'il n'ait pas été abattu. Finalement l'incidence réelle, malgré les tentatives postérieures d'utilisation de l'affaire, fut médiocre et passagère. Elle ne va même pas freiner le développement de sa carrière et de son impact politiques : trois ans après, il est réélu député et, en 1965, il va mener la vie dure à de Gaulle lors des élections présidentielles.

Il put me dire plus tard avec un certain sourire : « Aurais-je alors échappé à la vindicte de De Gaulle s'il y avait eu la moindre faille à exploiter contre moi ? », mais il ne peut oublier le drame moral qu'il vécut alors.

Il sait qu'il n'y a rien, qu'il n'a commis aucune faute, qu'il ne mérite aucun reproche et il ne comprend pas que des hommes qu'il croyait, avec toute sa confiance passionnée, de vrais amis, des intimes même, que des hommes, comme Henry Frenay et Pierre Lazareff en particulier, aient aboyé avec les loups et aient pu, en la circonstance, mettre en doute sa bonne foi, croire qu'il était capable d'une telle machination ; il en est déchiré au plus profond de lui-même et en garde sans doute toujours méfiance et amertume. Jamais, dans sa vie d'homme public qui ne fut pas toujours facile, on a déjà pu le constater, ses proches, ses amis ne l'avaient vu ainsi découragé, écœuré de la vie politique. Je l'ai un jour entendu dire comme à lui-même : « Mais ce n'est pas possible, tant de haine, tant de bassesse... »

Il y eut heureusement des contreparties. Il a la surprise d'entendre, dans le cabinet du juge, le commissaire Clot déclarer qu'il ne s'est jamais senti outragé alors que le substitut au Procureur se disait choqué par la procédure suivie. François Mauriac, malgré son attachement au gaullisme et à son chef lui confirme dans son « bloc-notes » du 24 octobre sa confiance ; il défend son honnêteté, loue sa confiance dans l'homme tout en se plaignant que « la vie politique française dégage une odeur de crime ».

Surtout se resserrent autour de lui ses amis de toujours et ses compagnons de la Résistance qui le soutiennent et le défendent. Peu à peu, avec leur aide, il se ressaisira, bien encouragé par une petite réunion qu'ils ont organisée pour lui à Paris, place de la République, et où la chaleur de l'accueil lui est d'un grand réconfort. Passé ce moment il ne parlera plus de cette affaire[1], ne répondra pas à ses détracteurs. Certes il s'est constitué un dossier complet sur l'événement et sur tous ceux qui d'une façon ou d'une autre ont pu y prendre part, mais il ne

1. Une exception au moins : pendant la campagne présidentielle de 1965, à Lille, patrie de Roger Salengro, tué par les calomnies de la droite, il rappellera : « J'ai été victime d'une machination politique à une époque où la majorité et les activistes étaient du même côté » (Cité dans *Combat républicain* du 4 novembre 1965).

veut pas en faire état ni usage. Cette boue et ceux qui y ont pataugé ne méritent que l'indifférence.

Visite à Mao.

La blessure morale se cicatrise mal, mais François Mitterrand se domine et lentement se reprend. Ses fonctions de maire de Château-Chinon l'y aident, qui réveillent en lui le sens des réalités quotidiennes, qui lui imposent une action concrète pour la gestion municipale et l'effort d'expansion recherché.

La tâche n'est pas mince. Château-Chinon, devenue sous-préfecture aux temps de la Révolution, s'étiole. On l'a divisée en deux communes : Château-Chinon ville et Château-Chinon campagne, puis, peu à peu, le centralisme administratif qui se développe lui fait perdre la recette des finances, la conservation des hypothèques, le tribunal et le commissariat de police, la direction des ponts et chaussées et celle des eaux et forêts ainsi que son collège. Le développement de la grande industrie fait dépérir un artisanat qui était nombreux et varié : carrossiers, maréchaux, selliers, brasseurs, tourneurs, huiliers, tisserands, etc. Son florissant commerce de bois de chauffage dirigé vers Paris et le flottage qui permettait son acheminement disparaissent progressivement, sans que se développent de nouvelles activités. C'est la situation que François Mitterrand a trouvée, et il a promis « de développer, d'équiper et de moderniser la commune... sans toutefois accroître à l'excès les charges municipales [1] ».

Ce sera un travail de longue haleine, mais, dès le début, il s'est préoccupé, avant même de s'appliquer aux problèmes de construction ou de tout-à-l'égout notamment, de procurer en priorité du travail aux habitants ; sachant bien qu'une amélioration de l'emploi entraînera une reprise de toutes les activités. Il réussira.

Précisément, au moment de l'affaire de l'Observatoire, il est en pourparlers avec l'entreprise DIM (bas et collants pour femmes) qui est d'accord pour s'implanter à Château-Chinon, mais les pouvoirs publics sont hostiles à ce projet, à celui qui le propose surtout. François Mitterrand ne se décourage pas et réussit enfin, en décembre 1959, à rencontrer le ministre des Finances, Antoine Pinay, qui se sait condamné et approuve le

1. Sur cette situation, voir l'article de J. Pasquet « Petite ville, grand renom » (Bulletin officiel de Château-Chinon-N° 1, 12. 71). La citation de François Mitterrand est tirée du même numéro.

projet, pas fâché de donner son agrément dans ces circonstances. Effectivement, le 13 janvier 1960, son successeur, l'ancien gouverneur de la Banque de France, Baumgartner, trouvera sur son bureau l'autorisation dûment signée d'implantation de cette entreprise, qui joue toujours un rôle capital dans l'économie de Château-Chinon.

Un voyage d'études effectué en Chine en janvier 1961, avec son ami de Grossouvre, l'aidera à s'éloigner du mauvais souvenir. Il devance là-bas bien d'autres politiques, comme Malraux et Peyrefitte.

En vrai politique, il sera passionné par l'observation de ce grand pays qui renaît en se renouvelant. Il va discuter, observer, s'étonner et s'inquiéter, mener sa quête de la vérité et exposera ses impressions et les leçons recueillies dans son livre *La Chine au défi*.

Il n'a pu naturellement ni voulu tout voir, limitant son enquête aux aspects qui, à l'époque, lui ont paru les plus caractéristiques de la nouvelle Chine : la révolution paysanne, la formation des cadres du parti, les méthodes de propagande et ces journaux qui n'hésitent pas à faire le gros titre de la « une » avec l'importance des labours, le nombre de tracteurs construits, de nouvelles irrigations ou la production des engrais. Il remarque encore l'exaltation du nationalisme, la cohésion de l'équipe dirigeante, le magistère de Mao Tsé-toung avec qui il eut un long entretien, point culminant de son déplacement.

« Vous savez, lui dit Mao, que nous sommes patients. On ne veut pas de nous ici ou là ? Nous pouvons attendre dix ans, vingt ans, cent ans... Le temps est notre allié... Tout retard se rattrape quand les masses se mettent à l'ouvrage... Je crois qu'on a tendance à confondre ce qui dure et ce qui est provisoire... » Sur ces thèmes se fonde cette révolution par étapes qu'il préconise.

Certes François Mitterrand aura été parfois agacé par certain ronron de propagande, par des méthodes psychologiques, efficaces peut-être mais qui le heurtent, cependant il n'oublie pas qu'il fallait avant tout « assurer la vie quotidienne » et pour cela créer et soutenir un enthousiasme populaire indispensable. « Après nous verrons », lui avait dit un responsable chinois et lui, il pense en lui-même « qu'ordinairement une révolution ne se fait aimable qu'à la troisième génération ».

Ce voyage en entraîne un autre et en août 61, il se retrouve en Guinée avec Mendès France. Ils sont les hôtes très officiels du président Sékou Touré. Il est satisfait que les Etats d'Afrique noire aient opté pour l'indépendance, mais il regrette qu'un effort de collaboration privilégiée et d'assistance ne se soit pas très largement développé entre la France et les pays noirs francophones.

Revenons en France : on a sans doute oublié les incessants remaniements ministériels des années 1960-61, le régime gaulliste, glorieux d'inaugurer les réussites de la IVe République qu'il a tant vilipendée (la raffinerie de Bec d'Ambès, le barrage de Serre-Ponçon, l'hélicoptère alouette, le réseau de distribution du gaz de Lacq, la Caravelle...), les difficultés créées par l'établissement du Plan, peut-être aussi les graves problèmes qui se posaient déjà à notre agriculture et qui provoquent dans toute la France des manifestations, parfois proches de l'émeute comme à Amiens, avant qu'en fin juillet 60, après de longs débats, ne soit adoptée par le Parlement une loi d'orientation agricole concernant les prix, l'assurance dans l'exploitation, les investissements, les remembrements, l'enseignement spécialisé, l'agitation d'une jeunesse qui se cherche dans les excès des yéyés ou des blousons noirs, dans les révoltes contre les croulants ou dans la belle amitié chantée par Claude François...

On pense encore vraisemblablement à Khrouchtchev, à sa lutte contre le stalinisme, à la détente qu'il provoque en mettant fin à la guerre froide entre l'Est et l'Ouest, comme à ses rapports tumultueux et pittoresques avec l'ONU ou avec de Gaulle. L'élection de John Kennedy à la présidence des Etats-Unis reste aussi un événement.

En France, finalement, c'est toujours l'affaire algérienne qui reste la préoccupation majeure, qui marque encore de nombreux Français. La France est malade de l'Algérie, mais la plupart de nos dirigeants refusent encore l'opération chirurgicale nécessaire.

Depuis juin 1958 que de Gaulle règne avec des pouvoirs spéciaux, sa politique algérienne et celle de son gouvernement ne se laissent pas facilement définir et, cahin-caha, de projet en projet, de référendum en référendum, de bonnes intentions en attentats et en émeutes, en combats et en tortures, d'ultimatums en concessions, l'interminable affrontement se poursuit et ne se résoudra enfin qu'en mars 1962 par la signature des accords d'Evian.

Au Sénat, reprenant son activité en 1961, François Mitterrand saisit toutes les occasions pour souligner l'absence « d'une politique appuyée sur une méthode cohérente ». Il dénonce cette « dynamique de l'immobilité », ces mesures dispersées au coup par coup, ces concessions en dents de scie dont les effets sont déplorables. D'un côté, on permet à l'adversaire « de prendre conscience de sa force », on négocie avec faiblesse, ce qui avait conduit à un échec rapide des entretiens de Melun avec le GPRA en juin 1960 et à une rupture qui encourage le Gouvernement provisoire de la République algérienne à exiger que le sort du Sahara (que n'avait-on écouté Mitterrand quand il demandait qu'il soit érigé en territoire autonome !) soit lié à celui de l'Algérie.

D'autre part on montre trop de faiblesse pour les partisans de l'Algérie française. Il en résulte le complot des barricades de janvier 60 avec émeutes sanglantes à Alger, la dissolution des mouvements activistes qui renaissent dans l'Organisation armée secrète spécialiste de l'assassinat, puis le putsch militaire manqué d'un « quarteron de généraux en retraite », comme disait de Gaulle, le 22 avril 61, peu avant la première expérience atomique française au Sahara, enfin tous ces attentats un peu partout en Algérie, en France et même contre le général de Gaulle, signés par l'OAS et qui provoquent une reprise de l'activité et de la violence du FLN... Toutes actions qui conduiront à la répression et à l'installation de tribunaux d'exception où le droit ne règne pas, ni même le droit de recours : haut tribunal militaire et cour militaire de justice. C'est le cycle infernal de la violence et de la contre-violence.

« Pleinement conscient de la nécessaire émancipation des peuples », François Mitterrand est favorable à une négociation rapide, loyale et efficace en Algérie pour que finisse cette guerre larvée « qui détériore la réputation de la France et ruine du même coup son équilibre »[1]. Il regrette que de Gaulle montre tant de mépris pour les réactions internationales et pour les condamnations de l'ONU. A la veille encore des accords d'Evian, il disait : « Il serait franchement dangereux de n'assurer le nouvel et difficile équilibre algérien que sur un traité de coopération qui lie deux partenaires ayant encore un douloureux et irritant contentieux à régler[2]. » L'appui des autres nations n'eût pas été inutile et il eût sans doute été profitable à la France de plaider son dossier algérien devant une cour internationale et d'obtenir ainsi « des garanties sérieuses et durables pour la protection des personnes et des

1. Sur ces thèmes, voir le *J. O.*, débats parlementaires, Sénat, notamment les séances du 5 juillet 1961, du 17 juillet et du 16 novembre 1962.

2. *J. O.* Débats parlementaires, Sénat, 17 juillet 1962.

biens de nos compatriotes installés en Algérie » (Congrès de l'UDSR, février 1959).

Mais ses attaques les plus fortes ne portent pas sur ce plan. Il se montre un procureur intransigeant contre le régime fondé sur le coup d'Etat et qui poursuit son existence illégitime par le coup d'Etat permanent. S'il n'attaque jamais de Gaulle dans sa personne, s'il n'oublie pas ses mérites passés, il s'en prend à l'usurpateur « qui assume seul la responsabilité de la France », qui ne cesse d'étendre son domaine réservé et sa toute-puissance, qui réduit ses ministres au rang de porte-parole et l'Assemblée nationale au rôle de chambre d'enregistrement. Avec lui se crée un régime où règnent « l'anarchie judiciaire, les méthodes policières, une propagande réservée à ceux qui gouvernent et refusée à l'opposition ».

Il sait pourtant parfois s'élever au-dessus de cette passion militante. Ainsi, se plaignant du trop faible budget de l'Education nationale, il rappelle vers quoi doivent tendre les efforts : « Il faut que vous ayez les meilleurs étudiants capables de s'insérer dans les organismes européens... les meilleurs techniciens capables de s'insérer dans les organismes atlantiques... Il faut que vous ayez les meilleurs éléments sortis des paysans et des ouvriers pour participer à l'élaboration du monde nouveau », alors qu'aujourd'hui tout repose sur la seule bourgeoisie. Montrant par ailleurs que notre XXe siècle est dominé par la révolution soviétique de 1917, par la fin de l'ère coloniale et l'émancipation des peuples d'Asie et d'Afrique, par le commencement enfin de l'ère atomique (Il aurait peut-être pu ajouter par la conquête de l'espace puisque l'envol de Gagarine est du 12 avril 1961), il trouve bien étriquées et retardataires les tendances gouvernementales. L'imagination et la liberté créatrice manquent au pays ; l'effort du gouvernement porte plus sur la destruction de toute opposition, grâce à une propagande inlassable menée avec duplicité et provocations, pour tenter de disqualifier au départ tout adversaire potentiel : les socialistes auront même été accusés d'avoir partie liée avec l'OAS ; tout opposant veut la mort de De Gaulle, ou bien cherche à démanteler l'armée, à annihiler la police... C'est la calomnie systématique, favorisée par la méthode de l'amalgame qui crée abusivement des liens ou des rapports entre ceux que l'on veut détruire et des groupes ou des hommes qui mènent une action subversive ou dont les actes et les propos ont provoqué l'indignation dans le pays. Même si aucune preuve n'est apportée (et pour cause !) cette propagande inquiète et trouble les esprits.

Malgré tout, il existe toujours des Français pour refuser ouvertement le régime et il existe toujours des courants souterrains d'opposition ; certains pensent déjà à leur faire prendre plus clairement conscience d'eux-mêmes et à les rapprocher.

En dehors des actions spectaculaires des paysans exaspérés de n'être pas compris, l'affaire algérienne permet des prises de position publiques et courageuses, comme le manifeste en faveur de la négociation signé par Jean-Paul Sartre, des éléments de gauche et certains syndicats (mars 1960), les entretiens entre des étudiants de l'UNEF et des étudiants musulmans d'Algérie (juin 1960), ou encore cette rencontre à Genève de syndicalistes français (CGT, CFTC, FEN, UNEF) et de syndicalistes algériens relevant du FLN (février 1961).

François Mitterrand est resté président de l'UDSR, qui est maintenant réduit à une poignée de fidèles : Georges Dayan, Georges Beauchamp, Roland Dumas, Louis Mermaz, etc. Il a lié son groupe à l'Union des forces démocratiques en août 1958, rejoignant des mendésistes, des radicaux, des socialistes, bref l'élite des opposants déclarés au régime de la Vᵉ République. Cela est loin de lui suffire, il pense à des élargissements, à des regroupements, il est toujours prêt à soutenir les initiatives qui vont dans ce sens comme celle de Charles Hernu, ancien radical de gauche mendésiste qui avait fondé en 1951 avec des amis de ce bord le club des Jacobins, et qui provoque alors au sein du Centre d'action institutionnelle une entente avec la ligue pour le combat républicain du sénateur Tron apparenté socialiste. François Mitterrand répond aussi avec empressement à l'invitation du parti radical de participer à son congrès de septembre 1962. Il y développera avec chaleur le thème de l'union : « Le premier devoir, dit-il, est de s'unir... S'unir, tenir et après, bâtir... »

François Mitterrand va pouvoir désormais poursuivre son combat à la tribune de l'Assemblée nationale.

5

A la recherche de l'unité

« Pour ne pas trahir la République. »

A peine les accords d'Evian qui reconnaissent à l'Algérie le statut d'Etat indépendant, sont-ils conclus et approuvés par le référendum du 8 avril 1962 (90,6 % des votants disent « oui ») que de Gaulle renvoie Debré et le remplace par Georges Pompidou (14 avril).

Cependant si la guerre d'Algérie est terminée, l'OAS ne désarme pas, bien au contraire. Le polytechnicien Bastien Thiry organise contre de Gaulle l'attentat du Petit-Clamart du 22 août 1962. Grâce à sa chance et à la qualité courageuse de son chauffeur, le Général s'en sort sans mal. La France s'indigne et admire le chef qui a la baraka. De Gaulle en profite pour prendre des mesures contre « tout ce qui est de nature à porter atteinte à la paix publique » et, après un voyage triomphal en Allemagne fédérale, pour proposer une modification de la Constitution : l'élection du président de la République au suffrage universel. La puissance émanant du peuple, le président serait vraiment le chef de l'Etat et non un simple arbitre. Pour François Mitterrand qui en discute au Sénat, ce système n'est pas, en soi, inadmissible, mais des contreparties doivent être exigées ; en particulier, le Président ne doit pas avoir le droit de dissoudre l'Assemblée.

Avant le référendum qui doit avaliser cette modification constitutionnelle, d'autres difficultés surgissent. Georges Pompidou est mis en minorité en octobre sur la réforme constitutionnelle et donne sa démission. De Gaulle n'hésite pas et dissout l'Assemblée. De nouvelles élections auront lieu après le référendum du 28 qui occupe alors tous les esprits. Une propagande intense est menée en faveur du « oui » ; de Gaulle intervient personnellement, charmeur et menaçant, à la télévision : « Si la majorité des " oui ", affirme-t-il, est faible, médiocre, aléatoire, il est évident que ma tâche sera terminée aussitôt et sans retour. » L'argument, un argument de chantage, lui servira souvent par la suite ; il porte d'ailleurs médiocrement car la France dit « oui » avec 61,7 % des votants mais avec moins de 50 % des inscrits. Cette majorité n'était sans doute pas aléatoire puisque de Gaulle reste en place.

Les élections législatives seront meilleures ; François Mitterrand y sera candidat. Il ne déteste pas être sénateur ; il respecte cette assemblée ; il est prêt à la défendre contre l'hostilité de De Gaulle, mais il ne s'y épanouit pas pleinement, il n'y trouve pas sa vraie tribune. Il décide donc de se présenter comme candidat à la députation dans la troisième circonscription de la Nièvre (Clamecy-Château-Chinon) aux élections des 18 et 25 novembre 1962. Entre ces deux dates disparaîtra le dernier vrai président de la IVe République, René Coty.

Pierre Saury, ami fidèle et suppléant de François Mitterrand, m'avait demandé, en cette occasion, de venir pour les deux tours m'occuper des éditions spéciales « élections » du *Courrier de la Nièvre.* J'allais donc de Nevers où il s'imprimait, à Château-Chinon, pris par la vie ouverte, amicale et bavarde du « Vieux Morvan », accompagnant le soir le candidat pour mettre au point avec lui, pendant le trajet, certains thèmes de sa campagne et les ordres de priorité, puis assistant dans un village ou un autre, à des réunions. Il arrivait avec son sourire bref, son regard toujours attentif, serrant les mains qui se tendaient. On se sentait tout de suite entre gens de connaissance qui venaient voir où il en était, savoir son explication : il abandonne son poste de sénateur parce que son action de député sera plus efficace et plus utile. Pour le salut de la démocratie, c'est indispensable. Il est vraiment nécessaire que l'Assemblée élue en 1958 et qui « a consenti toutes les abdications » soit remplacée « pour ne pas trahir la République » par un parlement qui joue pleinement son rôle. « Un parlement digne de ce nom, ajoute-t-il, doit contrôler strictement, sévèrement l'action de l'exécutif, il doit corriger les abus, rogner sur les dépenses inutiles... voter la loi, expression de la volonté générale [1]. »

Il se présente sous l'étiquette « Rassemblement démocratique-UDSR » avec un programme dont les points forts sont : « l'indexation des prix agricoles sur les prix industriels, l'accélération de l'équipement rural, la suppression des zones de

1. Editorial de François Mitterrand dans *Le Courrier de la Nièvre* du 17 novembre 1962.

salaires, la Sécurité sociale pour les commerçants et artisans, l'aide aux personnes âgées et la démocratisation de l'enseignement. »

Il viendra en tête au premier tour avec plus de 10 000 voix, devançant un UNR, un républicain indépendant, un socialiste et un communiste. Au deuxième tour, il est le candidat unique des républicains. Pour la première fois, faisant taire de vieilles hostilités, les socialistes reconnaissent ce qu'il est vraiment, PSU et communistes aussi ; tous inviteront leurs fidèles à voter pour lui et il sera élu brillamment avec 21 705 voix contre 10 510 à l'UNR.

A l'Assemblée, dominée par un groupe UNR de 233 députés et présidée par Chaban-Delmas, il s'inscrit au groupe du Rassemblement démocratique et devient membre de la commission des lois constitutionnelles, de la législation et de l'administration générale de la République car il entend surveiller de près tout ce qui concerne la Constitution, qui règle les conditions légales de vie des Français. Il ne cessera depuis d'appartenir à cette commission.

Le combat va reprendre à la tribune mais avec un autre auditoire, plus partial, plus rétrograde souvent et dans une autre atmosphère. Ses interventions seront souvent hachées de cris hostiles, sans cesse relancés : la francisque, les Fuites, Pesquet, l'Observatoire repris sans fin. Cette droite manque vraiment d'imagination et du sens de la vérité ! Finalement comme argumentation contre ses propositions et ses objections, c'était plutôt faible. Lui résiste par le mépris aux insultes de ces « gaullistes de brocante qui s'agitent autour de quelques gaullistes de légende ». Leurs attaques ne sont que calomnies et elles ne modéreront pas ses propos ni sa détermination. Son but n'est d'ailleurs pas de critiquer systématiquement, mais d'être le gardien vigilant des libertés et de traduire son inquiétude, l'inquiétude de beaucoup devant ce pouvoir gaulliste qui refuse certains garde-fous indispensables dans une vraie république ; notamment la séparation des pouvoirs et l'action de contrôle du Parlement.

Ses interventions de 1963 vont dans ce sens. Au nom de la séparation des pouvoirs chère à Montesquieu, il réagit vivement contre la création d'une Cour de sûreté de l'Etat qui doit remplacer en février 1963 les trois juridictions militaires d'exception qui sévissent alors. Evidemment il a condamné « l'odieuse agression contre le chef de l'Etat » perpétrée au Petit-Clamart dont les responsables sont alors en jugement devant une cour militaire, mais il n'y trouve pas une raison suffisante pour que l'on adopte « une juridiction d'exception instituée sous la pression des événements », ni pour qu'ainsi « on institutionnalise la raison d'Etat ». En effet, « la création d'une juridiction propre aux crimes et aux actes de caractère politique ne semble pas nécessaire » car, si elle a l'avantage sur les cours militaires de permettre des recours en droit devant la Cour de cassation, elle présente le risque grave d'un manque de sérénité et d'une soumission au pouvoir établi qui recherche précisément par ce moyen à supprimer toutes les contraintes [1]. Il estime en outre que « la loi qui autorise l'exception est de soi intolérable ».

Le recours au Parlement est aussi indispensable, comme il le démontre lors de la discussion du budget des Affaires étrangères. Il trouve anormal « qu'il n'ait jamais été demandé au Parlement de définir l'orientation de la politique extérieure de la France » à une époque où se posent des problèmes graves, ni pour la conclusion du traité avec l'Allemagne fédérale même s'il est souhaitable de supprimer de vieux antagonismes entre les deux nations, ni pour le refus des fusées à tête nucléaire Polaris proposées par les Etats-Unis, ni pour le veto mis à l'entrée de la Grande-Bretagne dans le Marché commun sans seulement avoir cherché un compromis, ni pour la volonté de confier notre sécurité à une force de frappe autonome et nationale, ni pour le refus de De Gaulle d'adhérer au pacte de Moscou (23 juillet) sur l'arrêt des expériences nucléaires (il veut poursuivre celles de Polynésie qui doivent nous mener de la bombe A à la bombe H), ni pour la proclamation d'une politique neutraliste dans la péninsule indochinoise, ni pour ce nationalisme pointilleux qui nous écarte de toutes les grandes rencontres internationales, nous isole de nos partenaires européens comme des USA et de l'URSS. Ces prises de position capitales n'ont été, valables ou non, jamais discutées au Parlement qui n'en a été, comme parfois les ministres intéressés, informé qu'après coup. Il en résulte une certaine inquiétude car cette politique n'est pas exempte d'incohérences ni de tendances trop personnelles du chef de l'Etat [1].

1. Voir : *Journal officiel*, débats parlementaires. Assemblée nationale des 3 janvier et 23 février 63 sur la Cour de sûreté de l'Etat. François Mitterrand fut, par accident, nommé rapporteur de la commission qui étudia ce projet de loi dans sa deuxième version. Il finit par donner sa démission en séance publique. Voir aussi le 24 janvier : vote du budget des Affaires étrangères, le 30 juin intervention sur l'Education nationale et, le 17 juillet, sur la grève des services publics.

Agir au Parlement, c'est aussi pour lui défendre les droits et les libertés, demander, à cet effet, la révision d'un texte de loi sur la répression des délits de presse, vouloir que l'ORTF soït dotée d'un statut qui permette d'accentuer l'objectivité de l'information, alors fort sujette à caution, mais aussi dans le cadre de la télévision scolaire, de maintenir les droits de l'Université, réclamer une contribution de l'ensemble des Français et de leurs représentants à l'aménagement du territoire, lutter en faveur du droit de grève dans la fonction publique, s'intéresser au ramassage scolaire, à la revalorisation de la fonction enseignante comme à la réduction de la durée du service militaire.

Il laisse aussi éclater son sens de l'humain quand il encourage ses collègues à voter une nouvelle loi sur l'adoption, imposée par une affaire qui fit pleurer la France, celle du petit Novak, déchiré entre sa famille naturelle et sa famille adoptive. Il faut voter ce texte, dit François Mitterrand : « Ce qui compte, c'est le droit de l'enfant à vivre en paix dans l'harmonie d'une vie familiale, c'est le respect de l'enfant plus encore que le respect des parents adoptifs ou naturels... c'est cela qui inspire mon vote. »

Cette action d'opposition constructive qu'il veut mener avec d'autres à la tribune de l'Assemblée n'est pas complètement isolée, le monde du travail s'agite ; la remise en ordre des salaires et la revendication d'une quatrième semaine de congés payés sont les deux grands mots d'ordre. Le 1er mars 1963, les charbonnages et les 20 000 mineurs de fer du bassin de Lorraine commencent une grève. Autoritairement et maladroitement le premier ministre Pompidou ordonne la réquisition des grévistes. L'ordre n'est pas respecté et entraîne des grèves de solidarité ; partout on crie « Charlot des sous ! », et le gouvernement doit faire machine arrière. Une grève surprise de la RATP à Paris, en septembre, provoquera une vive émotion dans le public et conduira à imposer, non sans mal, la règle du préavis de cinq jours avant toute grève.

Ces affrontements révéleront aux pouvoirs publics euphoriques que la situation n'est pas si brillante qu'elle peut le paraître et que l'inflation se fait menaçante. Des blocages de prix industriels sont décidés ; on cherche à comprimer l'effort de construction jugé inflationniste et, le 12 septembre 1963, Valéry Giscard d'Estaing, ministre de l'Economie et des Finances, proposera son premier plan de stabilisation, le premier d'une longue série. Il devait durer six mois et dut déjà être renforcé un mois après. L'inflation ne sera pas jugulée, mais l'expansion sera ralentie.

Ces affrontements sont aussi révélateurs d'une évolution de la société qui ne se manifeste d'ailleurs pas seulement en France. La recherche fondamentale et la recherche appliquée, les transformations des techniques et des technologies n'ont finalement qu'un but : l'accroissement de la productivité. Cet accroissement sera réel et important, mais il aggravera de plus en plus les contraintes qui pèsent sur la vie professionnelle et préparera des tensions humaines et sociales.

En même temps, on constate un courant de regroupements d'entreprises sur le plan national et multinational, couronnés généralement par une société de holding. La petite entreprise est menacée et le pouvoir des grands groupes financiers et industriels s'accroît avec l'accord d'un gouvernement qui favorise l'expansion bancaire.

François Mitterrand s'en est rendu compte et il s'applique depuis un moment à approfondir et développer ses connaissances en économie. Il me montre à cette époque les ouvrages d'économie qu'il vient de rassembler : « C'est un travail sérieux, me dit-il, moins ardu que je ne pensais. Il est vrai que j'arrive à la théorie, à la technique par la pratique et que j'ai eu l'occasion de fréquenter de bonnes têtes économiques. Mais il va de soi qu'on ne peut, étant en politique, rester indifférent aux problèmes qui se posent à notre époque, se refuser à rechercher les solutions valables. » Pratiquement on ne peut négliger les difficultés de notre secteur des textiles qui se remet mal de la perte de son monopole sur les marchés coloniaux, ni les difficultés de la sidérurgie qui, pour plus de facilité et de profit, abandonne progressivement les mines de fer de Lorraine et installe « Usinor » à Dunkerque pour recevoir et traiter sur place les minerais bon marché reçus d'Espagne et de Mauritanie, les difficultés du petit commerce violemment attaqué par les magasins à succursales multiples et les grandes surfaces qui représentaient, en 1962, 30 % du commerce et passeront à 50 % en 1969.

Il aurait peut-être fallu aussi analyser le bouillonnement d'une jeunesse désaxée dans une société où elle ne trouve pas les valeurs qu'elle souhaite, une jeunesse fanatisée par les jeunes chanteurs de rock et dont le mal du siècle s'appelle « le temps des copains », comme il aurait fallu percevoir dans leur profondeur et jauger les conséquences et les risques de l'évolution générale des rapports économiques et financiers, des mentalités et des rapports humains ainsi que l'évolution de l'organisation de l'Etat qui donne de plus en plus d'importance et de poids aux administrations. Les hauts fonctionnaires deviennent fréquemment ministres, ils tiennent les postes clés des cabinets ministériels, enfin ils créent par le passage du secteur public à des postes de direction dans le secteur privé (ce qu'on appelle le pantouflage), une complicité entre l'administration et l'entreprise. Un nouveau système est en place.

Pour de Gaulle, il domine, imperturbable, au moins en apparence. Autour de lui disparaîtront Churchill, le pape Jean XXIII, John Kennedy ; le monde change dans ses structures et ses tendances, d'autres rapports se créent. De Gaulle ne peut l'ignorer, mais il reste figé dans son nationalisme et sa volonté de grandeur. C'est sans doute l'opposition, dans sa dispersion et son recul du pouvoir, qui sera le plus sensible à cette évolution et l'étudiera le mieux. Finalement, cette réflexion l'aidera à reprendre conscience d'elle-même.

« Monsieur X » et le piège.

D'année en année à partir de 1959 les courants d'opposition de gauche se ressaisissent. Les colloques juridiques du bâtonnier Thorp, assisté de Me Borker (PC) et de Charles Hernu, avaient donné alors l'exemple de l'union pour mener des actions et des réflexions contre la torture, pour l'autodétermination en Algérie, pour la défense de la démocratie et les libertés individuelles, pour l'équilibre des pouvoirs, pour la définition de la place des syndicats dans la nation, etc.

Le rôle des clubs, limités en nombre (environ 120) mais de haute qualité, fut aussi important pour la recherche de solutions politiques économiques et sociales. Ce sont les Jacobins de Charles Hernu, « Pierre Bourdan » de François Mitterrand et de ses amis, le Club Jean Moulin, Citoyen 60, le cercle de Tocqueville à Lyon, ou Démocratie nouvelle de Marseille. Généralement peu favorables aux partis classiques et surtout à leurs appareils administratifs, ils entendent préparer l'avenir, ouvrir la voie à des rapprochements idéologiques et d'action. Un premier exemple de rapprochement est alors fourni par la Ligue pour le combat républicain qui a réuni François Mitterrand, Charles Hernu, Ludovic Tron, le sénateur Aubert, Gérard Jacquet.

Les partis d'opposition, eux, restent toujours aigris et divisés, peu actifs au niveau de leurs appareils, bien que des individualités agissent dans les clubs et souhaitent ardemment un renouveau. Au congrès de la SFIO de juin 1963, Georges Brutelle fera admettre qu'il faut mener une tentative de réunification de la gauche et il créera les colloques socialistes [1]. Des radicaux, des PSU, des syndicalistes pensent aussi à une action commune. François Mitterrand est de tous, sans doute, un des plus convaincus, un des plus acharnés : son action à cette époque est menée suivant deux axes essentiels d'opération : combattre ouvertement et avec la plus grande vigueur le régime en place et préparer le retour à une vraie démocratie par le regroupement des hommes de gauche, opposants au régime.

Le nouveau mode d'élection du président de la République va servir d'aiguillon, malgré le refus gêné de ceux qui pensent trop au passé et au funeste précédent du coup d'Etat du prince-président qui devint Napoléon III, malgré le débat qui sépare les hommes de la SFIO, Guy Mollet étant hostile et Gaston Defferre inquiet et séduit, prêt à accepter si les pouvoirs du Président trouvent des contrepoids. En tout cas, beaucoup y pensent en se demandant comment une gauche morcelée, incertaine d'elle-même pourrait trouver un candidat valable, le reconnaître, l'imposer et créer un courant d'opinion puissant en sa faveur.

Charles Hernu estime, par exemple, que l'on devrait, à la manière américaine, réunir une convention pour choisir le candidat de la gauche. Afin de favoriser un élan unitaire, il crée avec François Mitterrand, et la Ligue pour le combat républicain, avec les clubs, le Cercle d'action institutionnelle. Moment favorable pour un rapprochement car les vieux partis politiques de la gauche et les clubs, inquiets, réfléchissent sur la ligne à suivre.

En fait, cela commence comme un exercice de simulation : on cherche à définir le candidat idéal, à tracer les bases d'un programme de rassemblement. Peu à peu on se prend au jeu et, de la simulation on passe au réel et aux hommes. Deux personnalités vont s'imposer, Pierre Mendès France, bien qu'on le sache hostile à ce mode d'élection, et le député maire de Marseille, le socialiste Gaston Defferre dont François Mitterrand avait déjà suggéré le nom à J.-J. Servan-Schreiber en

1. Parmi les participants de 1964 : François Mitterrand, Charles Hernu, Martinet, Bérégovoy, Alain Savary, Jacques Julliard, Jacques Delors, Michel Rocard...

décembre 1962, lui demandant même de le sonder. Mitterrand a, d'ailleurs, reconnu par la suite que dès le succès du référendum, il avait su qu'il serait, un jour, candidat, mais qu'à son avis, à cette date, l'heure n'avait pas encore sonné.

En tout cas, chacun y pense, en discute sans se presser car on a le temps. Finalement cette sérénité bavarde sera bouleversée, de propos délibéré, par une initiative du pouvoir.

Le gouvernement et particulièrement le ministre de l'Intérieur, Roger Frey, sont très attentifs au travail de ces groupes isolés de la gauche et aux possibilités de regroupement que recherchent Charles Hernu, François Mitterrand, Georges Brutelle, etc. Pour tester cette gauche qui veut renaître, pour savoir où elle en est, pour l'obliger à démasquer ses batteries, à révéler ses forces et ses faiblesses, un piège est tendu.

A partir du 15 août 1963, on fait habilement courir le bruit que de Gaulle, fatigué, pourrait bien se retirer, imposant une élection présidentielle anticipée. Aussitôt tous les propos de De Gaulle sont minutieusement épluchés avec la volonté de trouver des indices de confirmation. Le Général est au courant, bien sûr, et, avec sa rouerie habituelle, sa manière de tout dire et son contraire, il glisse des allusions à son âge, à sa lassitude du pouvoir.

Le poisson est ferré, l'opposition se dévoile. Dès le début de septembre, le club Jean Moulin publie un manifeste sur l'élection présidentielle; Charles Hernu, en vrai quarante-huitard, organise le 15 septembre, avec le Centre d'action institutionnelle, sur le modèle des banquets politiques et revendicateurs de 1847, un grand banquet des Mille à Saint-Honoré-les-Bains, une petite station thermale de la Nièvre. Autour de François Mitterrand, du bâtonnier Thorp et de Maurice Faure un millier d'élus locaux, de conseillers généraux et de députés et sénateurs, allant du centre au Parti communiste, seront d'accord pour réclamer une réunification de la gauche autour d'un candidat et d'un programme de l'opposition pour les présidentielles de 65. Un second banquet se tiendra à Lormes, dans la Nièvre, le soir de l'attentat contre le président Kennedy.

Le 19 septembre, c'est la bombe de *L'Express,* une bombe publicitaire. L'hebdomadaire commence le portrait robot du candidat de la gauche pour les présidentielles : c'est « Monsieur X ». Jean Ferniot publiera ensuite la première interview de cet homme mystère dont François Mauriac qui n'y croit pas, déclare que sa plus grande faiblesse est de ne pas exister. En tout cas, cette devinette passionne la France qui en oublie les accrochages entre le Maroc et l'Algérie, les démissions du chancelier Adenauer et du Premier britannique MacMillan, l'assassinat du président Kennedy, celui du président Diem et l'évacuation de Bizerte par notre marine de guerre. On cherche, on saura vite, car le 18 novembre des journaux donnent son nom : Gaston Defferre, tandis que *le Canard Enchaîné* suggère en manchette que « Monsieur X » pourrait bien être... « l'homme au masque Defferre ».

Le maire de Marseille en donnera lui-même confirmation en soumettant sa candidature à son parti. Guy Mollet est furieux, mais, mis devant le fait accompli, accepte qu'un congrès extraordinaire en février décide souverainement sur ce projet. En tout cas, une certaine cristallisation se produit et certains préparent une charte de l'unité socialiste.

Le régime présidentiel.

Le vif intérêt qu'a suscité en France la candidature de « Monsieur X », l'effet de surprise passé, se lâche et se relâche. Tout cela était vraiment prématuré. Certes, on parle toujours des futures élections au sommet, notamment en février 1964 quand le congrès extraordinaire de la SFIO se déclare favorable à la candidature de Gaston Defferre, quand le Conseil des ministres définit les modalités et les règles de l'élection, quand Tixier-Vignancour et plus tard Macilhacy posent leur candidature au nom de l'extrême droite et d'un « centre libéral », mais la passion n'y est plus. Pour l'opposition, malgré tout, ce coup de publicité, même précoce, aura pourtant été bénéfique. Il lui aura permis de comprendre que, tout dissimulé, étouffé qu'il était, un certain courant de gauche existait toujours, restait secrètement vivace et pouvait se réveiller si des structures et des hommes nouveaux se manifestaient, si l'on mettait fin aux divisions internes.

Désormais ce sont moins les positions anticommunistes et procentristes de Gaston Defferre qui vont marquer, mais l'attention portée à la situation de cette gauche non communiste, comme à celle du Parti communiste et aux efforts d'action unitaire.

Le Parti communiste, toujours honni et tenu à l'écart, traverse une période délicate, partagé qu'il est entre sa vieille génération stalinienne et les nouveaux venus de l'ouverture. Maurice Thorez est malade (il mourra en juillet 1964); le congrès de mars crée pour lui un éphémère poste de président du parti dont Waldeck Rochet devient le secrétaire général. Le parti subit ensuite le contrecoup de la crise qui en Russie provoque la destitution de Khrouchtchev et son remplacement par Brejnev. On ne comprend pas, on craint un retour au stalinisme, et le PCF va demander à Moscou des explications et des apaisements.

Pour la gauche non communiste, l'effort de restructuration se poursuit lentement ; il y a beaucoup de défiances et d'incompréhensions à vaincre. Les colloques de la famille socialiste se poursuivent, un peu trop théoriques, et surtout, le Centre d'action institutionnelle de Charles Hernu et François Mitterrand développe patiemment son œuvre. Ce dernier prend l'initiative d'organiser les 6 et 7 juin 1964 un colloque avec des hommes de partis et des représentants des clubs. C'est la « Convention préparatoire des institutions républicaines » qui entend coordonner les efforts pour la rénovation de la gauche, prendre des engagements immédiats et pratiques face aux événements politiques du moment. Elle accepte aussi, non sans réserves ni réticences d'ailleurs, la candidature socialiste de Gaston Defferre [1] à la présidence de la République.

On constate que la Convention condamne le système gaulliste et, ce qui est plus important, qu'elle définit un accord sur des thèmes politiques de base. On accepte une Europe à structure fédérale, ouverte à toutes les démocraties du continent, notamment à la Grande-Bretagne, une Europe qui doit imposer la paix, préparer un désarmement général et contrôlé, une Europe qui disposerait — cela se fera — d'un parlement élu au suffrage universel.

Pour la France, la Convention souhaite une démocratie économique et régionale dont l'expansion sera au service de l'homme. L'action sera appuyée sur un plan, élaboré et maitrisé par les professions, les syndicats et les régions qui disposeront d'instances et seront reconnues comme personnes morales. Les priorités qui s'imposent alors sont : l'indépendance du pouvoir judiciaire, l'enseignement, la recherche scientifique, l'habitat et l'urbanisme, les équipements sanitaires et sociaux, l'amélioration immédiate du sort des plus défavorisés, une plus grande justice fiscale, des communes plus puissantes.

On trouve déjà dans ce résumé de la charte élaborée par la

1. Au mois de mai, un sondage IFOP donnait 43 % d'intentions de vote en faveur de De Gaulle, 13 % en faveur de Defferre, et 5 % en faveur de Tixier.

Convention l'esquisse des thèmes que François Mitterrand ne va cesser de développer et de préciser par la suite. Cette réunion suscite une certaine ferveur chez des jeunes[1] attirés par la politique, parce qu'elle est constructive, ouverte au renouveau, qu'elle permet de lutter contre le gaullisme et contre les positions figées ou anachroniques des notables du radicalisme et de la SFIO.

L'opinion est aussi alertée par des réalités internationales. On suit avec intérêt le passage de la Grande-Bretagne à un gouvernement travailliste présidé par Harold Wilson, l'élection présidentielle aux Etats-Unis qui permet, le 3 novembre 1964, au vice-président Johnson qui a remplacé Kennedy assassiné de remporter la victoire comme candidat du Parti démocrate. Le pays qui étonne le plus est la Chine, reconnue officiellement en janvier 1964 par la France qui rompt avec Formose. Dans le secret la Chine a assimilé les technologies les plus avancées et le prouve en faisant exploser, le 24 octobre 1964, à la stupéfaction de tous, sa première bombe atomique. Elle est désormais entrée dans l'ère moderne.

En revanche la politique française ne change guère : le plan de stabilisation est prorogé ; une réforme administrative est décidée le 20 mars qui crée vingt et une régions économiques, dirigées chacune par un préfet de Région ; en dernière analyse la réforme donne plus de poids à la puissance de l'Etat et à celle de l'administration. Elle crée aussi des Comités d'expansion économique régionale (CODER), dont les membres ne sont pas élus au suffrage universel et dont on pensait qu'ils pourraient contrebalancer les conseils généraux trop souvent hostiles au pouvoir. François Mitterrand qui vient d'être élu président du Conseil général de la Nièvre, sera membre de la CODER de Bourgogne.

Trois grands débats vont marquer cette année 1964 : l'un est institutionnel, l'autre agricole et à l'échelle européenne, le dernier d'ordre militaire concerne l'armement nucléaire.

De Gaulle a pris l'initiative. Le 31 janvier 1964, au cours d'une conférence de presse, il glisse sa vérité, celle qu'il voulait mettre en pratique depuis son discours de Bayeux en

1. Face aux forces acquises des autres partis anciens, « ils n'avaient que leur jeunesse, leur conviction, leur rigueur et François Mitterrand considéré après l'élection présidentielle comme le leader de la gauche, bien qu'il n'ait jamais lui-même revendiqué ce titre », Edith Cresson, *Avec le soleil*, page 127, J.-C. Lattès, 1976.

juin 1946 : « L'autorité indivisible de l'Etat est déléguée tout entière au Président par le Peuple qui l'a élu et il n'y a d'autre autorité, ni ministérielle, ni civile, ni militaire, ni judiciaire qui ne puisse être conférée ou maintenue autrement que par lui. Il lui appartient d'ajuster le domaine suprême qui lui est propre, avec ceux dans lesquels il délègue l'action à d'autres. » C'est net : cette apologie du pouvoir personnel change complètement l'esprit de la Constitution de 1958. Elle définit le pouvoir absolu d'un souverain qui se dit républicain parce qu'il est élu au suffrage universel.

François Mitterrand cherche une occasion de dénoncer publiquement le nouveau régime ainsi défini. Il ne la trouvera que le 24 avril à propos de l'utilisation de la force aérienne stratégique, donc des conditions d'emploi de la force atomique. Il interroge, ce jour, Georges Pompidou, premier ministre chargé par intérim de la Présidence parce que de Gaulle se fait, dans le mystère, opérer de la prostate par le professeur Aboulker à l'hôpital Cochin. Mitterrand voudrait que soient définis les pouvoirs respectifs du président de la République et du premier ministre. Quelle responsabilité effective reste donc à ce dernier face au président souverain et à son domaine réservé ? Le détail de la démonstration n'apporterait rien aujourd'hui. Ce qui importe, c'est bien le fond de sa pensée, le but qu'il poursuit. Il voudrait que tout soit clair : 1958 avait mis en place une sorte de régime parlementaire qu'en vérité les pouvoirs spéciaux obtenus par de Gaulle avaient vidé de son contenu car il n'y a pas de vrai régime parlementaire quand il n'y a pas de responsabilité du gouvernement devant le Parlement.

Aujourd'hui de Gaulle vient de définir un régime présidentiel, mais s'il veut être « honnête et authentique », il faut que soit « valorisé le rôle du Parlement », contrepoids indispensable de l'autorité présidentielle. En fin de compte l'essentiel est là : l'existence d'un régime de liberté et d'équilibre alors qu'on est en présence d'un régime d'autorité et d'irresponsabilité, d'où son opposition.

Georges Pompidou peut bien affirmer qu'il se sent à son aise dans cette situation et lui prédire que « l'avenir n'est pas aux fantômes », François Mitterrand poursuivra sa mission. Il renforcera même son action contre le régime et voudra faire mieux comprendre les raisons de son hostilité en ramassant et en coordonnant les arguments qu'il a déjà proposés dans ses interventions à l'Assemblée et dans ses articles par la publication en mai 1964 d'un pamphlet brillant, animé et violent, étincelant de formules-choc, *Le Coup d'Etat permanent,* ouvrage destiné à cette minorité d'opposants qui a besoin de savoir pour quoi elle lutte, à quels dénis de justice et de liberté elle se heurte.

C'est un livre de passion et de combat solidement étayé de références historiques et juridiques. Il définit rapidement l'évolution de notre pays depuis la Libération, dénonce les mécanismes du complot qui a rétabli de Gaulle au pouvoir, « un hold-up constitutionnel », soutenu et encouragé par toute la droite nationaliste, « les anciens des réseaux et du BCRA, les doriotistes et les miliciens, la grande bourgeoisie d'affaires, la vieille garde d'Action française, les poujadistes et les activistes, les ratés et les nostalgiques du fascisme ». De Gaulle semble en marge de ceux qui l'appuient, mais on peut s'inquiéter du destin de la France que conduit un seul homme qui est aussi un homme seul.

La démonstration est claire : le régime qui s'est créé en juin 1958 s'appuie sur le coup d'Etat, « le coup d'Etat de tous les jours », sur les pouvoirs spéciaux, les tribunaux d'exception, la police et les polices parallèles, le refus de séparation des pouvoirs et de la reconnaissance de l'habeas corpus car « de Gaulle ne tolère que la liberté qu'il octroie ». Il s'impose par une propagande de choc, euphorique, inlassable et intensive, une propagande du rêve que dément pourtant avec évidence la réalité quotidienne.

François Mitterrand rapporte des faits, des réalités mais, en conclusion, il doit reconnaître combien il sera difficile de dissiper la mythologie gaulliste : le mythe rassurant du père qui veille également sur tous, maintient l'ordre et la sécurité, le mythe du bonheur garanti par un surhomme qui a de plus la baraka, le mythe du paradis gaulliste qui si l'on est sage et discipliné vous garantit le printemps de toutes les satisfactions, affirmé d'ailleurs en dépit de tous les problèmes du moment.

En fait le souci majeur et permanent de Mitterrand est la défense de la liberté sur tous les plans et particulièrement pour l'individu. Il est naturellement allergique à tout système qui n'apporte pas de garanties suffisantes à sa sauvegarde. Ainsi s'explique l'intérêt passionné qu'il porte à tout ce qui touche à la Constitution de la France, aux changements proposés, à l'interprétation de ses articles, à la coutume qui se crée. C'est toujours, pour lui, la vie du pays qui est en jeu et il sait combien il peut être facile de faire basculer la légalité dans l'illégalité comme on l'a vu en mai-juin 1958.

Il fait preuve de la même vigilance lors de la discussion sur le mode de scrutin proposé pour les élections municipales. C'est le système qui est encore en vigueur ; il instaure dans les villes de plus de 30 000 habitants des listes bloquées, empêchant tout panachage, tout amalgame de listes au second tour, limitant abusivement le libre choix des citoyens. Il proteste avec véhémence : « On n'est pas républicain, s'écrie-t-il, quand on enferme l'élection à l'intérieur d'un système qui lui arrache sa liberté. » (*J. O.*, Assemblée nationale, 20 mai 1964)

A l'automne, tandis que se crée le syndicat CFDT par éclatement de la CFTC (le 7 novembre), Georges Pompidou se débat avec le Marché commun et l'Allemagne fédérale pour tenter de résoudre le problème agricole. Finalement, sur ce thème, l'opposition défend une motion de censure qui recueillera cent voix dont, naturellement celle de François Mitterrand et en fin décembre un marché commun des céréales sera prévu pour juillet 1967 pendant qu'au Panthéon la voix infernale et déchirée d'André Malraux célèbre le sacrifice de Jean Moulin et de la Résistance intérieure française.

Entre-temps, le 18 novembre, François Mitterrand va déposer, en vain d'ailleurs, mais le geste est à souligner, sur le bureau de l'Assemblée une proposition de loi « relative à la dissolution de la société générale aéronautique Marcel Dassault et à la création de la régie autonome de construction des avions militaires » ; c'est son premier assaut contre les féodalités qui s'enrichissent avec l'argent de la France, l'argent destiné à la Défense nationale.

Il achèvera l'année par une grande intervention lors de la discussion de la loi programme sur le développement de l'armement nucléaire stratégique et la création d'un armement nucléaire tactique (2 décembre 1964).

« La sécurité de la France, s'écrie-t-il, n'est pas fondée sur le prestige d'un homme providentiel ni sur la capacité de destruction de la bombe magique. » Il se demande si l'on a bien pesé les risques de prolifération des armes atomiques, prévu la protection des villes et la sauvegarde des Français, calculé les répercussions de notre initiative sur nos alliances et sur les chances de l'Europe. En fait, conclut-il, « il n'y a pas de dissuasion absolue... Notre sécurité est dans la solidarité et l'arbitrage international ». Il ne sera pas suivi et le texte sera voté.

L'échec de la « grande fédération ».

1965, l'année des présidentielles... Pendant les premiers mois l'élection à venir ne monopolise pas l'attention, loin de là. Il est vrai que l'escalade de la guerre se poursuit au Viêt-nam avec une intensification des bombardements aériens américains au nord du 17ᵉ parallèle et même jusqu'à Hanoï ; que l'Europe, tout en fusionnant ses divers composants, est toujours confrontée à l'épineux problème de la politique agricole commune qui continue à opposer les états membres et leurs intérêts divergents ; que la France regarde vers le passé en réclamant le retour à l'étalon-or cher à de Gaulle et à son conseiller financier, M. Rueff, comme en maintenant sa politique isolationniste (elle boude le conseil de l'OTASE et retire ses délégués auprès de cet organisme.). Il est vrai qu'elle regarde aussi vers l'avenir en lançant et inaugurant pour le travail de l'atome l'usine basse de Pierrelatte.

La télévision en couleurs commence à se développer et à passionner et notre procédé SECAM est vendu à l'URSS. La conquête de l'espace épanouit de vieux rêves humains ; la France réussit le lancement de la fusée Emeraude, premier étage du lanceur de satellites Diamant au moment même où le premier piéton de l'espace, le russe Leonov, sort de sa cabine et exécute quelques entrechats dans l'éther.

En mars, l'intérêt se porte sur les élections municipales qui vont traduire une certaine stabilité électorale. Seul le Parti communiste dans l'opposition, grâce à des accords dits de « Front populaire » marque quelques points, alors que la gauche non communiste qui ne s'est pas encore retrouvée, marque le pas. Cependant François Mitterrand est réélu sans difficulté conseiller puis maire de Château-Chinon tandis que Gaston Defferre à Marseille ne l'est que de justesse à cause de ses démêlés avec le Parti communiste.

Il faut dire que dès le mois de janvier, Defferre a commencé à préciser son programme pour les présidentielles en refusant toute action commune avec le Parti communiste. Il définira lui-même ses intentions devant la Convention des institutions républicaines, le 24 avril 1965. Dans une vue prospective, son programme « Horizon 80 » veut être « un contrat national de progrès » pour la croissance économique et la justice sociale, assuré par un plan qui devrait favoriser un taux d'expansion élevé, une monnaie et des prix stables, des revenus équitablement répartis et réaliser des objectifs prioritaires, notamment pour l'Education nationale qui doit permettre l'égalité des chances, le logement, l'urbanisme et les équipements collectifs. Les points forts de sa politique étrangère sont la construction de l'Europe et la détente Est-Ouest.

Pour atteindre ces buts, il entend s'appuyer sur une fédération dont il doit dévoiler les principes au prochain congrès de la SFIO (juin 65), mais comme il vient d'écrire dans *Le Monde* du 13 avril qu'aucune coopération n'était possible avec les communistes tant qu'il n'y aurait pas « un minimum de vie démocratique » dans le parti, il ne peut donc prévoir qu'une orientation vers le centre.

Les réactions manquent de chaleur : les jeunes conventionnels, ardents et indépendants de tout appareil administratif comme ceux qui pèsent sur les radicaux et les socialistes, n'aiment pas cette orientation centriste, qui rappelle certaines coalitions de circonstance du temps de la IVe. Finalement l'appui loyal de François Mitterrand qui, même s'il n'est pas satisfait, reste fidèle à la parole donnée et le soutien des partisans de Gaston Defferre permettent un vote favorable. Les réactions de la presse communiste et de certains journalistes de gauche seront naturellement hostiles : « Tenir la principale force organisée de la gauche comme une simple force d'appoint, écrit Claude Estier dans *Libération*, est une position difficile à soutenir. »

Ce n'est d'ailleurs pas ce « oui » un peu forcé qui marque ce deuxième congrès de la convention, mais la volonté unitaire qui se dégage de la motion finale. Elle constate « la nécessité de poursuivre l'unité des forces démocratiques à vocation socialiste » et estime qu'une structure doit être mise en place, une fédération à qui tous les signataires partis, clubs, convention, délégueront leurs compétences pour toutes les prises de position nécessaires en ce qui concerne les grandes options de politique étrangère et de politique européenne, les choix économiques et sociaux, le plan, la défense des libertés publiques et individuelles, les réformes institutionnelles, l'arbitrage et les investitures lors des élections. En dehors de ce domaine commun, chacun gardera son autonomie.

Tandis que de Gaulle va se faire applaudir dans les départements de l'ouest, de la Vendée à la Mayenne, puis autour de Paris et en Eure-et-Loir, Gaston Defferre met tout son cœur et toute son énergie à définir sa fédération « démocrate socialiste ». Il la présente au congrès de la SFIO du 4 au 6 juin à Clichy : « Nous voulons, explique-t-il, constituer une fédération qui groupe tous les réformateurs, tous ceux qui ont la volonté de transformer la société et pas seulement de la gérer. » Le congrès le suit et décide que la SFIO prendra les contacts nécessaires pour former cette fédération avec le MRP et les autres groupes centristes, comme avec les radicaux, la convention et les clubs.

Désormais tout va très vite : les délégués se retrouvent les 15 et 17 juin en deux très longues rencontres, chez Duhamel d'abord, puis chez Abelin et aboutissent finalement à ce communiqué désabusé : « Les représentants des partis politiques ont dû constater qu'ils n'avaient pu parvenir à un accord assez large pour réaliser une formation politique unitaire. » Les efforts de Defferre, de François Mitterrand et même de Lecanuet ne purent vaincre l'hostilité subtile de Guy Mollet pour la SFIO, ni celle plus tranchante de Joseph Fontanet pour le MRP.

« J'ai soutenu, conclut François Mitterrand, Gaston Defferre tout au long de sa tentative. Bien que notre analyse politique ait été différente, je l'ai également soutenu lorsqu'il engagea avec le MRP la discussion que l'on sait sur la première mouture d'une fédération démocrate socialiste. J'ai admiré sa ténacité et sa loyauté malgré le refus du MRP d'admettre la moindre référence au socialisme... Nous avons divergé sur l'appréciation du possible. Je n'arrêterai pas cependant de rendre hommage à son caractère et à son amitié désintéressée. »

Gaston Defferre, sa grande fédération se révélant impossible à réaliser, se retire de la compétition et, sur le moment, il semble qu'il n'y ait plus d'alternative possible de la gauche au régime gaulliste. Tout est perdu, et pourtant... malgré ceux qui rêvent d'un renouveau de la sagesse, de changements sans changements, malgré un Guy Mollet qui ne veut pas mouiller la SFIO et espère secrètement qu'Antoine Pinay, ce réactionnaire moyen et posé qui dit toujours des « non » que l'on veut prendre pour des « peut-être », se décidera enfin (il l'espérera jusqu'à la dernière heure), François Mitterrand n'a pas renoncé à résoudre le problème de la gauche. La retraite de Gaston Defferre lui permet d'y penser concrètement.

Il est curieux de constater combien sa réputation et ses difficultés passées lui nuisent, sinon dans le pays, tout au moins dans les milieux politiques et chez les journalistes politiques. A force de le vouloir machiavélique, on fait du machiavélisme à ses dépens ; à force de lui prêter des machinations tortueuses, des phrases à double sens, on oublie la simple réalité des faits, la continuité de son propos et la rigueur de son action. Certes, on peut s'amuser à chercher des variantes, voire des contradictions dues aux circonstances, aux occasions dans lesquelles il s'est exprimé, à des erreurs même, à l'évolution de sa pensée aussi qui va méthodiquement toujours plus vers la gauche. En tout cas, depuis 1958, tous ses efforts tendent vers un double but : recréer une unité de la gauche non communiste, créer une force vivante et chaleureuse par l'accord entre la gauche non communiste et le Parti communiste français. Les événements nationaux et internationaux peuvent l'éloigner ou le rapprocher du but, mais son analyse ne change pas. Il va le montrer en cette fin d'année 1965.

Celui que l'on n'attendait pas.

Comme Defferre a dû s'effacer, c'est « ce vide sinistre dont au fond nous souffrons tous », comme l'écrira François Mauriac. Paradoxalement en effet, au début de juillet 1965, il n'y a plus rien, en dehors de trois candidatures marginales, celles de Tixier-Vignancour, l'homme de l'extrême droite, d'un libéral que seules les Charentes connaissent, Marcilhacy, et d'André Cornu, ancien secrétaire d'Etat aux Beaux-Arts qui va disparaître sans même avoir été vu ; de Gaulle n'a jamais dit s'il se présenterait ni murmuré le nom d'un successeur, le candidat démocrate socialiste a abandonné laissant le centre et la gauche dans l'incertitude. C'est à ce moment que *Paris-Match* lance « un nouveau monsieur " X ", Antoine Pinay », que centristes et MRP pourraient accepter. Guy Mollet, artisan actif du retrait de Defferre et dont de Gaulle disait, goguenard, qu'il avait en lui « un très bon secrétaire général qui intervenait au moindre danger », se montre très favorable au maire de Saint-Chamond qui pourrait être un dangereux rival pour de Gaulle et par qui la SFIO, sans paraître, pourrait garder des influences secrètes. Un sondage de l'époque fait sur les noms d'hommes politiques connus, donne ces pourcentages : Pinay 34 % de favorables, Defferre 30 %, Guy Mollet 23 %, Tixier 19 %, Mendès France 17 %... Ni Mitterrand ni Lecanuet n'émergent.

Pourtant, l'hypothèse de la grande Fédération écartée, François Mitterrand est prêt à être candidat. Tout en intervenant à l'Assemblée dans des débats sur la transformation du service militaire en service national et dans un autre sur les problèmes européens où il demande un grand débat sur ce thème pour la rentrée parlementaire, il voit et sonde de nombreux hommes politiques, expliquant son analyse : Defferre et ses amis se sont trompés en misant sur le MRP : « Il faut créer un nouveau courant autour d'un regroupement des forces politiques, axé non plus sur la droite, mais sur la gauche. » Ce sera sa thèse devant la Convention des institutions républicaines, le 6 juillet 1965, qui lancera un nouvel appel à l'unité de la gauche. Ainsi, à son invitation, le 17 juillet, des représentants des Radicaux, de la SFIO, de l'UDSR, de la Convention et des clubs, se réuniront pour élire un groupe permanent chargé d'élaborer un projet de charte et un rapport sur les structures de la future Fédération de la gauche démocrate et socialiste — FGDS — qui devront être discutés en septembre. Cette fois, la machine est bien en route.

Cela ne transpire guère mais dès juillet 65, François Mitterrand est donc un candidat possible, il l'est en tout cas pour lui-même, mais il veut encore réfléchir, assurer sa résolution, soigneusement tout peser. Il s'est posé, il a posé trois conditions de base auxquelles il lie sa décision finale : il veut l'appui de Mendès France qui n'est pas, à priori, défavorable, le feu vert de la SFIO, et Guy Mollet, malgré l'hypothèse Pinay, ne dit pas non, et le feu orange du Parti communiste par l'intermédiaire de la SFIO. « Avoir les voix communistes ne me cause aucun complexe, dit-il alors, je préfère la voix d'un ouvrier à celle de Rothschild. » Le PC sera d'ailleurs sondé par l'intermédiaire de Me Borker à la demande de ses amis Charles Hernu et Roland Dumas, ainsi que par Claude Estier qui rencontre Waldeck Rochet. Il n'y a pas de refus, car son opposition à de Gaulle a été appréciée.

De toute façon, François Mitterrand ne veut pas se déclarer pendant les vacances : « Je ne veux pas être le candidat du vide » ; il ne se voit pas non plus, comme Tixier-Vignancour, conduire un cirque politique au long des plages de France. Il s'en va donc se retirer à Hossegor, où sa petite maison de vacances, au milieu des pins, sa famille et ses amis l'attendent. Il n'en bougera pas, sauf le 3 août pour rencontrer Pierre Mendès France qui l'encourage à se présenter, et pour ses traditionnels voyages à Château-Chinon.

Tous ceux qui se sont trouvés avec lui ou l'ont rencontré pendant ce mois décisif, l'ont trouvé exactement semblable à lui-même. J'étais là et l'ai vu lire tranquillement ses journaux, le matin au petit déjeuner, aller faire son habituelle partie de golf, où je l'ai accompagné plusieurs fois. Il présidait à l'accoutumée les grandes tablées estivales au déjeuner et au dîner ; dans sa chambre quelques ouvrages nouvellement parus pour ses lectures du soir. Il s'occupait toujours avec minutie de ses plantes et de ses fleurs, faisant semblant par taquinerie d'être irrité si l'on utilisait pour la cuisine un romarin qu'il avait planté. On le voyait sortir, souriant et détendu pour des visites amicales à Cap-Breton, à Vieux-Boucau, à Hossegor. Bref, toutes les apparences de son comportement habituel avec, peut-être, un peu plus de tension intérieure, une présence parfois plus absente et plus passionnée, et puis quelques appels téléphoniques discrets et mystérieux.

Les journalistes n'ont pas encore pris l'habitude de venir le harceler, on n'en verra que trois sur le patio, dont Jacques Derogy de *L'Express* qui parlera, dans le numéro du 30 août, de sa passion de pépiniériste et de son refus de discuter des noms et des chances d'éventuels candidats. Il a pourtant analysé la situation : « La naissance d'un fort courant d'opposition au symbole que représente de Gaulle n'est possible que dans la perspective d'un regroupement de la gauche, déclare-t-il. Le problème ne se pose pas en terme de candidature. Le candidat sera imposé par la situation. » Finalement, à son avis, de Gaulle ne peut être combattu efficacement par une candidature de droite ou du centre, ou des deux réunies, mais on peut lui opposer le symbole de l'unité républicaine en présentant une candidature unique de la gauche, des radicaux aux communistes.

Calmement, méthodiquement, il a donc étudié les données, les hommes et les idées, il a mis au point son plan et son calendrier. Il a mesuré sa détermination et il sait qu'il doit agir vite quand il rentre à Paris le 5 septembre. C'est d'ailleurs nécessaire, car si le jour même René Andrieu a demandé dans *L'Humanité* le choix urgent d'un candidat de la gauche, dans *Le Monde,* l'avocat Pierre Stibbe du PSU annonce la candidature du président de la Ligue des droits de l'homme, Daniel Mayer, tandis que J.-J. Servan-Schreiber est prêt à cautionner le radical Maurice Faure, et que d'autres rêvent aux noms de Louis Armand, de Jean Rostand, de Pierre Cot, etc. Cela grenouille ferme, il faut foncer !

Le 6, il voit ses amis et fait une dernière mise au point, le 7 il se rend à la séance de travail du groupe permanent qui prépare la FGDS. Il y rencontre Guy Mollet qui l'accueille bien, mais est furieusement hostile à Daniel Mayer, qu'il doit rencontrer le soir. Mayer lui confirme sa décision et lui annonce que Mendès France lui donne à lui aussi son accord. François Mitterrand lui fait part des réactions de Guy Mollet, expose son analyse et gagne le renoncement de son adversaire, qui lui apportera loyalement son appui par la suite. Il rencontre, le même jour, Me Borker et Claude Estier qui a vu de nouveau Waldeck Rochet : le PC est vraiment favorable ; il ne veut pas présenter de candidat, mais veut sortir de son ghetto, il souhaite donc une union de la gauche sans exclusive. Enfin François Mitterrand a eu un rendez-vous avec Gaston Defferre qui n'a pas élevé d'objections.

Le 9 au matin, après une visite courtoise à Maurice Faure que les socialistes ont refusé de soutenir et qui s'incline avec bonne grâce, il voit de nouveau Guy Mollet et, la situation étant maintenant nette, annonce, à l'effarement de ce maître temporisateur, qu'il déclarera publiquement sa candidature dans l'après-midi. Il va préparer avec son groupe de travail un texte qu'il soumet aussitôt à Guy Mollet, Defferre, Mendès France, et le fait porter à l'agence France-Presse qui le diffusera au moment où de Gaulle achève une conférence de presse au cours de laquelle il a refusé, une fois de plus, de dire s'il serait candidat. Ce communiqué définit bien la situation : « Il n'est pas possible, après le retrait de Gaston Defferre, de laisser plus longtemps se prolonger une situation qui fait le jeu du système actuel. J'ai donc décidé de solliciter le suffrage des Françaises et des Français le 5 décembre prochain. Il appartiendra aux organisations politiques comme à chaque citoyen de se déterminer en fonction des options fondamentales qui commandent ma candidature... J'appelle tous ceux qui ne se résignent pas à l'abandon de leur responsabilité civique à se joindre au combat pour une nouvelle espérance. » L'affaire est lancée.

Le 11 septembre, Mitterrand participe à la réunion qui va adopter le rapport sur la charte et l'organisation de la Fédération de la gauche démocrate et socialiste. L'accord s'est fait entre partis et clubs sur de grandes options : défense des libertés, réformes constitutionnelles, principes d'un plan économique et social, d'une politique étrangère et européenne, arbitrage et investiture dans le domaine électoral, volonté de réintégrer dans la vie politique française les forces qui, sous l'influence du Parti communiste, sont actuellement stérilisées. Un comité exécutif de 39 membres sera désigné, dont la pondération entre les différentes composantes est proposée : l'UDSR obtient trois sièges et la Convention deux. De toute façon, que les partis le veuillent ou non, cet effort de coordination et d'unification ne peut être que bénéfique au candidat de la gauche.

Tout le petit monde politique qui tergiversait, tâtillonnait sur des intentions, est surpris par le coup d'audace de François Mitterrand. Il a des atouts en main et l'on sait qu'avec son acharnement et son talent, il va continuer. Il a reçu des assurances formelles des communistes et des socialistes. Il faut maintenant que leur appui lui soit donné officiellement et publiquement. Côté SFIO, cela va vite : le ton est donné par Gérard Jacquet qui déclare dans *Le Populaire :* « Il est indiscutablement un homme de gauche », et le 15 septembre un communiqué du comité directeur de la SFIO proclame que le parti « se félicite de la concordance entre les grandes options politiques de François Mitterrand et celles de la SFIO et lui apporte en conséquence son complet appui ». C'est bien, mais il est entendu que l'on ne lance pas un nouveau Front populaire ni une campagne commune avec les communistes, que le candidat agréé n'est pas l'interprète du parti.

Le 21 septembre, à l'hôtel Lutetia à Paris, conférence de presse de François Mitterrand, qui explique sa candidature et précise ses options. Il dit le soutien que lui accorde la SFIO et sort la lettre qu'il vient de recevoir de Waldeck Rochet ; il lit : « Nous vous demandons de nous faire connaître le programme ou les options fondamentales que vous vous proposez de défendre comme candidat à la présidence de la République. De même, nous vous serions obligés de nous faire connaître si vous entendez vous appuyer sur l'ensemble des partis de gauche et organisations démocratiques sans exclusive... » François Mitterrand commente et répond devant tous : « Je dirai à tous, et sans exclusive, qu'il est bien temps de se lancer dans la bataille, qu'il est bien temps que la République nouvelle s'instaure. Pour le reste, je ne suis ni en mesure ni en droit de me substituer aux organisations. »

La réponse publique ne suffit pas, mais comme il ne veut pas du « contact physique » souhaité par le PC, il invente un voyage à Bruxelles et fait porter par Roland Dumas une réponse écrite place Kossuth au siège du PC. L'essentiel tient en une longue phrase : « Ma conférence de presse d'hier a traité de vos demandes soit en exposant les sept options fondamentales qui commandent ma candidature, soit en précisant que j'invitais les partis et organisations démocratiques *sans exclusive* à se déterminer eux-mêmes au regard de ces options. »

Le 23 septembre, réunion du Comité central du parti communiste... Waldeck Rochet donne l'avis du Bureau politique, et « le Comité central décide que le Parti communiste français fera campagne pour le succès de la candidature d'union démocratique de François Mitterrand ».

Tout est donc décidé, il est candidat, un candidat accepté plus que souhaité par les partis et les milieux politiques. Les commentaires ne sont guère favorables, ne sont guère encourageants ; on dit : « La gauche lui est hostile, il a été l'homme de toutes les combinaisons, le type même du " politicard " de la

IVe République, il s'est mis cette fois au service de la SFIO et du PC et ne représente rien par lui-même » ; on lui prédit « le score le plus faible qu'aura jamais réalisé la gauche, socialistes et communistes compris, depuis le Second Empire... » Faut-il citer les noms de ces subtils analystes de la politique ? Viansson-Ponté, Martinet, J.-J. Servan-Schreiber, Depreux et tant d'autres qui répètent avec plus ou moins de nuances les vieilles accusations portées contre lui depuis la Libération par la droite, et reprises depuis 1958 par les Gaullistes. André Ribaud, dans sa chronique du *Canard Enchaîné,* « la Cour », suit cette voie, décrivant « son esprit manégé et parfois si labyrinthé qu'il se perdait parfois dans ses détours et se laissait alors piéger... dans des taillis d'intrigues romantiques ». Il est vrai qu'il rectifie aussitôt le tir, reconnaissant qu'il avait par ailleurs « la tête froide et fort capable de contenir tout le soin de l'Etat ». (29 septembre 1965.)

Ce dernier texte paraissait le jour même où *Le Nouvel Observateur* publiait une interview de François Mitterrand : « Je suis un homme aux mains libres », affirme-t-il, ajoutant : « Je veux mener une candidature parallèle aux partis sans leur être soumis, et cela, je le ferai. » De son propos se dégage essentiellement la volonté qui l'anime : il veut que son combat « soit le combat de tous les républicains de progrès, crée un courant nouveau, suscite un état d'esprit nouveau ».

Il sait bien, il le précisera un mois après, qu'il n'est pas connu de la masse des Français ; son nom est celui d'un homme politique français, accepté ou non, mais cela importe peu, « ce n'est pas une physionomie politique qui cristallise une adhésion », l'essentiel, c'est qu'il représente quelque chose, qu'il soit « le représentant d'un moment historique capital dans la vie politique intérieure française » : l'unité de la gauche pour le renouveau.

Alors il s'adresse aux Français et s'explique. Que nous faut-il ? « La restauration des conditions de l'indépendance de la justice », pour qu'elle ne soit pas soumise à l'arbitraire du pouvoir, pour que le citoyen se sente et se sache protégé ». S'il faut une mythologie, bien qu'il n'aime pas la mythologie politique, il proposera et tentera de faire prévaloir « le mythe de la loi et celui de la responsabilité » (*Nouvel Observateur* du 29-9-65). La loi, de Gaulle s'en est amusé à son profit comme il s'est amusé de la Constitution qu'il avait fait voter ; or il est essentiel qu'elle soit respectée, règle de conduite, norme d'action et principe de sécurité et de vie libre pour tous. A notre jeunesse surtout, il veut encore proposer ce mythe exaltant de la responsabilité : l'individu doit être responsable, le citoyen doit être responsable, c'est un peuple responsable qui doit être consulté. Cette notion, élémentaire en démocratie, semble tombée en désuétude car le régime met tout en œuvre pour écarter les Français de la vie politique, pour les soumettre à un ordre politique et administratif qui ne se discute pas. On comprend que beaucoup aient perçu ce mot de responsabilité, et en aient été frappés.

Il aura porté comme portera son dessein d'arracher la gauche communiste à son ghetto. Il veut sincèrement la réintégrer dans la communauté politique pour permettre le retour à une vraie démocratie, tolérante et juste, comme pour épanouir enfin une dynamique de la gauche unie à laquelle il croit désormais profondément. C'est la conclusion d'une longue réflexion.

Le climat est créé. Des mots clés ont été prononcés qui doivent permettre aux Français de comprendre qu'une autre politique est possible, de sentir qu'ils éprouvent « une immense et profonde aspiration à un renouveau qui soit en rapport avec les besoins du siècle[1] ». S'il avait eu du temps, François Mitterrand aurait pu mettre au point un programme commun accepté par toutes les formations qui se réclament de la gauche ; ne disposant pas des délais suffisants, il remplacera la notion de programme de gouvernement par celle d'options fondamentales, qu'il appartiendra à la majorité future de préciser par des définitions plus détaillées.

Ces options fondamentales, il les a définies dans sa conférence de presse du 21 septembre. Il ne s'agit pas seulement de détruire le régime actuel, — « On ne détruit vraiment que ce que l'on remplace », a dit Auguste Comte — il faut « *construire une démocratie véritable* dotée d'institutions stables, tournée vers l'*expansion et le progrès,* attachée à garantir *la paix,* fermement engagée dans la *communauté européenne,* décidée à imposer en toutes circonstances *la justice sociale,* notamment en donnant des chances égales dès l'école et par l'école à tous les enfants de notre pays, sans oublier le rétablissement des quatre libertés fondamentales, la liberté individuelle et celle de l'information, les libertés syndicales et locales ». Ces sept options sont le seul lien qui l'attache aux partis : ils y ont souscrit et lui les respectera scrupuleusement.

Les spécialistes pensent que c'est généreux et bien vague. Ainsi Mendès France qui lui accorde son soutien parce que

1. Pierre Mendès France, interview du *Nouvel Observateur* (13-10-65).

« dans toutes les circonstances graves, il a toujours été du bon côté de la barricade », lui demande de « définir clairement sa politique », ce que François Mitterrand fera ; mais pour beaucoup de Français, étonnés d'entendre un autre son de cloche, il disait déjà là l'essentiel de ce que beaucoup pensaient en eux-mêmes.

Tandis que François Mitterrand organise son équipe et son travail, choisissant ses conseillers et collaborateurs parmi ses amis de toujours, ceux de l'UDSR, de la Convention, des mendésistes : Dayan, Beauchamp, Hernu, Roland Dumas, Mermaz, Paul Legatte, André Rousselet et aussi Ludovic Tron, le sénateur Aubert, Marc Paillet, Claude Estier, et son frère Robert Mitterrand, l'incorrigible Guy Mollet lance à Antoine Pinay un dernier appel qui provoque des colères à la SFIO, et que le candidat de la gauche réfute avec un sourire à la télévision suisse : « Je pense que Guy Mollet a voulu dire qu'au second tour, s'il avait à choisir entre de Gaulle et Pinay, il choisirait Pinay. Il n'a pas parlé de l'hypothèse de Gaulle-Mitterrand parce que la réponse allait de soi... », et l'on n'en parle plus, d'autant moins que Pinay renonce à son « non, peut-être », pour abandonner définitivement, ce qui permet aux centristes de lancer la candidature de Lecanuet.

La campagne n'est pas officiellement ouverte, de Gaulle ne s'est toujours pas décidé, mais l'action est engagée : le 9 octobre, la Convention des institutions républicaines se réunit au palais d'Orsay, à Paris. Mitterrand prend la parole devant une salle pleine et enthousiaste, où je note la présence inhabituelle d'une centaine de journalistes. L'intérêt est bien éveillé. L'attention est vive. Il parle : « Il y a eu la République des députés, puis celle d'un seul, il s'agit désormais d'instaurer la République des citoyens, où chacun dans son foyer, dans son métier, sa profession, dans la cité, pour la France, aura une connaissance exacte de ses responsabilités. » A ceux de la Convention, comme à toutes les femmes et à tous les hommes de France, il lance cet appel : « Il est grand temps que vous deveniez responsables de la France... que vous vous débarrassiez de tous les systèmes qui font de vous des sujets ou des objets... N'est-ce pas le moment de dire avec la force de ceux qui croient en ce qu'ils font : que le peuple devienne responsable et notre tâche sera accomplie. » Ce discours eut de larges échos dans la presse, mais la télévision ne le mentionne pas et n'en donne aucune image, ce que souligne l'Association pour l'objectivité de l'ORTF pendant la période électorale, qui vient d'être créée.

L'intérêt pour la campagne présidentielle, bien qu'elle ne

soit pas encore officiellement ouverte, commence à croître ; cette réalité d'un candidat unique de la gauche, par les réactions favorables ou hostiles qu'elle provoque, en est le ferment. Les élections sénatoriales de septembre, qui montrent un léger progrès des MRP et de la Gauche démocratique et que marque une réélection triomphale de Gaston Monnerville, un des grands opposants à de Gaulle, ne lui disputent pas la vedette, ni la demande d'admission de la Chine présentée par notre ministre des Affaires étrangères, Couve de Murville, devant l'assemblée générale de l'ONU (le 29 septembre), ni l'enlèvement à Paris du leader de l'opposition au Maroc, Medhi Ben Barka.

1965 : candidat unique de la gauche.

Le 4 novembre, enfin, de Gaulle fait savoir qu'il est candidat, et le lendemain il commente sa décision à la télévision : « Quel élan nouveau, s'écrie-t-il, prendra notre République quand celui qui a l'honneur d'être à sa tête aura été approuvé par vous dans son mandat national. » Par contre, s'il était écarté du pouvoir « la France devrait subir — mais cette fois sans recours possible — une confusion de l'Etat plus désastreuse encore que celle qu'elle connut autrefois ». Le quotidien *Combat* s'insurge, titrant : « De Gaulle : moi ou le néant » ; d'autres disent : « Moi ou le chaos » tandis que *Le Monde* lui-même sous la plume sage de Beuve-Méry estime que de Gaulle donne un caractère plébiscitaire à l'élection, tandis qu'Andrieu dans *L'Humanité* dénonce le chantage ; on ne peut pas, dit-il, admettre que « sans lui tout s'écroule à jamais ».

Le même jour François Mitterrand parle à Lyon et fixe sa position : « Puisque je combats le pouvoir personnel, je combattrai celui qui l'incarne, puisque je combats pour la justice, je combattrai celui qui défend les privilèges », enfin pour bien marquer que sa candidature est orientée vers l'avenir, il conclut : « Je combattrai celui qui reste le porte-parole du siècle de sa naissance : le XIXe siècle. »

Le 16 novembre, le Conseil constitutionnel enregistrera sept candidatures : celles de De Gaulle, de François Mitterrand, candidat unique de la gauche, de Lecanuet, centriste investi par le Centre national des indépendants et le Centre démocrate, le libéral Marcilhacy, l'homme de la droite, Tixier-Vignancour, Barbu, fantaisiste animateur de communautés et un syndicaliste agricole, Antier, qui renoncera aussitôt en faveur de Lecanuet. Le dés sont jetés, car tous ont présenté au moins cent lettres d'élus les désignant comme candidats.

La campagne active[1] de François Mitterrand sera brève ; meetings et déplacements en province commencent le 15 octobre à Paris avec le club Jean Moulin, puis Toulouse et toutes les grandes villes de province jusqu'à Grenoble, le 3 décembre, et des réunions à la Mutualité à Paris. Généralement son exposé est relativement court, ensuite il répond avec verve et précision aux questions posées. Il parle toujours sans notes, avec intransigeance et passion. Très vite il sent l'ambiance de la salle et adapte le ton et les formules au public qui l'écoute et qu'il fait vibrer. Ceux qui ont assisté à ses meilleures réunions ont été pris. Je ne puis oublier celle de la Mutualité, l'ambiance extraordinaire qu'il avait su créer ; de vieux militants de gauche, socialistes et communistes, des femmes pleuraient d'espérance.

De plus en plus les foules sont nombreuses et enthousiastes ; « jamais on n'avait vu cela depuis plus de trente ans », disaient les vieux secrétaires fédéraux de la SFIO et du PC. Il lui arrive de tenir jusqu'à quatre réunions par jour avec déplacements en voiture, en hélicoptère, en avion. Il faut y ajouter les émissions radio et télévisées, les conférences de presse, les rendez-vous avec des hommes politiques, des syndicalistes, les réunions de travail indispensables avec son brain-trust. Un régime épuisant qui épuise son entourage plus encore que lui-même. Il arrive parfois un peu hagard d'une réunion, ferme les yeux vingt minutes et reprend le collier.

Il faut bien qu'il sache aussi ce que font les autres, ses amis de l'UDSR, de la Convention, ses partenaires de la SFIO, du PC qui conduisent parallèlement la campagne en faveur du candidat de la gauche unie, en s'appuyant sur le programme qu'il a présenté dans cette étonnante conférence de presse du 17 novembre. J'avais assisté aux deux premières, où, dans l'assistance, un certain doute se mêlait à la curiosité. Là, c'était différent. François Mitterrand perché sur une petite estrade, derrière une table recouverte, dominait, assis à ses pieds, côte à côte, muraille de puissance, Guy Mollet, Waldeck Rochet et René Billères, accompagnés de leurs seconds dont Georges

1. Deux affiches furent éditées : son visage devant un pylone et l'inscription « Avec François Mitterrand, prenez en main votre avenir », et, sous son visage, ce slogan : « Un président jeune pour une France moderne », sans oublier les photos en cartes postales, les épingles avec photos, des porte-clés. Un autocollant pour pare-brise de voitures disait : « Ne vous fâchez pas, votez François Mitterrand. »

Marchais ; un peu en arrière Michel Rocard pour le PSU et d'autres, tous l'applaudissant quand il affirmait avec ferveur que l'union réalisée autour de sa candidature devrait se prolonger au-delà du 5 décembre.

Partant de ses sept options fondamentales, il définit vingt-huit propositions pratiques qui sont pour lui « le point de départ de la gauche moderne » (*L'Humanité* les publiera sous le titre : « 28 propositions pour une démocratie véritable »). Les préventions initiales sont pour le moment tombées, l'élan donné entraîne les responsables politiques, pris dans l'engrenage, et surtout contraints par le réveil populaire qui dépasse les prévisions.

Les spécialistes de la politique pourront bien après coup déclarer que cette campagne n'aura rien apporté de neuf aux Français ; il n'en reste pas moins que François Mitterrand a permis à la « majorité silencieuse », et même aux militants de base des partis, de retrouver le goût de la chose publique et de se sentir compris. Il a été « l'expression d'une situation historique » et finalement sa campagne a profondément modifié le climat politique de la France. Les mineurs de Lens ne s'y sont pas trompés, ils ont senti la conviction de l'homme, l'accord sincère qui existait entre ses paroles et leurs aspirations. Les ouvriers de Renault à Boulogne-Billancourt, sous la pluie, ont été aussi en communauté totale avec l'orateur dont le ton simple et direct les a émus jusqu'aux larmes, je puis en témoigner. L'enthousiasme de la foule montpelliéraine (15 000 personnes) traduit également cette réalité profonde qui ne se fabrique pas, mais montre avec évidence la concordance entre les mots et la vérité de chacun.

Il n'est pas possible de reprendre dans le détail les thèmes exposés par François Mitterrand au cours de sa campagne. Certains pourtant ont surpris et marqué les Français et seront repris par la suite. On ne peut oublier l'accent mis sur la responsabilité de chacun dans la vie du pays, pour une recherche de la justice, pour la défense des libertés, l'intérêt porté au droit pour les femmes de pouvoir être les égales des hommes, d'être maîtresses de leur destin et de pouvoir travailler à le forger, les appels en faveur de l'égalité devant le savoir, de la régionalisation, de l'Europe, de la négociation en matière internationale.

Il y a eu aussi son appel lyrique à la gauche. Il faut bien en citer un, qui est un exemple de son romantisme de tribun, son péché mignon d'orateur. C'était à Lyon, au cours de la campagne en novembre. Il déclare alors : « La gauche, cela signifie une acceptation généreuse des responsabilités, cela signifie une connaissance, une appréhension de la terre, des moyens de vivre et de l'instrument de travail, cela signifie l'amour entre les hommes, l'amour entre les peuples ; ce sont des mots bien vieux, peut-être bien fatigués, mais moi je n'ai pas peur de les employer. » Les Français ne furent pas insensibles à cette voix.

Le ballottage.

Deux éléments nouveaux vont marquer cette élection : les sondages, qui existaient déjà mais auxquels on ne prêtait guère attention, et la campagne par la télévision surtout. Les Français ont vu chez eux des hommes politiques connus ou non, qui venaient librement discuter le pouvoir en place, dénoncer des erreurs ou des fautes, proposer de nouvelles politiques, de nouvelles façons de vivre ; de Gaulle ne détenait plus la seule vérité, il y avait des solutions de rechange. Cela fut d'autant plus remarqué que de Gaulle, dédaigneux de faire comme les autres, montra pendant tout le début de la campagne une négligence qui aurait dû inquiéter les siens.

Les sondages, au début, ne donnaient pas grande chance à François Mitterrand. L'IFOP lui accorde 14 % de voix en septembre, 15 % en octobre, 18,5 % fin octobre. Quand de Gaulle annonce sa candidature, on lui accorde 66 % des suffrages, 23 % à Mitterrand et 5 % à Lecanuet. De Gaulle va perdre ensuite progressivement et, le 2 décembre, on ne lui donnait plus que 43 % des suffrages contre 27 % à son adversaire de gauche et 17 % à Lecanuet, dont le sourire qui le faisait surnommer « dents blanches » plaisait. En tout cas la campagne de François Mitterrand, vue sous cet angle, a été bénéfique, même ses interventions à la télévision, qui ne lui plaît pas. Il aime le contact de l'homme et de la foule, cela l'inspire et le fait vivre ; il déteste le cérémonial technique des enregistrements, les éclairages violents le gênent et le font cligner des yeux, le maquillage, surtout celui des lèvres, le crispe ; bref il n'est pas à l'aise et cela se sent. Il s'habituera, sans jamais y être vraiment lui-même, sauf quand il remplace le monologue par un dialogue avec un journaliste : il discutera ainsi du Parti communiste, de l'économie et des finances et de l'Education nationale avec Roger Louis, des problèmes de la condition féminine avec Benoite Groult, il fera son appel final le 2 décembre en bavardant avec Georges de Caunes, cette méthode est la meilleure pour lui.

Voici enfin le 5 décembre... Jamais en France il n'y avait eu autant d'électeurs aux urnes. 85 % des inscrits, soit 24254554 personnes, déposeront des bulletins valables. Toute la France écoute les résultats. L'IFOP lance pour la première fois le système de la fourchette, un pourcentage maximum et minimum qui va se resserrer au fur et à mesure que les résultats tomberont, créant un suspense supplémentaire pour les auditeurs de la radio et de la télévision. A 20 heures la fourchette est pour le général de Gaulle entre 35 et 55 %, pour François Mitterrand entre 19 et 35 %, pour Jean Lecanuet entre 16 et 33 % ; à 22 h 35, entre 42 et 45 % pour de Gaulle, entre 28 et 32 % pour Mitterrand et entre 16 et 20 pour Lecanuet.

Les résultats définitifs donnèrent pour la seule France métropolitaine : 43,7 % des suffrages exprimés (10386734 voix) pour de Gaulle, 32,2 % pour Mitterrand (7658792 voix), et pour Lecanuet 15,8 % (3767404 voix). Avec la France d'Outre-Mer, très gaulliste, les pourcentages définitifs furent de 44,6 % à de Gaulle, 34,7 % à Mitterrand et 15,5 à Lecanuet.

On notera que depuis le début, les sondages ont plutôt sous-estimé le score du candidat unique de la gauche (surtout celui du ministère de l'Intérieur qui donnait 54 % à de Gaulle, 24 % à Mitterrand et 15 % à Lecanuet).

François Mitterrand est revenu chez lui, après avoir voté à Château-Chinon. Il est installé dans le salon de la rue Guynemer entouré de sa famille et d'amis, sa femme et ses fils, Christine Gouze-Rénal, son frère Robert, Dayan, Legatte, ma femme et moi-même... Plusieurs postes de radio permettent de suivre en même temps Europe I, Luxembourg et la radio nationale. Assis sur le grand canapé, attentif, concentré, comme bougon, silencieux, il ne bouge pas. Il est vivement intéressé par le mécanisme des « fourchettes » et l'évolution des approximations qu'elles donnent. Quand le ballottage est confirmé, un ami, ma femme et moi l'accompagnons avenue de l'Opéra, au Cercle républicain où des partisans et supporters l'attendent. Il avance vers eux, pâle et ferme, et répond à leur ovation : « La victoire d'aujourd'hui est celle de toute la gauche et non la victoire de François Mitterrand », déclare-t-il, puis il fixe les rendez-vous du lendemain pour préparer et organiser la campagne du deuxième tour, à laquelle on n'avait guère pensé jusque-là.

Seul contre de Gaulle.

Un certain étonnement se manifeste après l'annonce des résultats. On attendait pour de Gaulle une élection facile, il est en ballottage. On attendait pour François Mitterrand un score médiocre qui lui ferait distancer de peu Lecanuet, son sourire et son argent, il a doublé le score de son adversaire. C'est donc une victoire, et on ne la boudera pas car elle marque un réveil politique de la France.

L'instant de la surprise passé, on va ergoter sur le programme et sur le nombre des électeurs qui ne fait pas le plein des voix que la gauche aurait pu théoriquement rassembler. Sur le premier point, Jean Daniel avait raison d'observer dans *Le Nouvel Observateur :* « C'est le premier rassemblement de la gauche non pas sur un programme, mais à l'intérieur d'une perspective. » De fait, il semble bien que les Français aient voté, plus selon eux-mêmes (en dehors sans doute des communistes) que selon les directives des partis. Ils ont été sensibles à ce que leur proposait le candidat unique de la gauche : une orientation qui touchait leur cœur et répondait à leurs aspirations, l'espérance que tout pouvait changer, l'ouverture politique, la levée des interdits contre les communistes et contre les femmes, la réhabilitation de la responsabilité de chacun, de la justice, des libertés, le refus des inégalités sociales.

François Mitterrand n'aurait pas fait le plein théorique des voix de la gauche, mais qu'était devenue cette gauche ? émiettée, morcelée, avec des partis incertains dont les appareils ne vivaient plus avec le pays, qui ne savaient que temporiser, finasser avec l'événement, jouer entre eux à des subtilités moroses et stériles, sans rapport avec les réalités du monde et des hommes. Dans une interview du 15 décembre au *Nouvel Observateur,* François Mitterrand dira : « La gauche donne l'impression de quelque chose qui naît... et ce qui naît sort d'un héritage très discuté et très diminué. On a donc encore un peu peur d'espérer. » L'analyse explique bien des réalités. En face, il y a de Gaulle dont le prestige vieillissant reste encore solide, éveillant des nostalgies héroïques, des tendresses filiales. Malgré ces obstacles, le candidat de la gauche a réussi à créer un courant d'espoir, une dynamique qui devait, au moins sur le moment, empêcher les partis de retourner à leurs stratégies irresponsables et sans audience, empêcher un anticommunisme anachronique de bloquer toute unité d'action.

Tandis que le 8 décembre de Gaulle annonce au Conseil des ministres qu'il sera candidat et que, cette fois, il utilisera largement son temps de parole, qu'il mobilisera tous les siens et tous les moyens, François Mitterrand devient le candidat de tous les républicains et, le 9 décembre, est élu président de la

Fédération de la gauche démocrate et socialiste. C'est maintenant le face à face droite-gauche qui va se dérouler. C'est le début de la bipolarisation.

De Gaulle s'est réveillé, il apparaît sur les écrans de télévision, d'ordinaire seul, deux fois avec Michel Droit. Bonhomme comme un grand-père en pantoufles, joyeux ou sérieux, attentif, voire pathétique ou furieux, puis roublard et bouffon, plaisantant et inquiétant, généralement plein de verve, il rassure et il plaît... De leur côté, tous les orateurs gaullistes se déchaînent, attaquent, insultent et, au Palais des Sports, André Malraux, épique et apocalyptique, voue l'adversaire sacrilège de De Gaulle aux gémonies. Un journal électoral, *France Avenir,* tiré à quelque 15 millions d'exemplaires, traîne dans la boue François Mitterrand.

Le « candidat des républicains » n'a pas les mêmes moyens financiers, malgré un nouvel afflux de souscriptions, ni les mêmes soutiens officiels, mais sa fermeté, son score du premier tour, certaines de ses positions aussi conduisent de nombreuses personnalités à lui apporter leur concours. Jean-Paul Sartre votera pour lui, même si « voter Mitterrand ce n'est pas voter pour lui mais contre le pouvoir personnel et contre la fuite à droite du socialisme »; Georges Montaron dans *Témoignage chrétien* demande que l'on vote pour lui pour tenter de renverser cette tendance : L'Eglise, ses prêtres et la masse des chrétiens sont utilisés par les partis de droite... pour se maintenir au pouvoir; Jean Monnet aussi se rallie parce que ses positions sur l'Europe sont bonnes, etc. Parmi les candidats battus, Tixier-Vignancour invite ses électeurs à voter contre de Gaulle, la haine conduit à de curieux comportements ! François Mitterrand pourrait être gêné par cette attitude. Il hausse les épaules et nous dit : « Je n'ai pas à trier les bulletins de vote qui se porteront sur moi. » De toute façon, il ne change rien de ses options, de ses alliances et de ses opinions. Quant à Lecanuet, il propose un accord qui est refusé; alors, aussi partagé que son électorat, il entend « garder une attitude de liberté », ce qui ne veut rien dire en la circonstance, sinon abandon et ambiguïté. Finalement, le 16 décembre, il affirme qu'il ne votera pas pour de Gaulle.

Sur sa position, François Mitterrand est très net et répond ainsi, le 15 décembre à la télévision, aux questions de Georges de Caunes : « Je suis le candidat de la gauche et, à compter du moment où je suis le seul candidat à m'opposer contre le pouvoir personnel, j'appelle tous les républicains à bien vouloir m'aider à gagner cette bataille... Sur le plan de l'analyse politique, je ne modifierai pas un iota à ce que j'ai dit... Mes propositions sont claires, elles sont loyales... Le reste n'est pas mon affaire. » Il ajoute dans une interview au *Nouvel Observateur :* « Ma responsabilité ? Elle est très claire ; elle consiste à consolider au deuxième tour de scrutin ce qui a été fait au premier, à rendre plus ferme encore et plus précis le contenu de mes options et de mes propositions. » Il ne fera donc pas de concessions. « Plutôt que de faire appel aux voix du centre, j'aime mieux rester un homme de gauche intransigeant. »

Cette attitude, il la conservera tout au long de cette deuxième campagne, sur le thème défini dans un éditorial du *Combat républicain :* « C'est la bataille de la gauche contre la droite. » Il va multiplier les contacts, voulant toucher des groupes nouveaux comme les directeurs de journaux de province à qui il parle de la liberté de l'information ou les responsables d'organisations agricoles à qui il explique les négociations à mener avec l'Europe sur le plan agricole. Ses résultats du premier tour lui donnent en ces occasions un crédit nouveau. Puis, il reprend et affine ses thèmes du premier tour, ajoutant qu'en cas de victoire il dissoudrait immédiatement le Parlement et installerait un gouvernement de gestion. Il va parfois jusqu'à l'épuisement, mais il est toujours là à la radio, à la télévision où il a fait des progrès tant dans les dialogues avec Georges de Caunes que dans les exposés solitaires, et surtout dans des meetings où ses qualités de tribun chaleureux, mais aussi réaliste, parfois brutal ou ironique, font merveille. Ces meetings de plus en plus suivis, de plus en plus vibrants s'achèveront à Toulouse dans le délire enthousiaste d'une kermesse populaire de 30 à 35 000 personnes.

Dans les milieux de la Convention, dans ses bureaux du 25 rue du Louvre, où des bénévoles, autour de Louis Mermaz, répondent aux appels téléphoniques et aux visiteurs et font tout le travail de propagande, comme dans toutes les permanences de province où des hommes et des femmes sont venus dès le début apporter leur libre concours, l'espoir grandit avec l'enthousiasme. Lui-même reste très prudent, et nous confie : « Je ne suis pas assez insensé pour croire que je pourrai battre de Gaulle... »

Le 19 décembre est arrivé. Il s'en va voter à Château-Chinon et, comme au premier tour, revient à Paris écouter dans le calme de son appartement, avec autour de lui les mêmes visages familiaux et amicaux, les résultats, et suivre le jeu des fourchettes. Sur son canapé, concentré sur lui-même, les mains qui se crispent parfois, il écoute et vers 23 heures, il nous emmène d'abord chez Bérard-Quélin, rue de Bellechasse où l'espèrent, réunis devant des postes de télévision, des personnalités et des journalistes. Il est froid et distant, le sourire est de commande. Maintenant la victoire du Général est sûre... Très vite, il serre quelques mains et nous emmène à nouveau au Cercle républicain, répondant à ma femme qui lui parlait de la difficulté de la situation : « Voyons, Madeleine, il faut pourtant bien que je fasse mes preuves ! » Avenue de l'Opéra, pour tous la fatigue se fait sentir, une fatigue un peu déçue. Lui ne se détend pas.

La majorité des présents comme les commentateurs du lendemain vont juger ce résultat inespéré puisque nul ne l'aurait prédit ou rêvé, il y a moins de deux mois, mais ce lutteur, ce gagneur n'est pas heureux. Il a pourtant rassemblé sur son nom plus de dix millions et demi de voix (10 553 985) en métropole (45,4 % des suffrages exprimés), contre 12 643 627 (54,5 % des suffrages exprimés) à de Gaulle. Avec les voix de la France d'Outre-Mer, de Gaulle totalise 13 083 699 voix et Mitterrand de son côté 10 619 735.

Sa conclusion, il la donne alors devant les journalistes. Après avoir félicité son adversaire, il ajoute : « ... Le résultat obtenu aujourd'hui me confirme dans cette certitude que l'heure approche où les républicains l'emporteront. Tous mes efforts tendront désormais à contribuer à faire des élections législatives la rencontre décisive qui sauvera la République de l'aventure où va la plonger un gaullisme au rabais... Je me réjouis de l'union de la gauche qui m'a permis de lutter pour la République... Je remercie les républicains du concours qu'ils m'ont apporté et je les appelle tous à poursuivre le combat pour leur idéal, sans trêve et sans répit. » Répondant à une question, il ajoute : « Je me sens tout à fait d'attaque, ce qui veut dire que le combat reprend demain. » Ce sera un combat sur deux fronts.

A ceux qui se demandent si les législatives seront le « troisième tour » des présidentielles, François Mitterrand répond qu'il fera tout pour qu'il en soit ainsi.

6

Ne jamais renoncer

Le succès prometteur de 1967.

Comme pour marquer la fin d'une époque, l'ancien président de la République, Vincent Auriol, meurt le 1er janvier 1966. De Gaulle commence officiellement son septennat le 8 janvier en lançant un nouveau ministère Pompidou, dont le trait marquant est la disparition de Giscard d'Estaing à l'Economie et aux Finances où il est remplacé par Michel Debré. On y trouve aussi Edgar Faure à l'Agriculture et Christian Fouchet à l'Intérieur. Rien de neuf, sinon quelques secrétaires d'Etat... S'il s'agit d'avenir, de Gaulle donne ses consignes aux responsables de sa majorité : « Votre mission est de gagner les élections », et il pense, quinze mois à l'avance que « le vaisseau va être secoué ».

Que devient Mitterrand ? Il a acquis dans le pays un prestige considérable, il est l'homme de l'unité et du changement, l'homme de la justice humaine et sociale, l'homme des libertés. Il est aussi pour six mois, mais il sait que son mandat de président de la FGDS sera reconduit. Il a annoncé qu'il voulait continuer son action en faveur de l'unité et il s'y emploie. Il lui faut d'ailleurs sa volonté pour poursuivre : les vieux démons diviseurs de la gauche se développent à nouveau. Ni les socialistes de Guy Mollet, ni les radicaux de René Billères, du moins ceux qui tiennent les appareils de ces partis, n'entendent céder un pouce de leurs prérogatives ni renoncer à leurs combinaisons... et c'est contre lui l'incessant harcèlement des théologiens puristes de la gauche, des nostalgiques des marécages centristes, des spécialistes du compromis, des maniaques de la peau de banane...

Jusqu'aux élections législatives de 1967, sa position sera toujours difficile. Pour suivre sa ligne unitaire, il lui faut préserver cet instrument de l'union, si précaire soit-il, qu'est la

FGDS, et selon l'angle d'attaque mener un jeu politique complexe, louvoyant dans un sens puis dans l'autre, piquant des colères, jetant des menaces de démission. Mais malgré les apparences contradictoires de son slalom politique, il ne dévie pas de son but.

Certains se sont amusé à confronter les propos de circonstances dits pour les uns ou pour les autres, divergents ou opposés, mais si on veut connaître sa vraie pensée, il suffit de s'en tenir à ses déclarations devant les responsables de la Convention, ou à ses discours lors des Congrès de la CIR. C'est là qu'il dit ce qu'il veut faire et comment il entend le faire.

Ainsi au mois de mars, comme les trains, le métro, le gaz et l'électricité sont en grève, il va définir à Lyon aux assises de la Convention, ses vraies lignes d'action. Il dit : « A mes yeux, rien ne passe avant l'union de la gauche et, dans la gauche, je comprends évidemment le Parti communiste. C'est clair, n'est-ce pas ? Il n'y aura pas de renversement d'alliances et j'ajoute que nous n'accepterons avec nous ni ceux qui font carrière dans la réaction, ni les traîtres professionnels... Le programme est absolument la clé de l'accord de la gauche et aussi la clé de l'apport de la gauche à tous les citoyens qui sont prêts à comprendre que nous représentons l'avenir. » Il fait remarquer que c'est grâce à l'existence d'un progamme commun — c'était déjà l'expression — que le Front populaire de 1936 a été capable de réaliser en six mois des réformes capitales. Il veut aussi que la FGDS soit une fédération réelle et non un cartel électoral, un foyer de divisions intestines.

Ce fut une véritable relance dont l'évolution fut précisée par un calendrier, ce qui fut remarqué, malgré les éléments d'intérêt qui pouvaient retenir l'attention comme l'entrée en fonction de Mme Indira Gandhi, premier ministre de l'Inde, le baiser de réconciliation du Pape et de l'archevêque de Canterbury, dans une recherche d'unification (là aussi) des différentes tendances de la chrétienté, le déferlement, en France, des beatniks anglais, chevelus et bruyants, et l'arrivée contestée et agréable de la mini-jupe, ou les premières attaques d'une drogue hallucinogène, le LSD, ou la rupture de la France avec l'OTAN, « le dernier service que je pourrai rendre à la France », dit de Gaulle ; François Mitterrand de s'insurger contre une décision qui a été prise « sans qu'une politique de rechange ait été définie », dit-il à l'Assemblée, puisqu'il y a refus d'un changement d'alliance et qu'il n'y a pas de politique européenne de défense. De Gaulle « cède encore à la tentation de l'isolement nationaliste. Il dit vouloir la paix et refuse d'être présent aux conférences internationales qui en traitent. » (14 avril 1966).

Deux réalisations de l'opposition sont à retenir : c'est d'abord la constitution de l'équipe formatrice du contre-gouvernement, créée en mai et présidée par François Mitterrand , un peu à l'image des « Shadow cabinet » de l'opposition anglaise, et qui interviendra plusieurs fois sur des mesures contestables du gouvernement. La droite raille cette initiative et le dosage des hommes venant des différentes formations (SFIO, Radicaux, Convention, Clubs) qui lui semble rappeler les pratiques de la IVe République. Il est plus réaliste d'y voir un moyen de maîtriser les appareils des partis et de mentionner des noms nouveaux. Le jeune socialiste Pierre Mauroy, le radical Robert Fabre, les conventionnels, Marie-Thérèse Eyquem, Hernu et Badinter... Cependant, en ce joli mois de mai, les grèves reprennent et on remarque dans les défilés de nombreux jeunes qui chantent « Si tu veux faire mon bonheur, Pompidou donne-moi des sous » ; ils craignent d'être chômeurs avant d'avoir commencé de travailler.

François Mitterrand avait déjà, en avril, dénoncé devant l'Assemblée la politique d'imprévoyance et d'injustice sociale du gouvernement qui acceptait la condamnation de mines de charbon ou d'entreprises textiles sans organiser la reconversion : en 1966... Il réclamait déjà une politique du plein emploi. Il avait prévu aussi une convention de la jeunesse que Pierre Mauroy réunira et réussira en novembre. « La jeunesse est un style et une méthode d'approche réaliste des problèmes. Elle doit proposer, leur dit François Mitterrand, et ils exigent : l'égalité des chances, un effort pour l'orientation et la formation professionnelle ; ils ne veulent plus de jeunes sans salaire et sans protection sociale après l'école : ils ont droit au travail comme les jeunes couples ont droit au logement et au planning familial pour être maîtres de leur vie. Pour se défendre, ils veulent la majorité civile et civique à 18 ans. »

Deuxième événement à la date symbolique du 14 juillet 1966, la parution d'une synthèse du programme de la FGDS, présentée par François Mitterrand : « C'est le fruit d'une longue réflexion en commun d'hommes venus d'horizons différents, mais qui ont une même conception de la démocratie. » C'est un programme de gouvernement de législature qui « redonne à la gauche des bases d'action et des idées directrices. On ne peut donc plus dire qu'elle ne sait pas ce qu'elle veut, qu'elle ne sait pas où elle va ».

A cette époque, de Gaulle est en Russie d'où il lance

jésuitiquement à l'intention des Américains qu'il veut « l'ouverture à l'Est dans la fidélité à l'Ouest ». De là, après s'être réjoui du succès de nos skieurs et skieuses à Portillo au Chili, il entreprend en septembre un long périple pour saluer le Négus, visiter Djibouti où il est mal reçu, aller à Phnom Penh, au Cambodge, pour prononcer un discours-choc sur la neutralisation du Viêt-nam, enfin revenir par Tahiti pour assister à l'explosion dans les airs d'une bombe « H » française.

Le 8 octobre, comme « Les incorruptibles » et Eliot Ness triomphent sur nos petits écrans, un reporter interviewe pour *Paris-Match* François Mitterrand. Il explique que le face à face suggéré par Pompidou entre Waldeck Rochet et lui-même « montrerait qu'il y a, à gauche, plus de convergences que de divergences », et qu'un face à face entre Pompidou et lui serait plus instructif pour le pays car la situation n'est pas tellement brillante : « Si la stabilisation de Giscard d'Estaing était la stagnation, l'expansion de Debré est déjà marquée du sceau de l'inflation. » Il termine à propos du bruit que fait de Gaulle partout où il passe en rappelant cette formule d'un journaliste étranger : « De Gaulle triomphe partout et ne réussit nulle part. »

Aussi bien Mitterrand entend-il toujours harceler le régime et son comportement antidémocratique. La discussion du 7 décembre à l'Assemblée sur de nouvelles dispositions électorales lui en donne encore une occasion. Il n'est pas possible d'admettre que la majorité qui « s'est déjà attribué la quasi-totalité des émissions de radio et de télévision hors campagnes électorales, pendant huit ans, veuille s'accorder encore des privilèges en période électorale ». Au fait, les interventions du premier ministre, chef de la majorité, compteront-elles dans le temps de parole de ses groupes ou s'y ajouteront-elles ? « Il n'est pas tolérable non plus que se poursuive l'intrusion de l'administration dans les affaires politiques locales », comme cela se passe pour le journal de propagande gaulliste *La Nation,* dont les éditions régionales paraissent souvent avec un texte du Préfet.

Les élections approchent mais déjà l'action menée a permis d'installer dans tous les départements des structures de la Fédération, qui définit sa politique électorale, fondée sur l'union. Elle désigne les candidats qui se présenteront sous le sigle « FGDS » et précise la doctrine des désistements pour le second tour. Elle sera concrétisée par des accords passés avec le PC et le PSU en janvier 67.

Cette année 1967 est marquée en son début par la préparation de ces élections de mars que tout le monde présente comme « le troisième tour des présidentielles ». La France célèbre le prix Nobel de physique qu'a reçu le professeur Kastler en fin 66, rend hommage au maréchal Juin qui vient de disparaître. La foule se presse au Petit-Palais pour voir les richesses du tombeau de Tout ankh amon et au Louvre pour admirer une rétrospective Bonnard en fredonnant « le piège à filles » de Jacques Dutronc, cependant que les Etats-Unis renforcent leur action militaire au Viêt-nam par des envois d'hommes et de matériels nouveaux.

Il existe une certaine euphorie dans notre pays que traduit le développement du nombre des résidences secondaires qui passe de 447 600 en 1954 à 1 250 000 en 1967. Il y a pourtant des nuages inquiétants : l'augmentation régulière des prix, la lente montée du chômage, la fermeture progressive des houillères, le plan de restructuration de la sidérurgie qui menace l'emploi dans le Nord et le bassin de Lorraine, les chantiers navals qui ferment, l'agriculture en difficulté surtout en Bretagne. Une grève des agents de conduite de la SNCF en fin février témoigne du mécontentement latent.

François Mitterrand annonce que pendant les trois semaines de la campagne électorale, il en passera deux en réunions de soutien à travers la France et la troisième dans son département. En attendant son suppléant Pierre Saury mènera la campagne. J'y étais aussi pour la sortie de l'édition spéciale du *Courrier de la Nièvre*. François Mitterrand va parcourir ainsi quelque 50 000 kilomètres, parlant dans plusieurs villes chaque jour, revenant à Paris pour des émissions de radio et surtout de télévision où on le juge en progrès car il déclame moins, menant une vie épuisante et haranguant les foules dans des conditions souvent difficiles. Je le vis ainsi arriver à Château-Chinon, et comme je voulais lui demander quelques instructions, il me répondit : « Laisse-moi dormir vingt minutes et je t'emmènerai à ma première réunion ». De fait, vingt minutes après, il arrivait lucide et fringant et, en route il me disait : « C'est une drôle de chose que l'éloquence. Elle peut dépendre de la forme de la salle, d'un carré ou d'un rectangle. Selon que vous voyez les gens ou ne les voyez pas, votre impact est différent, vous avez ou vous perdez le contact... »

Il a aussi un sévère affrontement avec Pompidou à Nevers devant une salle préparée pour son adversaire qu'il attaque avec de vives formules : « Cela fait deux fois en quelques mois que vous venez dans notre département, il doit y avoir du travail à faire. J'espère que l'on vous y reverra quand vous serez dans l'opposition. Mais ce département est réfractaire, il n'a jamais été réuni à la couronne de France ; j'en suis navré pour vous. » Il oppose la droite à la gauche, dénonce l'esprit de la première : « La Constitution est tombée du côté où elle penchait, du côté du pouvoir personnel », ou : « La gauche organise la paix, la droite y rêve, mais elle n'ose pas rompre le tragique enchaînement des nationalismes. » Il annonce : « Après les élections, je m'adresserai à toute l'opposition pour qu'elle se compte sur un programme minimum de gouvernement », et conclut : « Nous nous battrons, nous vous battrons. »

Il se présente toujours dans sa circonscription de Clamecy-Château-Chinon et pour la première fois, jusqu'ici la seule fois, il est élu au premier tour avec 56,27 % des voix contre 33,13 % à l'UNR Mercier et 10,6 % au communiste Guyollot.

Les grands thèmes étaient : la sauvegarde des libertés politiques et individuelles, la paix dans le monde et la constitution de l'Europe, la volonté d'assurer à tous une école, un emploi, un toit en luttant contre le malthusianisme économique et social du gaullisme... Au lendemain de son succès, il écrit dans un éditorial du *Courrier de la Nièvre :* « Il faut que l'union de tous les républicains s'affirme avec vigueur et enthousiasme, que tous les suffrages se portent sur le candidat unique de la gauche, pour le triomphe de la république des citoyens ». Dans la Nièvre au deuxième tour furent élus le docteur Benoist (FGDS) à Nevers, et Robert Hostier (PC) à Cosne.

Ce ne fut pas un raz de marée, mais les déplacements de voix importants sont rares en France. Pourtant la FGDS réussit un beau score et dispose de 118 députés alors que le PC en a 73. La gauche talonne de près la majorité. Pour les conventionnels, les amis, ceux que l'on appelle « la bande à Mitterrand », bien qu'on ne leur ait pas accordé les meilleures circonscriptions, se taillent un beau succès : Louis Mermaz, Georges Dayan, Claude Estier (battant le ministre Sanguinetti à Paris), Roland Dumas (battant le ministre Charbonnel à Brive), Fillioud, Rousselet ont brillamment conquis leur siège.

Ces résultats pouvaient assurer la gauche, l'inviter à resserrer encore les structures unitaires de la FGDS, mais déjà le PC prend ses distances, certains dans le parti radical et chez les socialistes estiment que la Fédération et François Mitterrand ont joué leur rôle, qu'il faut les écarter. D'autres, au contraire, comme le socialiste Pierre Mauroy et le conventionnel Mermaz, insistent pour que l'on prépare une fusion et que l'on crée un grand parti socialiste.

François Mitterrand est favorable à cette tendance. « Il faut aller plus loin », écrit-il, et il le prouve en réunissant au début de juillet à Poigny-la-Forêt un présidium élargi de la Convention. La motion finale est favorable à la fusion qui « présuppose, à l'évidence, l'unité de la doctrine du nouveau et puissant mouvement de la démocratie socialiste ainsi créé et la disparition préalable et simultanée des organisations composant la FGDS. Un congrès de la Convention devrait dans cette hypothèse préparer sa propre dissolution. Si ce n'est pas possible — et ce serait regrettable, il faudrait tout au moins renforcer la Fédération. François Mitterrand écrivait dans *La Dépêche du Midi* du 21 juin 1967 qu'il conviendrait de « doter la Fédération d'un pouvoir central, renforcer les pouvoirs et la cohésion des comités départementaux... établir de la base au sommet un puissant et continu courant démocratique ».

La période est chaude aux Etats-Unis : noirs et blancs se heurtent dans la violence, au Viêt-nam les bases américaines sont attaquées et Hanoi bombardée, les incidents se multiplient entre Israël et l'Egypte, l'Afrique noire s'agite (Biafra), la Roumanie veut prendre ses distances avec l'URSS et de Gaulle provoque des incidents au Canada en criant : « Vive le Québec libre ! » En France, le chômage est toujours menaçant, les prix des transports et des cotisations de la Sécurité sociale augmentent, en compensation des ordonnances instituant l'intéressement des travailleurs aux fruits de l'entreprise paraissent le 18 août, pendant que se mettent en place les nouveaux départements de la région parisienne.

François Mitterrand n'oublie pas ses propositions de la période électorale. Il intervient en avril lors d'une motion de censure à l'Assemblée pour dénoncer ce qui ne va pas dans le logement, l'emploi, la Sécurité sociale, la modernisation de l'entreprise. Il déposera donc en juin, août et décembre des projets de loi pour réclamer une nouvelle politique du logement et du développement urbain, une amnistie pour les condamnations en liaison avec la guerre d'Algérie, la création d'une société nationale de l'ORTF, la fixation à 18 ans de l'âge de la majorité civile et électorale, sans réussir d'ailleurs à les faire discuter. Pourtant son projet d'amnistie sera repris en fin d'année par le gouvernement qui entérinera également un timide projet Neuwirth sur la contraception, bien en retrait de ce qu'il avait réclamé lors des présidentielles de 1965.

La fin de l'année sera troublée par des difficultés économiques, la hausse des cotisations de la Sécurité sociale qui déclenche de vives réactions et des bagarres au Mans, des grèves, une révolte paysanne en Bretagne et l'agitation des viticulteurs du Midi contre les importations de vin d'Algérie. La faiblesse du franc provoque des achats massifs d'or, on en négociera jusqu'à quinze tonnes en un jour, mais pour rassurer la France, l'UNR devient UD V^e^ (Union des démocrates pour la Ve République). Si les projets de fusion au sein de la Fédération n'aboutissent pas, elle est réorganisée en novembre : on a prévu une nouvelle pondération assise sur un contrôle des effectifs, une nouvelle définition des pouvoirs de l'exécutif national, des exécutifs départementaux et du président. Les élections cantonales, où François Mitterrand est réélu sans problème à Montsauche, ne changent rien : de légers gains du PC ainsi que de l'UD V^e^ aux dépens des modérés. Mais tout va être bouleversé.

Mai 1968.

La vie devient de plus en plus chère en 1968 et la triple victoire de J. P. Killy, notre skieur, aux Jeux olympiques de Grenoble, ne fait pas oublier aux Français les prix nouveaux du pain, du lait et du beurre, ni les répercussions de la TVA et la hausse du plafond de la Sécurité sociale. La signature d'un accord entre la FGDS et le PC sur une plate-forme commune passe inaperçue [1] malgré son intérêt.

En filigrane, il y a des grèves toujours, des défilés et surtout un grand malaise dans l'enseignement : enseignants et lycéens refusent le système d'orientation imposé par l'Education nationale, les étudiants, déjà irrités par les mauvaises conditions d'une rentrée difficile et le manque de places dans les facultés, sont encore indisposés par les conditions de vie dans les cités universitaires. A la Faculté de Nanterre, c'est la contestation permanente animée par un jeune Allemand, Cohn-Bendit, petit disciple de Rudi Duschke, qui a mis le feu aux poudres dans les universités allemandes, en traduisant les refus des jeunes devant l'immonde et interminable guerre du Viêt-nam et l'écrasant impérialisme américain, ainsi que leur haine des fascismes.

En France, pour ces jeunes, il y a certes une crise universitaire, mais elle se double d'une crise de société : les program-

1. Seuls l'étudient les spécialistes de la politique conservatrice pour y chercher des arguments de combat.

mes sont mal adaptés à notre temps, les méthodes de travail périmées, le rigorisme enseignant trop pressant, les connaissances acquises ne débouchent pas sur la vie. La société de profit et de consommation n'offre que des perspectives médiocres, conventionnelles, ne promettant qu'immobilisme, soumission, insécurité. La torpeur politique d'une France qui s'ennuyait, n'était pas exaltante. L'avenir n'est pas assuré. Espoir et joie de vivre ne sont plus.

Des sanctions sont prises à Nanterre et l'agitation gagne la Sorbonne. Ce pouvait n'être qu'un feu de paille ; la maladresse du recteur Roche qui ouvre la Sorbonne aux hommes du préfet Grimaud, l'intransigeance du ministre de l'Intérieur Fouchet et l'incompréhension du ministre de l'Education nationale, Peyrefitte, vont faire dégénérer la contestation étudiante. La violence policière provoque la violence étudiante et ce sera l'enchaînement des règlements de compte. Or les étudiants ne sont pas politisés, à part une minorité et surtout dans des groupuscules gauchistes, anarchistes, trotskistes, mais les perspectives qui s'ouvrent à eux, incertaines et mauvaises, le chaos des menaces les mettent en situation d'être facilement entraînés à l'action.

De manifestations en défilés, de défilés en occupations (des centres universitaires à l'Odéon), Mai 68 oscille entre la kermesse culturelle, le négativisme hippy, le besoin de rompre tous les carcans, même au prix d'une violence salvatrice, l'utopie bonne enfant, le délire verbal, un épanouissement imaginatif que traduit la floraison très riche et très libre des dessins, des affiches, des graffitis, des formules qui n'épargnent rien ni personne ; pas même de Gaulle (on le voit sur les murs, ombre guignolesque avec ces mots « la chienlit, c'est moi ! »), on se cherche, on cherche, sans qu'un idéal ou même des utopies n'orientent cette masse qui ne se reconnaît que dans la contestation et explose parfois si l'ordre des matraques veut s'imposer.

Pour cette jeunesse impatiente, sûre d'elle, fière de ce qu'elle invente ou croit inventer, méprisante pour ce qui la précède, il faut rejeter les systèmes politiques et tous les hommes qui les ont incarnés. Le PC tentera bien une approche, mais sans succès. Le PSU sera plus à l'aise.

Sans doute avait-il raison le philosophe Herbert Marcuse, ce contempteur de la société d'abondance, créatrice de faux besoins, ennemie de l'instinct et du plaisir, quand, le 9 mai, passant par Paris, il déclare : « Votre protestation est sympathique, mais ce n'est pas une révolution. » Ce sera aussi la conclusion de François Mitterrand, avouant : « J'ai manqué la révolution, mais il n'y a pas eu de révolution. » (*Ma part de vérité*, p. 98.)

On ne le voit guère, on ne l'entend pas au cours de ces semaines. Il a pourtant des « démangeaisons » d'aller voir, de vivre l'événement et le fait parfois ; il se fera d'ailleurs interpeller un jour, au cours d'une de ces sorties. Je l'ai souvent vu rue Guynemer à cette époque partagé entre l'impatience de se sentir un peu en dehors du coup et une certaine incroyance : « Je ne sens pas ce mouvement, me disait-il. Il ne se traduit pas en politique, il n'invente pas une idéologie, n'unit pas pour des buts d'action. Certes, l'imagination est dans la rue, mais les meneurs n'ont rien à dire. » Ce fut d'ailleurs confirmé par les propos des trois leaders, Geismar, Sauvageot et Cohn-Bendit à qui la télévision ouvre ses portes, le gouvernement affolé mélangeant la matraque et le laxisme.

Pour Charles Hernu [1], cette faiblesse était ressentie par de nombreux étudiants. « D'une façon générale, la protestation étudiante attendait le relais politique ; elle s'essoufflait et prenait conscience qu'elle n'avait pas de cadres dignes de son enthousiasme. Les jeunes chefs n'étaient pas à la hauteur, les étudiants s'en rendaient compte. » Il estime que, malgré l'opinion de Mendès France, François Mitterrand aurait pu, le soir du 31 mai, assurer la jonction entre les étudiants et la gauche politique.

Malgré tout, le jugement final de François Mitterrand est nuancé : « Il ne faut pas nier pourtant l'intérêt, voire l'importance, de cette explosion d'individualismes. Elle a mis en lumière que les besoins qualitatifs étaient, pour une société, aussi vitaux que les besoins quantitatifs. »

C'est dans cette exaltation que naît le mot autogestion, que l'on doute de la croissance sans limites, que l'on s'interroge sur les vertus du gaspillage et sur le massacre de la nature. Bref, Mai 68 permit à tous de réfléchir, invitant chacun à se contester soi-même et à juger son rôle dans la société, point de départ d'une prise de conscience de rapports sociaux et de situations économiques intolérables dont la routine avait effacé l'évidence. Mitterrand s'interroge lui-même et se trouve sans doute un peu en marge ; cela se sent dans l'analyse qu'il fera de ces journées. Son trouble se comprend si l'on pense qu'il avait toujours donné la priorité à l'Education nationale, que le programme de la FGDS proposait d'intéressantes perspectives

1. Dans *Priorité à gauche*, page 58, Denoël, 1969.

à l'Université, encore renforcées par un projet de loi, mis au point en mars-avril, qui réclamait des conseils à tous les niveaux, la réforme de l'année scolaire, le contrôle continu des aptitudes et des connaissances, le refus du numerus clausus, l'autonomie financière. Il se souvenait aussi de la cogestion des œuvres universitaires mise en place par René Billères (membre de son contre-gouvernement) en 1956, puis supprimée par les gaullistes en 1959.

Il n'a jamais tenté un geste pour se rapprocher ou pour récupérer ce mouvement, mais il reste attentif, intéressé ou inquiet et choqué lors des journées sanglantes d'affrontements avec la police, mais il est là quand le peuple commence à prendre le relais avec le gigantesque défilé du 13 mai contre les violences policières qui marque le début de grèves spontanées. Elles vont amener en huit jours l'asphyxie du pays : neuf à dix millions de travailleurs des usines, des bureaux, des magasins, des services publics ou privés se sont mis en grève[1]. Le mouvement de contestation des jeunes prend une nouvelle dimension. Ils ont donné l'élan, mais il n'y aura pas vraiment d'actions communes. Les ouvriers sont méfiants ; ils pensent que les étudiants sont des fils à papa et refusent la collaboration tardivement offerte.

Comme les politiques le furent par le mouvement étudiant, qu'à ce moment Pompidou tente de désamorcer en faisant rouvrir la Sorbonne, libérer les internés, et en promettant des réformes, les syndicats sont, comme en 1936, débordés par leur base et la pression est si vive que le gouvernement s'énerve et que Pompidou doit réunir au ministère du Travail patrons, cadres, petites entreprises, syndicats ouvriers pour une discussion très dure qui se prolongera sans relâche du samedi 25 mai à 15 heures au lundi 27 à 7 h 30, aboutissant à la signature des accords de Grenelle : le SMIG passe de 2,20 F à 3 F avec mise à jour en décembre (il passera alors à 3,08 F). Cette hausse de quelque 33 % du SMIG devait ruiner la France, d'après les représentants du grand patronat et ses économistes, or elle facilita une période de prospérité dans le pays. Des avantages particuliers étaient accordés à certains secteurs ; un projet de loi sur la reconnaissance du droit syndical dans l'entreprise

1. L'effervescence était permanente, depuis plusieurs mois, dans les usines, et les signes annonciateurs d'une explosion sociale indiscutables ; les témoins de l'époque le confirmeront.

devait être déposé[1], les retraites augmentées comme les salaires. Le secteur public recevait des avantages équivalents ainsi que le secteur agricole par les accords de Varenne, le SMAG étant aligné sur le SMIG. Les dirigeants syndicaux se firent huer d'avoir accepté ces avantages et les grèves se poursuivront.

En dehors de ces gains dont bénéficiait le monde du travail, que reste-t-il de ces journées de mai ? que reste-t-il de ce que criaient les barricades ? Elles criaient : l'Etat technocrate et satisfait ne comprend rien aux réalités mouvantes du pays, il jette les jeunes au chômage et gaspille l'argent pour le prestige, la plus futile des vanités. Des manières d'être se révélaient : les révoltés exigeaient la libération des camarades arrêtés, les soumis sollicitaient un geste de clémence, et puis pour ceux qui avaient su vivre l'événement, pour ceux qui ont tenté de l'analyser, de le comprendre, surgissaient le goût reconquis de la discussion libre, de la confrontation, de la contestation, de sa propre contestation, le plaisir de l'entretien né au hasard avec n'importe qui, sur n'importe quoi, sur la vie surtout qui pèse et n'éclôt pas en bonheur, sur ces problèmes aussi dont on prend conscience : remise en question de la croissance, des conditions de travail, de l'aliénation féminine, des méthodes et des pratiques de la psychiatrie, et de la vie carcérale, interrogation sur l'équilibre écologique...

C'est en 68 que naît le slogan du parti socialiste « changer la vie », que renaît le vrai sens de la démocratie, que l'on commence à rêver de démocratie locale, de vie associative, de partage des responsabilités, bref de tout ce qui dominera le langage des jeunes qui ont alors été bouleversés par cette irruption de la vie quotidienne dans la politique et sont venus en grand nombre au parti socialiste après 1971.

Finalement, il semble clair aujourd'hui que, si les journées de mai-juin 1968 ont mené sur le moment la gauche à un désastre électoral, les perspectives ouvertes, les réflexions provoquées ont peu à peu recréé une conscience de gauche, un climat favorable à ses idées et à ses conceptions, favorisé l'éclosion d'un socialisme de la liberté et de la concertation, épanoui des hommes qui se laissaient alors absorber par leur travail, engourdir par les ronrons de la propagande officielle et un certain confort domestique. Ils ne veulent plus soudain n'être que des sujets soumis.

1. Ce qui fut fait par la loi 68.1.779 du 27-12-68, *J. O.* du 31-12-68, textes insérés dans le Code du travail.

Il y eut aussi les réactions de peur des routiniers ; les paysans et les commerçants mécontents de la mévente de leurs produits, le gouvernement et les appareils syndicalistes qui pensent plus à protéger le système ou l'organisation qu'à les risquer dans l'action. Deux hommes pourtant vont réagir, successivement : le général de Gaulle et François Mitterrand dont Claude Krief écrivait dans *Le Nouvel Observateur* du 10 avril 68 que jamais sa place politique n'avait été aussi grande : « Avec le général de Gaulle, il est aujourd'hui sans conteste l'homme qui compte le plus de partisans, qui suscite aussi le plus de passion. »

Un débat au Parlement sur une motion de censure de l'opposition en mai, retransmis par la télévision intégralement (c'est une première) et une intervention de De Gaulle à la télévision (24 mai) en marge cette fois de la réalité puisqu'il propose un référendum, d'ailleurs illégal, sur la participation (C'est un plébiscite, crient François Mitterrand et Mendès France !) ne changent rien au cours de la révolte.

J'étais le 28 mai à cette conférence de presse que François Mitterrand donnait avec le soutien de toute la gauche et même de quelques centristes, dans le décor extravagant du grand salon de l'hôtel Continental, ruisselant d'or, de baroque et d'absurdité. La presse est là aussi, et l'orateur constate la dangereuse carence du pouvoir. Prévoyant l'échec du référendum, suivi de la retraite de De Gaulle, il explique qu'en cas de nécessité, de défaillance de la souveraineté, la gauche était prête à assurer la relève avec un ministère dirigé par Pierre Mendès France. Lui-même serait candidat à la présidence de la République. Comme la salle, je trouvais la proposition raisonnable et utile.

Le pays, mal informé de la situation, ne comprit pas et les Gaullistes hurlèrent au coup d'Etat. La Télévision diffusa un montage truqué qui montrait François Mitterrand le bras tendu (il réclamait alors le silence), exigeant (c'était plus tard) que les Gaullistes fassent place nette. Partout l'effet fut désastreux. « Il est fou votre ami, disaient à Georges Dayan ses électeurs de la région de Nîmes, il joue au dictateur ! » Il me fera ce commentaire : « Ma position était tout à fait régulière et parfaitement légale. Il ne faut pas oublier que de Gaulle une fois de plus avait dit : je m'en irai si je n'obtiens pas un oui franc et massif. Lui parti, on risquait la débandade. Il était donc nécessaire de répondre à cette position politique et morale ; il fallait dire : Nous n'avons pas exigé votre départ, mais si vous partez nous assurerons la suite. Agir autrement ou se taire était le signe de la démission, de la soumission. »

Sur ces entrefaites, de Gaulle disparaît toute la journée du 29 mai ; on saura le lendemain qu'il était parti à Baden-Baden s'assurer l'appui de l'armée. Il en revient le 30, satisfait et rassuré ; il annonce : « Je reste, je garde Pompidou, je dissous l'Assemblée nationale », tandis que les Gaullistes électrisés, sous la conduite de Debré et de Malraux, défilent de la Concorde à l'Etoile. Cependant, Pompidou remanie son cabinet, larguant les ministres de l'Intérieur, de l'Education nationale, de l'Economie et des Finances... La droite s'est rétablie grâce à l'absence d'une véritable et sincère union de la gauche. Une alternative crédible faisait défaut !

La campagne électorale est ouverte le 7 juin par un entretien télévisé de De Gaulle avec Michel Droit. Il donne le ton en attaquant les fauteurs de troubles « qui se délectent de négation, de destruction, de violence, d'anarchie, qui arborent le drapeau noir », et surtout « l'entreprise communiste totalitaire » qui a paralysé le pays pour le « faire glisser au néant ». Il esquisse ainsi le thème de la grande peur que les Gaullistes exploiteront sans vergogne, transformant en violence verbale leur désarroi affolé de la veille. Sous le signe UDR (Union des démocrates pour la République), ils attaquent, et l'adversaire de François Mitterrand dans la Nièvre, Jean-Claude Servan-Schreiber, l'accuse d'avoir « voulu s'approprier le pouvoir d'une façon parfaitement illégale après avoir décidé, tout seul, qu'il était vacant ». Il est affligeant qu'un savant éminent comme le professeur Mathé l'ait soutenu par les arguments les plus bas : « Mitterrand ne peut plus désormais que se servir de vous pour servir le Parti communiste, cela veut dire l'expropriation de vos terres, la dictature, la misère et la peur [1] ! »

François Mitterrand riposte dans un éditorial du *Courrier de la Nièvre* dicté par téléphone, repris et modifié à plusieurs reprises, à l'imprimerie de Nevers où je me trouvais. Jamais je ne l'avais vu remanier et reprendre un texte avec tant de précautions, avec tant de patience rageuse. Il ne comprenait pas qu'on ne l'ait pas compris, et il tentait d'expliquer la situation, les risques, les précautions : « Le gouvernement veut profiter des événements de mai pour créer dans le pays une véritable psychose de guerre civile dont il voudrait faire retomber la responsabilité sur ses adversaires, alors qu'ils ont

1. Dans un éphémère *Défense de la République,* imprimé à Corbigny pour le soutien de la candidature de J.-C. Servan-Schreiber.

comme lui-même dénoncé le cercle infernal des violences et que la violence était née des fautes, des incompréhensions, parfois de l'apathie gouvernementales. » Ce numéro du 12 juin concluait : « Vous n'aurez pas peur si vous refusez le chantage de la peur, si vous soutenez la gauche dans son effort de réconciliation nationale. » Mais la peur ne fut pas dissipée et, si François Mitterrand fut réélu au second tour, les communistes [1] (34 députés au lieu de 73) la FGDS (57 au lieu de 118), et même les centristes (27 au lieu de 42) sont écrasés par l'UDR. La majorité gaulliste triomphe et domine une Assemblée qui bat les records de la Chambre introuvable des royalistes de 1815 et de la Chambre bleu horizon de 1919. De Gaulle a carte blanche, il commence, le 13 juillet, par remercier Pompidou placé « en réserve de la République » et former un ministère Couve de Murville qui charge Edgar Faure, à l'Education nationale, de résoudre les problèmes des étudiants. « C'est un habile, il va essayer de nous rouler... », dit-on à l'UNEF.

Le socialisme du possible.

Août 1968, c'est le mois des désillusions, sauf pour les Américains qui vont faire tourner trois hommes autour de la terre. Il y a encore chez nous des frémissements de grèves et de révolte, mais la foi n'y est plus ; l'insuccès électoral pousse les partenaires de la FGDS à la laisser se disloquer et à mettre François Mitterrand sur la touche ; le Parti communiste français est secoué par l'affaire tchécoslovaque. Depuis le mois de janvier Alexandre Dubček, promu premier secrétaire du PC de ce pays, tente une libération, une humanisation, une ouverture du régime. L'information est libérée, la discussion libre admise, c'est le « printemps de Prague ». Cela inquiète, et l'URSS, sous prétexte de manœuvres militaires des signataires du pacte de Varsovie occupe le pays. François Mitterrand dans une déclaration, puis sur l'antenne d'Europe n° 1, s'émeut : « L'évolution du parti communiste de Tchécoslovaquie, la tentative d'alliance du socialisme et de la liberté, je les ai suivies : comment ne pas être terriblement froissé, révolté contre l'intervention militaire et policière de l'Union soviéti-

1. Si l'on compare le nombre des voix en 67 et en 68, le PC a été le plus touché. Il en a perdu plus d'un million, alors que la FGDS en a perdu 100 000. Jean Touchard dans *La Gauche en France depuis 1900,* estime que « la légitimité révolutionnaire du PC, a été affaiblie par le mouvement de mai et que sa démythification a permis le dégel de la gauche en créant une nouvelle sensibilité politique. »

que ? Le choix d'un fédéré est simple et clair : condamner brutalement et sans ambiguïté cette intervention ! » Le Parti communiste français le fit nettement, mais on lui reprocha d'avoir accepté les accords de Moscou, signés sous la contrainte de l'occupation, qui éliminèrent progressivement Dubček, rétablirent l'ordre moscoutaire, anéantirent les libertés reconquises, ce que célébra l'étudiant Jan Palach en se brûlant vivant en février 1969.

En octobre, comme le franc subit une très grave crise, de Gaulle refuse la dévaluation proposée (elle aura lieu plus tard). Une réunion des assises de la Convention va permettre à François Mitterrand de faire le point dans un discours incisif, un peu amer aussi. Il sait qu'une hostilité va se développer, que la FGDS n'existe plus que sur le papier, qu'il est seul avec ses amis de la Convention et quelques socialistes clairvoyants à vouloir « la constitution d'un grand parti populaire aux structures modernes, à l'action vigoureuse, aux prises de position claires et courageuses » (*Combat républicain*, septembre 1968). Devant ses amis, il analyse d'abord la situation : « Je considère le mouvement de mai comme profondément sain et juste », il a été « un merveilleux surgissement de la jeunesse française »... « mais il est regrettable que la déviation des principaux responsables étudiants... ait détourné ce puissant mouvement ». Finalement il s'en dégage un besoin de responsabilité qu'il avait déjà souligné en 1965. Il en conclut : « Il faut que la base soit désormais en mesure d'être cogérante, copropriétaire des décisions qui engagent notre peuple. C'est le plus grand tournant, de ce point de vue, depuis 1789, de la société française... La loi doit être le résultat de la délibération et de la responsabilité permanentes. »

Mais il ne faut pas se tromper, rien n'est faisable tant qu'on n'a pas abattu le gaullisme, renforcé encore par l'échec de mai. En même temps il faut agir pour créer l'indispensable parti socialiste. Il ne s'agit pas de repeindre une vieille façade : il faut des idées neuves et des hommes neufs, une relève complète. Si les autres ne veulent pas, il faudra partir de la base et il crie à ses amis : « Appelez-en dans chaque village, dans chaque ville à l'adhésion de tous ceux qui sentent le besoin d'une gauche conquérante et généreuse. Appelez-les tous, ils viendront et pour ce combat-là, je serai avec vous. » Il ajoute : « Ce sera la désolation des appareils et des amateurs d'équivoques. » La FGDS est pratiquement morte mais doit surgir « un socialisme qui ne saurait être ni un dogme contraignant ni une idéologie opportuniste, mais une recherche et une création continues de tous les militants pour faire passer dans la réalité les espérances pour lesquelles le peuple combat ». C'est ce qu'affirme la motion finale du Congrès.

Comme pour prendre du recul, François Mitterrand part faire une tournée de conférences aux Etats-Unis, non sans avoir déclaré à *Paris-Match :* « Le nouveau parti socialiste, je travaillerai de toutes mes forces à sa création. Il faut qu'il devienne la plus grande formation de la gauche... C'est une stratégie simple, linéaire; il n'y en a pas d'autre. »

Quand il revient le 7 novembre après l'élection à la présidence de Richard Nixon qui souhaite un difficile désengagement au Viêt-nam, c'est pour donner sa démission de président de la FGDS, en précisant : « Je n'abandonne pas le combat. » Selon certains, il s'est mis en réserve de la gauche. En réserve peut-être, en retraite sûrement pas.

En cette fin d'année, comme on fredonne des airs des Beatles et qu'on rêve au débarquement d'hommes sur la lune, il reprend toutes les semaines le chemin de la Nièvre; il commence à écrire un livre de souvenirs, d'analyses, de définitions, *Ma part de vérité,* qui sortira en juin 1969, et pour mesurer son impact, il s'en va, de-ci, de-là, de par la France tenir des réunions. Il est vite rassuré, il est toujours un rassembleur, un homme en qui l'on croit, que l'on veut entendre, que l'on va entendre.

Si 1968 fut l'année des désillusions, 1969 est l'année des surprises; de Gaulle sera écarté du pouvoir et Guy Mollet de la direction de la SFIO; deux Américains marcheront sur la lune, réduisant nos rêves en rocs glacés ou brûlants et en poussière. Nixon réussit à rapatrier 25 000 GI du Viêt-nam; les hippies de Bob Dylan se réunissent à 20 000 dans l'île de Wight, les premiers essais du « Concorde » sont des succès. Mais Eisenhower meurt, la guerre civile fait rage en Irlande du Nord; Israël et le Viêt-nam posent toujours d'insolubles problèmes. Le nombre des drogués se multiplie... Cependant, comme il est mis à l'index par la SFIO et par les radicaux, François Mitterrand semble bloqué. Il se tait, étudie, réfléchit, écrit, invite ses amis de la Convention à maintenir leur action et leurs contacts, à approfondir leur projet de nouveau parti socialiste. De Gaulle va lui offrir une occasion de retour à l'action en proposant un référendum sur la réforme régionale, « une procédure illégale pour une réforme trompeuse et périlleuse », commente-t-il, tandis que *Combat républicain* précise : il n'est pas normal qu'on demande une seule réponse à la série de questions posées pour la réforme envisagée, « caricature de démocratie régionale qui renforce l'autorité des préfets régionaux, transformés en véritables gouverneurs de province, aggravant la tutelle sur les départements et les communes ». Il faut donc voter « non », alors que de Gaulle répète sans relâche : « Une fois encore je demande à la France si elle a confiance en moi », mais la France n'avait plus confiance [1], et de Gaulle se retire à Colombey tandis que le Conseil constitutionnel constate la vacance du pouvoir et que le président du Sénat, Alain Poher, assume l'intérim jusqu'aux nouvelles élections présidentielles.

La France attendait son candidat de l'union de la gauche, François Mitterrand. La Convention y poussait, le PC était incertain, mais Guy Mollet avait mis son veto, mettant en avant Christian Pineau, aimable écrivain de contes pour enfants, en espérant avoir à soutenir une candidature centriste d'Alain Poher ; c'est le retour à la division. Gaston Defferre trouble les plans en annonçant sa candidature avec l'appui de Mendès France ; le PC présente Jacques Duclos, stalinien reconverti en bon papa gâteau, le PSU son candidat Michel Rocard et les gauchistes le leur, Alain Krivine. Le pays ne comprend pas, et c'est un échec pénible qui va laisser en face à face pour le second tour le conservateur Pompidou et le centriste Poher [2]. Pompidou l'emportera facilement avec 11 064 371 voix (37,5 % des inscrits), contre 7 243 118 à Poher (26,96 % des inscrits).

En métropole Pompidou n'a que 135 198 voix de plus que Mitterrand, lors du deuxième tour de l'élection de 1965 ! François Mitterrand a suivi avec amertume cette démolition voulue de son œuvre ; pendant que les Français refusaient de voter pour Defferre, il escaladait mélancoliquement, sous la pluie, la roche de Solutré. Il était prouvé qu'il avait raison, mais n'aimait pas avoir raison dans ces conditions.

Qu'est devenu, entre-temps, le projet élaboré par la Convention pour la création d'un nouveau parti socialiste ? La SFIO veut le réaliser à son profit malgré la démission de Guy Mollet et en jette les fondements lors de son congrès de mai à Alfortville. Les conditions sont telles que ni la Convention ni l'union des clubs socialistes UGCS de Jean Poperen ne veulent s'y

1. Il y eut lors de ce référendum du 27 avril, avec 19,80 % d'abstentions, 10 902 000 « oui » et 12 667 000 « non ».

2. Obtiennent au premier tour : Pompidou : 10 052 816 voix ; Poher : 5 268 551 ; Duclos : 4 808 285 ; Defferre : 1 133 222 ; Rocard : 816 471 (3,61 % des suffrages.)... Avec ses 3,83 % des suffrages, Defferre recevait un cruel démenti.

soumettre. Le référendum et les élections présidentielles arrêtent tout et François Mitterrand en tire la leçon dans une conférence de presse du 19 juin. Il dénonce toujours la majorité de qui il faut exiger « le droit à l'information et une plus grande indépendance de la magistrature ». Il s'élève aussi contre ses anciens partenaires de la Fédération : « Une immense espérance populaire a été bafouée par la volonté d'un petit groupe d'hommes, dit-il ; il n'y a plus en face de la majorité que le Parti communiste... et plus de renouveau... Il faut réagir... Il n'y a pas d'autre voie que la réconciliation et le rassemblement à la base sans s'arrêter aux structures et aux appareils existants. » Ce qui condamne la tentative de la SFIO.

Il va s'en expliquer dans son ouvrage *Ma part de vérité.* Il tente de définir qui il est et comment il est arrivé au socialisme : ni sa vie familiale d'enfance, ni sa formation, ni quelque illumination, ni une étude théorique ne l'y ont conduit. Ses réactions naturelles, son instinct du juste et du libre, son expérience variée d'homme politique, sa réflexion sur les finalités de la politique, ses contacts avec les hommes et son sens de l'humain, l'y ont irrévocablement poussé. Il pense qu'il doit y avoir un modèle français du socialisme qui n'a pas pour but « de créer un système productif supérieur au système capitaliste. Sa vocation est de libérer l'homme des forces qui l'oppriment et cette libération, je l'ai dit, passe par la création de nouveaux rapports de production ». Il impose « une maîtrise de l'avenir qui passe à la fois par une redistribution des pouvoirs au sein de la société et par le contrôle social de l'investissement ».

A la base, poursuit Mitterrand, il ne faut pas oublier « qu'il n'y a pas de démocratie sans responsabilité des citoyens... qu'il n'est pas de démocratie économique sans responsabilité des travailleurs ». Il ne faut pas non plus oublier ces mots dont on sourit volontiers mais auxquels il croit : « Paix, liberté, justice, bonheur, responsabilité. » Et il conclut : « Rien ne sera possible ce soir ou demain si l'on n'a pas décidé de reconstruire le monde. »

Un deuxième congrès socialiste à Issy-les-Moulineaux, en juillet, remplacera Guy Mollet par Alain Savary et proclamera que « l'union de la gauche constitue l'axe normal de la stratégie des socialistes ». Il sait que le pas décisif n'a pas été fait, que si la doctrine et les principes socialistes ne sont pas en cause, l'organisation et les méthodes ne sont pas adaptées ; l'avance à petits pas de Savary ne mène pas au but ; il ne s'agit plus de réforme mais de renouveau. Aussi reprend-il son bâton de pèlerin pour proposer à tous, inlassablement, la réconciliation des familles et des tendances de la gauche, mettre en garde aussi contre les radicaux de J.-J. Servan-Schreiber, qui veut les dynamiser en leur offrant sous le titre *Le Ciel et la Terre,* un manuel de séduction bourgeoise à l'usage des manants et des croquants de France.

Pour bien marquer son indépendance dans cette nouvelle recherche de l'union, Mitterrand rejoint à l'Assemblée, le 3 octobre 1969, le groupe des « non-inscrits », ce qui ne l'empêche pas de poursuivre son combat contre le conservatisme gaulliste et, précisément, le programme du nouveau gouvernement, celui de M. Chaban-Delmas, lui semble un mirage pour le camoufler. « On ne bâtit pas, lui dit-il le 12 septembre, une nouvelle société sur des vœux pieux. » Il ajoute : « Il y a de bonnes propositions dans votre programme », mais il est regrettable que le budget les contredise et qu'elles soient assorties de trop de précautions ; Chaban semble dire : « Nous ferons tout demain à condition de ne rien faire aujourd'hui. » Il a raison de parler de société bloquée, d'une administration tentaculaire et inefficace, de l'archaïsme et du conservatisme des structures sociales... mais que peut-il contre cet état de fait avec une majorité qui « est, dans ses profondeurs, la représentation d'intérêts dont vous déplorez l'anachronisme et la peur du changement ». Seule la gauche le pourrait. Par ailleurs, quand on discute de la mise en place de la « participation » aux usines Renault, il réclame énergiquement que tout ce qui doit être décidé par décret le soit dans le cadre des conventions collectives.

Avec la Convention, François Mitterrand a poursuivi le travail d'approfondissement et, le 7 décembre, aux assises de Saint-Denis, il peut annoncer la mise au point d'un « socialisme du possible », dont il faut rappeler les éléments de base : « Il n'y a pas de socialisme sans réforme des rapports de production... qui suppose la modification des conditions de vie des travailleurs et des moyens de son éducation qui le rendront apte à la cogestion... Il doit définir une politique économique à partir du plan et des instruments de sa réalisation... Il est, bien sûr, l'épanouissement des libertés individuelles et collectives... C'est aussi une nouvelle conception des pouvoirs fondée sur le contrôle démocratique des centres de décision, sur le gouvernement du peuple... sur la décentralisation et la désétatisation... Une éthique enfin pour éviter l'esprit de secte, la négation des réalités, le bonheur malgré soi...[1] » On peut compléter ce texte par un communiqué de 1968 sur la réforme régionale et par le projet « pour une politique municipale » élaboré en vue des élections de 1971.

On peut trouver lassante cette lente marche vers l'unité, ces approches, ces initiatives, ces échecs, ces reprises, mais la mise au point d'idées politiques adaptées à l'époque et leur pénétration ne se font que lentement ; il y a tant de routines, de contestations, de pesanteurs à vaincre... ! L'élan romantique et quarante-huitard de 1965, comme l'explosion de mai 68 avaient rendu aux Français le goût de la chose publique, celui de la contestation, celui de la responsabilité individuelle et collective, mais il fallait encore que s'organisent les idées, que la volonté de l'union pour l'action s'éveille et se traduise dans la création d'un grand parti socialiste. 1970 va le préparer, 1971 voir sa réalisation. Depuis 1958 il n'y avait plus en France d'alternance possible du pouvoir, ce qui crée un grave malaise quand le productivisme industriel permet à l'outil d'échapper à l'homme et de l'asservir comme l'a démontré Ivan Illitch. On le sentait dans le pays, et on commençait à y souhaiter qu'une gauche vigoureuse apporte de nouveaux remèdes.

1970 connaît son lot habituel de drames et de morts. La nature est féroce avec ce séisme du Pérou qui fait 60 000 morts et le typhon du Pakistan, 10 000. Les guerres se poursuivent aussi ; au Biafra les Ibos sont écrasés ; Israël bombarde Le Caire, la guerre du Viêt-nam gangrène maintenant le Cambodge, Belfast est toujours régulièrement ensanglantée, tandis que disparaissent Nasser, François Mauriac, Jean Giono, 145 jeunes, brûlés dans l'incendie du « 5-7 » à Saint-Laurent-du-Pont, mais la France ne sait plus que cette date le 9 novembre : à 19 h 30 s'éteint le général de Gaulle, c'est un deuil national ressenti par tous, même par ceux qui l'ont combattu. L'un de ses adversaires les plus résolus, François Mitterrand, lui rend hommage. Il nuancera cet hommage en le développant dans *La Paille et le Grain* (1975). Retenons quelques formules : « La figure singulière du chef de la France libre me séduisait et me glaçait... Il me paraît plus remarquable par ce qu'il était que pour ce qu'il faisait... Il avait l'âme forte et le jugement sûr. Il parlait un langage qui portait à rêver... Nul n'a parlé comme lui le langage de l'Etat... Ses actes le créaient et la conviction qu'il avait d'être la France, d'exprimer sa vérité, d'incarner le

1. Ce texte a été édité en 1970 par les éditions du Seuil (collection « Politique »), sous le titre *Le socialisme du possible.*

moment d'un destin éternel qui plus est immuable, m'émouvait plus qu'elle ne m'irritait... Il est passé à côté des idées majeures de son temps. Mais cette imagination souveraine, je ne puis oublier qu'elle a fait hésiter l'histoire, qu'elle a plié sous sa loi de rudes réalités et qu'elle demeure l'une des données de notre vie nationale. »

Pour lui, c'est encore une année de transition, mais il ne néglige pas la défense des idées qui lui sont chères devant des publics variés. Il anime entre autres « les mercredis de la Mutualité » organisés par le club « Socialisme et société » pour l'étude de problèmes politiques comme le pouvoir et la justice, la formation et l'accession des travailleurs aux responsabilités, le pouvoir et la culture. Il est actif aussi à l'Assemblée avec de nombreuses interventions ; il prend la défense des femmes qui travaillent, il défend les libertés, il s'insurge contre un projet de loi sur « la répression des formes nouvelles de délinquance » (8 juin 1970), autrement dit la loi « anticasseurs ». Elle visait surtout les étudiants, furieux de la mauvaise application de la loi Edgar Faure.

Les troubles ont repris à Nanterre, et cela se comprend car « le peu qui avait été accordé après 1968 a été repris par ceux qui ne veulent rien changer à l'ordre ancien », notait Claude Estier (*Dire,* n° 15). Pour Mitterrand le projet menace le droit de rassemblement auquel sont profondément attachés les partis politiques et les syndicats. Il pose ces questions : A quel moment, selon quels critères, la force publique sera-t-elle justifiée d'intervenir et de disperser ? En ce qui concerne les libertés individuelles, quelles garanties vont laisser les systèmes de détention préventive et d'internement administratif ?

Son grand projet politique d'union n'est pas abandonné, mais il ne pousse pas à la roue. La définition du socialisme du possible ouvre des perspectives, les cartes sont distribuées ; il faut laisser à chacun le loisir de réfléchir et de se décider. Ce n'est qu'en novembre 1970, aux journées nationales de la Convention, à Château-Chinon, qu'il reprend l'offensive. Je l'entends encore dire : « L'équilibre interne de la gauche tient essentiellement en un seul point : l'unité organique des socialistes... C'est elle qui équilibrera la gauche, permettra une union de la gauche fructueuse, donc rendra la gauche majoritaire... »

Pratiquement, compte tenu des contacts positifs pris notamment entre les socialistes et les conventionnels (par Pierre Mauroy et Claude Estier surtout), il suggère « à toutes les organisations politiques favorables de se rencontrer au plus vite... Qu'elles décident de créer entre elles ce que j'appelle la délégation nationale pour l'unité socialiste » qui devra faire connaître ses propositions non seulement aux formations originelles, mais à l'opinion publique, pour qu'on sente passer « un courant, une force, une volonté » de l'unité socialiste, l'essentiel restant que le résultat ne soit pas une victoire d'une tendance sur une autre, mais « la résurrection d'un grand parti socialiste touchant toutes les couches nouvelles, intéressant et passionnant une grande partie de la jeunesse qui sent que le socialisme est le seul autre terme de l'alternative, le premier étant le capitalisme ».

Ce projet fut discuté âprement au congrès de Suresnes du 13 décembre 1970 ; plusieurs courants s'affrontèrent, certains voulant que leur chère Convention garde une réalité au sein d'un front socialiste, mais la motion sur la fusion fut largement majoritaire. Le Parti socialiste accepte aussitôt la procédure proposée et la délégation tient sa première réunion le 17 décembre sous la présidence de Nicole Questiaux qui n'est ni socialiste ni conventionnelle. Avec 1970, disparaît, en fait, la Convention des institutions républicaines, mais son esprit se maintiendra, créateur et actif, au sein du nouveau parti socialiste.

La délégation nationale travaille vite et annonce un congrès constitutif du nouveau parti socialiste pour les 11, 12, 13 juin 1971 à Epinay-sur-Seine, congrès souverain qui fixera les structures et les orientations politiques, préparé par des congrès départementaux et assurant aux minorités la garantie d'une représentation.

Mais avant la réunion de ce congrès décisif pour la gauche et pour François Mitterrand qui depuis des années avec énergie et continuité soutient ce projet, il lui faut encore se présenter aux élections municipales à Château-Chinon. Avec son équipe « homogène, représentative et responsable », il a formé une « liste républicaine et socialiste pour l'expansion de Château-Chinon ». Voilà déjà douze ans qu'il en est le maire, et il dresse un bilan très positif de l'action accomplie « grâce à la bonne entente entre la municipalité et les sociétés principales de la ville, grâce aussi à tous ses collaborateurs du Conseil municipal qui ont consacré à la gestion de la ville tant de temps et de compétence ». En même temps, dans l'éditorial du *Courrier de la Nièvre* (12 mars 1971), il définit franchement la tendance politique : « Il va de soi que notre liste municipale s'engage sur une option politique claire : liste de gauche, cette option est socialiste. Mais vous savez aussi que pour ce qui concerne les intérêts légitimes de chacun, elle sera, sans distinction, au service de tous. » On le savait bien, et sans problème sa liste est élue, lui-même retrouvant son fauteuil de maire.

1971 sera une année décisive dans la vie politique française et dans les conceptions économiques. François Mitterrand avait déjà souligné ce dernier aspect dans une interview à *Paris-Match* (25-10-69) : « C'est une période de transition, disait-il, vous serez surpris du transfert des centres d'intérêt, l'économique et le social prenant la priorité absolue. » L'année est marquée par la création du nouveau parti socialiste, le parti de la rose au poing, par l'élection de François Mitterrand au poste de premier secrétaire de ce parti. Après, s'enchaînent ces événements marquants : la signature du programme commun de gouvernement avec le Parti communiste (1972), l'élection présidentielle de 1974, la montée continue de la gauche qui devient de plus en plus crédible. Désormais nous ne sommes plus dans l'histoire d'hier, mais dans l'histoire passionnée qui se fait ; il faut encore tenter de vivre avec lui ces moments qui sont aussi les nôtres.

L'homme et son rythme de vie.

On connaît l'homme public, ses attitudes, ses jeux de physionomie, ses apparences, le ton de sa voix et ses infléchissements, son visage un peu sévère et volontiers crispé sur le petit écran, sa véhémence contenue, son souci du concret et sa libre passion pour la vérité. Mais l'homme public n'est pas tout, quel est son style de vie personnel ?

Ce chapitre, plus encore que les autres, est fondé sur le vécu. Même si le « je » n'est pas toujours employé, l'expérience personnelle soutient toujours le propos.

Voici un homme harcelé par la vie publique, par la pression des hommes politiques, celle des autres aussi, un homme qu'on appelle, sans cesse de toute la France pour des congrès, des meetings, des réunions électorales, des débats, des colloques, etc., qui ne refuse jamais d'aller à l'étranger pour connaître les problèmes des autres et faire connaître le visage de l'opposition en France et ses idées, de la Chine aux Etats-Unis, de l'Iran aux pays d'Afrique noire et aux Etats d'Europe.

Sans cesse et de plus en plus sollicité par des conférences de presse, des interviews pour les journaux et hebdomadaires, la radio, la télévision, par des demandes d'articles, il réussit pourtant à tenir sa place et fort bien à l'Assemblée nationale, au Conseil général de la Nièvre, à la CODER de Bourgogne, à surveiller de près sa mairie de Château-Chinon et à visiter son département, et surtout les 153 communes de sa circonscription. Il ne déteste pas la société aussi, il aime y charmer et y séduire, sait s'accorder la détente d'une séance de cinéma, d'une soirée théâtrale, d'une visite de musée, parfois seul d'ailleurs si l'envie lui en prend ou si une nécessité intérieure l'y pousse. Si actif au travers d'une indolence étudiée, il veut toujours faire le maximum sans aliéner complètement sa liberté du moment, il donne parfois le vertige... On se demande où il puise ses forces, son équilibre, comment il peut toujours rester disponible et conserver tant d'attention passionnée.

Il faut préciser qu'il est solide et raisonnable, que malgré des conditions peu courantes d'existence, il sait mener une vie saine et réglée, qu'il se soumet à une discipline rigoureuse ; il maîtrise son appétit, peut boire un ou deux verres de vin, mais refuse tout apéritif ou alcool. Même en tournée dans son département, il ne paie pas un verre : « Je trouve cela indécent », dit-il. En plus, après les repas, il ne prend ni thé ni café, il ne fume pas. Mitterrand bénéficie d'un bon sommeil, même très court. Il récupère vite et n'a jamais usé d'un somnifère. Il n'aime pas du tout les médicaments et n'en use qu'en cas d'extrême nécessité, de mauvaise grâce d'ailleurs, se limitant au minimum du minimum prescrit. Comme tous les gens robustes, un rhume, une grippe, un torticolis le mettent de fort mauvaise humeur, car il déteste ce qui le brime ou le gêne, sans que sa volonté puisse le vaincre sur-le-champ.

L'exercice physique lui plaît et il s'y adonne autant qu'il peut. Il a beaucoup joué et bien au tennis et au ping-pong, il y joue encore parfois. Il a été et reste un honorable joueur de golf, sport qu'il accepte comme prétexte à marcher et comme moyen de se contrôler, mais sa faveur va aux longues marches et il ne manque jamais, par exemple, lors de la traditionnelle et annuelle rencontre avec ses amis à Cluny pour la Pentecôte, d'aller effectuer la rude montée de la roche de Solutré. Je l'ai même vu, un jour, s'y rendre de Cluny sur la mobylette de son fils, pour son plaisir, et à l'inquiétude des siens. Il n'était pas content que je l'aie attendu en voiture à l'angle de la route de Mâcon et de celle de Solutré.

Ces promenades peuvent être solitaires et décidées à l'improviste ; il peut aussi partir avec un ami tranquillement, regardant les choses et les gens. La conversation naît alors, au hasard des lieux et des circonstances... Je me souviens, à Cluny, de promenades sur le vieux mail : tout était prétexte, l'aspect et la santé des vieux arbres, la vue panoramique que l'on découvre en son extrémité... Il fallait aussi revenir par le libraire pour acheter les journaux, feuilleter les livres. Il aime toujours en offrir à ceux qui les aiment. J'ai souvenir d'un recueil de conférences sur Lamartine qu'il avait voulu m'acheter. Le scénario se renouvelle partout ; je puis parler des promenades dans le parc de Saint-Point dont l'atmosphère romantique évoquait naturellement le poète, des sorties apéritives avant le déjeuner à Château-Chinon, où il m'entraînait par la montée qui, par le musée, dont il fallait suivre l'avancement des travaux, conduit au sommet des trois-croix qui domine la ville. Il y a aussi la forêt landaise et le passage des oiseaux migrateurs, le bruit du vent du large dans les arbres, un coucher de soleil dans les nuages vu de la plage d'Hossegor...

Il faut un rien pour faire resurgir un souvenir d'enfance, une comparaison entre deux paysages, la pensée et la vie d'hommes qu'il a connus, le travail ou la famille de son interlocuteur. Tandis que nous allions, court voyage avec haltes, d'Hossegor à Dax par Vieux-Boucau, nous discutions des théories de Lecomte du Noüy, de ce progrès technique qui peu à peu a donné les conditions matérielles de la disparition de l'esclavage : le joug, la roue, le gouvernail... puis, dans notre ère, l'électricité qui crée la possibilité de désagréger peu à peu les formes hypocrites de l'esclavage moderne. On finissait généralement en philosophie personnelle : plus intimement se retracent des instants de la vie, les formules pour vivre sa vie en l'assumant pleinement, en être responsable et conscient, cette pensée de la mort aussi que tout homme se doit d'envisager lucidement sans rien se camoufler... C'est sans doute cela son style de vie, la rigueur sans parti pris, la spontanéité secrète mais qui se devine, l'absence involontaire ou voulue mais qui n'est jamais oubli, la distance et la présence conciliées, une autorité qui n'ignore ni la tendresse, ni les raisons du cœur, ce qui le rend si attachant et parfois difficile à vivre... Il faut dire que dans le cadre de la vie politique où trop d'hommes favorables, soumis ou hostiles, trop d'intérêts, d'idées contradictoires, de refus et de haines le pressent, l'oppressent, il est différent, contraint qu'il est de durcir son masque, d'être vigilant, aux aguets, de forcer toujours son attention, de se clore en solitude.

Les lieux et les choses.

Tout homme a besoin de refuges familiers qu'il a modelés à son image. Pour François, ce ne peuvent être sa chambre monacale et neutre de l'hôtel du « Vieux Morvan » à Château-Chinon, ni les chambres d'hôtels qui l'ont accueilli sans doute dans toutes les villes de France, ni les maisons amicales qui le reçoivent, pas même celles où parfois il fait retraite pour pouvoir, un moment, échapper au harcèlement des hommes et du téléphone, afin de faire le point, de réfléchir, de décider.

Ses points d'attache, ce furent d'abord, avant la rue de Bièvre, l'appartement familial de Paris, au 4 de la rue Guynemer, la petite maison d'Hossegor pour les vacances, la maison familiale de Danielle à Cluny où sa belle-mère, Mme Gouze, savait l'entourer d'affection discrète et lui apporter une réplique, sensible, pleine de bon sens. Elle l'a toujours soutenu, encouragé.

A Paris, l'appartement n'est pas toujours un lieu privilégié, surtout en période d'intense activité politique comme en 1965 lors de l'élection présidentielle, car il sert alors de centre de réunions pour le brain-trust et de lieu de rendez-vous pour les personnalités qu'il veut consulter.

En général, il y a des déjeuners de huit à dix personnes où il convie des amis, des artistes, des écrivains, des hommes et des femmes de tous les milieux, des politiques aussi parfois avec qui il vient de discuter, des dîners plus intimes aussi au cours desquels il rit, taquine l'un ou l'autre, bavarde avec ses fils de musique, de lectures, d'histoire, de leurs sorties, de leurs camarades, voire de sport et particulièrement avec le cadet, Gilbert, de football. Il aime d'ailleurs regarder, vivre et commenter en famille un grand match retransmis par télévision.

Souvent, quand il rentre chez lui, des invités sont là qui l'attendent. Sans hâte, il fait la fête dans l'entrée, à son teckel « Lipp » qui le guette; il se rend dans son bureau, note une réflexion, des instructions pour sa secrétaire, se concentre, pense à ceux qu'il reçoit. C'est l'instant de transition. Enfin, il pousse la porte de la salle à manger, module un « bonjour » en traînant un peu sur la finale comme il fait au téléphone quand il dit « allô » et prend place à table, participe à la conversation avec brio, la ranime s'il y a lieu, l'oriente, interroge, veillant à écarter les thèmes politiques d'actualité et les problèmes d'argent, puis, soudain, repart rapidement, après un bref salut, vers son travail ou ses rendez-vous.

Dans cet appartement, il avait deux refuges, deux petites pièces qui dominent le Luxembourg : sa chambre, stricte et intime, où peu de personnes ont été admises à entrer. Elle était garnie de souvenirs, tapissée de livres dont beaucoup ont été reliés d'une main habile par sa femme, des livres de chevet : « Je suis heureux, dit-il, de savoir qu'ils sont là, prêts au dialogue, au conseil, de n'avoir qu'une main à tendre pour trouver Pascal ou les *Mémoires d'outre-tombe,* des moralistes comme La Rochefoucauld, La Bruyère ou Chamfort, pour relire une page de Claudel, généralement de *Connaissance de l'Est,* quelques poèmes d'Aragon ou de Saint-John Perse, une page de Gide, de Valéry... »

Il est homme de culture humaniste, mais l'accord profond et sensible qui peut exister entre lui et le monde, entre lui et les créations de l'homme, le pousse plus naturellement à trouver sa satisfaction, son bonheur intime dans la lecture, dans la réflexion sur la lecture. Les autres arts, il les connaît, les apprécie, les juge mais il semble que l'architecture, son ordonnancement, son équilibre, ses audaces, son intégration dans un site ou dans un paysage, voire la sculpture qui peut accompagner et soutenir cette architecture, l'émeuvent plus sincèrement que la musique ou la peinture qui ne le font pas vibrer de la même façon et qui correspondent moins à ses besoins.

Son bureau était à côté, plus sévère, dont un panneau était occupé par un grand meuble en chêne, une bibliothèque avec des cases fermées et une grande niche centrale garnie d'objets, de photographies, d'un tableau non encadré du naïf espagnol Vivancos, un syndicaliste anarchique et ancien général de l'armée républicaine.

Dans les deux pièces se répartissaient ces éditions originales qu'il recherche avec passion, avec acharnement, non pour leur valeur mais par pur plaisir de collectionneur et des objets familiers : « Ils sont là, me dit-il, donc je suis chez moi vraiment ; je tiens à les retrouver toujours à la place que je leur ai choisie. Ils me sont chers. Il suffit d'un regard, d'une caresse du bout des doigts et ils m'apaisent, me confortent. Ils ont une grande importance affective. Ils sont mon décor créant cette ambiance intime et personnelle qui m'est nécessaire, dans laquelle je me sens mieux moi-même, je suis mieux avec moi-même. Ce n'est rien parfois qu'un signe, un souvenir comme ce badge rapporté de mon premier voyage aux Etats-Unis ou ces coquillages ; ce peut être aussi quelque chose qui a sans doute un peu de valeur, mais que j'aime pour d'autres raisons, comme cette petite tête en marbre, celle d'Alexandre le Grand, m'a-t-on dit, qui me vient d'Ephèse, ou cette autre ramenée de l'île de Pâques ; je suis heureux aussi de retrouver ces portraits de famille, ramenés de Jarnac, ces portraits familiers de mon enfance et ces photographies des miens et de mes amis qui situent l'homme dans sa continuité de tous les jours, dans son cadre humain... »

Dans son bureau, la table de travail était placée vers le fond de la pièce, à gauche, inclinée légèrement vers la fenêtre à laquelle son siège tournait le dos. Devant, deux fauteuils. Il reçoit son visiteur installé derrière sa table qui est toujours très nette et méticuleusement rangée ; la lampe placée à sa gauche laisse bien dégagée la vue devant lui. Si la conversation devient plus intime, il quitte son refuge et vient s'asseoir près de son visiteur. C'est marque de confiance, d'amitié.

Parfois, le soir, il va dans le grand salon voisin voir le journal télévisé, un match de football ou de rugby, plus rarement un film, une interview, un spectacle. Il ne déteste pas le petit écran car c'est aussi un moyen de vivre la vie de tous, de mesurer la puissance d'un appareil d'information.

Il était alors plus détendu à Hossegor dans la maison des vacances d'été et de Noël, la maison des retraites improvisées quand il sentait le besoin de faire le point loin du harcèlement des événements et des hommes.

C'est une petite maison de cinq pièces avec deux éléments formant angle droit, que ferme sur un patio un mur à larges arcades. Elle est perchée sur une petite dune et protégée par des pins. Il avait sa chambre à une des extrémités la plus éloignée de la salle de séjour, mais il lui arrivait de la céder à un couple quand il y avait beaucoup de monde, et de se retirer dans une petite pièce minuscule qui jouxte la cuisine. Il y passait le mois d'août, avec deux ou trois déplacements rapides à Paris et Château-Chinon, au milieu de sa famille, d'intimes, des amis de ses garçons qui logeaient dans une baraque en bois construite en contrebas. C'était la maison de la liberté, il n'y avait pas d'heure, pas de contraintes mais on se retrouvait généralement aux repas, d'ordinaire tardifs avec les invités de passage : un jour Roland Dumas et Mermaz ou Francois de Grossouvre, ou Hernu et Beauchamp, Robert Fabre venu en voisin, des fidèles de la Nièvre ou de la région, parfois un journaliste. On était en moyenne quinze à vingt ou plus à table ; l'atmosphère était chaleureuse et il aime cette vie patriarcale et amicale. On rit d'une histoire contée par Roger Hanin avec l'accent de Bab el-Oued, d'une anecdote locale, on évoque des amis, des souvenirs, on discute de livres, de promenades, du golf ; la politique est pratiquement bannie. Sur le patio, la table de ping-pong était toujours prête à accueillir les amateurs. Il se laissait souvent convaincre de tenter une partie...

En 1966, François commença à se lasser des foules estivales qui venaient se promener avenue des Fauvettes où se dressait sa maison, des voitures qui défilaient à longueur de journée dans l'espoir de le rencontrer, et songea à une vraie retraite. Un ami des Landes l'emmena voir une vieille ferme landaise abandonnée avec sa bergerie, Latche, sur la commune de Vieux-Boucau, non loin du lac de Soustons. Il eut le coup de foudre et l'acheta. C'était une ruine perdue en pleine nature, il lui faudra des années pour la restaurer et la rendre habitable. Il a depuis vendu Hossegor et vient le plus souvent possible dans cette maison de ses « rêves », avivés par le vent qui souffle dans les pins, le bruit sourd de la mer parfois dans le lointain et une infinie variété de promenades. C'est maintenant son hâvre de paix qu'il essaie de préserver au maximum contre la curiosité inlassable des amis inconnus et des autres.

7

Le nouveau parti socialiste

Surprise après Epinay.

Les résultats du Congrès d'Epinay (11 au 13 juin 1971) provoquèrent la surprise. Le succès de François Mitterrand et son élection comme premier secrétaire du Parti socialiste étonnèrent. Il ne faut pourtant pas oublier qu'il avait montré que la gauche socialiste souffrait depuis longtemps « d'une crise de confiance due à son incapacité à se renouveler, à s'adapter, à capter les nouveaux courants », à se situer dans une société en constante transformation sous l'impulsion des progrès scientifiques et technologiques, du développement des médias, des facilités nouvelles apportées par les transports rapides. Il fallait un renouveau, et François Mitterrand avait tracé une ligne politique rigoureuse qui devait naturellement faire triompher cette conclusion.

En 1970, il avait défini le socialisme du possible qui affirmait « la vocation socialiste de la Convention » et, en novembre de la même année, dans son important discours de Château-Chinon, il précisait que cet effort était « une tentative pour réunir, au moins pour un travail commun, ceux qui devaient être à l'origine de la résurrection d'un grand parti socialiste, touchant toutes les couches nouvelles, intéressant et passionnant une grande partie de la jeunesse qui sent que le socialisme est le seul autre terme de l'alternative, le premier étant le capitalisme »[1].

Les bases de la fusion qui s'est opérée à Epinay entre les socialistes, les conventionnels et quelques autres petits groupes sont là, mais, sans décrire le détail de ce congrès, il faut en retenir quelques éléments essentiels. Deux points émergent :

1. François Mitterrand, Discours à la Convention de Saint-Denis du 7-12-69.

d'abord la volonté démocratique de faire élire le comité directeur à la proportionnelle, ce qui devait permettre une juste représentation de toutes les tendances. Un ardent discours du leader du CERES, Jean-Pierre Chevènement, vivement applaudi par François Mitterrand, permet d'obtenir ce résultat. Le deuxième est le problème des motions : finalement, deux motions s'opposent, celle d'Alain Savary, alors premier secrétaire du PS, plus idéologique, et celle de François Mitterrand plus concrète et plus ferme.

A ne considérer que le fond et l'orientation de ces motions, il est clair qu'elles pouvaient aboutir à une motion de synthèse car leurs finalités étaient identiques et, en tout cas, dans la ligne stricte des grands principes du socialisme sur lesquels tout le monde à Epinay était d'accord. Le conflit réel porte sur l'esprit et les méthodes, sur la volonté d'action et les moyens à employer et aussi sur le choix des hommes qui les orienteront. Au fond, c'est le conflit entre les traditionalistes qui n'ont pas assez accordé leurs actes à leurs paroles et ceux qui, comme le proclamait Pierre Mauroy, « voulaient un changement de style ».

Le discours de François Mitterrand séduit les hommes du changement. Il est pleinement d'accord avec cette idée de base du socialisme qui est une stratégie de rupture avec le capitalisme, car « il n'y a pas de socialisme sans appropriation collective des grands moyens de production, d'échange et de recherche ». Mais il ne suffit pas de l'affirmer, il faut agir. Il aime se définir comme un combattant et il le prouve : « Qu'allons-nous faire ? d'abord exister. Exister, s'organiser, se battre sur tous les terrains. Il faut conquérir ou reconquérir la base perdue sur le communisme ; cela ne se fera qu'au prix d'actions concrètes et c'est sur ce terrain-là que nous sommes trop absents. »

Il faut tout particulièrement reconquérir la jeunesse en se gardant de confondre jeunesse et gauchisme. Il faut rallier tous ceux qui veulent la justice et le droit. Un rééquilibrage de la gauche doit s'opérer grâce au développement du Parti socialiste, un parti socialiste fort qui n'aura de leçons à recevoir de personne. Avec les communistes, il faudra discuter pour établir un contrat de majorité, mais il faut d'abord réorganiser, restructurer et développer avec ardeur le Parti socialiste car c'est dans sa force que résidera la garantie du contrat. Cette volonté généreuse et ferme, ce dynamisme s'imposeront démocratiquement à l'heure du vote, la motion de François Mitterrand obtenant la majorité [1].

Comme on était habitué aux formules feutrées, aux petits pas et aux subtilités des équipes précédentes, ce langage direct, ce style d'action surprennent, et les réactions nous étonnent aujourd'hui. *Le Nouvel Observateur* parle de « main basse sur la cité »; *Le Monde* d'offre publique d'achat, d'autres vont jusqu'au hold-up perpétré par un homme qui, la veille, n'était pas inscrit au PS. Comment l'eût-il été puisque, président de la Convention des institutions républicaines, il ne pouvait donner son adhésion avant que le Congrès n'ait entériné la fusion, créant un nouveau parti ? Il faut rappeler aussi que le congrès d'Epinay, même s'il a provoqué un changement capital dans le Parti socialiste, s'est déroulé normalement, que toutes les tendances ont pu démocratiquement s'exprimer et défendre leurs thèses, que si l'une d'elles l'a emporté, c'est qu'elle a su créer en sa faveur un courant majoritaire et que finalement la ligne nouvelle a été loyalement acceptée, même s'il y a eu, au départ, quelques grincements de dents de la part d'anciens dirigeants de la SFIO. C'est le jeu de la vie et, plus particulièrement de la vie politique.

« Florentin, machiavélique... »

Il ne faut pas hésiter à en finir avec les critiques polémiques, ressassées contre la gauche, même par des commentateurs politiques qui se disent favorables à elle. Elles ont toujours un relent de la propagande gaulliste, traduisent les énervements du PSU, les inquiétudes maladives du PC. Disons que si François Mitterrand a la réputation d'un politique habile, la motion qu'il combattait était présentée par Alain Savary, homme politique d'expérience et soutenu par Guy Mollet que l'on a qualifié de « meilleur technicien de la politique française ». On répetera encore que le comité directeur élu à la proportionnelle et qui représentait évidemment les différents courants du socialisme, formait un ensemble incohérent et incontrôlable à l'image des alliances contre nature de nombreux ministères de la IVe République. Assez de ces sottises de la propagande conservatrice : pourquoi un ministère de la droite, rassemblant des RPR, des PR, des CDS, des radicaux, fort divisés entre eux, aurait-il été un symbole d'unité, et un comité directeur, groupant des hommes qui sont tous des socialistes d'accord sur la doctrine, même si certains par

1. Sa motion l'emportera par 43 923 mandats contre 41 757 à Savary.

nature, par culture, par réflexion, divergent sur les choix, les méthodes d'action, les priorités, aurait-il symbolisé le mariage de la carpe et du lapin ?

En ce qui concerne François Mitterrand, une mise au point sur son habileté s'impose aussi. Il répondit d'ailleurs lui-même dans une interview de Marcelle Padovani du *Nouvel Observateur* (16 août 1971). Il récusait le terme de florentin qui veut évoquer Machiavel, ce théoricien de la politique dont la politique a été un échec, le terme de joueur, il ne joue ni aux cartes, ni au tiercé, ni aux courses, et ne va pas au casino. « Calculateur ? Je le suis sûrement. Vous préféreriez un homme politique qui ne calcule pas ? observait-il. Réfléchir avant d'agir, est-ce si étonnant ?... Habile ? disons que j'essaie de n'être pas inhabile et que l'habileté est une bonne chose quand elle est l'atout d'un succès désirable... Mais quand le succès n'est pas désirable parce qu'il est abandon de soi-même, trahison à ses idées, défaillance du courage — habile ou pas habile — je m'en moque. » Cette rigueur, il en a donné, nous l'avons vu, plusieurs fois des preuves évidentes, en 1953 quand il démissionne du cabinet Laniel parce qu'il réprouve la politique de répression en Afrique du Nord ; en 1958 quand il attaque le coup d'Etat gaulliste ; en 1968 quand il propose l'alternance de gauche.

C'est cet homme que, la fusion opérée, le comité directeur élu, le Parti socialiste va choisir comme premier secrétaire. Ce sera fait le mercredi 16 juin, et la semaine suivante il confiera à *L'Express :* « Le soir après avoir été élu, je suis revenu chez moi angoissé de porter un si lourd et si noble héritage, mais j'assumerai ma tâche, croyez-le ! » En tout cas, l'événement est pour lui d'une importance capitale mais il mesure avec lucidité le poids des responsabilités qui lui incombent désormais et les difficultés qui seront les siennes d'autant plus qu'il n'est, j'en témoigne, ni un administratif qui aime faire de la présence et diriger d'un bureau (il aime trop le contact direct avec la base et la chaleur humaine), ni un homme d'appareil qui surveille tout, dirige tout, décide de tout (il veut donner aux membres du parti et particulièrement à des jeunes, leurs responsabilités ; et puis, il veut pouvoir prendre du recul, garder le temps de la réflexion), ni un dogmatique figé en théorie [1]. Il veut coller

1. Il dira à Roger Priouret (Interview de *L'Expansion* de juillet 1972) : « Je suis très irrité du dogmatisme des communistes et de certains socialistes... Je ne crois pas qu'il existe une vérité révélée dans la vie des hommes. Comment imaginer qu'il pourrait exister une règle implacable, impérieuse, éternelle à laquelle on pourrait toujours se référer ? »

à la réalité des hommes et des choses ; au reste, il sait ce qu'il veut et a sa stratégie.

Il a également déclaré à *L'Express :* « Le socialisme représente la seule réponse aux problèmes du monde actuel... Il signifie la prise en main collective du destin du peuple par lui-même et l'apprentissage de la responsabilité. Il est en soi révolutionnaire car il est rupture avec l'ordre social et économique. »

Cette définition impose naturellement aux membres du parti des devoirs d'action, la volonté d'être présents partout où il y a combat contre le capitalisme, d'être représentés dans les municipalités, les conseils généraux, dans les entreprises. Méthodiquement pour entraîner avec lui les Français, le PS doit faire connaître son vrai visage, sa personnalité, défendre clairement, loyalement ses options de base, montrer qu'il est capable de se déterminer lui-même en fonction de ce qu'il veut. Il faut donc travailler et vite, rédiger le programme du parti, choisir ses alliances.

Ce dernier point est capital, mais Mitterrand ne veut pas bousculer. Evidemment il est toujours profondément, presque charnellement attaché à l'union de la gauche « considérée comme l'instrument nécessaire d'un changement de majorité, donc d'un changement de politique dans notre pays »[1]. Il souhaite que les radicaux y soient fidèles, dans une acceptation rigoureuse des principes et des idées admis, il l'écrit à J.-J. Servan-Schreiber, mais le grand problème est celui des rapports avec le Parti communiste. La nouvelle direction du PS et les objectifs qui ont été définis et adoptés à Epinay sont accueillis par lui avec une certaine aigreur ; « C'est un faux-semblant », clame Georges Marchais. Les premières actions : condamnation formelle de la guerre du Viêt-nam, participation des socialistes à la manifestation du 26 août 1971 contre la hausse des tarifs des transports en commun, lui apportent un démenti, et Georges Marchais rectifie : « Nous avons eu une réaction caractérielle [ce ne sera pas la dernière !], elle nous a empêché de voir sur le moment les changements importants survenus au Parti socialiste », mais les attaques reprendront bientôt et, pour devancer le PS qui met au point son programme, le PC publie en octobre 71, en toute hâte, un programme de gouvernement. « C'est une bonne chose, dira placidement François Mitterrand ; dans quelques mois, il y aura le programme socialiste et la synthèse si elle est possi-

1. Lettre à J.-J. Servan-Schreiber du 29 octobre 1971.

ble. » L'essentiel est que le PS poursuive ses tâches ; pour lui « la politique n'est pas un problème d'humeur », et il est en garde devant « les amours variables du PC ».

Le calendrier fixé par le Parti socialiste est respecté : en janvier le projet de programme est soumis aux militants, le rythme des adhésions s'accroît [1], le sigle de la rose au poing et son graphisme sont adoptés [2], le premier numéro de l'hebdomadaire du parti *L'Unité* (Directeur, Pierre Mauroy, rédacteur en Chef Claude Estier), paraît le 28 de ce mois, tandis que François Mitterrand s'en va, le 8 février, se mêler à la foule parisienne, avenue du Général-Leclerc, provoquant un attroupement monstre malgré la pluie. Pendant deux heures, il répond patiemment aux questions des passants et explique la nécessaire union de la gauche dans laquelle le Parti socialiste sera le garant des libertés. Il y a toujours des difficultés avec le Parti communiste qui refuse cette fois de s'associer à une protestation contre la terreur policière en Tchécoslovaquie.

Le parti se porte bien, la fermeté ouverte du premier secrétaire qui admet les courants et les tendances mais refuse qu'ils ne s'organisent en fractions, renforce l'unité comme on le constate au Congrès de Suresnes des 11 et 12 mars 1972 où l'on discute avec ferveur de la mise au point du programme, où on le met au point, où on l'adopte. Pierre Mauroy, nº 2 du parti, est satisfait : « C'est la fin du transitoire, dit-il, la fin du provisoire, le Parti socialiste est maintenant installé. » Il a affirmé son irréversible orientation à gauche, sa volonté de respecter toutes les libertés et de rechercher l'union avec tous ceux qui respectent les mêmes principes, les radicaux s'ils sont fidèles à l'accord signé avec la FGDS, le PC s'il veut délaisser les discussions idéologiques pour bien cerner le concret, le PSU s'il renonce à son activisme. De toute façon il ne signera que des accords d'union qui respectent la ligne politique qu'il a définie.

Les positions du parti sur les institutions, l'Europe, l'Alliance atlantique, la force de frappe et les nationalisations, sur l'autogestion qui doit être progressivement mise en place, l'éducation, les problèmes économiques et sociaux, apportent

1. 56 008 en juin 71 et 80 300 en fin 1971.

2. Jean-Pierre Chevènement dans *Le vieux, la crise, le neuf,* Flammarion, 1975, en décrit la genèse. Le CERES avait demandé en 1970 à Paul Calendra des projets pour un signe mobilisateur. Il propose trois modèles de poing à la rose : « Celui qui fut retenu devint au lendemain d'Epinay et par la volonté de François Mitterrand, le symbole du Parti socialiste tout entier. Dans le poing du travailleur, la rose fragile du bonheur. L'idée ne peut rien sans la force. » (page 53).

des solutions bien fondées et responsables. Dans sa préface à l'édition de ce programme de gouvernement du Parti socialiste, François Mitterrand précise : il s'agit de créer un front de classe contre « la dictature du profit étendue à toutes les formes de l'activité humaine ». Les socialistes ont voulu « dire clairement ce qu'ils voulaient et d'abord faire cesser l'exploitation de l'homme par l'homme » tout en refusant « qu'une bureaucratie dépendante d'un parti unique règle tout ». Il faut donc respecter les libertés et la démocratie politique, maîtriser par tous les moyens l'économie pour le bien des travailleurs. Ce programme ne prendra « sa pleine signification que dans le cadre de l'union de la gauche ». La réduction des inégalités sociales et l'amélioration de la vie quotidienne doivent permettre d'atteindre le but que s'est fixé le programme : changer la vie.

C'est un point capital, mais François Mitterrand pense que l'action dans le pays doit s'accompagner d'une action internationale. Il saisira donc toutes les occasions de faire connaître le Parti socialiste né à Epinay. Il ira le présenter au congrès de l'Internationale socialiste à Vienne, puis après un voyage surprise au Bangladesh qui mène une lutte désespérée pour se libérer de la tutelle du Pakistan (il veut savoir la vérité et reprendre, dit-il, « contact avec la vraie misère »), il se rend au Chili, non pour chercher un modèle (« Je n'ai pas été chercher le Pérou au Chili », écrit-il à son retour dans *France-Soir*), mais pour étudier un pays où socialistes et communistes gouvernent ensemble, où, malgré une situation très précaire et menacée, le président Allende a su faire scrupuleusement respecter toutes les libertés, où on se réunit sans entraves, où la censure n'existe pas, où il n'y a pas de détenus pour délit d'opinion.

Dans les premiers mois de 1972, il ira en Suède rencontrer Olof Palme le Premier ministre socialiste et discuter avec lui des réalisations effectuées. C'est le moment où nos conservateurs vantent le socialisme à la suédoise. « Demandez-leur, lui dit Olof Palme, s'ils sont prêts à voter les impôts directs que supportent les Suédois, s'ils veulent fiscaliser la Sécurité sociale, nationaliser la médecine et la pharmacie, s'ils consentent à refermer de 1 à 7 l'éventail des salaires, s'ils admettent le contrôle des travailleurs dans l'entreprise publique et privée... C'est pourtant ce que nous faisons[1]. » Enfin il rend visite en Israël à Mme Golda Meir, Premier ministre ; les propos qu'il tiendra à cette occasion provoquèrent des remous chez les

1. Cité dans *La Paille et le Grain*, pp. 41-42.

Arabes et chez les Israéliens parce que, s'il reconnaissait à Israël « le droit à l'existence et aux moyens de survivre », il avait aussi parlé des « Palestiniens à la recherche d'une patrie » et du « fait palestinien ». Nous sommes, ne l'oublions pas, en 1972. En mai, il rencontre à Bucarest le chef de l'Etat Roumain, Ceaucescu, avec qui il discute longuement de la situation d'un pays, loyal allié de la Russie, mais qui garde la volonté de disposer de lui-même.

Le programme commun.

S'il a pris ainsi plusieurs fois du recul par rapport à la vie politique française, François Mitterrand y revient pour la recherche de l'union de la gauche. Le 27 avril, commencent les discussions avec le Parti communiste ; quatre groupes de travail, formés de représentants des deux partis, vont étudier les institutions (avec les socialistes Joxe et Boulloche), les problèmes économiques (avec Chevènement et Piette), les problèmes sociaux (avec Bérégovoy et Mauroy), la politique internationale (avec Jaquet et Enoch). C'est la préparation du programme commun de gouvernement, et cette mise en route vers l'unité inquiète le gouvernement.

Pour affermir son autorité, pour se faire donner un blanc-seing, comme pour tenter, en plus, de briser cet effort de rapprochement entre socialistes et communistes, le président Pompidou propose un référendum sur un thème qui les oppose : l'Europe. Ce référendum, réservé à la seule métropole, demande aux Français d'approuver l'élargissement du Marché commun et l'adhésion de la Grande-Bretagne. Pour le Parti socialiste, cette consultation est dépourvue de sens puisque l'Union européenne est largement approuvée par les Français, que la procédure d'élargissement est réglée et qu'il suffit d'une ratification par le Parlement pour que tout soit légalement adopté. Les communistes, alors hostiles à l'Europe, annoncent qu'ils feront campagne pour le « non ». Les socialistes, européens, ne veulent pas tomber dans le piège et préconisent l'abstention. Ils ne veulent pas être dupes ni voter contre leurs convictions. Ils ont raison car, si le « oui » l'emporte avec 10 503 000 votes contre le « non » avec plus de 5 millions de suffrages, c'est l'abstention qui gagne ; elle réunit 11 503 000 suffrages et François Mitterrand peut à juste titre souligner, le lendemain, « l'importance jamais atteinte des abstentionnistes. Le PS a réaffirmé ses positions européennes tout en déjouant la manœuvre politique du président de la

République, et il conclut : « Il me semble que le rayonnement du Parti socialiste s'est accru et que, si je me garde bien de dire qui a gagné dans cette affaire, je sais bien qui a perdu. » (*Le Monde* du 25 avril 1972).

Le PC n'est pas tellement satisfait et attaque le Parti socialiste. François Mitterrand lui lance alors un avertissement au cours d'un colloque de son parti à Amiens (mai 1972) : « Nous sommes partisans de créer les moyens politiques d'une union de la gauche, mais si elle devait se contenter d'être un programme de façade, voire un programme utopique voué à rester mineur et emprisonnant les partis politiques dits minoritaires, alors le Parti socialiste sera vigilant. Certes l'union sera difficile à réaliser, parce que nous n'avons pas la même conception philosophique ; c'est sur cela que le Parti socialiste et le Parti communiste butent. Alors il nous faudra aborder les problèmes dans un esprit concret. »

Finalement les pourparlers se poursuivent et deux sommets socialistes-communistes auront lieu, le 22 juin, au siège du PS square Malesherbes et le 28 juin au siège du PC. Tout ne sera pas réglé mais l'accord se fait sur les problèmes sociaux, sur les institutions avec le contrat de législature et le principe de l'alternance, sur les problèmes économiques et les nationalisations, comme sur la politique européenne. On pense qu'il faudra d'autres contrats pour aller plus loin, car les mécanismes autogestionnaires n'ont pas été traités et il reste des litiges sur la politique de défense, les alliances, la force de frappe. Enfin, le 12 juillet, une annexe est signée avec les radicaux de gauche qui adhèrent au programme commun avec des garanties sur le rôle et la place des travailleurs indépendants, des professions libérales et des PME.

Le programme commun[1] sera diffusé largement par les partis signataires. Il va servir de base à de nombreux commentaires, à de violentes attaques de la droite pour qui il annonce le chaos et la ruine ; elle fait tout pour le discréditer mais constate en même temps qu'elle n'a rien à lui opposer. Un programme dit de Provins est donc hâtivement bâclé, béni par Pompidou et Messmer (7 janvier 1974) mais son insignifiance n'apportant guère d'arguments, les attaques reprirent. « La

1. Dans son étude sur « Le langage des socialistes » (Stanké, 1979), Jacques Gerstlé note que les marques partisanes traditionnelles du marxisme en ont été évacuées ainsi que les particularités idéologiques, de façon à obtenir un texte concret convertible en décisions immédiates et à proposer un programme d'union.

droite n'ouvre la bouche que pour parler du programme commun, note Claude Estier dans *Le Courrier de la Nièvre* (janvier 1973), ce qui confirme chaque jour aux Français qu'il est bien devenu l'élément déterminant de la vie politique. »

Il a d'ailleurs fallu une importante campagne d'explications et de commentaires pour atteindre ce but. En novembre 1972, une enquête de l'IFOP-*L'Express* montrait que les électeurs de gauche étaient davantage motivés par leur hostilité à la politique gouvernementale (45 %) que par leur adhésion au programme commun (28 %). Tous les partis signataires se mettent donc à l'ouvrage. C'est indispensable pour le Parti socialiste car une part de son électorat est gênée par l'alliance avec les communistes. François Mitterrand s'en explique : les socialistes n'ont pas signé un contrat de dupes, car ce contrat apporte de sérieuses garanties réciproques. On sait qu'ils se battent pour le pluralisme des partis, pour les libertés politiques, pour l'alternance démocratique, pour le respect de leurs devoirs, à l'égard des masses rassemblées par l'union, mais il faut que cessent d'injustes préventions contre le Parti communiste « qui a opté pour la voie pacifique du passage au socialisme ». (*Nouvel Observateur,* 11-12-72). Il précisera encore dans une interview à Pierre Desgraupes (*Le Point,* 15-1-73) que « la présence socialiste est nécessaire à l'équilibre de la gauche et par là à sa victoire », ajoutant : « Le PC s'est engagé loyalement dans la voie de l'union de la gauche et en signant le programme commun il a montré une véritable conscience politique. »

Tous ces éclaircissements sont indispensables à la veille des élections législatives de mars 1973. François Mitterrand estime même qu'il faut aller plus loin, et il publie un ouvrage dont la lecture est toujours profitable pour bien situer et comprendre le programme commun : *La Rose au poing*[1] dont le titre évoque le symbole du combat socialiste. Il écrit :

« La responsabilité que j'ai prise, au nom du Parti socialiste, en signant le programme commun, je l'assume, non sans me poser à moi-même de multiples et graves questions qui se ramènent à celle-ci : ai-je bien servi la liberté ? Rien ne m'importe davantage[1]. » C'est au fond, pour s'en expliquer, qu'il a écrit ce livre.

Au départ une constatation : « Le conflit entre la classe dirigeante et la masse des travailleurs reste plus que jamais d'actualité. On appartient à un camp ou à l'autre... Une

1. *La Rose au poing,* Flammarion, 1977.

poignée de privilégiés possède le pouvoir économique et par lui tous les autres et sous le masque d'institutions complaisantes s'exerce en France une dictature de classe... Il est donc naturel que les partis dont le but commun est d'éliminer les structures capitalistes... s'accordent sur la définition d'un nouveau type de société et sur la stratégie qui permettra d'y parvenir. » Le programme commun donne des moyens pour atteindre ce but : « Il n'est ni communiste ni socialiste. Il propose aux Français une expérience de cinq ans pendant laquelle une majorité de gauche mettra fin au régime sans loi qui nous gouverne, instituera un code de garantie des libertés publiques, éliminera les monopoles des secteurs clés de l'économie, préparera le contrôle des travailleurs dans l'entreprise, décentralisera la décision administrative, répondra aux revendications de base (SMIG, durée du travail, âge de la retraite, égalité des salaires masculins et féminins), pratiquera une politique étrangère de sécurité collective... »

A peine paru, ce programme est caricaturé et matraqué par les conservateurs. Sans relâche, on dénonce ses dangers (mais qui est menacé ?), les menaces terrifiantes de chaos économique et d'autoritarisme bureaucratique, oubliant que la droite a favorisé la dictature des privilégiés et les contraintes administratives. Par contre, on néglige de souligner que le programme commun a reconnu l'alternance démocratique : « Les socialistes engagés dans le débat de fond avec les communistes ont, dès le début, annoncé que leur accord dépendait de l'engagement clair et public qui serait pris par la gauche de s'incliner devant le verdict, quel qu'il fut, des électeurs. » On oublie aussi que dans tous les choix politiques ou moraux difficiles, le programme commun « parie toujours sur la dignité et la responsabilité de l'homme », il veut « organiser la société pour libérer l'individu » et, commente François Mitterrand, « je ne reconnais pas d'autre mission au socialisme ! » Mais, attention, cet épanouissement ne sera réalisé que si le socialisme sait « imposer ses propres critères sociaux, politiques, culturels et moraux ».

Les élections à venir (législatives, sénatoriales, cantonales, municipales, présidentielles), dont les premières ont lieu en mars 1973 (un peu prématurées pour le Parti socialiste encore pris par ses tâches d'organisation et d'explication), montreront comment ce programme a été reçu.

Etre plus forts que les communistes.

Tandis que l'Angleterre, l'Irlande et le Danemark font une paisible entrée dans la Communauté européenne, la France entre en période électorale ; jusqu'au mois de mars 1973, la perspective de l'élection d'une nouvelle Assemblée va dominer notre vie politique. Pourtant en ce mois de janvier, l'Américain Kissinger et le Vietnamien Le Duc To vont réussir à signer l'accord de désengagement et de paix en Extrême-Orient, le dollar va être malade de la baisse [1], et le scandale du Watergate commence à secouer l'Amérique. Chez nous, si on reste indifférent à la nomination de M. Pinay comme médiateur entre les citoyens et l'administration, une affaire de fraude fiscale (affaire Dega) et surtout l'incendie du CES-Pailleron (Paris, 19e), vont péniblement troubler le pays, qui sourit aussi d'une remise en cause des écoutes téléphoniques et de micros baladeurs.

La campagne électorale est lancée, comme il convient, par une conférence de presse du président de la République, Georges Pompidou, suivie de plusieurs interventions à la télévision, notamment à la veille de chaque scrutin. M. Messmer, le premier ministre, et toute la cohorte ministérielle, suivront les consignes présidentielles. Elles sont essentiellement à base d'anticommunisme forcené. Socialistes et radicaux de gauche qui sont devenus par la signature du programme commun des « otages du PC », François Mitterrand surtout qui a conduit le rapprochement, tombent sous le coup des mêmes attaques. Le message de Georges Pompidou à la veille du deuxième tour donne une vision apocalyptique des conséquences de l'application du programme commun. Il supprimera « les libertés individuelles, la liberté politique, le droit de propriété, il soumettra la vie de chacun à l'autorité d'un parti et à une administration totalitaire... » C'est le chantage au chaos et à la ruine du pays [2], mais il y a là trop d'outrances et de contre-vérités et les sondages montrent que la cote du PC (entre 21 et 22 %) et du PS (entre 20 et 21 %) ne varient guère. Il faut dire que tous les leaders de l'opposition mènent une campagne d'explication très claire. Dans la presse, à la radio, à la télévision, dans de nombreux meetings, à travers toute la France, François Mitterrand rappelle inlassa-

1. Il est dévalué de 10 % en février.

2. En contrepartie, M. Giscard d'Estaing sort un indice mirifique pour janvier : 0 % et le SMIG est relevé de 2 %. L'électoralisme n'est pas mort.

blement les positions du Parti socialiste[1]. Il déclare à Pierre Desgraupes (*Le Point* du 15-1-73) : « Le Parti socialiste est nécessaire à l'équilibre de la gauche et, par là, à sa victoire... Je travaille donc pour qu'il existe en tant que tel dans l'esprit des Français. » Il a conclu un engagement en signant le programme commun et partout il le répète : « Le Parti socialiste respectera en toutes circonstances la discipline, l'engagement loyal et moral qui le lient au Parti communiste. » (Clermont-Ferrand, le 4-2-73), et il le redit dans un face à face télévisé devant Alexandre Sanguinetti : « Nous sommes d'honnêtes gens. Nous avons contracté une alliance avec les communistes, nous n'acceptons pas de participer à un gouvernement où ils ne figureraient pas à nos côtés. » Bien que le pays ne soit pas encore affranchi des préjugés imposés par la droite ni habitué à cette nouvelle gauche, ces positions sans ambiguïté, comme le refus de tout magouillage après le premier tour et la franche acceptation du désistement automatique en faveur du candidat de la gauche le mieux placé au premier tour (véritable moralisation de la politique électorale) marqueront les esprits.

François Mitterrand a commenté ainsi cette position : « Cela démontrera aux socialistes que, s'ils veulent gagner, ils doivent être plus forts que les communistes » (*Nouvel Observateur*, 15 mars 73).

Les conséquences furent heureuses. Si au premier tour le PC obtient 5 063 981 suffrages (21,34 %), les socialistes le talonnent avec 4 899 865 (20,65 %). Le premier objectif de François Mitterrand, le rééquilibrage de la gauche, est donc pratiquement atteint. Après le deuxième tour, la gauche aura 176 députés dont 73 communistes contre 91 en 1968. La majorité descend de 372 à 275 sièges.

Ce n'est pas un ras de marée, mais le succès socialiste, même s'il a été minimisé entre les deux tours est net. Le PS fait plus de voix que la SFIO en 1956 ; cette reprise le rend désormais crédible et doit favoriser son développement. Mitterrand qui aime les mutations lentes, qu'il juge plus rassurantes et plus solides que les à-coups ou les faveurs accidentelles dues aux circonstances et aux humeurs d'un moment, peut être satisfait et d'autant plus que des jeunes d'avenir sont élus : Fillioud, Cot, Joxe, Chevènement...

1. Il y eut même un débat institutionnel : le président de la République appellerait-il le chef de la gauche en cas de succès ? Finalement, François Mitterrand s'en tient à un propos de Pompidou : « J'appliquerai la Constitution », et réplique : « Nous vous garderons comme Président ! »

Tout naturellement, la Nièvre s'est donné trois députés socialistes : François Mitterrand avec son fidèle suppléant Pierre Saury à Clamecy-Château-Chinon ; le Dr Benoist à Nevers et un nouveau, le Dr Huygues des Etages à Cosne. François Mitterrand disait à ses électeurs après avoir visité les communes de sa circonscription. « Je me suis rendu compte sur place de la modicité de leurs ressources et de leurs immenses besoins que, seule, la réforme radicale des finances locales que nous proposons permettra de résoudre. » Il soutient les agriculteurs, « ces éternels oubliés », les commerçants et artisans « laissés en dehors de toute réelle protection économique et sociale ». Il conclut par l'éloge du socialisme qui « s'identifie au combat séculaire pour que cessent toutes les formes d'exploitation de l'homme par l'homme » (8 mars 1973).

Les élections passées, la majorité reprend son train-train. M. Messmer devient à nouveau premier ministre, Edgar Faure est élu à la présidence de l'Assemblée nationale. Pourtant il faut bien faire face à la révolte des lycéens, qui protestent contre la loi Debré qui réduit les possibilités de sursis et contraint à des interruptions d'études, et contre un nouveau diplôme le DEUG (Diplôme d'études universitaires générales) qui apparaît comme un système abusif de sélection. En même temps Renault a des difficultés avec ses OS. De son côté, le Parti communiste s'inquiète de l'impact de François Mitterrand et du Parti socialiste ; il décide pourtant de rester fidèle au programme commun, devenu sa charte politique ; mais il va mener campagne pour démontrer qu'il est le vrai parti de la démocratie.

Pour le Parti socialiste, son congrès de Grenoble (22 au 24 juin 1973) va lui permettre de faire le point. Toutes les tendances s'expriment, elles affirment la vitalité du parti, son adhésion sans réserve aux idées nouvelles et son dynamisme. François Mitterrand les laisse s'exprimer, mais dans son discours, il définit la doctrine : il ne veut pas que le parti « sous la poussée des fractions les plus vivantes mais aussi les plus dangereuses, prenne tous les défauts du PSU ». Il affirme : « Le gouvernement du parti doit être homogène. Ceux qui ne participent pas à la motion de synthèse ne participent pas à la direction. Si on est minoritaire, on doit en assumer la grandeur et l'échec. » Il veut « un parti dynamique et responsable », insiste sur la nécessité d'un renforcement de l'union de la gauche, dans laquelle les socialistes auront leur langage propre. Toutes leurs forces doivent se rassembler pour faire du Parti socialiste le premier parti de France.

De plus, la finalité autogestionnaire de l'action des socialistes est réaffirmée. Conscientes de la nécessité d'une cohésion profonde du parti, les principales tendances, même le CERES, ratifient la motion finale et François Mitterrand reste plus solidement premier secrétaire. « Il s'est placé au-dessus des tendances, inspirateur et arbitre, c'est une démarche présidentielle », note André Laurens dans *Le Monde* au lendemain du Congrès. Il est vrai que dans le monde politique, on commence à penser sérieusement à l'échéance présidentielle de 1976.

Dans le flot des événements, des prises de position, des situations, il faut souligner le commencement de la crise. Les indicateurs sont l'inflation (l'indice des prix de juillet est de 0,8 % en plus), et le lent démarrage du chômage. Une affaire, l'affaire LIP, va bouleverser et passionner la France, les ouvriers de cette entreprise acculée à la faillite voulant défendre leur instrument de travail. Sous la conduite d'un syndicaliste CFDT, Charles Piaget, ils résistent au pouvoir, vivent avec du travail clandestin et des ventes sauvages de montres. Le gouvernement fait tout, « montrant ainsi, dit François Mitterrand, son mépris pour les travailleurs et l'opinion publique », pour faire échouer cette action et cette lutte qui connaîtront de longs prolongements.

Enfin, il y a le drame du Chili : un putsch militaire renverse le gouvernement légal, le président Allende est assassiné. L'émotion est grande. « Le coup d'Etat est accompli, brutal, sanglant, il a tué le président de la République, il tue les dirigeants de l'Unité populaire, déclare François Mitterrand... Le fascisme est passé... Il est capital de contribuer davantage au développement des luttes révolutionnaires pour le droit des peuples à disposer d'eux-mêmes et pour l'avènement d'une société plus juste... » « Dans l'immédiat, poursuit Mitterrand, le Parti socialiste demande que le gouvernement français ouvre notre pays aux exilés. Allende et ses compagnons morts pour leur peuple, la charge sentimentale que comporte ce sacrifice a sauvé la capacité victorieuse de tous les socialistes du monde car elle a inversé la charge de la preuve : ce n'est pas nous qui sommes obligés d'expliquer pourquoi nous avons perdu, ce sont eux qui sont obligés d'expliquer pourquoi ils assassinent [1]. »

Il précisera encore l'importance de l'événement dans le débat sur une motion de censure, le 9 octobre : « La liberté dans le monde est indivisible, comme elle est indivisible dans l'esprit. Personne ne la sauvera en invoquant Prague contre

1. Interview du *Nouvel Observateur* du 8 octobre 1973.

Santiago-de-Chili ou l'inverse. On n'excuse pas le crime par le crime... Il n'est pas de bonnes blessures pour la liberté, elles sont toutes mortelles. »

Cependant, en septembre 1973, à la veille d'élections cantonales qui concernent la moitié de la France, un succès électoral — l'UDR Mirtin, député invalidé, est nettement battu, dans les Landes, par le socialiste Duroure — renforce l'élan et la crédibilité du Parti socialiste et de l'alliance de la gauche autour du programme commun. François Mitterrand le précise : « Pas question de faire la fine bouche devant les besoins du bien-être matériel ou la quête de la santé. Si leur satisfaction ne suffit pas à faire le bonheur, il ne se fera pas sans eux. Le rôle du socialisme est de libérer l'homme de ces contraintes et de l'angoisse qui, dans la société capitaliste, le prennent à la gorge. Il n'y a pas de bonheur possible pour celui qui, toute sa vie, ne cherche qu'à subsister[1]. » C'est un problème qui peut être résolu si l'on connaît « les aspirations quotidiennes de chacun et si l'on veut trouver les moyens de les satisfaire »[1]. Il est indispensable, à cet effet, de favoriser la recherche scientifique, d'accorder « une priorité effective et massive aux recherches à finalité socio-économique : les transports, les logements, la vie urbaine », et puis les équipements collectifs... la santé, la criminalité, la pédagogie... les nuisances... Un comité consultatif de la recherche « composé de chercheurs élus démocratiquement par leurs pairs » orientera effectivement les choix du gouvernement[2].

Une compréhension nouvelle se crée en faveur de la gauche unie et, si les cantonales n'apportent pas le bouleversement, elles confirment la tendance à un renouveau et le développement du socialisme. L'union de la gauche obtient 47,6 % des suffrages exprimés au premier tour avec un PC qui reste égal à lui-même (1 877 371 suffrages au premier tour et 105 sièges après le second), et l'UGDS (Union de la gauche démocrate et socialiste : PS et radicaux de gauche) obtient 1 935 380 suffrages au premier tour et 191 sièges. L'égalité entre le PS et le PC est obtenue mais François Mitterrand veut davantage : le Parti socialiste doit se développer, devenir un grand parti structuré, puissant, capable d'entraîner, en parlant haut son propre langage, les hésitants pour créer enfin une gauche majoritaire. Le programme commun est toujours la charte d'union ; c'est

1. *Le Nouvel Observateur* du 3 septembre 1973.
2. Dans *La Recherche* de mars 1973.

« un bon document mais naturellement perfectible. Je souhaite qu'il soit plus concret, parfois plus plausible, qu'il ne se contente pas d'effleurer certaines questions, par exemple la défense, l'autogestion, qu'il précise ses vues sur la construction de l'Europe, etc. »[1]. Des discussions sur cette proposition seront demandées au début de 1974.

Des micros d'écoute rue de Bièvre...

Ce Parti socialiste, il faut aussi qu'il soit prêt à répondre à tous les problèmes, à prendre position devant toutes les difficultés intérieures et extérieures. Les occasions ne manqueront pas en cette fin d'année 1973. Rien ne va : l'inflation se développe et Giscard d'Estaing propose un nouveau plan, la monnaie est toujours en mauvaise situation, le chômage se développe régulièrement. Les décisions unilatérales des producteurs de pétrole d'augmenter le prix du fuel et d'en limiter les livraisons jettent le désarroi ; on ne sait plus où l'on en est et Mitterrand peut justement déclarer : « Nous ne sommes plus gouvernés. » Des difficultés surgissent avec un Parti communiste très gêné par les affaires Soljenitsyne et Sakharov ; il redoute l'Europe qui est un bloc d'Etats capitalistes, alors que le PS met l'accent sur « la solidarité des travailleurs au-delà des frontières », tandis encore qu'à l'intérieur du Parti socialiste les partisans d'Israël et ceux des Arabes s'opposent sur le renouveau du conflit israélo-arabe. L'affaire LIP continue malgré le cri de joie de M. Messmer : « LIP, c'est fini ! » Le scandale des micros installés par des « plombiers très officiels » au *Canard enchaîné* inquiète les Français. « Nous ne sommes pas les seuls, affirme l'hebdomadaire humoristique, le nouveau logement de François Mitterrand, rue de Bièvre, en est aussi pourvu. » Les murs de son bureau et de celui de sa secrétaire, au dernier étage, furent sondés et ouverts et l'on découvrit des micros placés pendant les travaux de rénovation. J'ai vu les saignées opérées et les découvertes.

C'est dans ce climat inquiétant que commencent à se préparer les élections présidentielles de 1976. Giscard d'Estaing, Chaban-Delmas, Messmer affirment trop vigoureusement que c'est prématuré pour qu'on ne pense pas qu'ils sont intéressés. Chez les socialistes, on se demande si les communistes exigeront des primaires ou se rallieront à une candidature commune.

1. *Le Nouvel Observateur* du 8 octobre 1973.

C'est en cette année 1973 que les milieux politiques et les journalistes politiques commencent, enfin, à comprendre que quelque chose est changé, que François Mitterrand a donné « à la vie politique française une figure nouvelle » (Pouget, dans *Le Figaro*).

Bientôt, Maurice Clavel se demande : « Qu'est-ce qui a grandi Mitterrand depuis quelque temps ? » Il pense que cela vient de l'homme qui a surmonté les impatiences, les énervements, l'agressivité, subissant « une sorte d'invasion de la sérénité » et trouvant « la façon de remettre les choses à leur place ». De son côté Roger Priouret écrit dans *L'Expansion :* « Il fallait une conviction profonde et un grand désintéressement pour dire non à de Gaulle en 1958 et persister depuis dans cette attitude de refus. Il en fallait encore pour engager le Parti socialiste dans un programme de nationalisations et de collaboration avec le Parti communiste. » Dans *Le Nouvel Observateur,* c'est le rédacteur en chef, Jean Daniel, qui oublie des oppositions passées et se demande avec étonnement « comment cet homme du secret a trouvé l'audience des masses, comment ce tacticien s'est converti en militant ». Finalement, c'est sa sincérité passionnée qui, ajoute Jean Daniel, lui fait aussi « réussir sans plaire, progresser sans séduire, se faire une place sans être accepté ». Il fallait encore comprendre que « seule le retenait à la politique la vision nouvelle qu'il a d'une humanité obscure travaillant à se frayer une voie sans cesse barrée par le capitalisme ».

Bien d'autres, en cette année, confirment cette émergence d'un homme politique. Ils sont généralement frappés par son sens viscéral de la liberté. Jean Laborde relève dans *France-Soir* ce propos qu'il lui a tenu : « S'il est une image que je veux laisser derrière moi, c'est celle d'un homme qui aura agi pour le socialisme, c'est-à-dire pour la liberté ; mais la liberté pour moi n'existe pas à l'état naturel, elle s'invente chaque jour. » Il aime d'ailleurs, à cette époque, nous citer ce mot de Rosa Luxemburg : « La liberté, en définitive, c'est la possibilité pour mes adversaires d'avoir raison », car, au fond, il éclaire toute la discussion sur l'alternance démocratique, dont les débats à l'Assemblée et les présidentielles vont l'amener à discuter.

Un propos du président de la République Georges Pompidou avait ouvert l'année 1974 : « Nous entrons dans l'ère des incertitudes. » Elles sont politiques et économiques.

M. Messmer, le premier ministre, flotte comme notre franc depuis le 19 janvier (Il perd de 3 à 5 %). « C'est le retour, dit François Mitterrand, à la jungle monétaire. » M. Messmer flotte, parce qu'il ne maîtrise pas tous ses ministres, et parce que M. Pompidou dont la maladie, très réelle et très grave, commence à susciter des commentaires, ne peut guère le conforter, parce que les problèmes de l'énergie et de l'économie semblent le dépasser. Il propose de substituer au pétrole des centrales nucléaires, ce qui suscite l'inquiétude dans le pays et la colère des écologistes. François Mitterrand discute de ces problèmes : à la radio, il évoque les bénéfices des compagnies pétrolières et se fait rabrouer par les techniciens de la majorité parce qu'il a qualifié de gains ce qui n'est, selon eux, que « plus-values comptables ». Il note alors dans *L'Unité* « la peine qu'éprouve un homme de gauche pour échapper à la vigilance suspicieuse des censeurs dès lors qu'il pénètre dans le bois sacré, je veux dire dans la zone résidentielle où logent les économistes patentés ». « Mais lui se refuse à accepter que « la gauche soit vouée au social et la droite à l'économie », faisant organiser par le Parti socialiste un colloque sur les problèmes du pétrole et de l'énergie où il demande que l'on donne à la recherche « priorité absolue pour créer un modèle de croissance où énergie et pollution trouveraient des réponses complémentaires ».

Rien n'est facile dans la direction d'un pays, surtout quand il n'y a ni prévision ni action. Le problème de l'énergie le prouve, opposant la nécessité vitale de moyens énergétiques et celle, non moins vitale, de la sauvegarde de l'équilibre naturel. Il n'y aura pas de solution autoritaire valable et pas de solution possible en France, s'il n'y a « ni information ni débat politique sur les décisions qui engagent la vie des hommes et l'avenir du pays ». (*L'Unité,* février 74). Ce sont les décisions arbitraires et incontrôlées de la droite qui créent les terreurs, les oppositions systématiques et faussent le jeu.

La mise en place des Conseils régionaux (9 janvier) procède du même esprit. Il n'y a pas de vrai régionalisme, constate François Mitterrand, dans « ces assemblées guimauve d'où le peuple est absent ». Le pouvoir central, par le truchement des superpréfets, règle tout, de l'ordre du jour, au budget et jusqu'à la nomination de la plus modeste sténodactylo.

Dans la lutte contre l'inflation, il n'est pas tenu non plus compte des besoins de la majorité des Français. M. Giscard d'Estaing (« Sa réussite, dit François Mitterrand, c'est la somme de ses échecs ») façonne un nouveau plan qui grâce à un encadrement renforcé du crédit, à un allègement de la TVA, à un report des hausses des tarifs publics, veut permettre, dans la meilleure des hypothèses, le maintien du pouvoir d'achat des salaires.

A cette politique du coup par coup, s'oppose la politique de la gauche. La nécessité d'un changement s'impose et François Mitterrand le rappelle à Valéry Giscard d'Estaing dans un débat de motion de censure, au début de janvier : « Vous devez admettre que votre politique n'est pas la seule possible ; vous n'êtes pas à vous tout seul la France... Evitons de donner le sentiment qu'il est impossible de substituer une politique à une autre : la loi de l'alternance est la loi de la démocratie. »

Au cours du mois de mars, dans les milieux de la majorité, la perspective d'une élection présidentielle prématurée domine : « Les principaux ministres, déclare François Mitterrand, qui pense spécialement à Giscard d'Estaing, travaillent en termes de stratégie présidentielle. Les barons du régime organisent leur lutte en fonction de leurs intérêts électoraux et non des intérêts de l'Etat. »

Les présidentielles de 1974.

Dès la mort de Georges Pompidou, le mardi 2 avril 1974 à 21 h 58, les appétits vont se déchaîner. Chaban-Delmas pose le premier sa candidature, le 4 avril, au moment où Edgar Faure devant l'Assemblée prononce l'éloge funèbre du défunt. Après les candidatures éphémères d'Edgar Faure et de Messmer, c'est celle de Giscard d'Estaing, le 8, puis, le même jour, celle de François Mitterrand, candidat unique de la gauche sur une initiative du président des radicaux de gauche, Robert Fabre, approuvée par les communistes et les socialistes. Mitterrand a noté avec amusement : « J'ai été immédiatement l'objet d'un contrôle fiscal et, si l'on avait trouvé quelque chose contre moi, on n'aurait pas manqué d'en faire état. » Il lui fallut même faire un aller et retour à Latche pour ramener un document justificatif que l'on exigeait de lui.

Ils seront finalement quatorze candidats avec le maire de Tours, Royer, qui démissionne, à cet effet, de son poste de ministre, ce que ne fera pas Giscard ; avec Arlette Laguiller de *Lutte ouvrière*, Krivine de *Rouge ;* des hommes de droite comme Le Pen, des fédérateurs et le professeur René Dumont pour les écologistes. Une droite déchirée contre une gauche unie, c'est la première nouveauté de ces élections présidentielles.

La campagne officielle doit se développer du 20 avril au 3 mai, mais le grand débat est lancé dès le 11 avril.

François Mitterrand, démocratiquement investi par son

parti et par les partis du programme commun (MRG et PCF), soutenu par un libre accord du PSU et de la CFDT, se sent pourtant les mains libres ; il est indépendant des partis, même du sien, il veut être « l'homme d'un combat » et le sera, travaillant avec sa propre équipe installée à la tour Montparnasse, et dont il oriente et contrôle l'action, tandis que les partis mènent campagne chacun de son côté mais en veillant à maintenir l'unité des thèmes et du ton.

Le premier slogan qui porte sa signature, frappe déjà : « La seule idée de la droite : garder le pouvoir ; mon premier projet, vous le rendre », et c'est le mécanisme implacable des conférences de presse, des interviews, des déclarations, des voyages et des meetings, des rencontres, des émissions à la radio et à la télévision, l'affirmation d'un grand espoir qui grandit chaque jour dans le pays et que soutiennent les sondages d'opinion qui donnent au candidat de la gauche unie 41 % d'intentions de vote le 16 avril et 45 % le 2 mai.

Il est important de souligner ici, sans revenir sur tous les thèmes de la campagne, quelques éléments déterminants et novateurs. Le premier, c'est « le plan Mitterrand », son programme économique [1] qui veut définir les réalités et les moyens du changement, qui veut montrer aussi la crédibilité de la gauche en ce domaine. Devant le bilan du moment — désordre monétaire, inflation, balance commerciale largement déficitaire, chômage en développement que les techniques traditionnelles de l'économie capitaliste n'arrivent pas à maîtriser — il faut réagir. Il propose une fusée à trois étages : six mois, dix-huit mois, cinq ans... « M. Mitterrand, écrit Pierre Drouin dans *Le Monde,* a créé un effet de choc en faisant démarrer sa campagne sur le thème de la monnaie forte et de la lutte contre l'inflation. »

Au cours de cette première étape devraient être, en même temps, réparées les injustices les plus criantes, celles qui concernent le SMIG, les vieillards, les femmes, les jeunes ; après, en fonction de la réussite, les autres actions seraient engagées « pour que la production soit enfin orientée vers le mieux-être des classes les moins bien traitées jusque-là, la

1. Michel Rocard, emmené à la tour Montparnasse par Jacques Attali, fit partie du groupe des experts économiques. Il fut alors impressionné par François Mitterrand : « Il avait assimilé nos dossiers, remis pourtant à la dernière minute, d'une façon étonnante. Il a fait une prestation brillante et tout à fait remarquable sur le plan technique. Là vraiment, il m'a épaté. » (Conversation citée par Kathleen Evin dans *Michel Rocard ou l'art du possible,* J. C. Simoën, 1979).

maîtrise par la collectivité des centres de domination économique qui ne vivent que de cette collectivité, de nouvelles relations sociales, l'égalité des chances pour les jeunes », écrit Pierre Mendès France, approbateur, dans *Le Nouvel Observateur* (29 avril 74).

Ces orientations s'accompagnent de changements de structure, notamment « d'une forte décentralisation du pouvoir aussi bien au niveau régional qu'à l'intérieur des grandes entreprises ». L'effort économique nouveau sera soutenu par une politique économique internationale active, notamment dans le cadre d'une Europe des peuples, des travailleurs et aussi des rapports avec le tiers monde.

L'autre élément déterminant est la volonté de ne plus considérer les problèmes sous leur seul aspect quantitatif, mais de faire intervenir l'humain et le qualitatif pour définir les choix de société : il faut donner à chacun le temps de vivre et les moyens de vivre (politique de la culture, des loisirs, des vacances...), revaloriser le travail dans l'entreprise par une accession plus large à la prise de décision, réduire les inégalités (santé, pouvoir, savoir), réorienter les productions vers les exigences de qualité de vie.

« Et si nous parlions d'abord de la France ! » s'écrie François Mitterrand au cours d'une conférence de presse, d'une France qui soit « plus présente, partout présente », porteuse d'un message significatif pour une nouvelle forme d'ordre international ; il veut aussi que le peuple français « trop souvent divisé par les inégalités, par les concentrations du pouvoir » devienne plus fraternel et dispose d'une charte des libertés dans tous les domaines, comme d'un droit élargi aux responsabilités. Il veut surtout donner la priorité au bonheur sur la croissance à tout prix. S'il parle ainsi de la France, c'est, comme il l'affirme, que son but est bien d'être « le président de tous les Français ».

Le 5 mai, François Mitterrand obtient 11 044 373 suffrages (43,24 % des suffrages exprimés) devant Giscard d'Estaing, 32,6 %, Chaban-Delmas, 15,1 % (Il est le grand vaincu du premier tour), Jean Royer, 3,2 %, Arlette Laguiller, 2,3 %, René Dumont, 1,3 %. Les six autres candidats ne recueillant que 2,19 % à eux tous. C'est maintenant le face à face Mitterrand-Giscard d'Estaing. Les sondages du moment donnent les deux hommes à égalité, mais l'homme du pouvoir a le soutien de l'appareil de l'Etat.

Il s'agit de savoir comment vont pouvoir être récupérées les voix des candidats écartés, notamment celles des gaullistes.

Certains ont déjà fait leur choix, mais les politologues estiment que 13 % de l'électorat est dans l'incertitude.

La campagne reprend vigoureusement. Les résultats du premier tour ont été immédiatement analysés dans le détail comme les études de motivation, ce qui permet la définition des lignes de forces et de quelques objectifs particuliers. Les conseillers pensent que l'action doit maintenant être un peu personnalisée. François Mitterrand y est hostile, mais acceptera de passer à la télévision avec sa femme Danielle et de parler de ses activités de résistant.

Les efforts particuliers seront consacrés aux femmes et à sa position face à leurs problèmes quotidiens, aux questions que se posent les cadres qu'il évoquera à la télévision le 13 mai, aux personnes âgées en insistant sur cette « charte du 3e âge » qu'il vient de proposer. Sur le plan général, il veut être le rassembleur qui crée le grand courant favorable à la mise en place d'une profonde politique de réformes attendues de la majorité des Français. Il veut être l'homme qui sent les problèmes de prix, d'emploi, d'inégalités, de formation, de santé et qui peut apporter une solution juste grâce à la paix sociale et au grand plan économique de la gauche dont les experts ont reconnu la valeur. Politiquement, il montre les avantages de l'alternance démocratique et expose devant les représentants de la presse étrangère une politique de paix fondée sur la concertation.

Voilà l'essentiel, ce qui marque plus que la grande parade télévisée qui l'a opposé le 10 mai à Giscard d'Estaing. Un débat brillant, passionné, mais un peu formel, qui n'apporte rien à la démonstration que la confirmation de la solidité de l'un et de l'aisance de l'autre.

Un sondage improvisé après le débat dans des conditions douteuses donna l'avantage à Giscard et fut largement utilisé. François Mitterrand était scandalisé, il me dira : « Quelle fâcheuse ambiance; des fanatiques de mon adversaire ont occupé la salle avant l'heure, pour un peu aucun de mes invités ne pouvait entrer. J'ai aussi été surpris par un coup bas. Je cite des chiffres, bien vérifiés d'ailleurs; Giscard conteste, prend une fiche sur la table, donne à son tour des chiffres qu'il affirme les seuls vrais ; le débat continue et je constate que la fiche qu'il vient de reposer est blanche! J'en ai eu, un instant, le souffle coupé. Trop tard pour la réplique! J'ignorais qu'il était coutumier du fait. »

Les propos des deux candidats furent étudiés sur ordinateur.

Selon les conclusions de cette étude[1], François Mitterrand « parle moins vite (159 mots-minute contre 195), avec des phrases légèrement moins longues et un vocabulaire nettement plus riche... il est plus proche d'une rhétorique traditionnelle valorisant le beau langage et la diversité des formes... »

Plus importants furent encore les exposés de François Mitterrand à la radio, à la télévision, ces meetings où il a su mieux imposer sa véritable personnalité. Son slogan est alors : « La victoire est à portée de la main », et le 17 mai, à la télévision, il conclut : « ... Que dirai-je de plus ? J'aime la France à ma façon qui est celle du paysan qui regarde sa terre au printemps, qui mesure le prix des choses et combien coûte de sacrifices et de patience le blé qu'il aime. Ecoutez-moi, je vous le dis, la saison nouvelle est commencée déjà ; parmi nous ils sont des millions et des millions d'hommes et de femmes, forces de la jeunesse, forces du travail qui attendent de vous l'espérance de la moisson dont, je vous assure, chacun partagera le pain... Je crois qu'il serait sage et raisonnable de choisir l'alternance, c'est-à-dire la démocratie plutôt que de perpétuer la domination de quelques privilégiés qui devient dangereuse pour l'harmonie sociale... Il me semble que depuis le début de la campagne présidentielle, la France a rajeuni parce qu'il s'est accompli un événement d'une immense portée, parce que la majorité des Français a compris que l'injustice sociale n'était plus une fatalité... » Il avait de plus rappelé auparavant que si Giscard d'Estaing traitait les communistes en exclus, il était le seul candidat à n'avoir exclu aucun Français. Il pouvait donc conclure : « Président de la République, si vous en décidez, je serai le garant de l'unité nationale et le garant des libertés. »

Ce langage humain, le soutien unanime des socialistes, des communistes, des radicaux de gauche, de personnalités de tous bords, et les grands thèmes qu'il traduit : des hommes plus libres, une société plus juste, une monnaie plus forte, un peuple plus fraternel, suscitent un élan d'enthousiasme et d'espoir qui émeut les foules, qui leur fait croire la victoire acquise. Les nationalisations sont de mieux en mieux admises pour maîtriser l'économie, comme est approuvé le plan économique et social, comme est souhaitée la charte des libertés. La pesanteur des conservatismes, la peur de l'aventure, l'action massive du pouvoir provoqueront pourtant l'échec : le 19 mai Giscard d'Estaing est élu président de la République par 13 396 203 suffrages contre 12 971 604 à François Mitterrand.

1. Cotteret, Emeri, Gerstli et Moreau, PUF, 1976.

Le coup est rude pour la gauche et grande la déception. De sa mairie de Château-Chinon qu'il n'a pas quittée, François Mitterrand, les traits tirés, remercie les millions d'électeurs dont les suffrages se sont portés sur son nom. « Ils ont permis, note-t-il, le plus grand rassemblement de notre histoire contemporaine sur les idéaux de la gauche. Je mesure leur tristesse à la dimension de leur espoir... Grâce à eux, en ce jour du 19 mai 1974, quelque chose vient de commencer qui ne s'arrêtera pas de sitôt... Je vous demande de rester unis et de partager ma résolution. Notre combat continue. Parce que vous représentez le monde de la jeunesse et celui du travail, votre victoire est inéluctable. »

« Giscard à la barre... »

« Giscard à la barre », disait un slogan électoral, c'est fait. On disait aussi : Giscard pour le changement mais quel dessein politique le soutiendrait ? Certes, comme don de joyeux avènement, Chirac étant Premier ministre, la majorité civile et civique est abaissée à 18 ans (vieille revendication de la gauche, qu'il valait mieux réaliser après les élections), le SMIG est porté à 1 200 F et les allocations familiales sont revalorisées. Après, on est repris par l'événement ; l'été sera tumultueux, Nixon donnera sa démission le 8 août et sera remplacé par Gerald Ford ; le Portugal, libéré de sa dictature, se partage entre la fête et l'affrontement ; à Chypre, Mgr Makarios s'en va comme les troupes turques vont débarquer ; à Athènes les colonels laissent la place à M. Caramanlis, et puis l'inflation est toujours bien vivante, le chômage de plus en plus lourd, la pression des producteurs de pétrole toujours plus forte ; le plateau du Larzac se défend contre les militaires, les nationalistes corses se déchaînent et l'ORTF meurt en juillet, remplacée par trois chaînes indépendantes et une société de production.

François Mitterrand ne désarme pas ; il retrouve, le 20 mai, son poste de premier secrétaire du Parti socialiste dont il avait démissionné au profit de Pierre Mauroy avant la campagne électorale et veut profiter du prestige acquis pour développer et assurer son parti, il fait proposer au PSU et à la CFDT des assises du socialisme (12 et 13 octobre), qui doivent permettre de mieux ancrer le PS à gauche et de favoriser certaines fusions.

Les présidentielles ont assurément accru l'audience et le prestige de François Mitterrand. Il veut que le Parti socialiste en bénéficie, qu'il se développe, multiplie ses implantations dans les entreprises, intervienne sur tous les problèmes ; les mots d'ordre : du concret et de la présence. Il souhaite aussi que le parti approfondisse sa doctrine, son approche des problèmes, mette au point ses solutions pour être prêt à gouverner. Lui-même, et de plus en plus dans les années qui vont suivre, va s'entourer de spécialistes, pour être prêt à l'action.

Vers la fin de juillet, en Avignon, il précise à nouveau sa position sur les problèmes culturels : « Il serait vain, s'écrie-t-il, de rechercher quelque forme de libération culturelle sans considérer le postulat de la libération économique... Pas de révolution culturelle si elle n'accompagne pas une réforme des rapports de production... » En corollaire, « la libération économique et les réformes de structures peuvent normalement lever l'oppression culturelle. Il faut obtenir la libération de l'homme. » On ne peut admettre de doctrine officielle dans ce domaine, et il conclut fermement : « Du jour où il y aurait un art socialiste, moi, je ne serais plus socialiste[1]. » Précisément, c'est dans ce même sens qu'il avait porté son jugement sur l'affaire Soljenitsyne, expulsé d'URSS au moment de la parution, en Occident, de son livre *L'Archipel du Goulag,* écrivant : « Je suis pour ma part persuadé que le plus important n'est pas ce que dit Soljenitsyne, mais qu'il puisse le dire. Et, si ce qu'il dit nuit au communisme, le fait qu'il puisse le dire sert ce dernier bien davantage[2]. »

Il doit aussi depuis la fin de l'été se situer face aux violentes attaques du PC qui relance sa vieille stratégie du soupçon contre les socialistes. Il analyse plus qu'il ne juge : « Les tirs d'artillerie organisés par le PC nuisent sans raisons sérieuses à l'union de la gauche. » D'où vient cette hostilité ? Le PC s'irrite de l'emprise de plus en plus grande du Parti socialiste, qui vient de se confirmer lors de six élections partielles (Six anciens ministres gaullistes voulaient retrouver leur siège.) Le PS gagne des voix partout alors que le PC est en baisse et il remporte les sièges de Fontanet en Savoie et de Lecat en Côte-d'Or. Mitterrand commente : « Il serait imprudent d'exagérer le sens de ces résultats, même si le PS y a trouvé des motifs de satisfaction »; mais pour lui ce succès prouve que « le choix d'Epinay a fait naître une grande espérance : enfin on pouvait changer la société sans tomber dans le communisme ». Le PC

1. *Le Monde* du 2 juillet, *Le Nouvel Observateur* du 5 août, *L'Unité* de février.

2. Voir *Le Nouvel Observateur,* octobre 1974, et une reprise de cette analyse proposée par François Mitterrand dans *Ici et maintenant,* pages 50-51, Fayard, 1980.

l'a compris et s'est senti menacé. C'est peut-être dès ce moment qu'a été prise la décision de rompre l'unité de la gauche. L'histoire le dira. De plus, le Parti communiste a très mal accepté la présence de Michel Rocard et de Jacques Delors aux assises du socialisme.

En revanche, en homme de la liberté, François Mitterrand dit : « Quand ils seront avec nous, ils garderont, bien entendu, leur liberté de pensée et d'expression, mais dans le cadre de la stratégie que nous avons adoptée... Au Parti socialiste chacun propose ce qu'il veut puis doit s'incliner devant la volonté de la majorité. C'est ce qu'on appelle la démocratie. » Ces paroles ont été prononcées, ne l'oublions pas, en 1974...

Les attaques du PC se renouvelleront sans cesse au début de 1975 et, après une accalmie, seront relancées lors des élections au Portugal. Les socialistes de Soares (38 % des suffrages) refusent d'aller au gouvernement avec les communistes de Cunhal qui ont tenté l'accès au pouvoir par la force. Mitterrand, ami de Soarès, et qui a organisé, chez lui, à Latche dans les Landes, une réunion de dirigeants socialistes de l'Europe du Sud, est l'objet d'attaques renouvelées : « Il est de plus en plus sûr de lui et dominateur, s'écrie Marchais ; il vire à la social-démocratie, il voudrait gérer la crise... N'a-t-il pas aussi déclaré à Milan : " Les socialistes au pouvoir, cela signifie plus de libertés ! ", comme si les communistes français n'étaient pas pour la liberté ! »

Mitterrand met les choses au point en octobre 75 : « La polémique, dit-il, ne m'intéresse pas. Ce qui m'intéresse, c'est de réserver mes coups à la droite et d'assurer la victoire de la gauche en dotant notre peuple d'un grand parti majoritaire, le Parti socialiste, synonyme de liberté. » Il regrette ces querelles, qui prouvent seulement que « le Parti communiste habitué à dominer la gauche depuis plus de trente ans a du mal à s'habituer à la situation nouvelle qui découle pourtant de la stratégie d'union qu'il a lui-même proposée ».

Ces querelles et les questions d'interviewers qu'elles inspirent, le lassent et l'agacent prodigieusement. Il dit souvent aux journalistes qu'il y a d'autres questions, plus importantes pour la vie du pays, auxquelles il aimerait mieux répondre : la situation même de la France qu'épuisent lentement le chômage, l'inflation, le manque d'investissements donc de relance. Il faudrait expliquer loyalement les raisons des grèves : pouvoir d'achat, sécurité de l'emploi, conditions de travail et de vie ; il faudrait parler de l'attitude de la France dans les conférences internationales où elle vote toujours pour les riches ; il faudrait s'opposer à cette politique des Etats-Unis qui font payer au reste du monde le prix de leur redressement intérieur... et, pourquoi pas, des rapports entre la majorité et l'opposition ; le dialogue serait souhaitable, mais est-il possible quand l'Etat renforce son emprise sur les radios, y compris les postes périphériques et sur la Télévision, quand il y a des abus de droit et qu'on insulte ceux qu'on invite !

« L'impavide, M. Mitterrand », comme le nomme alors *Le Point,* fatigué, lassé ou pas, poursuit son œuvre. Il maintient fermement son parti dans l'unité au congrès de Pau (janvier 75)[1], et aux assises sur l'autogestion. Fermement, il dit à Pau, aux membres du CERES : « Tant que j'aurai la responsabilité du secrétariat, aucun d'entre vous, ni aucun courant ne s'installera dans des places fortes et il n'y aura pas de partage du pouvoir, chacun fabriquant son parti contre l'autre. Il convient que vous vous soumettiez devant les décisions du parti et jamais devant aucune autorité fractionnelle de courant. » Aux assises de Suresnes sur l'autogestion (juin 75), le CERES veut ajouter aux thèses discutées une thèse sur la prise du pouvoir. Mitterrand s'affronte durement à Chevènement et conclut : « Le combat pour le socialisme exige que soit refusée toute action marginale et fractionnelle. Je n'aurai pas le temps de vous le répéter souvent... Unis l'êtes-vous vraiment ? Etes-vous capables de vous supporter ? Etes-vous capables de ne pas préférer votre propre vérité à celle du socialisme ? »

Cette autorité, il la montre encore en septembre, à l'Assemblée nationale, quand il propose, en vrai leader de la majorité potentielle, un contre-plan aux propositions gouvernementales. Il dénonce les mécanismes capitalistes, générateurs de gaspillage, de profits de classe, de malthusianisme et de chômage. Un système de contradictions, auquel il oppose l'intérêt des hommes. Georges Marchais, qui ne parle alors que de le déboulonner, applaudit.

Il s'impose encore par la publication en janvier 1975 de son livre *La Paille et le Grain* qui connaît un vif succès. Ce recueil de chroniques, déjà parues pour la plupart dans l'hebdomadaire du Parti socialiste *L'Unité* sous le titre « Ma part de vérité », retouchées et complétées par des inédits, fait découvrir l'homme derrière le politique comme il lui a permis de donner un ton nouveau à son discours politique. La façon dont il mêle, tout naturellement, comme dans un entretien privé avec un ton

1. Du 31 janvier au 2 février. Le Parti socialiste, à cette date, regroupe quelque 150 000 adhérents.

qui varie selon l'humeur et les circonstances, les souvenirs personnels, ses émotions, ses regrets parfois, ses espoirs, ses réactions, les rappels historiques, les portraits d'hommes connus à une pensée politique qui ne néglige jamais l'homme, plaît et séduit même des adversaires politiques.

Ce que François Mitterrand écrit alors sur la liberté est l'écho de propos qu'il nous livrait à bâtons rompus : « Pour un socialiste, la liberté s'invente chaque jour... L'homme de droite honnête parle de la liberté comme d'un axiome de droit public et non comme d'une réalité vivante et quotidienne. Il fait un beau discours, rentre chez lui et dort en paix. On devine qu'il sera très surpris le jour où la liberté passant sous sa fenêtre chantera le « Ça ira ». Il le dit encore plus intensément à Château-Chinon : c'est son jubilé parlementaire. Il laisse la parole à la musique de Mikis Théodorakis : « Un poème, une voix de femme. Cuivre et bronze. Sur la marche de la maison aveuglée de soleil ; le sang coule. Quelque part en Espagne, on tue Garcia Lorca. Plus rien ne bouge... J'ai l'impression de reconnaître mes plus anciennes raisons de vivre et de combattre. La liberté, croyez-moi, en contre-jour sur le mur blanc de la Grèce endormie, c'est un rendez-vous à ne pas manquer. »

Au passage, il a parfois la dent dure pour certains hommes politiques au pouvoir, leur « contentement de soi sans faille et sans borne », leur mépris des citoyens qu'ils dupent sans cesse, ces « truqueurs jusqu'à la dernière grimace ». Il s'oppose à eux : « Michel Debré est comme le président de la République : il ne se pose pas de questions. Moi si ; je ne serais pas socialiste autrement. Je n'ai pas toujours la réponse, mais j'interroge et je m'interroge. Une oreille neuve pour entendre les appels, les cris, le chant du monde et pour vaincre la fatigue, je ne demande rien de plus. »

Enfin, au-delà des graves problèmes nationaux (grèves, armée, énergie nucléaire, défense des communes, inflation, chômage), ou internationaux, se définit clairement la véritable situation de notre pays où la droite au pouvoir est prête à tout pour le conserver. A propos d'un face à face entre J.-P. Cot et J.-P. Soisson, Mitterrand note « la volonté forcenée des milieux dirigeants de ne renoncer à aucun de leurs privilèges, de ne consentir à aucun compromis. Les propos de J.-P. Soisson, aimable libéral en titre, dénotaient quand il était poussé à bout la froide résolution du parti conservateur : d'alternance, il n'est pas question[1] ».

1. *La Paille et le Grain*, pages 213 à 315.

Préparer la relève.

Le succès de ce livre ne doit pas nous faire oublier le travail en profondeur qui est mené pour donner au Parti socialiste un impact plus grand dans le pays, pour mieux faire comprendre ses idées et ses buts et en même temps pour le préparer à gouverner. Des commissions d'études ont été mises en place pour approfondir tous les grands problèmes. Des spécialistes, militants et sympathisants, s'y emploient activement. Edith Cresson, secrétaire nationale, est chargée de donner un élan nouveau au mouvement de la jeunesse socialiste. Elle réunira ses délégués à Lille et le premier secrétaire s'adressera à eux avec fermeté : « On ne vaut pas davantage parce qu'on est jeune : on vaut par ce que l'on fait. » Les tâches qui se proposent à eux sont innombrables : problèmes universitaires, d'emploi des jeunes, de sélection et d'orientation professionnelle, service militaire, politique sportive et culturelle, vie associative... François Mitterrand suit ainsi de très près chaque secteur, mais il s'intéresse particulièrement à cette époque aux problèmes des libertés et de l'économie, qui sont pour lui prioritaires.

L'analyse d'un ouvrage de Maurice Duverger *Lettre ouverte aux socialistes*[1] qu'il publie dans *Le Monde* du 1er mai de cette même année lui permet de mieux définir certaines tendances. Le socialisme, écrit-il, se doit de combattre « les erreurs et les injustices de la société capitaliste ». Elles ont poussé certains à condamner la société industrielle en tant que telle. Si l'on regarde les choses en face, on constate qu'il ne faut pas condamner mais maîtriser et, dans ce domaine, c'est le socialisme qui a le plus d'atouts, car il existe une possibilité de coexistence des secteurs publics et privés, une *concurrence souhaitable*[2] entre les unités de production du secteur public, des méthodes propres à empêcher la sclérose et le blocage de l'économie socialiste. Mitterrand est d'accord avec Duverger qui pense qu'il faudrait ajouter l'adjectif « réel » à chaque élément de la vieille devise républicaine : liberté, égalité, fraternité, et sans doute aussi « humanité réelle ». Il commente : « Le socialisme, héritier du mouvement historique qui conduit l'homme à combattre pour ses libertés, est le véritable continuateur de 1789 », mais il s'insurge quand Duverger

1. Albin Michel, 1976.
2. Souligné par l'auteur.

déclare que tous les régimes socialistes sont des dictatures. Il a pu exister par fatalité historique une dictature du prolétariat en URSS, mais « la société industrielle avancée de type occidental n'a pas besoin de passer par les traverses des pays de l'Est ». Pour lui « le socialisme n'a de réalité que s'il libère l'homme de toutes les formes d'oppression par l'homme ». Le socialisme français doit donc travailler pour offrir autre chose que des choix qui ne mènent qu'à imposer des pouvoirs par l'économique comme par le politique. En conclusion, ce qu'il doit combattre c'est le capitalisme qui « par sa loi suprême du profit » a naturellement eu pour conséquence « d'éliminer l'inspiration individuelle ou collective vers des valeurs telles que la beauté, la fête, l'amour et le dialogue ». Il faut aussi se méfier de tout parti unique. Le remède d'un côté comme de l'autre est à trouver dans la voie autogestionnaire, pour que « chacun puisse juger par lui-même ce qui convient à chacun et à tous ».

Pour mieux faire connaître ses idées, le Parti utilise tous les moyens d'information ; en 1975, par exemple, Françoise Seligmann met en place au siège du PS « les entretiens du jeudi » au cours desquels des membres du secrétariat national viennent commenter l'actualité pour les nouveaux venus et les sympathisants, ainsi qu'un bulletin d'informations téléphonées : « Allô, PS. »

Ces thèmes adaptés à la réalité de notre temps donnent à réfléchir et séduisent, comme le prouvent les résultats des élections cantonales de mai 1976. Le Parti socialiste recueille 2 761 168 voix (plus de trois millions et demi avec les radicaux de gauche) ; ils obtiennent ensemble après le deuxième tour 529 sièges (+ 194), devançant le Parti communiste, 2 109 611 voix au premier tour et 249 sièges après le deuxième.

L'ensemble de la gauche est donc nettement majoritaire, mais Mitterrand répète sans cesse : « Je considère que rien n'est acquis. » C'est faire comprendre que tous les efforts entrepris sur le terrain comme par l'étude et la recherche de l'aptitude à bien gouverner doivent être activement poursuivis, sans se préoccuper des attaques contradictoires de la droite qui plaint les socialistes d'être les otages des communistes et du PC qui dénonce sans relâche leurs « tentations centristes ». Aux uns et aux autres, il n'y a pour François Mitterrand qu'une seule réponse : c'est la démonstration de la puissance active du Parti socialiste et la nette affirmation de ses idées propres.

Son originalité et l'approfondissement de sa recherche vont

d'ailleurs s'épanouir en 1976 sur deux grands thèmes : les libertés et l'économie.

En 1974, quand il était candidat aux présidentielles, François Mitterrand avait annoncé, qu'élu, il présenterait au vote du Parlement un projet de charte des libertés et des droits des Français. Pour quoi faire ? railla la majorité sûre que notre pays était le plus libre du monde. L'idée devait pourtant être valable puisque le nouveau président, Giscard d'Estaing, créait une commission des libertés qui ne devait d'ailleurs guère faire parler d'elle.

Le Parti socialiste étudie donc la question et François Mitterrand commente : « Il faut constater que les grands principes qui ont fondé la démocratie politique et dont la meilleure expression se trouve dans la Déclaration des droits de l'homme et du citoyen ont été vidés de toute substance par la classe dirigeante. » De quelle façon ? D'abord par la mainmise sur l'information : « Le droit d'expression relève de l'hypocrisie dès lors que les principaux moyens d'information soit directement soit indirectement, c'est-à-dire par le canal de l'Etat, sont sous le contrôle des seigneurs de l'argent. »

Que de surprises également si l'on pense au travail, à sa durée, à son contenu, à ses cadences, à son environnement... de ce côté-là « un champ très vaste s'ouvre à la libération de l'homme de toute forme d'exploitation ». Il faut prendre garde au mensonge des mots « pratiqué comme une méthode de gouvernement par les maîtres du pouvoir et qui justifie cette exigence de libertés précises, quotidiennes, vécues... » Par ces propos, il annonçait dans une interview au *Nouvel Observateur* (14 juin 1976), la parution, sous le titre « Libertés, liberté », des réflexions du Comité pour une charte des libertés, animé par Robert Badinter. Il en soulignait la portée dans une préface. On y lit : « Le capitalisme a engendré des formes nouvelles et subtiles d'oppression » qu'il faut dénoncer et contre lesquelles une théorie juridique des libertés ne pourrait rien. C'est tout le pays qui doit savoir et réagir : « Les déclarations de 1789 ont eu un sens et un impact parce qu'elles s'appuyaient sur les cahiers de doléances qui traduisaient le cri de tout un peuple. » Les déclarations, ajoute-t-il, « ne prennent racine que si elles expriment l'exigence de tout un peuple à un moment donné de son histoire. Ou bien elles sont l'écho d'une volonté collective de libération, ou elles ne sont qu'un exercice de style ». Il faut toujours être vigilant, attentif à toute atteinte à la liberté, être toujours prêt à sa défense comme à sa conquête permanente.

« Le Parti socialiste chercherait à accréditer son image de

bon gestionnaire éventuel de l'économie », notent *Les Echos* du 8 février 76. De fait, les jeunes conseillers économiques de François Mitterrand ont beaucoup travaillé et ils ont pu, avec le premier secrétaire, présenter à la presse spécialisée des réflexions sur la conjoncture économique réunies dans un document assurément critique : « On avait promis aux Français le changement sans risque. Au-delà des apparences, le changement n'est nulle part et le risque partout », mais aussi constructif. Il proposait des mesures propres à juguler la crise : s'attaquer au chômage (150 000 emplois dans la fonction publique), pas de licenciement sans reclassement préalable, réduction de la durée du travail, âge de la retraite avancé, SMIG à 1 800 francs pour une relance de la consommation populaire, salaires et allocations familiales indexées...

Ce fut le point de départ d'une violente campagne sur les coûts de ce programme, menée par M. Fourcade qui donnait en fait des modèles de chiffrages truqués. « M. Fourcade a sciemment trompé l'opinion publique », s'écrie François Mitterrand furieux, en apportant la preuve de son démenti. Alors que M. Fourcade pendant ses vingt mois de présence au ministère de l'Economie et des Finances, ne cessait d'affirmer que tout allait bien, l'indice des prix à la consommation s'accroissait de 17 % et le nombre des chômeurs doublait (405 100 en juin 1974 et 834 900 en mai 76).

Le point culminant de cet effort socialiste sur les thèmes économiques se situe le 12 octobre lorsque *L'Expansion* organise un « forum » sur le thème « les socialistes face au patronat ». D'un côté 450 dirigeants des plus grandes entreprises industrielles et bancaires, de l'autre François Mitterrand assisté de Pierre Mauroy, Jean-Pierre Cot, Jacques Attali, Jacques Delors, et Michel Rocard[1].

Même s'il y avait peu d'espoir de changer les opinions patronales, il était intéressant de pouvoir exposer le bien-fondé des idées et des thèses du Parti socialiste, de démontrer le sérieux de ses conceptions économiques, et même de faire admettre sa capacité à gérer l'économie du pays. Tous insistent sur les faiblesses de la société actuelle : comment accepter une croissance qui ne fait qu'aggraver les inégalités, comment se résigner à un million de chômeurs permanents, comment comprendre que l'entreprise se charge des produits sans prendre soin des hommes ? La constatation des misères créées

1. De très larges extraits des exposés et interventions ont été publiés par *L'Expansion* dans son numéro 101-101 bis de septembre 1976.

par le capitalisme a conduit le socialisme à mettre en cause l'ensemble de l'organisation économique et sociale, dont la propriété des moyens de production et d'échange.

« Je prends la société telle qu'elle est, précise François Mitterrand, et je ne cherche pas à nier les évidences... Il faut conserver une économie de marché, quelque idée qu'on en ait... Il ne faut pas que la collectivité cherche à se substituer à l'entreprise, sauf dans certains cas et selon certains critères... par exemple s'il y a monopole dans un secteur présentant un intérêt pour la vie nationale... si l'importance des commandes publiques le justifie, si l'entreprise pèse lourd dans un grand secteur social... J'observe souvent que ceux qui nous reprochent de vouloir nationaliser s'empressent d'internationaliser. » Pour les banques dont un tiers reste à nationaliser, elles annoncent que l'initiative créatrice en sera stérilisée : or, réplique François Mitterrand en développant un thème qui guidera la politique des nationalisations, n'assiste-t-on pas « au développement du capitalisme bancaire aux dépens du capitalisme industriel ? Est-ce que le capitalisme créateur n'est pas dévoré par le capitalisme de l'argent ? Est-ce que l'esprit d'entreprise auquel j'ajoute la liberté d'entreprise... ne doivent pas être réveillés car ils sont aujourd'hui écrasés par le développement totalitaire et dominateur du capitalisme international. » Finalement il y a trop « de rentes de situation, de positions spéculatives, de concentrations de capital, d'ententes et de cartels qui faussent cette économie de marché ; pas assez de présence, de responsabilité, de capacité à assumer son destin pour les hommes. La tendance autogestionnaire, apprentissage de la responsabilité, c'est-à-dire le contraire de la bureaucratie, doit donner un atout pour changer la société et sauver l'homme. » On ne peut que souhaiter un contrôle des salariés dans certains domaines précis : l'embauche, les licenciements, les cadences, le cadre de vie, l'hygiène et la sécurité, la maîtrise d'atelier... un véritable contre-pouvoir par la décentralisation, l'Etat restant l'arbitre. Ainsi à un libéralisme économique qui ne l'est qu'en paroles, estime Mitterrand, le socialisme oppose la responsabilité et la liberté.

Dans la pratique quotidienne, le Parti socialiste se manifestera en de nombreuses occasions, par exemple lors de la présentation du nouveau gouvernement, celui de M. Barre qui succède à celui de M. Chirac, démissionnaire ou démissionné. A l'Assemblée nationale, François Mitterrand déclare : « On dira que c'est le même gouvernement, moins M. Chirac ou si vous préférez plus M. Barre. Le reste ne se remarque pas. » En fait se poursuit la politique de M. Giscard d'Estaing, celui qui déclarait déjà en 1962 : « Mon premier devoir est de maintenir la stabilité des prix. » Dans cette ligne, « le plan Barre est le neuvième plan de lutte contre l'inflation produit par M. Giscard d'Estaing depuis 1963, le huitième depuis 1969 », ce qui confirme l'échec de la politique libérale dirigiste et une étonnante persévérance dans l'erreur... Certes le plan Barre affirme de bonnes intentions (mais ce ne sont que des intentions !) à l'égard des familles, des personnes âgées, des travailleurs manuels et de la formation professionnelle, mais « si le programme est appliqué, le pouvoir d'achat des salariés baissera... Ils le paieront quatre fois : par l'impôt, par la limitation de la croissance de leurs revenus, par l'utilisation de leur épargne pour maintenir leur consommation, par la dévaluation de cette épargne qui continue à ne pas être indexée. Ainsi les inégalités dont la France est la championne seront encore accrues. On est donc en droit de craindre que faute de dynamisme de la consommation, la croissance ne faiblisse et le chômage ne grandisse. M. Barre a évoqué les réformes structurelles, mais s'attaquera-t-il vraiment à ces problèmes essentiels : la justice fiscale, la répression de la fraude, l'impôt sur le capital, la réforme foncière ? A-t-il un plan de redressement des finances de la Sécurité sociale ? Il augmente les cotisations de 1,40 % mais fera-t-il verser dans ses caisses les vingt-deux milliards dus par l'Etat et les six milliards de dettes patronales ? S'attaquera-t-il aux problèmes de la pharmacie et de la médecine ?... On est bien obligé d'en douter. » (Assemblée nationale, *J. O.* du 8 octobre 1976).

Sur le terrain, le PS et les partis de gauche soutiennent l'action revendicatrice des syndicats lors de la grève générale du 7 octobre 1976 dirigée contre le plan Barre et le refus de négociation du premier ministre. A la même époque, il y a toujours des problèmes avec le Parti communiste. Cela ne semble d'ailleurs pas affecter la volonté unitaire des socialistes et cet espoir que la signature du programme commun a fait naître chez les Français. Les témoignages de l'époque restent éloquents : « Continuons ensemble, la gauche existe, elle vivra, elle réussira à changer la vie [1]. » On a également remarqué que, contre ce courant de base, après chaque action unitaire importante comme la signature du programme commun de 72, les législatives de 73, les présidentielles de 74, les cantonales de

1. Lettre citée par Alfonsi et Pesnot dans le recueil de témoignages que constitue leur livre *Vivre à gauche*, Albin Michel, 1975.

76... le Parti communiste se lance dans de vives attaques contre son allié socialiste, toujours soupçonné de déviationnisme et de faiblesses centristes, toujours coupable de n'être pas communiste tout en étant effectivement de gauche !

Tout se passe comme si le PC avait chaque fois peur d'être dupe, voulait chaque fois se démarquer, affirmer son image propre, sa spécificité, peut-être aussi se donner confiance. Ces attaques sont d'ailleurs mal perçues, dans l'ensemble, par les travailleurs : pourquoi aurait-on signé un accord de gouvernement avec un ennemi ? Ou bien sont comprises comme des querelles d'état-major qui ne peuvent pas remettre en cause la dynamique unitaire. Pour François Mitterrand, c'est vrai déjà en mai 76 ; il précise ainsi sa position : « Il y a les droits du Parti communiste et nous devons les respecter, et ceux du Parti socialiste que nous devons défendre », alors c'est clair. « L'union de la gauche est une construction politique difficile qui ne doit pas être laissée à l'émotion d'un soir. »

La grande percée des municipales.

Cette attitude se confirmera lors de la préparation des élections municipales de mars 1977. On sait qu'il existe deux systèmes électoraux : dans les villes de plus de 30 000 habitants, le système des listes bloquées rend normalement inévitable la constitution de listes communes avant le premier tour pour les partis de gauche, alors que dans les autres communes des ententes peuvent n'être réalisées qu'avant le second tour. « Dans tous les cas, dit François Mitterrand, on doit négocier, discuter, rechercher l'alliance, mais il existe des principes à respecter pour que les ententes soient claires et justes. Si les exigences communistes sont trop dures dans une ville, s'il y a refus des réalités, les socialistes pourront présenter des listes homogènes ou en alliance avec les seuls radicaux de gauche... De plus le Parti communiste doit prendre l'engagement de la solidarité de gestion. Dans les villes où ils la refuseraient, nous refuserions l'union. » Enfin, François Mitterrand estime qu'il faut en finir avec la situation inférieure des élus socialistes dans certaines municipalités communistes : « Nous ne sommes pas faits pour la figuration ; cela aussi doit être négocié. »

Un groupe d'une dizaine de responsables sous la direction de Roger Fajardie aura la mission de régler les problèmes délicats : anciennes municipalités socialistes qui ne veulent pas admettre de communistes ou l'inverse, situations locales particulières, etc. Pour les difficultés majeures, elles devront être résolues par la réunion au sommet des trois partis de la gauche unie. Les résultats sont satisfaisants et, en fin décembre, François Mitterrand estime qu'il y « aura au moins deux cents listes d'union de la gauche (en fait 202) dans les villes de plus de 30 000 habitants (il y en a 221) ; cela ne fait donc que dix-neuf exceptions ».

Si la volonté et le climat d'entente s'affirment à gauche, le RPR et les Giscardiens s'opposent — déjà — violemment, se livrant à une surenchère démagogique de promesses, notamment à Paris, où Chirac et d'Ornano sont en concurrence pour la Mairie de la Capitale. Pour François Mitterrand, plus que les municipales, c'est la situation économique et sociale qui est le grand sujet de préoccupation, voire de pessimisme, et ces perspectives inquiètent notamment dans l'industrie sidérurgique de Lorraine où le groupe Usinor se restructure et veut, dans les années suivantes, supprimer 3 720 emplois. Dans ce climat détonne l'autosatisfaction béate de M. Raymond Barre, que le président de la République qui semble avoir abandonné la lutte pour les municipales [1], charge d'organiser, de coordonner et d'orienter la majorité pour les législatives de 1978.

Une autre préoccupation du moment naît de la prise de conscience de plus en plus nette, de plus en plus pressante des problèmes de pollution, de développement de l'énergie atomique (la centrale de Fessenheim en Alsace est mise en route en janvier), de défense de notre nature menacée de toutes parts. Les mouvements écologistes décidés à l'action présentent des listes homogènes dans de nombreuses villes, notamment à Paris. Le Parti socialiste n'est pas en retard en ce domaine. Dès mars 1972, François Mitterrand a créé un « comité consultatif de l'environnement » du PS qui va souvent agir en accord avec les mouvements de défense de la nature et les usagers pour définir « le droit à la ville et à la nature » qui figure dans le programme du parti et pour présenter des projets de loi (par exemple pour la protection des riverains de l'aérodrome de Roissy). Un dossier sur l'environnement et le cadre de vie, intégrés à la politique industrielle et à l'aménagement du territoire avait déjà été établi pour les présidentielles de 1974, depuis l'action s'est poursuivie et François Mitterrand dont la

1. Il avait fait une tentative en janvier par l'envoi d'une lettre sur la réforme municipale aux 37 500 maires de France. François Mitterrand répliqua par le même moyen au nom du PS en dénonçant les faiblesses de ce plan et en y opposant le projet socialiste qui veut rendre aux communes des moyens financiers normaux, leur rembourser la TVA sur leurs travaux, les libérer des tutelles administratives, élargir leurs compétences.

passion pour la nature a toujours été vive, dit encore à ce moment sa colère contre ceux qui détruisent inconsidérément nos forêts au lieu de les exploiter normalement, contre ceux, technocrates et administratifs, qui font la guerre à « ces chênes qui exigent un siècle pour la maturité, ces hêtres dont la fibre refuse de s'intégrer aux techniques rentables de la cellulose... » Il dénonce la politique menée par le fonds forestier, de 1946 à 1973, soumise aux impératifs de la rentabilité, qui a « réservé ses primes et ses prêts aux espèces qui poussent vite. Vite, vite, la terre et la sève et le bois doivent plier le cycle des lents mûrissements au rythme de l'homme pressé ». Alors les défoliants anéantissent les feuillages, polluant tout alentour et les scrapers font le reste.

Depuis des années, François Mitterrand se bat en faveur de la forêt du Haut-Morvan, avec des spécialistes, des associations de défense, l'appui du Conseil général mais « que faire contre la coalition de la loi, de l'administration et de l'indifférence ? ». Les écologistes apportent maintenant leur concours et il est capital. Le pouvoir semble céder et le président de la République va lancer la journée de l'arbre, ce 16 avril où chaque Français devrait planter le sien. Encore une heureuse idée, gâchée par une aberration technocratique. Il faudra apprendre à nos beaux esprits les vieux proverbes de la terre... « A la Sainte Catherine tout bois prend racine » et pas en avril. « La forêt, elle aussi pose un problème de société. » (Citations extraites de *L'Unité* du 22 avril 1977).

Ce propos ne nous éloigne pas tellement des municipales puisque les écologistes joueront leur rôle dans le débat. Les élections seront d'ailleurs nettement politisées malgré les éclats hypocrites des bons apôtres de la gestion neutre. En fait, une enquête menée après le vote (*Nouvel Observateur* du 25 mai 77) montrera que pour 55 % des votants, c'est l'appartenance politique des listes qui a entraîné le choix et non la personnalité des candidats (38 %). Le débat politique a également intéressé une large majorité d'électeurs (76 %).

Tous les ténors interviennent et François Mitterrand note : « Depuis l'ouverture de la campagne, mes soirées se passent en avion ou dans les salles, petites ou grandes, des réunions publiques. Je pars en fin d'après-midi et ne rentre au Bourget qu'autour des deux heures du matin ; rude traitement pour qui n'a pas la veine noctambule. Je m'en porte bien cependant. » (*L'Unité* du 18 mars 77). Partout il va exalter la gauche, cette force de frappe contre les privilèges, les injustices, les spéculations, expliquer la nécessité de changer la vie, d'ouvrir aux hommes et aux femmes les chemins de la responsabilité face à une majorité réactionnaire qui se contente de défendre ses avantages en vitupérant les rouges et l'enfer collectiviste, propos dérisoires et vaines images puisqu'en ce printemps de la gauche, socialistes, communistes et radicaux de gauche remportent une belle victoire. Les candidats de l'union enlèvent les mairies de 157 villes de plus de 30 000 habitants sur 221, le PC passant de 50 mairies à 72 et le PS de 41 à 81. Dans les villes de 9 000 à 30 000 habitants, l'union de la gauche reprend 112 villes à la majorité ; le PS vient une fois de plus en tête. Plus que le nombre des mairies conquises, c'est le renouveau qui marque, c'est l'arrivée à des responsabilités politiques d'une nouvelle génération d'élus socialistes : Georges Lemoine à Chartres, Françoise Gaspard à Dreux, E. Hervé à Rennes, J. Monnier à Angers, J. Saintrot à Poitiers, J.-M. Boucheron à Angoulême, M. Castel à Albi, F. Ampe à Chambéry, M.-A. Rognard à Mâcon, pour ne donner que quelques exemples. Le succès est si net, notamment pour le Parti socialiste, que nul ne songe à le contester. Guy Perrimond analysant, dans *L'Unité* du 15 mars, ce scrutin, écrit : « L'union de la gauche est désormais une réalité non seulement pour les militants des partis qui la composent, mais aussi pour les électeurs qui ont surmonté et oublié les mauvaises habitudes du passé. »

On commence alors à penser aux législatives de 1978, mais l'espoir réel doit être tempéré : l'opposition a réalisé jusqu'à présent un score inférieur de plusieurs points aux législatives qu'aux municipales et cantonales.

Tempête à gauche.

Au lendemain des municipales, M. Barre se succède à lui-même comme premier ministre, brandissant un nouveau plan d'un an (à onze mois des législatives, il ne peut être qu'électoral !), que l'on nomme alors le plan Barre-bis. A la tribune de l'Assemblée, François Mitterrand attaque : « Qu'est-ce que votre plan d'aujourd'hui, sinon le constat d'échec du premier ? », et il expose la situation : l'indice des prix s'est élevé de 9,9 % en 1976 et poursuit sa hausse ; le budget est en déficit comme la balance commerciale ; le franc perd de sa valeur ; le nombre des chômeurs s'accroît régulièrement. Comment accepter l'absence d'un plan gouvernemental à longue portée pour répondre à la crise de l'emploi ? Comment accepter cette démarche velléitaire qui prévoit des réformes, provoque la réunion de très sérieuses commissions dont les rapports, si valables soient-ils, restent sans effet ? que l'on évoque la réforme des circuits de production, la réforme fiscale, celle des entreprises, les rapports sur les collectivités locales, la politique d'aménagement, les équipements collectifs, etc. Les affaires publiques n'ont toujours pas été remises en ordre ; l'argent public sert souvent aux entreprises privées sans garanties ni remboursements. Il lui faut conclure : « On peut prétendre que l'ensemble de vos mesures prépare aux Français un avenir plus difficile encore. » L'opposition ne peut donc que refuser un plan « qui prolonge le désordre et les difficultés des Français... »

Ce combat reprendra le 12 mai lors d'un débat télévisé Barre-Mitterrand consacré aux problèmes économiques sociaux et monétaires. François Mitterrand n'aime guère cet exercice d'information-spectacle où l'affirmation a souvent plus de poids que la réalité des faits, ou la démonstration, mais il ne récuse jamais une occasion d'exprimer ses idées. En l'occurrence, parlant de problèmes graves, il le fait avec gravité surmontant avec autorité l'obstacle dressé par le Parti communiste qui, la veille, a publié, impromptu, son chiffrage du programme commun évalué à 145 milliards de francs[1]. Il lui faut aussi s'acharner contre le parti pris de son adversaire qui esquive inlassablement les problèmes de coût de la vie, de niveau de vie, de chômage, de difficultés sociales. Il lui dit : « Vous êtes le premier millionnaire de chômeurs ! ». M. Barre esquive encore et répond en technicien glacé. En conclusion, il rappelle que ce débat abstrait, parfois ardu, n'aurait pas de sens si l'on oubliait qu'en définitive il traite de l'homme et de sa vie : « Je pense qu'il n'y a de politique qu'à partir de l'homme, de l'individu tel qu'il est, tel qu'il est né, tel qu'on l'a formé... Toute politique doit s'obstiner à conserver, préserver, promouvoir les chances de cet individu. » Les médias, en grande majorité, donnèrent la victoire à Raymond Barre ; pourtant le premier sondage qui suivit (celui de *France-Dimanche*) attribuait à François Mitterrand une cote favorable de 68 %, supérieure d'un point à celle des sondages précédents.

Pas de répit. François Mitterrand doit enchaîner avec le

1. « Les chiffres, commente l'économiste socialiste Jean Matouk, forment un ensemble cohérent », mais on fait remarquer que les règles comptables ne sont pas celles de la vie, que les transferts ne sont pas automatiques, que les lois et décrets ne suppriment pas d'un coup la pauvreté ni les inégalités sociales et culturelles. En tout cas, pour François Mitterrand, il s'agit du chiffrage du programme communiste et il se propose de l'étudier comme tel.

congrès du Parti socialiste qui se tient à Nantes du 17 au 19 juin 1977. Le congrès, c'est la grande fête, ou comme écrit François Mitterrand « c'est la Pâque des socialistes ». Les hommes et les tendances tourbillonnent, s'affrontent, se heurtent, s'épanouissent dans un grand défoulement. On chante en chœur pour la première fois l'hymne « Changer la vie », où les paroles d'Herbert Pagani s'allient à la musique de Mikis Théodorakis pour glorifier le renouveau socialiste. On se trouve et se retrouve, on a des idées, on discute et on vit, on complote dans les coins, on se chamaille autour des motions et on attend les votes qui donnent la cote des têtes du parti.

Certains regretteront, une fois de plus, que ce Congrès n'ait pas permis une motion de synthèse entre les propositions des majoritaires et celles des minoritaires du CERES, mais on constate finalement un renforcement de l'unité et de la confiance, une acceptation ouverte de la discipline du parti. L'autorité du premier secrétaire, reconduit dans ses fonctions, et son prestige sont renforcés (La motion de sa majorité recueille 75 % des suffrages contre 68 % au congrès de Pau en 1975). Le chef de la minorité Jean-Pierre Chevènement confirma ce succès en déclarant : « Nous lui faisons confiance. Pour les grandes choses, nous serons toujours avec lui », tandis que Pierre Mauroy ajoutait : « Il est rare qu'un Parti socialiste ait un homme de cette taille historique. Profitons-en. »

Le discours de François Mitterrand au congrès marque ces assises. Après une critique des doctrines dites « libérales » qui sous-tendent la politique du gouvernement et ont abouti à un échec sur tous les plans, il met en garde les Français « contre la poursuite d'une politique qui conduira notre pays à la léthargie, qui condamnera des millions d'entre nous, les plus pauvres ou les plus exploités, à supporter et eux seuls, le poids des charges et des sacrifices ». Le socialisme est leur sauvegarde « qui cherche la justice, qui veut que l'économie fonctionne et qui est prêt, lorsqu'elle ne fonctionne pas, à assurer les charges de la solidarité sociale ». Il a sa définition propre du front de classe, « c'est le monde des travailleurs à partir de la classe ouvrière[1] avec tous ses développements dans le secteur tertiaire ; c'est le monde des salariés, c'est le monde des travail-

1. Comme toujours il dénonce l'abstraction des théories, les idées toutes faites, les utopies. Le réalisme doit toujours s'imposer. Il le montrait encore, un mois avant, quand il soutenait un rapport de Lionel Jospin qui dénonçait les faiblesses du secteur « entreprise » et demandait un débat sur ce thème capital.

leurs paysans, c'est la masse des producteurs qui représentent la base sur laquelle les socialistes entendent engager les fondements de la société socialiste ». Directement le Parti « annonce la couleur ; il dit clairement ce qu'il entend faire pour eux et pour les autres par son programme et par le programme commun, sans démagogie, sans souci de plaire sinon à la vérité ».

A tous les délégués, il dit : « Notre devoir est d'être prêts ; prêts à assumer la responsabilité du pays. » Il est donc indispensable d'approfondir tous les problèmes. Les groupes de travail ont à faire pour la mise au point du statut futur de la radio et de la télévision, du statut de la femme dans notre société, pour mieux fixer notre attitude devant l'écologie, l'énergie nucléaire, la défense nationale, la décentralisation. Il ne faut pas non plus négliger les grands problèmes internationaux : le tiers monde, les droits de la mer, discutés à Caracas, le désarmement, les luttes d'influence... C'est cela, conclut-il, la politique de demain ; créons la dynamique. Soyons sûrs de nous et fiers du socialisme pour construire et créer la vie de demain. »

Le programme commun est bon ; certes une mise au point est nécessaire, mais il ne serait ni utile ni sérieux de mettre beaucoup de temps pour discuter de son actualisation, car il s'agit d'un travail assez modeste : tenir compte des événements et réformer les propositions que l'évolution des situations a infirmées... L'essentiel est que l'action unitaire soit bien perçue dans le pays ; en fait elle l'est comme l'a montré encore la grande journée de grève générale du 28 mai qui a vu côte à côte la CGT, la CFDT, FO, la CGC, la FEN et les trois partis du programme commun.

Le congrès achevé, il lui faut reprendre la lutte contre le pouvoir et plus précisément contre la politique du président de la République qui vient d'ouvrir la campagne électorale de 1978 par son discours de Carpentras. François Mitterrand réplique dans sa conférence de presse du 12 juillet 1977 ; « M. Giscard d'Estaing s'est proclamé, en fait, à Carpentras, président de la droite, président des forces conservatrices et protecteur du grand capital. Il ne sera que cela et rien d'autre tant qu'il ne considérera pas la gauche comme l'une des composantes naturelles et nécessaires de la nation française. La France a besoin d'un président pour les Français et non d'un partisan. »

Il y a plus grave, estime Mitterrand, la réalité ne correspond pas aux promesses de Valéry Giscard d'Estaing ; qu'il s'agisse de la croissance, de l'inflation, de l'endettement, du commerce extérieur, de la production industrielle et de l'investissement, tout va mal, sans parler du chômage qui touche quelque un million cent mille travailleurs. On constate en plus une mainmise de plus en plus importante de l'Etat sur l'information : « Je dis nettement que l'information est truquée, que l'information est tronquée ; et cela continuera pour le moins dans les mêmes conditions, cyniques et malhonnêtes, jusqu'aux législatives. »

Enfin, l'analyse d'un rapport du conseil des impôts montre à l'évidence les avantages fiscaux énormes consentis au grand patronat. Il n'est donc pas étonnant que ce dernier ait mis au point un plan d'action pour les élections et dégagé un milliard de francs (nouveaux, évidemment) pour le soutenir. Parallèlement, le gouvernement augmente ses dépenses sans créer de ressources nouvelles et le chiffrage de son programme de promesses s'élève à deux cents milliards.

Les journalistes présents interrogent naturellement François Mitterrand sur l'actualisation du programme commun : « Elle doit, précise-t-il, prendre en compte les événements survenus au cours des cinq dernières années. Là s'arrête la mission des quinze négociateurs qui n'ont pas reçu mandat d'établir un deuxième programme commun, mais de mettre à jour le premier. Les objectifs de la gauche ont été fixés en 1972. Ces objectifs restent les nôtres et n'ont pas à être modifiés avant d'avoir été atteints. »

Cela confirme la position que François Mitterrand avait prise lors du sommet de la gauche du 17 mai 1977. Irrité par la publication du chiffrage du programme commun présenté par le Parti communiste à la veille de son débat télévisé avec Raymond Barre, par sa façon de laisser entendre que, s'il n'est pas question de renégociation, qu'il faut l'actualiser profondément, y apporter des modifications et des adaptations adéquates, il avait déclaré sèchement : « Aujourd'hui nous ne sommes là que pour actualiser le programme commun, au sens strict du terme. Mais pas question de le négocier, non. Quant à son chiffrage, nous n'en voyons pas l'utilité. » Au cours de la discussion, il ajoutait : « De toute façon, je préfère vous le dire tout de suite : nous n'irons pas plus loin que l'actualisation. C'est le mandat qu'ont reçu les délégués du PS. » Dans cet esprit, il refusait les trois commissions proposées par les communistes, une seule suffit, de cinq membres par parti et il concluait : « Allez, on peut faire ce travail rapidement, les textes sont déjà prêts, pratiquement. »

La commission se met donc à l'œuvre et malgré les difficultés rencontrées, des heurts, des suspicions, quelques atermoiements, elle aboutissait après quinze séances de travail, au soir du 28 juillet. Des modifications heureuses étaient apportées sur un certain nombre de points : l'autogestion dont le sens et l'évolution étaient précisés ; l'écologie et plus particulièrement la lutte contre les pollutions ; l'enseignement avec une prise de position plus nuancée à l'égard de l'école privée ; l'emploi et la lutte prioritaire contre le chômage ; l'Europe et son assemblée qui doit avoir un droit de préparation et de contrôle des décisions ; les femmes et l'effort nécessaire pour affirmer l'égalité entre hommes et femmes ; les libertés avec la protection de la diversité des cultures, des mœurs et des genres de vie ; l'information avec l'autorisation éventuelle, décrétée par le Parlement, d'antennes locales de radiotélévision. Restaient quelques points délicats qui seraient de la compétence du sommet de la gauche prévu pour septembre : les nationalisations, car le PC voulait ajouter trois groupes et inclure toutes les filiales des groupes nationalisables ; la force de frappe à laquelle venait de se rallier le PC [1] et le calendrier d'application des mesures sociales envisagées.

Finalement ce fut un travail utile, une bonne préparation du sommet de septembre auquel les dirigeants allaient maintenant pouvoir réfléchir. Pour l'ensemble des socialistes, ils pouvaient, eux, méditer un texte de leur premier secrétaire qui venait de paraître dans la *Nouvelle Revue socialiste* (n° 22-1977) : « Attention à la mythologie. Le socialisme ne se crée pas dans l'abstrait, mais à partir d'une réalité concrète, celle du capitalisme en crise... Passer d'une économie de concurrence capitaliste entre financiers à une économie de compétition démocratique entre innovateurs, d'une société de spectateurs à une société de responsables, telle est l'ambition à court et moyen terme des socialistes. Cela suppose qu'on écarte les idées toutes faites, les slogans ou bien les utopies. »

En cette fin d'août 1977, en tout cas, l'espoir dans l'union de la gauche n'est pas une utopie, ni pour les militants de gauche, ni pour les sympathisants, ni pour ces incertains qui sont de plus en plus tentés. Changer de vie, c'est séduisant dans la

1. En 1972 le PC était violemment hostile à la force de frappe et demandait la destruction des stocks atomiques ; en 1977, il vire de bord et demande le maintien de l'arme atomique. Le PS est très partagé sur ce sujet, un conseil national doit en décider en décembre. François Mitterrand a proposé que la question soit posée aux Français par référendum.

grisaille du quotidien. La France bouge, cherche, s'interroge et interroge, conteste à l'occasion, mais espère.

Certes on n'ignore pas que l'actualisation du programme commun sera délicate, sans bien comprendre toujours les points de divergence et leurs raisons d'être, mais on se sent sûr de sa volonté d'union, sûr qu'elle est indispensable au succès de la gauche et qu'elle sera la plus forte. Pourtant, un point noir ; début août Georges Marchais entre en crise, s'enflamme contre le Parti socialiste, désavoue même ses négociateurs à propos de la défense, des nationalisations, du calendrier d'application... On sait bien maintenant que c'est devenu une tradition avant toute action commune importante ; on en est agacé pourtant si l'on n'est pas encore inquiet.

Les dirigeants politiques sont moins optimistes. Des réflexions, en privé, des dirigeants communistes ne trompent pas. On critique le « style Mitterrand » et son « autoritarisme ». Fin juillet, Gaston Defferre estimait que la rupture était décidée par le PC et, vers le 20 août, François Mitterrand confiait à des proches qu'il était pessimiste, et qu'à son avis le PC ne signerait pas le programme actualisé. Il n'est donc pas surpris quand le 5 septembre est distribué un numéro spécial de *L'Humanité* (un recto-verso tiré à six millions d'exemplaires) qui surprend et choque. Beaucoup croyaient à un document de propagande, à un exposé des doctrines du parti, à une définition claire des problèmes posés par l'actualisation, à quelque chose qui concrétise l'espoir dans l'union, et ne trouvaient qu'un violent pamphlet contre le Parti socialiste, condamné sur des intentions purement imaginaires. Pour René Andrieu « l'attitude du Parti socialiste ne permet pas d'assurer que l'on aboutira nécessairement à un accord » ; pour Georges Marchais « si l'on s'en tenait aux propositions du PS [qui reste pourtant totalement fidèle aux accords de 1972], on ne pourrait pas mettre en œuvre la politique nouvelle qu'attendent les travailleurs » ; quant à Jean Kanapa, laudateur inattendu d'une patrie défendue par la bombe atomique, il juge que les socialistes « laissent dans l'ombre leur choix en matière de défense nationale », alors qu'ils ont annoncé une convention d'étude sur ces problèmes pour la fin de l'année.

C'est déjà, avant la lettre, l'acte de rupture.

Les socialistes sont scandalisés et réagissent. Ils n'admettent pas « cette polémique acerbe, intolérable à partir du moment où elle repose essentiellement sur un procès d'intention fait au PS dont la vocation — à en croire *L'Humanité* — serait de trahir les intérêts des travailleurs et de ne songer qu'à des renversements d'alliance », ce qui est démenti par les faits et par les propos, écrit Claude Estier dans *L'Unité* qui publie aussi un tableau synoptique des positions des trois partis de gauche sur les principaux problèmes, tableau de convergences plus que de divergences. Pourtant Pierre Mauroy affirme avec sérénité que, malgré tout, « la gauche ira unie aux élections ». Louis Mermaz, plus inquiet, croit encore que le PC « ne prendra pas la responsabilité d'une rupture que beaucoup de ses militants et de ses électeurs ne comprendraient pas » ; pour François Mitterrand, s'il réplique avec une fermeté tranquille, il a le souci de ne pas nuire aux négociations qui vont s'ouvrir : « S'il y a, dit-il au micro de France-Inter, soixante-dix points de divergence, comme le veulent les communistes, il n'y a pas soixante-dix problèmes sérieux. Il y a quatre ou cinq graves, grandes questions à propos desquelles le PC a dit non au programme commun. »

En fait tout porte sur des propositions nouvelles des transformations en profondeur. Il rappelle que pour le SMIG, le Parti socialiste a fermement opté pour un minimum de 2200 F à l'entrée en fonction d'un gouvernement de gauche, par contre il n'est pas d'accord pour un éventail des salaires allant de 1 à 5 : « Il n'est pas possible de transiger sur ce point, car ce serait absurde et irréalisable », et puis ce resserrement doit être obtenu par des discussions entre travailleurs et employeurs. Pour les nationalisations[1], on doit en rester au programme commun ; il est clair que la sidérurgie devra être nationalisée, d'autres groupes aussi « mais nous parlons, pour l'instant, d'un programme de gouvernement de cinq ans, il faut savoir ménager les étapes. Songez à l'immensité de notre tâche au mois de mars si la gauche l'emporte ! » Quant à la bombe atomique adoptée depuis peu par le Parti communiste, elle est maintenant dans le programme communiste mais n'a jamais été dans le programme commun ; elle n'est donc pas négociable.

La rupture.

Le mercredi 14 septembre s'ouvre la réunion au sommet des partis de la gauche au siège du Parti socialiste. François Mitterrand préside et lit un texte — ce qui est exceptionnel

1. Déjà en 1975, il ironisait sur la position de Georges Marchais à propos des nationalisations : « Il est risible de prétendre qu'avec quinze nationalisations, on pratique la collaboration de classe et qu'à seize, on fait la révolution ! » (Dans *L'Abeille et l'Architecte*, page 93, Flammarion, 1975).

chez lui — « Les Français, dit-il, dans leur plus grand nombre souhaitent le succès de nos travaux. Ils attendent un accord entre les différents partis de l'union de la gauche. Ils en éprouvent un besoin d'autant plus vif que l'échec de la politique de la droite leur est chaque jour plus insupportable. »

Quelles que soient ses inquiétudes, il n'en laisse rien paraître et veut que le maximum soit fait pour que la négociation aboutisse : « Nous, les socialistes, nous sommes disposés à faire tout ce qui sera nécessaire pour parvenir à un accord », et pour que les décisions prises traduisent « le sentiment d'espérance qui porte la majorité de notre pays », l'espérance des plus défavorisés (personnes âgées, chômeurs, jeunes), celle des femmes, celle des travailleurs. Ces décisions devront permettre « d'engager le pays dans un processus de transformations profondes : relance économique et justice sociale, démocratisation immédiate dans l'ordre économique et politique, décentralisation... nationalisations et planification démocratique... Nous n'allons pas au pouvoir pour réaliser une expérience à durée limitée, mais pour amorcer un changement dont certaines dimensions ne peuvent apparaître qu'avec le temps ».

C'est possible, car les divergences ne sont pas irréductibles si l'on reste fidèle aux orientations du programme commun de 1972, si l'on reste fidèle à son réalisme, sans excès ni surenchères, si l'on tient compte des possibilités du pays, si l'on mène un « légitime et large débat sur les moyens sans jeter systématiquement la suspicion sur les intentions et les orientations fondamentales, sans douter de la fidélité à des engagements réciproques pris devant le peuple français ».

Il discute lui-même des grands points en litige et demande que ne soit pas négligée l'exigence constante des socialistes : changer la vie, vivre autrement ; elle impose de poursuivre « la réflexion et la proposition sur le savoir, sur la recherche, sur l'étude des conséquences qu'entraîne la multiplication des applications de la science, sur la nécessité d'inscrire la ville et l'habitat au cœur de notre réflexion politique, en se méfiant dans tous les cas de pousser la croissance dans les mêmes termes que la société capitaliste car ce serait renoncer à l'épanouissement recherché ». De toute façon, il le dit nettement : « Nous ne voulons ni gérer la crise ni la troquer contre une autre crise. » Il reste que « les partenaires de l'union de la gauche sont investis d'une espérance immense, d'une immense responsabilité, elles imposent de réussir. »

Malgré la proposition de Robert Fabre d'aborder tout de suite les grands problèmes, il est décidé de suivre l'ordre des chapitres du programme commun et la discussion s'engage lentement, souvent avec difficulté, mais vers le soir de ce 14 septembre, sur soixante-dix points de divergence quarante-deux ont été examinés et trente-quatre ont été réglés. La délégation socialiste souhaite donc poursuivre l'examen dès le lendemain jusqu'à son terme. On va aborder le problème des nationalisations, le plus scabreux ; le désaccord éclate à propos de la petite phrase du texte de 1972, imposée par les socialistes, qui permet aux travailleurs d'une entreprise de demander au gouvernement et au Parlement qu'elle soit nationalisée. François Mitterrand propose que l'on ajoute une référence à la Constitution qui admet la nationalisation sous certaines conditions. A ce moment Robert Fabre demande une interruption de séance ; au retour il annonce qu'en raison des exigences des communistes, ses amis et lui ne peuvent poursuivre la négociation. Marchais, décontenancé, ne sait comment réagir, François Mitterrand est furieux ; « le visage immobile et froid, il écoutait, mais l'œil plus noir et plus sombre encore qu'à l'habitude jetait des éclairs », écrira le radical de Gauche Michel Crépeau, et pour un de ses collègues, François Loncle, il domine difficilement son mécontentement. Le débat était engagé, il fallait le poursuivre malgré tout. Dans cet esprit il refuse à Marchais pour le lendemain une reprise de la négociation à deux délégations.

Le lendemain matin, précisément, Mitterrand fait une déclaration à la radio : « Le programme commun est un bon programme. Il rassemble les travailleurs et défend leurs justes intérêts... Je conclurai en disant que nous gardons solidement l'espoir. L'entreprise à laquelle nous sommes attachés nécessite, on le voit, beaucoup de soins, mais elle est nécessaire aux Français. Eh bien, il faut garder son calme, il faut surtout garder l'espoir. » La difficulté est que la négociation est devenue une épreuve de force. *Le Point* demande : « Gauche, qui cèdera ? », mais pour François Mitterrand il faut poursuivre jusqu'au bout la recherche d'un accord. Son habitude n'est pas d'abandonner.

Après bien des tergiversations, le sommet reprend le mercredi 22 septembre. Le soir même, François Mitterrand est l'invité de Jean-Pierre Elkabbach et d'Alain Duhamel à l'émission télévisée « Cartes sur table ». L'idée dominante est : tout pour le programme commun, rien que le programme commun. « Je souhaite, dit-il, qu'on aboutisse et le Parti socialiste fera tout pour aboutir. » S'il sourit un peu de Robert Fabre — « Il est parti, puis il est revenu, et puis les problèmes sont restés » — il est plus sévère à l'égard des communistes. Il se demande, comme la plupart des Français, « comment il se fait qu'avec un programme commun qui est parfaitement net et clair depuis juin 1972, le Parti communiste ait découvert depuis trois mois qu'il y aurait des tas de choses à y ajouter ». Qu'importe qu'il s'agisse de jalousie de parti, de situation dans le pays ou de nouvelles idées sur les problèmes et leur solution, un fait est là : ils ont signé un programme commun qui, tel qu'il est, peut mettre la gauche « en mesure de faire une bonne politique pour la France ». Alors il faut avoir le sens des responsabilités et ne pas promettre n'importe quoi. Il faut garder le sens des réalités et de ce qui est possible ; donc ne faire aucune promesse qui ne puisse être tenue. Sous prétexte de bien actualiser, on n'a pas le droit de tout changer et de proposer en fait un autre programme commun.

Cet appel à la raison ne fut pas entendu puisque les négociations furent officiellement rompues le vendredi 24 septembre à 1 h 20 du matin. Le Parti communiste avait contesté l'accord des quinze négociateurs du 28 juillet ; il restait inébranlable sur un minimum de 729 filiales des neuf groupes à nationaliser et sur ses nouvelles idées en matière de Défense nationale ; il refusait de discuter les propositions socialistes. C'était l'impasse. Il y avait de plus d'autres motivations. Il semble que la direction du PC, reprise en main par Moscou[1], cherchait, surtout, en accusant les socialistes de virer à droite et de vouloir gérer la crise, à passer pour le seul vrai défenseur des travailleurs. Dans sa préface au programme commun actualisé à la sauce communiste, Georges Marchais écrivait : « Le seul moyen d'agir, c'est de peser de tout son poids en faveur de la seule force qui agit pour l'union et le changement, le PCF ». Le moyen c'était de démolir le rival de gauche qui limitait son audience et le surpassait.

Combattre sur deux fronts.

La fermeté de François Mitterrand va faire de lui la cible naturelle des conservateurs que leur programme dit « de Blois » (8 janvier) ne conforte guère. Jean-François Kahn le

1. « L'Union soviétique, estime François Mitterrand, ne souhaite pas qu'une expérience socialiste cautionnée par la participation d'un parti communiste au gouvernement et différente par nature du modèle marxiste-léniniste, voie le jour en Europe. Imaginez le retentissement d'une telle expérience dans les pays d'Europe centrale et orientale aujourd'hui soumis à la domination russe et à l'idéologie léniniste. » (*Ici et Maintenant*, page 51 et suite).

juge ainsi : « Une philosophie ? tout juste une recette. Une finalité ? à peine un agenda... Ni réforme de structure, ni fiscale, ni régionale, ni électorale, ni foncière. En écologie, un catalogue de gadgets...[1]. » Alors, presque dans les mêmes termes que les communistes, Raymond Barre attaque. Furieux d'avoir été accusé « d'exceller dans l'erreur et dans l'échec », il traite François Mitterrand de « prince de l'équivoque », tandis que Georges Marchais dont le concours spontané est apprécié du pouvoir se voit largement ouvrir l'accès aux micros et antennes... Il devient la vedette du combat engagé contre le Parti socialiste et contre François Mitterrand dont il dénonce inlassablement « la stratégie du brouillard » et le « virage à droite ». Si le XXIIe Congrès du PCF avait adopté l'ouverture et un assouplissement de la doctrine, ni les comportements ni le langage, au moins chez les dirigeants, n'ont évolué. Pour un peu on se croirait au temps de Léon Blum et des grandes attaques menées par Thorez et les siens.

Secrètement outré, agacé aussi par cette polémique, François Mitterrand reste imperturbable, notamment à la télévision (Journal d'Antenne 1, 7 octobre), ou au journal improvisé de Radio Luxembourg (Samedi 8 octobre, Jean Farran lui accorde un quart d'heure d'antenne supplémentaire) ; il dénonce avec vigueur la désastreuse politique gouvernementale (chômage, inflation, monnaie faible...) et regrette que le premier ministre se montre aussi suffisant : « Plus les choses vont mal, dit-il, plus M. Barre est content de lui. » Surtout, parce que c'est sa conviction et parce que c'est une réalité populaire que l'on n'a pas le droit de décevoir, il continue à penser programme commun et union de la gauche, à traduire cette pensée avec force. Il va plus loin ; avec le secrétariat national du parti socialiste qui s'est associé deux membres du CERES (Chevènement et Motchane), il prépare le texte d'une résolution sur l'actualisation, prenant acte des points d'accord et s'expliquant sur les points de désaccord : défense, hiérarchie des salaires, élection des présidents des sociétés nationales, impôt sur le capital des sociétés, nationalisations. Trois grandes ouvertures proposées par les socialistes sont rappelées : la possibilité de nationaliser des filiales qui ne sont pas détenues à 98 %[2] si c'est nécessaire pour une bonne stratégie industrielle ; possibilité de nationaliser la sidérurgie après un plan de deux ans ; extension des droits des travailleurs du secteur

1. *On prend les mêmes et on recommence,* Grasset, 1978.
2. La CFDT descend à 66 % et le PC exige 51 %.

public à tous les travailleurs d'entreprises contrôlées à plus de 50 % par la puissance publique. Ces propositions ne seront même pas discutées. « Ce n'est qu'un rideau de fumée », écrit *L'Humanité* du lendemain matin. Après cette fin de non recevoir, on est sûr que rien ne pourra faire changer le Parti communiste. Georges Marchais le confirmera à plusieurs reprises au début de 1978. Il fera même planer le doute sur la possibilité de désistements au deuxième tour.

Pourtant, en cette fin de 1977, même blessés par tant d'attaques injustifiées et inlassablement répétées, la plupart des socialistes pensent encore que la tempête s'apaisera au début de l'année nouvelle, que le PC ne prendra pas la responsabilité de briser l'espoir des travailleurs. De nombreux communistes l'espèrent aussi.

François Mitterrand ne peut avoir, au fond de lui, cet optimisme car il a lu en 1975 le rapport [1] de Georges Marchais, adopté par le Comité central du PCF le 29 juin 1972, au lendemain de la signature du programme commun et qui énumère tous les griefs que l'on pourrait accumuler contre les socialistes, tout l'arsenal des attaques que l'on pourrait lancer contre eux. Il avait alors noté dans *L'Unité* « le luxe d'appréciations désagréables, parfois injurieuses dont était accablé le Parti socialiste », et souligné « le caractère ubuesque d'une stratégie tout entière axée sur l'alliance avec un partenaire, jugé incapable de cesser d'être ce qu'il est, c'est-à-dire : traître et relaps ». D'autre part, en bon historien de la politique, il n'a pas non plus oublié les élections de 1928, quand les communistes refusèrent de se désister pour des radicaux ou des socialistes, favorisant ainsi la droite...

Certes Mitterrand ne fait pas étalage de ses inquiétudes et les commentateurs se demandent : « Quelles pensées se cachent désormais derrière ce front décidément fermé ? » Il ne veut ni rompre, ni s'éloigner, ni se perdre dans la polémique. Le succès attendu et possible est déjà très largement compromis, mais il faut maintenir le cap. Bien sûr, les dirigeants communistes n'évolueront pas ; ils n'admettront pas plus le réel virage à gauche des socialistes, quelque preuve qu'ils en aient, que les théologiens de 1633 ne voulurent reconnaître l'évidence des démonstrations de Galilée prouvant que la terre tournait bien autour du soleil. Contre ceux qui refusent l'irréfutable, il faut rester fidèle à soi-même, or « l'union de la gauche n'est pas

1. Ce rapport a paru en annexe du livre d'Etienne Fajon, *L'Union est un combat,* Editions sociales, 1975.

seulement un accord entre des partis, mais une réalité populaire profonde... qui durera au-delà des circonstances[1] » ; elle ne résulte pas d'un pari, mais d'une situation et d'une conviction. Il faut donc rester calme, assurer et affirmer l'attachement au programme commun, dire sa confiance dans « un socialisme libéré du carcan étatique que proposent des doctrinaires froids », dégager les perspectives heureuses de l'union, refuser la riposte directe qui relancerait les reproches d' « anticommunisme viscéral ». En même temps, pour encourager les siens, Mitterrand doit bien montrer quelque raideur avec les hommes du PC et glisser à l'occasion quelque rosserie mesurée.

Fondamentalement, les conceptions du socialisme développées par le Parti socialiste et le Parti communiste malgré les assouplissements du XXIIe congrès, sont divergentes, mais il y a au départ une action pratique en faveur du monde du travail, en faveur de la justice sociale, de la liberté qui justifiait largement la signature du programme commun de gouvernement, c'est-à-dire une expérience gouvernementale de la gauche unie pendant cinq ans, qui devait à tout le moins permettre des progrès irréversibles, ce qui avait suscité une dynamique de l'union dont chaque élection depuis 1972 affirmait la vigueur croissante. Du jour où les discussions sur l'actualisation de ce programme butaient sur des exigences qui visaient à transformer le programme commun en programme communiste, aboutissaient à une impasse, tout se brisait, et, même si l'on concluait un accord de désistement pour le second tour, il est évident qu'un « simple accord électoral n'aura pas la force d'attraction d'un programme pour cinq ans[2] ».

En février, Marchais constate que les attaques du parti n'ont pas réussi à diviser les socialistes ni à entamer la volonté du premier secrétaire, attaqué pourtant aussi violemment par la droite que par lui, et dont la volonté se manifeste encore en ce mois qui précède les élections. Mitterrand n'accepte ni ultimatum ni chantage et dit nettement : « Pas question de discussion sur le programme avant le résultat des élections, ni de discussion sur la composition du gouvernement avant une victoire. » Pour les désistements, il n'y a pas lieu d'en discuter puisque la discipline républicaine doit normalement s'appliquer, une règle qui ne souffre pas d'hésitation : le candidat le mieux placé au premier tour devient au second le candidat de

1. Interview de François Mitterrand par les journalistes de *L'Express* du 16 janvier 1978.
2. Dans la même interview.

la gauche unie et il sait que le sens de la responsabilité des électeurs communistes leur dictera la bonne conduite à suivre, le jour venu.

Un dernier grand assaut est lancé, le 16 février, par le secrétaire général de la CGT Georges Séguy, assumant en la circonstance pour un grand syndicat, qui, si sa direction est communiste, n'a pas une majorité d'adhérents inscrits à ce parti, une responsabilité politique gênante. Alors que même en octobre 1977, il se contentait d'affirmer : « Nous serons pour un gouvernement de la gauche unie des alliés exigeants mais sûrs », il veut maintenant imposer « une bonne actualisation du programme commun menée avec le PCF, sinon la CGT ne fera pas de différence entre un gouvernement Mitterrand et un gouvernement Barre et mènera contre lui un combat plus dur encore ». C'est le ton de Georges Marchais, ce sont ses propos, c'est son chantage. Séguy, membre du Comité central du PC a pris le pas sur le dirigeant syndicaliste.

Déjà, le 8 janvier au « Club de la Presse », François Mitterrand avait dit sa gêne devant l'attitude de Georges Séguy : « Quand j'étais en face de lui, ma vue se brouillait quelquefois. J'avais devant moi le secrétaire général de la CGT, mais subitement je me rendais compte que j'avais également devant moi le membre du Bureau politique du Parti communiste. » Le Parti socialiste estime d'ailleurs qu'il y a incompatibilité entre une haute responsabilité syndicale et une haute responsabilité dans un parti politique.

En tout cas, c'est pour Mitterrand le véritable tournant de la campagne électorale. La volonté d'un appareil politique veut s'imposer à une réalité populaire toute différente. On retrouve ce que dénonçait déjà au XVIIe siècle, le poète Boileau dans *Le Lutrin*. Il parlait de l'Eglise, mais on peut transposer. C'est la même réaction, celle des dogmatistes qui s'appuient sur la lettre d'un catéchisme en en négligeant l'esprit. Pourtant, et François Mitterrand le soulignera avec force, si les dirigeants communistes ne sont pas pressés, ceux dont ils se proclament les défenseurs, voudraient que quelque chose change le plus vite possible, que leur espoir d'une vie meilleure ne soit pas détruit.

Dès la fin de janvier, la CFDT, par la voix d'Edmond Maire, avait également mis en garde Georges Marchais : « Pour le PCF, aujourd'hui, son poids lui importe plus que le succès de la gauche unie. C'est toute une génération qui risque d'être sacrifiée par un choix politique désastreux. »

Ce thème est repris dans un « Appel aux Français », diffusé

par le Parti socialiste au début de février : la politique du gouvernement y est dénoncée ainsi que la prise de position anti-unitaire du Parti communiste. On lit : « Si l'on comprend bien, le Parti communiste ne joue le jeu de l'union que s'il est le plus fort... Comment ose-t-il décider que s'il n'obtient pas, en mars prochain, tous les suffrages qu'il désire, ceux qui souffrent du régime actuel... devront attendre ! »

En effet, dès juin 1977, le PC avait décidé que pour être en mesure de négocier avec le Parti socialiste des désistements, de l'actualisation du programme commun ou de la participation des communistes au gouvernement, il fallait qu'il obtienne au moins de 21 à 23 % des suffrages, sinon le changement réel serait renvoyé à plus tard. Jean François Kahn souligne ce chantage : « Après de Gaulle : moi ou le chaos, Marchais : moi ou la droite ! »

Face à cette opposition, l'Appel rappelait ce qui guide les socialistes : « C'est l'intérêt des travailleurs, l'intérêt de tous les exploités, de tous les opprimés et non le seul intérêt de leur parti ; un parti n'est qu'un moyen de la transformation sociale. » Trois étapes sont définies : « Le programme commun de la gauche existe, il faut l'appliquer. Sur les points où subsistent des divergences, les électeurs s'exprimeront au premier tour. Au second tour, une seule règle : désistement sans condition pour le candidat de la gauche arrivé en tête au premier tour. Après la victoire, gouvernement d'union de la gauche. »

Cet effort d'information est complété par l'envoi de six millions de cartes postales : « Le Parti socialiste vous répond », qui doivent permettre d'ouvrir le dialogue avec tous, en facilitant un échange de questions et de réponses. En même temps, des affiches sont apposées qui vont rappeler et souligner les grands thèmes essentiels : « Les socialistes tiennent leurs promesses, ils ne promettent que ce qu'ils peuvent tenir », ou encore : « Avec les socialistes, union pour appliquer le programme commun. » Sur les affiches des candidats où leur portrait voisine celui de François Mitterrand, on lit ce slogan : « La victoire en votant. » Il y a aussi l'édition du programme commun actualisé par le Parti socialiste. François Mitterrand écrit dans la préface : « Nous continuons à vouloir et à espérer la conclusion d'un accord... mais le temps presse... Tous ceux qui souffrent de la crise n'ont pas le temps d'attendre... Il faut faire passer dans les faits l'immense espérance des Français et leur aspiration sans cesse accrue à changer la vie... » Le sérieux de ce programme est confirmé par le chiffrage qu'en présentent, dans la première quinzaine de février, André Boulloche et Jacques Attali. Ils prouvent que les promesses peuvent être tenues, donc qu'elles le seront. En revanche jamais Raymond Barre n'a chiffré les siennes.

Cette campagne intensive et ferme est nécessaire pour répondre aux attaques croisées de la droite et de la gauche communiste. La propagande des conservateurs, inquiets des sondages défavorables, mal assurés par leur « programme de Blois », soigneusement débarrassé de toute réforme, revient à ses slogans favoris contre François Mitterrand qui veut livrer la France au communisme, au collectivisme bureaucratique, qui pousse l'audace, en ce temps d'élections, jusqu'à accepter une invitation du président des Etats-Unis, Jimmy Carter (Au fait, ne l'aurait-il pas sollicitée ?) de passage à Paris, et à discuter un bon moment avec lui. Les voilà tous, les Lecanuet, les Peyrefitte, les Barre à hurler au crime de lèse-patrie, de trahison, d'insulte au gouvernement... Puis ce sont les imprécations contre le programme commun, pour demain facteur de ruine et de chaos, de destruction des libertés. Quant au Parti communiste, il s'acharne avec la même violence, à dénoncer l'imaginaire trahison des socialistes et la volonté du premier secrétaire de refuser le programme commun.

La droite pourtant dispose toujours de vieux atouts : elle a le pouvoir, profite d'un découpage électoral fort tendancieux, garde la facilité de manipuler les votes dans les départements d'Outre-Mer, mais avec de plus en plus de mal. Elle va user maintenant d'un atout nouveau : le racket des votes des Français de l'étranger organisé par l'intermédiaire d'ambassadeurs et d'agents consulaires avec l'accord du pouvoir. Le président de la République et le ministre des Affaires étrangères avaient donné l'exemple en envoyant des lettres personnalisées qui étaient des invitations à « bien voter ». Ils furent donc très nombreux à signer des procurations en blanc, c'est-à-dire sans indication de circonscription et de candidat. Elles seront stockées, puis remplies comme il convient et dirigées vers de « bons » candidats dans des circonscriptions difficiles. D'où des procès en fraude électorale.

Le 27 janvier enfin, le président de la République intervient directement et publiquement. Dans son discours de Verdun-sur-le-Doubs, il définit avec gravité « le bon choix » qu'il propose aux électeurs, séduisant et menaçant en même temps : « Vous pouvez, affirme-t-il, choisir l'application du programme commun ; c'est votre droit, mais, si vous le choisissez, il sera appliqué. Ne croyez pas que le président de la République ait, dans la Constitution, les moyens de s'y opposer », et il insiste : « L'application, en France, d'un programme d'inspiration collectiviste plongerait notre pays dans le désordre économique. »

Les sondages qui ont longtemps tenu bon, restant favorables à la gauche, vont progressivement basculer tandis que les dirigeants du Parti communiste poursuivent, imperturbables, leur politique de démolition, laissant même planer le doute sur les désistements au second tour tout en réclamant sept ou huit ministres, et pas des moindres, après une éventuelle victoire ; ils contribuent ainsi à l'anarchie et à la peur.

De discours en discours, d'attaque en attaque, on arrive au 12 mars et au vote. « On espérait la victoire, ce ne fut qu'un succès », annonce *L'Unité*. Le Parti socialiste peut bien gagner des voix et devancer le Parti communiste (« Il s'agit d'un rééquilibrage conjoncturel, largement dû au poids personnel de François Mitterrand », grince Marchais, involontairement louangeur pour le premier secrétaire), le climat de confiance et l'élan victorieux qui avaient marqué les précédentes consultations, cantonales et municipales, ne sont plus sensibles. On est sûr de ce que décideront les états-majors pour le second tour, mais leurs décisions ne réveilleront pas l'enthousiasme. C'est vrai, et le lundi 13 mars, tout sera réglé sans problèmes, « en cinq minutes », note un radical de gauche. Le PC a atteint son but et ne discute plus ; on ne discute pas quand on ne gagne pas. Si des souvenirs peuvent rester dans l'esprit des Français, la télévision les a créés et ils ne sont pas gais. Elle a retransmis une apparition écrasante et glorieuse de tout le Bureau politique du Parti communiste, souriant triomphalement de l'échec voulu et de sa décision de faire respecter la discipline républicaine. Elle montre ensuite, réunis, les dirigeants des trois partis de la gauche désunie, qui scellent, sous la pression des journalistes, leur accord électoral sur des désistements loyaux au second tour, par une douloureuse poignée de mains. Marchais est épanoui, Fabre sereinement souriant, Mitterrand tente d'esquisser un sourire guindé qui traduit bien ses sentiments. Il sait où l'on va, assume l'échec prévu, mais ne peut pas cacher sa peine profonde. « Je suis, me dit-il alors, un très mauvais acteur de composition. »

Bon gré, mal gré, la voie est ouverte pour le second tour, celui des candidats de la gauche unie ; on se bat bien, on fait de son mieux, François Mitterrand multiplie comme toujours les réunions, les discours, apporte son soutien, mais la résonance n'est plus la même, les mots ne chantent plus et les résultats du

19 mars seront ce que l'on craignait. Ils seront honorables mais ne feront pas basculer le pouvoir du conservatisme vers le renouveau. Naturellement tous les ténors du Parti socialiste seront réélus, avec François Mitterrand, Gaston Defferre, Pierre Mauroy et Chevènement, Joxe, Mermaz et Jean-Pierre Cot, etc. De nouveaux élus apparaissent comme Charles Hernu, Michel Rocard, Laurent Fabius, Paul Quilès et de jeunes maires de la « couvée » de 1977, comme Georges Lemoine à Chartres, mais il y aura aussi des échecs.

Dès le soir du 19 avec Michel Rocard à la télévision et dans les jours suivants, les déceptions, les colères, les rancunes se manifestent, des analyses de circonstance aussi. Pour Michel Rocard [1], il estime que le Parti socialiste « a trop exclusivement fondé sa démarche sur les bienfaits d'une dynamique unitaire et a perdu de sa crédibilité en acceptant de porter le SMIG à 2 400 francs. » A l'opposé le CERES trouve que le parti n'a pas été assez unitaire. Le PS s'abandonne aux grincements de dents ; des plaintes, des récriminations se font entendre. Tous les déprimés de la confiance, ceux qui l'ont « toujours bien dit » tout en suivant sagement la ligne tracée, tous les ambitieux refoulés qui espèrent trouver dans l'échec ce qu'ils n'ont pas su imposer dans l'élan du travail constructif, commencent à s'agiter, à répandre l'amertume, à dénoncer des erreurs et finalement à critiquer le premier secrétaire...

C'est humain, sans doute, mais bien pénible, bien injuste aussi, surtout à un moment où la poursuite de l'effort devrait être la règle. Finalement s'il y avait désastre, ce n'était pas dans les résultats bruts, qui sont en progrès malgré l'injustice électorale qui est toujours là puisqu'il a fallu 64 303 suffrages pour élire un député de gauche et 45 780 pour un député giscardien. De même 61 439 suffrages étaient nécessaires pour élire un député socialiste et 43 665 pour un député RPR. Mais ces résultats n'ont pas été à la hauteur des espérances. Il faudrait pourtant ne pas confondre la réalité et les espoirs déçus. François Mitterrand va le proclamer sur un mode ironique mais clairement, dans *L'Unité* du 7 avril 1978 : « Puisqu'il était dit que nous devions gagner, c'était donc que nous avions perdu. Dénombrons nos échecs : en 1973, dernières élections législatives, le Parti socialiste avait obtenu 19 % des

1. Le texte dit par Michel Rocard avait été soigneusement préparé avec ses collaborateurs au cours de la semaine et sa diction étudiée au magnétoscope. L'occasion était offerte, les résultats médiocres, ce que l'on attendait, Rocard pouvait donc lancer son offensive personnelle pour la conquête de son parti.

voix. En 1978, il n'en rassemble plus que 23 %. Fort de 41 députés en 1968 et de 88 en 1973, le Parti socialiste n'en compte plus que 102 en 1978. Dans l'intervalle, il est tombé de 640 à 874 conseillers généraux et de 2 500 maires à 4 000. Auprès de nous nos vainqueurs ont, admettons-le, de quoi se réjouir. En effet, le Parti communiste passe de 21,4 % des suffrages à 20,6 ; l'UDF et ses composantes de 23,12 % à 21,4 % ; le RPR de 23 % à 22,2 %... »

C'est la stricte vérité mais on a alors trop tendance à la négliger. En fait le Parti socialiste poursuit régulièrement sa montée, mais la rupture de l'unité a brisé le grand espoir de la victoire totale et l'ironie de François Mitterrand cache mal sa grande peine. La victoire de ses espoirs, la victoire de ses efforts, c'était d'obtenir pour la gauche la possibilité de mettre enfin en pratique, dans l'intérêt de tous ceux qui ne peuvent vivre qu'en veilleuse ou qu'en soumission, les idées socialistes de développement de la France au profit de tous, de justice sociale, de réduction des inégalités, de liberté épanouie, d'exercice de la responsabilité.

Il reste en tout cas de belles raisons d'espérer : les jeunes militants du parti, trempés par l'épreuve, sauront que rien n'est jamais acquis. Ils sauront qu'il faut travailler, lutter, agir. Il sera là pour les épauler, lui qui doit alors surmonter ce nouveau coup du sort, rendu plus lourd encore par les réactions de la déception, par les critiques des analystes a posteriori. Il se prépare pourtant, une fois de plus, à reprendre la lutte.

Depuis, il a réfléchi, il a médité l'événement et il publie en septembre 1978 ses conclusions dans son dernier ouvrage *L'Abeille et l'Architecte*, un recueil de chroniques qui continuent celles de *La Paille et le Grain*. Un peu amer, secoué encore par le rude combat mené contre la sainte alliance du pouvoir et des orthodoxies, il évoque cette coalition qu'il a dû affronter avec son parti depuis quatre années : « A l'intérieur l'argent, la droite, l'Etat, la presse (dans sa quasi-totalité [1]) — à quoi s'est ajouté la féroce campagne du Parti communiste. A l'extérieur : Washington, Bonn, Moscou. Cela fait du monde n'est-ce pas ? » Sa rigueur était nécessaire et ses analyses étaient justes. Il suffit de voir la suite : « Le délire des

1. Beaucoup se souviennent de l'incroyable changement de ton à son égard de nombreux interviewers, surtout à la télévision, entre les deux tours de scrutin. On n'a plus peur qu'il gagne et l'on se venge en férocité. François Mitterrand avait d'ailleurs dénoncé le 16 mars ces mauvaises mœurs politiques : « Il n'y a plus de foi, de parole donnée, plus de vocabulaire. Les intentions, même les faits sont déformés. »

promesses électorales à peine épuisé, tout recommence comme avant. La droite, les privilèges, les insolences, l'injustice, l'inflation, le chômage, la tristesse, l'ennui. » Mais tout n'est pas perdu, bien au contraire : « La gauche dans la discorde, vilipendée, trahie, a frôlé de plus près la victoire, en 1978, qu'unie et enthousiaste en 1974. » L'idée unitaire est bonne, elle est l'espoir. « Ce que veut ou ne veut pas le Parti communiste importe peu auprès de ce que veulent les millions d'hommes et de femmes qui ont pris conscience de leur force avec et par la gauche unie », c'est d'ailleurs confirmé par les résultats des élections partielles de septembre 78 « Même en panne d'espoir, le mouvement populaire à la base tient bon. »

François Mitterrand a confiance dans le développement continu et méthodique du Parti socialiste, mais ne se dissimule pas les difficultés : « Un Parti socialiste fort, ancré à gauche, déterminé à ne servir d'appoint à personne, provoque, provoquera longtemps encore, une réaction de méfiance, d'hostilité commune aux ennemis du changement que sont les pouvoirs en place, je veux dire la droite et le Parti communiste. »

Jardins secrets.

Voyageur infatigable, François Mitterrand a aussi ses points d'attache où j'ai eu si souvent l'occasion de le rencontrer ; deux à Paris rive gauche : son nouveau domicile, rue de Bièvre et la place du Palais-Bourbon où jouxtent le siège du Parti socialiste et l'Assemblée nationale ; deux en province : la Nièvre, dont il est député, avec la mairie de Château-Chinon, Montsauche dont il est conseiller général et Nevers où il va présider le conseil général, puis les Landes, avec sa bergerie de Latche, modeste chartreuse perdue contre les bois.

Etroite rue de Bièvre à Paris, courte et biscornue entre la place Maubert et la Seine, dans un îlot ancien restauré. Il y dispose d'un appartement paradoxal dont les pièces se superposent, desservies par un vieil escalier aux marches basses et à rampe en fer forgé, doublé d'un petit ascenseur à deux personnes.

Au rez-de-chaussée, à côté de la cuisine, une salle très dépouillée où alternent des tableaux, affiches, photographies, le « portrait » de la bergerie de Latche peinte dans son état primitif par le naïf espagnol Vivancos, et tout récemment une photographie aérienne en couleur montrant Latche et son environnement. Le meuble essentiel est une grande table ronde et blanche de huit places pour de petits déjeuners très recherchés par les journalistes, les politiques ou des membres du secrétariat du parti comme pour le côte à côte des amis et invités de tout esprit priés à déjeuner.

De là on s'élève vers les étages du haut qui sont son domaine. Sa chambre sévère et intime, où se rassemblent ses compagnons de toujours, livres favoris, objets chers à son cœur, photographies et souvenirs, le poste de radio pour les nouvelles matinales... Parfois, au pied du mur, face à son lit, pour la contemplation, un ou deux tableaux qui changent, car il accorde aujourd'hui plus d'importance à l'expression picturale.

Des intimes viennent, de temps à autre, l'y rejoindre, buvant son thé matinal, dégustant le pain grillé et le miel de Latche, sans oublier d'abandonner une part à son chien Nils, tout en parcourant des yeux « l'index » et son courrier, un moment détendu pour un souvenir, des propos personnels, des nouvelles des uns et des autres, une pensée du réveil, une réflexion sur le livre de la veille. Il dit volontiers : « Quand j'aime un livre, j'aime en parler », et le prouve, un mot rapide sur l'événement...

Au sommet de l'immeuble, on entre dans la petite pièce réservée à sa secrétaire, Marie-Claire Papegay, trieuse impitoyable des appels téléphoniques, et des demandes de rendez-vous, protectrice du travail, celle qui maintient la continuité dans la discontinuité de ses présences. Enfin, c'est le bureau, très moderne, et très net, aux murs garnis de ces livres qu'il aime pour eux-mêmes, de la couverture à la typographie, dans leur volume et dans leur équilibre, avant d'en savourer le texte. C'est le calme au cœur du vieux Paris, à deux pas de Notre-Dame, le lieu de la méditation, le lieu de rencontre pour les discussions délicates ou secrètes, pour les interviews.

Pour les vacances et les temps de loisirs, pour les amis, c'est Latche, vieille ferme landaise rénovée de l'intérieur, avec à deux pas la bergerie carrée, tassée sur elle-même, qui est son domaine privé, sa chambre, sa bibliothèque, son bureau ; il aime y lire, écrire, étudier ses dossiers, réfléchir. C'est une enceinte protégée pour la paix et le silence intérieur, un point de départ aussi, puisque, la porte poussée, le jardin l'appelle qu'il surveille et travaille en mettant en pratique les conseils de son amie, Benoîte Groult, l'écrivain qui a « la main verte ». Un peu plus loin il retrouve ses pins et les chênes qu'il a plantés et dont il guette, attentif et sans impatience, la lente croissance, admirant les premiers bourgeons, signe de vie.

François aime qu'au-dessus de lui le ciel soit ouvert au vol des oiseaux migrateurs, bécasses et palombes, parfois même des grues. Il les contemple par plaisir car il refuse la chasse.

La mer est proche et le vent apporte parfois jusqu'en ce lieu isolé derrière sa muraille d'arbres, le bruit rythmé des rouleaux qui se brisent. Tout à côté ces petits ruisseaux cachés qu'il aime parcourir en barque pour rêver et observer. Il y a évoqué son père qui parlait laconiquement et qui, à la pêche, « jetait les mots comme il lançait l'appât », mais ne lui a pas transmis sa passion. Il est libre alors de musarder, de penser à sa cadence et s'en va par tous les temps suivre le jeu des saisons, s'efforçant au passage d'appeler par son nom chaque arbre, chaque fleur, chaque pierre, chaque oiseau. C'est sa marotte et l'on en sourit en famille, mais c'est pour lui une joie et une vérité. Dire leur nom, c'est comme dire le nom de ceux qu'il connaît, de ceux qu'il aime ou apprécie — et ils sont légion —, c'est être complice, reconnaître et affirmer une identité.

Cette passion du nom juste, de l'expression exacte et précise qui va de pair avec le sens de l'observation, le souci de la vérité et le mouvement propre de sa pensée, devait naturellement inciter François Mitterrand à écrire. Ce mode d'expression l'a de plus en plus attiré. Il dit : « J'aime écrire, bien que j'écrive dans la peine reprenant longuement mon texte, bien que la discontinuité de ma vie de politique gêne ma concentration intérieure. » En tout cas critiques et écrivains, du moins ceux qui surmontent leurs allergies politiques, ont reconnu ses dons et aimé la façon dont, au hasard des rencontres, des propos tenus ou retenus, des événements et des lectures, il sait être lui-même, décrivant ses réactions personnelles, ses souvenirs, ses passions, ses éblouissements. Il peut, au passage, évoquer la politique française ou internationale, ce n'est plus son discours politique, le ton est changé ; toujours écrivant, il restitue la priorité à l'humain et se définit, homme entre les hommes mais avec sa personnalité et ses réactions propres, créant un indéniable courant de séduction.

Il se montre libre et laisse libre avec lui. Certes il ne dit pas tout : « Je me refuse à l'indiscrétion, avoue-t-il, pensant à ses entretiens avec de grands personnages du monde entier, je ne porte évidemment jamais sur la place publique les propos que je dois à la confiance de mes hôtes. » Ce pourrait être prudence, c'est exigence de loyauté. Il montre d'ailleurs la même discrétion, que lui commandent alors sa réserve et sa pudeur, pour ne pas évoquer ses sentiments à l'égard des siens, de ses amis (une exception pour son ami et suppléant Pierre Saury, mort en séance du Conseil général à Nevers), à l'égard des femmes dont il admire pourtant la lucidité, le sens du concret, de la vie bien organisée, le courage, le charme bien sûr et l'attrait.

Ecrivain assurément mais politique d'abord ; un jour il a confié : « La politique, quoi qu'on en pense, est une forme haute de l'amour... » Assurément il a changé, mais dans la continuité. C'est vrai sur tous les plans, c'était fatal : l'expérience, le savoir accumulé, les contacts incessants avec des hommes et des femmes de tous les milieux, de tous les pays, les responsabilités publiques et celles dans son parti, les luttes politiques, le combat pour le socialisme, les discussions avec les spécialistes et techniciens, des responsables privés et publics, l'approfondissement de sa propre pensée, son ardeur à combattre les idées reçues n'ont pu que l'enrichir et élargir sa vision, lui apprendre à se remettre en cause, à remettre en cause ses conceptions.

Pourtant il reste fidèle à sa volonté d'être pleinement homme parmi les hommes, à son sens de l'autorité, à ses impatiences, à ses agacements devant les obstacles mineurs, à ses irritations secrètes ou visibles, à son souci du détail, à sa passion de la liberté, qui s'exprime moins aujourd'hui dans l'individualisme. On retrouve toujours son habitude de n'avancer qu'après avoir tout bien pesé, sa rigueur, son parti pris naturel de loyauté. Enfin François Mitterrand n'a rien perdu ni renié du romantisme de sa jeunesse, qui éclate parfois dans ses discours les plus graves, ce romantisme de passion et de refus, de révoltes et d'éclat, d'illusions parfois et d'une certaine fraicheur naïve, ce romantisme qui épanouit l'homme de raison, le préserve de l'endurcissement et de la raideur. Il sait toujours s'étonner, admirer, être ébloui, dire même publiquement que le chant d'un rossignol l'a ravi... Il me fait répéter dans la rue, à Cluny, deux vers d'Agrippa d'Aubigné, que je viens de lui citer, tant ils le touchent ; c'est sur « Les aimés laboureurs » :

Ils sont peintres, brodeurs et puis leurs grands tapis
Noircissent de raisins et jaunissent d'épis...

Certes les années passent, remodèlent le corps et le visage ; il le sait bien, remarquant lors de son jubilé parlementaire à Château-Chinon, en octobre 1971 : « Des visages surgissent qui restituent au mien les marques, les blessures que le miroir dissimule », mais il est toujours solide et alerte, supporte allègrement cette vie harassante de déplacements perpétuels, de discours, de réunions de travail incessantes. De temps à autre, en période préélectorale particulièrement, on lance le bruit qu'il est malade, à bout de souffle, atteint de quelque mal mystérieux. Il refuse d'en parler, laissant aux faits le démenti. Pourtant il n'oublie pas que la mort est au bout du chemin ; il en parle avec simplicité, sans crainte. Il n'aime pas qu'on la veuille camoufler : arrêt de la vie, elle lui donne aussi sa dimension. Elle lui permet de se situer dans la durée. Ce qui le déchire ce sont les adieux de l'ami qui s'en va — et ils sont trop nombreux déjà, Pierre Saury, Marie-Thérèse Eyquem, l'ami de son adolescence, le compagnon fidèle, Georges Dayan... — lui enlevant une part de lui-même.

Dans cette durée même s'inscrivent des moments exceptionnels, ceux qui sont de son domaine secret et puis certaines Pentecôte à la roche de Solutré ou chez Lamartine, la maison de Théodorakis près de Corinthe, une auberge dans les vents en Crète, les forêts du Morvan et Vézelay, le relief géométrique de Manhattan, la pluie d'un jour contre les carreaux à Latche, la beauté de Venise qui témoigne pour l'homme... ; s'y inscrit aussi la politique qui est sa vie, sa passion profonde, même si elle n'est pas toute sa vie. On retrouve ici continuité et changement. L'homme seul d'autrefois s'est intégré au rythme collectif de son parti et il s'y est senti à l'aise. En ce parti socialiste qu'il a tant contribué à créer et à façonner, il fut heureux de retrouver ses tendances profondes, le sens de la liberté, des libertés, de la justice égale pour tous. Il le soulignait dans *La Paille et le Grain* en 1972 : chaque fois qu'il est placé devant des choix politiques ou moraux importants, il parie toujours sur la dignité et la responsabilité de l'être humain : suppression de la peine de mort, maîtrise pour la femme de sa vie personnelle, divorce par consentement mutuel, droit de vote à 18 ans ; il reste toujours sur cette longueur d'onde, il lui plaît donc que les socialistes travaillent, imaginent, proposent sur tous les thèmes de notre vie en société : projet éducatif et politique de la formation, le nucléaire militaire et civil, l'informatique et les télécommunications, les mécanismes de la vie publique, le cadre de vie et les conditions de travail, le travail et toutes les formes de la culture, etc. Etudes, projets prolifèrent, et il juge : « Ce parti qui bouge, qui bouillonne, que traversent des flux et que porte un élan, je l'aime après tout comme il est. Même quand il me dérange — parce qu'il me dérange[1]. » Et il sera dérangé...

1. *L'Abeille et l'Architecte*, page 150.

8

Président

L'impatience n'est pas une vertu politique.

Août 1981. Il faut tenter une conclusion et d'abord reprendre les événements en 1978, plus précisément en septembre 1978. Ce n'est pas facile parce que le recul manque ; dans ces conditions, l'auteur ne peut plus rester en retrait comme il l'a fait jusqu'ici. Pressé par l'actualité si récente, encore ébloui du feu d'artifice des gros titres, harcelé par un excès d'images, tiré à hue et à dia par des commentaires envahissants, il doit reconnaître que l'éphémère privilégié trouble les perspectives, la continuité du réel, l'indispensable réflexion. Sous l'écume il faudrait retrouver la mer, et choisir ce que le temps n'a pas encore choisi, donc intervenir personnellement.

Au fait, où en est-on ? En France, le climat est à la morosité, économiquement, socialement, humainement. Le franc montre des signes d'affaiblissement. Le bulldozer du chômage lamine les hommes, l'inflation disloque le budget des familles, la dette extérieure est lourde. Rien, cependant, dans le discours quotidien de M. Giscard d'Estaing ne traduit une interrogation réelle. La politique comme en tout régime de droite devient le lieu de toutes les malédictions, de toutes les compromissions, de tous les maux, sauf pour les privilégiés qui se réservent le droit de la pratiquer et se décernent, sans preuve ou contre les faits, des brevets de bons conducteurs d'hommes et de bons gestionnaires.

Rien ne semble bouger. Pourtant depuis quelques années, irrésistiblement, la gauche accroît sa crédibilité. Par ses prises de position sur la vie, la liberté, la responsabilité individuelle et collective, parce qu'elle donne une plus large prise de conscience des problèmes, elle marque des points lors de toutes les élections, s'implante dans tous les secteurs de la société.

Le Parti socialiste, lui, croît, peut-être un peu vite, d'où une certaine fragilité, et a des problèmes intérieurs. La droite menacée voudrait trouver le moyen de le briser ou au moins de le faire éclater avant les élections de 1979 puis pour les présidentielles de 1981. Ils rêvent, ces politiques de droite, d'abattre par la même occasion François Mitterrand. Va-t-on pouvoir enfin l'empêcher de poursuivre son combat pour la liberté de l'homme conscient et responsable, sa lutte contre les injustices et les inégalités, les privilèges, les attentats physiques et moraux, bref ses efforts en faveur d'une politique de l'homme pour l'homme, valable non seulement dans l'Hexagone, mais dans le tiers monde et chez tous ces peuples opprimés déchirés, mutilés de l'Afghanistan, du Liban, de l'Argentine, du Chili, de la Colombie, du Salvador, du Cambodge, etc. ?

Alors le grand assaut recommence. Inutile d'ailleurs, car il réussit à rester la force de recours, l'homme de la continuité et du changement.

Soudain, aujourd'hui, il est resurgi du plus bas, appelé par la majorité des Français à être le Président de notre République. Nous le retrouverons donc à ce poste qu'il voulait pour avoir les moyens de mettre en pratique les idées qu'avec ses compagnons il a longuement mûries, patiemment mises au point et éprouvées, qui sont le meilleur de lui-même, qui lui permettent d'être pleinement lui-même. A nous de revivre maintenant avec lui ce qui s'est passé depuis les législatives de 1978, la lente et difficile maturation de l'événement, la dernière ligne droite...

Naguère le paysan du Berry ne comprenait pas que l'on demande son chemin : chez nous, disait-il, on ne se met pas en marche sans savoir bien où l'on va et comment on y va [1]. Est-ce par atavisme que François Mitterrand a toujours mis en pratique cette méthode ? A chaque étape de sa vie, nous avons pu le constater, il a minutieusement défini son but, mûri son projet, cherché les moyens, en gardant l'indispensable marge d'improvisation pour répondre à l'imprévu. Ce fut le cas pour sa lutte contre l'occupant, pour la conquête de son premier mandat de député ou de ses postes ministériels, pour sa lutte contre le pouvoir personnel, pour la relance d'une vraie gauche

1. Je lui avais cité cet apophtegme, un matin ; il lui avait plu et il l'avait noté sur un de ces petits papiers, toujours à sa portée, sur lesquels, de son écriture précise, il note ses instructions pour les uns ou pour les autres, pour sa secrétaire en particulier, ses réflexions, ce à quoi il doit penser, ce qu'il veut retenir...

en France, le développement d'un grand parti socialiste ou pour la marche vers le pouvoir, indispensable aboutissement de sa vie politique avec la mise en pratique de ses idées et de ses convictions. Il avance toujours d'un pas calme et égal sans que la passion soit exclue. Les obstacles peuvent le retarder, mais non le faire dévier.

Cette pesanteur de sa volonté devra se faire sentir encore au lendemain des grandes vacances de 1978 dans une conjoncture plutôt pénible.

Puisqu'il n'a pas tout gagné aux législatives, ses adversaires veulent qu'en dépit de ses progrès le Parti socialiste ait été perdant. Ils se gaussent de ce faux échec qui devrait entraîner une opposition au premier secrétaire, puis son effondrement. Finalement les observateurs et les états-majors des partis « bien pensants » n'en sont pas tellement assurés ; aussi, déjà atteints, comme le Parti communiste et même certains socialistes, de la fièvre présidentielle, le gardent-ils comme cible favorite. Malgré la cote brillante de Rocard, Mitterrand reste au fond l'adversaire le plus redoutable de Giscard, donc à fortiori des autres. De toute façon, ces assauts ne l'ébranlent pas. Plus les attaques sont violentes, mieux on démontre son importance. L'effondrement spectaculaire de sa cote dans les sondages ne semble pas l'affecter davantage, même s'il reste toujours attentif à leurs variations. Il en regrette l'abus (il y en a trop) et les abus (en particulier dans la façon de poser les questions). Il me dit un jour : « Curieux qu'ils soient toujours favorables aux idées de ceux qui en ont passé commande ! et puis, ils tendent trop à faire confondre popularité et crédibilité. » En tout cas, ils n'ont jamais été pour lui un paramètre de décision pour ses actions et ses prises de position. C'est à contre-courant des sentiments moyens des Français, selon les sondages, qu'il a été sur le terrain défendre des travailleurs immigrés menacés dans leur logement ou exploités avec des salaires au-dessous du minimum, qu'il prend position contre les fusées Pershing des Américains, mais en même temps contre les SS 20 des Russes, qui nous menacent directement, qu'enfin, au cours de la campagne présidentielle, il dira avec émotion son refus de la peine de mort.

De la même façon, et quoi qu'il en puisse résulter, rien ne le détournera de ses préoccupations essentielles : maintenir la cohésion du parti autour de ses définitions de base, le remettre au travail, l'obliger à se retrouver dans l'action. Il veut relancer le militantisme, rameuter les sympathisants, accroître la présence socialiste dans les entreprises — ce qui fait enrager les communistes — et partout où il y a un combat à mener, faire envoyer à tous les inscrits le long questionnaire qui doit permettre de définir les bases du projet socialiste, référence prospective et de préciser les buts.

Mais François Mitterrand est occupé par un fait grave : le bouillonnement interne du parti ébranlé par la rupture de l'union de la gauche et la victoire manquée des législatives. La trêve de l'été n'a rien apaisé. Des oppositions s'affirment ; des divergences entre tendances s'amplifient ; des attaques fusent ; l'esprit de chapelle prend le dessus avec ses sectarismes et ses suspicions. Certaine presse ne parle plus d'un socialiste sans le décorer d'un nom de tendance. Des propos consciemment imprudents et ambigus de Michel Rocard mettent le feu aux poudres. Des médias, trop heureux de l'occasion, accueillent les contestataires, faussent le débat interne, accentuent les oppositions, celles surtout qui pourraient mettre en cause le premier secrétaire et son autorité. Cette campagne, au moins dans sa forme, peine et irrite Mitterrand. Il y faisait allusion parfois, contrairement à son habitude, lors de ces petits déjeuners où nous discutions alors des problèmes de l'écriture, et aussi de la mort qu'il souhaitait regarder en face, assumer pleinement, surtout accueillir chez lui...

Il constate avec amertume que l'affrontement est devenu « excessif et aigre » ; alors que, m'affirme-t-il, il a toujours accepté le débat interne sur toutes les idées ; qu'il l'a même encouragé ; qu'il a sans cesse affirmé qu'il devait être libre, qu'il est le moyen de l'enrichissement et le remède contre la sclérose. Ce débat est normal et indispensable aussi bien que le sont les ambitions personnelles et la lutte pour le pouvoir dans le parti et dans le pays. Il reste pourtant des limites, car on retombe toujours sur l'antagonisme entre la liberté de conception, d'expression voire d'invention et une certaine discipline, liée, elle, au respect d'une autorité, celle des textes librement acceptés, celle du chef élu. Oui au débat, redit-il sans cesse, non à tout ce qui est susceptible d'affaiblir l'unité et la force du Parti socialiste. Il n'apprécie ni la hargne rageuse des uns, ni les subtilités sournoises des autres, ni les petites querelles qui usent sans profit, qui tendent à rompre l'élan constructif, ni les mesquineries théoriques, le pointillisme doctrinal, les interrogations de détail qui sont démobilisateurs, qui dévient des grandes lignes d'action et portent à négliger toutes les tâches d'avenir et les échéances inéluctables de 1979 : les cantonales, le congrès du PS à Metz et les élections au Parlement européen. Ce sont des préoccupations dont il s'ouvre à ses proches.

Il l'avait souligné en mai 1978 : « Il y a une lutte de pouvoir partout, au PS comme ailleurs. Encore faut-il savoir ce que le pouvoir pourrait changer. » L'homme de la rue et même beaucoup de militants peuvent s'interroger quand ils apprennent que Rocard ainsi que les dirigeants de toutes les autres tendances affirment vigoureusement leur fidélité aux orientations du Congrès de 1971, ce que l'on appelle la ligne d'Epinay, la ligne de l'union de la gauche.

Dans sa déclaration de septembre 1978, Michel Rocard a glissé — et sa formule a fait « tilt » — la condamnation d'un « certain style politique, d'un certain archaïsme politique ». Nul ne s'y est trompé, son propos a visé François Mitterrand, qui, conciliant, s'est contenté de répondre qu'on ne juge pas un homme politique sur son âge, mais sur ses idées et ses actes. Après coup, Rocard démentira, affirmant que cette phrase concernait le parti tout entier et qu'il demandait simplement un langage plus vrai, plus réaliste, destiné à faire comprendre que la transformation souhaitée exigerait une grande rigueur.

Dans le Parti socialiste on se pose des questions, et Claude Estier demande : « Que signifie ce nouveau langage ? Ne cache-t-il pas une nouvelle ligne politique ? » On parle aussi d'un « complot chrétien » au sein du parti. François Mitterrand récuse le terme, mais reconnaît que de nombreux chrétiens de gauche, venus au PS en 1974, soutenaient Michel Rocard. L'existence de ce courant doit exacerber le particularisme d'autres tendances. Un danger menace donc, que l'on ne perçoit guère à l'extérieur. Pourtant Pierre Mauroy a décidé lui aussi de déposer une contribution pour pouvoir, le moment venu, favoriser une synthèse.

Pour l'homme de la rue les grands débats socialistes lui échappent ; les discussions sur les deux cultures, celle des individualistes décentralisateurs et celle, disons, étatiste, ou sur la crise du capitalisme ou de la société industrielle, sur la rupture avec le capitalisme par le franchissement immédiat de seuils irréversibles ou par un enchaînement de ruptures, sur la politique européenne et internationale, etc. Il pense surtout qu'une guerre des chefs est commencée et s'apprête à compter les coups. Quant aux sirènes de la droite et du centre inspirées par Lecanuet, elles rêvent de faire exploser le Parti socialiste et trouvent l'occasion bonne pour semer la zizanie et multiplier les appels du pied, aidant à se déchaîner les vieux démons discutailleurs et ergoteurs des dogmatistes de gauche. Les petites phrases perfides se multiplient, l'atmosphère est orageuse, mais au fond, de quelque clan qu'ils soient, ils se sentent tous des socialistes, hostiles à toute rupture de l'unité fondamentale. Le premier secrétaire travaille d'ailleurs à calmer les esprits. Il reprend son éternel pèlerinage politique à travers la France. Il me faut alors chance ou hasard pour rencontrer François Mitterrand, le matin, souvent quelques instants, car les horaires sont parfois bouleversés. Nils, le labrador, est là, gardien attentif auprès du maître. Un jour que le coiffeur fait son office, Nils se fâche et entend saisir la main qui brandit les ciseaux... Sans oublier la Nièvre et Château-Chinon, toujours prioritaires, François Mitterrand doit alors visiter toutes les Fédérations, se rendre où on l'appelle, expliquer la situation, reprendre ses troupes en main, assurer son autorité. Il est exposé à une seconde attaque, bien prévue. La riposte est prête. L'assaut est pour la mi-janvier 1979 : l'émission télévisée « Cartes sur table » est l'occasion pour Michel Rocard de jeter les siennes. De tous ses propos, on ne retient que cette déclaration : Pierre Mauroy sera candidat au poste de premier secrétaire et lui-même à la présidence de la République. C'est la surprise dans le pays, mais Mauroy, interloqué, récuse l'offre et envoie à son cher Rocard une mise en garde « ferme et amicale ».

François Mitterrand réagira le 19 janvier à la télévision et le 21 dans un discours à Bordeaux. Pour bien situer les choses, il commence par une vive attaque de la politique de Giscard d'Estaing, l'adversaire n° 1 puis il s'adresse aux socialistes : « J'ai engagé le Parti socialiste sur une route longue et dure. » Pour la réussite, il est nécessaire de refuser tout changement de ligne et d'opérer un fort rassemblement de tous les courants. « Je demande aux socialistes de regarder devant eux et d'avancer sans s'occuper du reste. »

Le reste, c'est ce qui divise, ce qui détourne du but. Alors il condamne en même temps qu'il apaise, il ouvre des perspectives, il écarte les impatients, ceux qui s'agitent, veulent bousculer l'événement. « Où étiez-vous, leur demande-t-il, lors du Congrès d'Epinay ? » Qu'on en finisse avec la confusion actuelle, lassante et démobilisante. Sévèrement il conclut : « Il faut que la trêve des matamores, des défis et des ambitions fasse qu'à la veille des cantonales nos camarades chantent l'unité du parti. » Ceci dit, inutile d'exagérer les tensions, les mouvements d'humeur. L'apaisement s'impose par la mise en valeur des facteurs d'union. Les socialistes doivent s'imposer cette discipline pour être en état de vaincre. « Il n'est pas, précise- t-il, dans ma nature d'être un roi soliveau, ni roi ni soliveau », donc il donne un coup de barre vers l'avenir et annonce « la priorité, c'est de préparer une nouvelle génération de dirigeants. Après ceux qui ont fait le parti, c'est maintenant l'heure de ceux que le parti a faits, de la génération qui a vécu toute son histoire politique dans le PS. C'est là seulement que vous trouverez l'homogénéité nécessaire. »

Les propos ont déjà été devancés par l'acte. Pendant tout le dernier trimestre 1978, je me souviens avoir vu apparaître, rue de Bièvre, de nouveaux visages à côté d'anciens comme Mermaz, Hernu, Poperen, Roland Dumas venu en voisin. C'était normalement le mercredi matin pour les petits déjeuners. Lionel Jospin, avec son sourire qui donne confiance, était là, benjamin des responsables du parti et ferme soutien du premier secrétaire dont il soulignait le rôle dans un article de *L'Unité* (19-10-78) : « Il a incarné le rassemblement des socialistes, le renouveau de tout le parti, la montée historique de la gauche... », concluant : « C'est cela qu'il ne faudra pas perdre. » Suivent Jacques Attali, Fabius, Quilès, d'autres encore parfois, et ces nouveaux visiteurs prouvent que l'avenir est assuré. Dans le présent tous ces jeunes confortent leur leader et mènent brillamment le combat en sa faveur en vue du Congrès de Metz.

Les élections cantonales des 18 et 25 mars 1979 qui concernent 1 847 circonscriptions, vont permettre de situer le PS et de mesurer éventuellement l'impact de ses déchirements internes et la morosité qu'ils ont pu provoquer. Entre les deux tours, François Mitterrand donne une interview au *Matin* (22-3-79). Il analyse la situation : « Le trouble du parti a coïncidé avec l'échec électoral de la gauche en mars 1978. Les contradictions se sont aiguisées à mesure qu'approchait le Congrès... Quand il aura tranché entre les différentes tendances, il faudra bien que chacun s'incline devant ses décisions, que tous fassent bloc pour les appliquer. » Cette discipline ne peut d'ailleurs pas nuire aux facultés créatrices et imaginatives du parti. Certes, rien n'interdit de penser à une synthèse finale, mais pour être valable elle devrait se réaliser sans exclusive et dans la clarté, ce qui est bien difficile à réussir. Pour lui, il sera présent et se maintiendra pour assurer la continuité de la ligne d'Epinay, pour faire bien comprendre qu'en cas de succès socialiste aux présidentielles, il sera indispensable de franchir, dans les trois mois, des seuils irréversibles, pour que les réformes acquises soient déjà entrées dans les mœurs s'il devait, par la suite, y avoir un renversement de majorité.

Il se dégage finalement de ce texte une impression optimiste. Bien qu'il soit attaqué de partout, contesté par des courants de son propre parti, Mitterrand pense que la situation est bonne, et il a raison puisque les résultats des cantonales sont nettement favorables. Si l'UDF perd 64 sièges, et le RPR 43, le Parti communiste en gagne 32 et le Parti socialiste 158, passant de 400 élus à 558. Le résultat est d'autant plus significatif que la participation a été bonne pour des cantonales (avec 34,5 % d'abstention) et que le PC qui avait mené une rude campagne de dénigrement contre son rival de gauche manque son rééquilibrage. Avec 26,96 % des suffrages (contre 26,6 % en 1976) le PS renforce sa position. Il devient de plus en plus le premier parti de la France et le refuge de tous ceux qui refusent le « pouvoir giscardien ». Il est clair que le débat interne n'a pas altéré son image.

Désormais, malgré une actualité contraignante, malgré l'attention attirée par les actes de l'ayatollah Khomeyni, par l'Afghanistan envahi, par les scandales fascisants de l'Argentine, ou par le profond malaise de la vie en France, le Congrès de Metz du Parti socialiste va tenir la vedette. François Mitterrand dont la cote dans les sondages monte régulièrement, reprend son éternel tour de France socialiste avec une ardeur de débutant. Il tient quatre ou cinq réunions par jour, détendu, ironique ou grave, adaptant son propos à chaque lieu, mais toujours prêchant l'unité : « On entend partout dire : le PS est divisé ! Pffit ! Quelle histoire. Voyons cela : sept motions s'opposeront à Metz, mais il y en avait huit à Epinay ! C'est bien. C'est le débat démocratique. L'important, en fin de compte, c'est que la quasi-totalité des socialistes se retrouvent fraternellement unis pour les grands combats... »

Ces combats, c'est demain. Pour l'instant, à Metz, le partage des mandats sur les hommes et leurs motions donne 40,1 % à François Mitterrand, 20,41 % à Michel Rocard, 14,43 % au CERES, 13,61 % à Pierre Mauroy, 7,7 % à Gaston Defferre, 3,24 % à Christian Pierret. La motion d'un groupe de femmes n'obtient que 0,5 %. En réalité la lutte va essentiellement opposer Michel Rocard à François Mitterrand, Pierre Mauroy n'ayant présenté sa motion que pour favoriser une synthèse, les autres représentant des forces d'appoint.

Les problèmes de personne empêcheront — en dépit d'une explication vive, directe et publique — d'élucider vraiment les divergences, de résoudre les contradictions sur le rôle du plan et du marché pour une bonne régulation de l'économie, sur les méthodes de rupture avec le capitalisme, sur l'union de la gauche ou l'union des forces populaires, sur l'Europe, sur l'organisation du parti, etc. La discussion est parfois pimentée de mots féroces et de formules brillantes ; la tentative de synthèse proposée par Mauroy échoue. Au fond les deux principaux adversaires n'y tenaient pas, et François Mitterrand avait dès le début déclaré : « Nous préférons la fermeté à un rassemblement sur une ligne indistincte sans durée et sans portée. » Il avait durci sa position par crainte de voir poindre plusieurs partis dans le parti[1].

Le vote final va donc trancher entre cinq motions restantes. Mitterrand vient nettement en tête, même s'il n'a pas la majorité absolue, avec 46,97 % des votes. Suivent dans l'ordre : Michel Rocard (21,25 %), Pierre Mauroy (16,80 %), le CERES (14,98 %)... François Mitterrand sera réélu premier secrétaire du parti à l'unanimité et désignera les quinze membres du secrétariat national. Ni Rocard ni Mauroy passés dans la minorité n'en font partie. Comme on avait critiqué son ancien entourage et surtout la présence de ses amis de la Convention des institutions républicaines et qu'il avait promis un rajeunissement des cadres du parti, il bouscule tout. Seuls quatre membres de l'ancien secrétariat restent en place. Lionel Jospin devient le numéro deux du parti et son groupe de jeunes l'accompagne au pouvoir : Laurent Fabius (32 ans), Paul Quilès (37 ans), Véronique Neiertz (36 ans), Alain Busnel (34 ans), Anne Tregouet (33 ans), Yves Durand (33 ans)... Puis normalement les douze membres titulaires et les onze suppléants du bureau exécutif sont élus à la proportionnelle. On retrouvera alors aux côtés de Gaston Defferre, Pierre Bérégovoy, Jean Poperen, Pierre Mauroy, Françoise Gaspard, Alain Savary, Michel Rocard, Louis Le Pensec, Dominique Taddéi, Jean-Pierre Chevènement, Pierre Guidoni, etc. Ce vote à la proportionnelle a permis de réintégrer dans la direction du parti les représentants les plus importants des différents courants passés dans la minorité. Ainsi peuvent se créer une cohésion et une dynamique internes, associant tout le monde à la discussion, à la conception et à l'effort. C'est dans ce même esprit et avec la même méthode que seront élus les 131 membres du comité directeur : cinquante-cinq pour les Mitterrandistes, dix pour le courant Defferre, vingt-huit pour Rocard, dix-neuf pour Mauroy et autant pour le CERES, et que sera préparée la première liste de candidats pour les élections au Parlement européen. Elle sera conduite, une fois complétée, par François Mitterrand assisté de Pierre Mauroy et l'on y remarque, dans les premiers,

1. Pour les 188 216 adhérents au Parti socialiste à cette date, on trouve 796 délégués au Congrès porteurs de 7 003 mandats.

les noms d'Edith Cresson, de Didier Motchane, de Gérard Jaquet, de Georges Sarre, de Jean-Pierre Cot, de Claude Estier...

En fin de séance, Michel Rocard s'adresse publiquement à François Mitterrand et déclare solennellement : « Si vous êtes candidat à la prochaine élection présidentielle, je ne le serai pas contre vous. » Le premier Secrétaire qui ne veut pas que l'on parle si tôt de la campagne présidentielle, ne répond rien tout en prenant acte. Rocard va donc pouvoir commencer à préparer et lancer sa propre campagne pour tenter de mettre son rival en situation de ne pas pouvoir se présenter.

Dernière étape dans la logique du Congrès, François Mitterrand, pour pouvoir disposer d'une véritable majorité à la direction du Parti, fait engager une négociation avec le CERES. Un compromis doit être discuté avec Chevènement et ses amis sur leurs points de divergence, avec la majorité, notamment sur les problèmes européens. La négociation est délicate mais réussit. La direction du parti, ainsi consolidée, va pouvoir alors relancer le travail. Il est grand temps, car les élections au Parlement européen sont proches et les perturbations internes du PS avant le congrès de Metz ont détourné l'attention et bloqué la préparation. Pourtant on y avait pensé dans les délais prévus et, dès le 26 septembre 1978, le secrétariat national avait approuvé à l'unanimité le rapport Sutra qui définissait la position des socialistes face aux problèmes de l'élargissement du Marché commun. François Mitterrand l'avait aussitôt présenté et commenté à Montpellier, au cœur d'une région économiquement hostile à l'entrée de la Grèce, de l'Espagne et du Portugal dans la Communauté européenne et que tentait la position négative du Parti communiste. Naturellement les socialistes sont favorables au principe, mais ils sont réalistes et estiment que, pour aboutir, certains préalables doivent être imposés. Le Parlement doit en discuter ; les pratiques de dumping doivent être interdites ; les conditions de salaires et de protection sociale des travailleurs doivent être unifiées effectivement et non en seule théorie, des régulations de marché sont à étudier, une concertation doit s'instaurer...

Pour les élections européennes, à peine le congrès achevé, François Mitterrand se lance, à nouveau, dans la bataille au rythme habituel de plusieurs réunions par jour ; il va même en Angleterre assister les travaillistes et reçoit à Paris le soutien des socialistes européens. Malgré tout ni le pays, ni le parti ne sont vraiment mobilisés, ni l'ensemble des pays du Marché commun non plus. Il y aura chez nous 39,22 % d'abstentions contre 11,4 % en Italie et 69,5 % en Grande-Bretagne. Les socialistes obtinrent les vingt-deux sièges prévus, mais sans brio, avec quelque 4769000 suffrages, soit 22,42 %, juste derrière l'UDF mais devant le RPR et le Parti communiste. Un désaccord sur la validité de certains bulletins de vote fera perdre un moment un siège au PS. François Mitterrand démissionne pour ne pas léser le dernier élu. Ce siège sera rendu au parti par le Conseil constitutionnel, le 23e de la liste en profita donc.

Etre ou ne pas être candidat.

Le deuxième semestre de 1979 va être partagé, pour le premier secrétaire et sa jeune équipe, entre les tâches quotidiennes de la vie du PS, le soutien des actions et la préparation du « Projet socialiste ». Enfin, si l'on s'efforce de ne pas en parler, l'inéluctable problème de l'élection présidentielle reste latent. La mise au point du projet à partir des réponses au questionnaire et des premières approches est confiée à Jean-Pierre Chevènement, qui prépare un texte méthodiquement construit autour de trois thèmes : comprendre, vouloir et agir. Ce texte sera discuté dans les Fédérations et les réactions seront diverses, parfois brutales, selon les tendances. Finalement, François Mitterrand, qui participera à la rédaction finale, le juge « serré, cohérent, d'envergure, ouvert aux amendements ». Il doit créer « dans la mesure du possible, les conditions d'une France économiquement et politiquement plus autonome, maîtresse de son destin scientifique, industriel et culturel, où les travailleurs cesseront d'être à merci ». (*Le Monde* octobre 1979[1]). Après la discussion à la base, il devra être révisé et adopté par une convention spéciale en janvier.

Sur le plan de la candidature à la Présidence de la République, Michel Rocard amplifie son action dans le parti. Satisfait des sondages qui lui donnent de plus en plus nettement l'avantage sur François Mitterrand (Ils étaient à égalité en septembre 78 et il atteint en novembre 79, 52 % contre 46 % à son rival), peut-être aurait-il dû méditer un article d'Olivier Chevrillon dans *Le Point* (17-10-79) qui analyse la guerre des deux roses : « L'opinion souveraine, imprévisible, s'amuse parfois à déranger les lois de la pesanteur. » En fait, il s'agissait

1. Rappelons qu'en 1978, près de 200000 socialistes ont répondu aux 216 questions d'un questionnaire sur tous les domaines de l'activité politique, économique, sociale et culturelle.

de bien calculer la vraie pesanteur humaine et politique du premier secrétaire, qui se libère alors en libérant Rocard de son serment, donc en lui laissant le champ libre pour mener campagne à sa guise. « Quiconque, dit-il, incarne une ligne politique différente peut et doit être candidat. » La majorité du parti, celle qui a accepté et approuvé pour deux ans la ligne politique définie au Congrès de Metz, prendra alors ses responsabilités, restera fidèle à elle-même ou tentera une autre voie.

L'antagonisme se précise dans les premiers mois de 1980. La Convention d'Alfortville (13-1-80) étudie le projet socialiste, les amendements ou modifications proposés, les réactions qu'il a suscitées avant d'adopter le texte mis au point à une large majorité de 84,97 % des votants, mais comme le remarque alors Laurent Fabius : « Il y a les oui de conviction et les oui de précaution. » Michel Rocard qui avait défini des points de divergence notamment sur la confiance que l'on peut accorder à l'appareil administratif pour réaliser les transformations prévues et sur la relation incertaine entre le discours théorique et les contraintes de la réalité, s'était en fin de compte rallié au projet, tandis que François Mitterrand proposait en conclusion cette définition de la finalité du projet : « Une meilleure éducation, une meilleure information, une plus grande décentralisation, bref ce qui s'appelle l'autogestion. »

Le projet est aussitôt publié par le Club socialiste du livre avec une présentation qui veut révéler sa réalité profonde : il prolonge et élargit à la fois le champ d'action et la vision du programme socialiste de 1972, « Changer la vie ». Le parti ne peut admettre que les jeux soient faits, il veut donc comprendre et faire comprendre, car l'action politique relève avant tout de la pédagogie, une pédagogie vivante qui refuse de se stériliser dans le dogme, qui ne veut rien cacher de ses choix et de « sa résolution implacable et tranquille », surtout quand il s'agit de résister à l'offensive idéologique de la droite. Des titres ou sous-titres attirent les yeux : réorienter l'économie, une croissance forte et différente, transformer l'appareil productif, réinventer le droit à l'emploi, agir avec des femmes et des hommes responsables, retrouver le temps et le goût de vivre, défendre les droits de l'homme et les droits des peuples, régler sur ces idées notre politique internationale.

Le projet adopté, on retombe dans l'alternance présidentielle. François Mitterrand ne veut pas entendre parler de candidature, ne veut surtout pas que la campagne soit ouverte plus d'un an à l'avance. Ni devant sa femme ni devant ses parents ou ses amis, il n'évoque le problème. Dans nos conversations matinales à cette époque, il était question de tout, et particulièrement d'un certain nombre de thèmes qu'il a développés dans un entretien accordé au *Monde* (5-12-80) avec beaucoup de liberté. Il condamne l'esprit de secte, le dogme ennemi qui veut donner raison contre son frère ; il évoque la conquête des libertés, bataille toujours inachevée et il demande : « Qui pourrait prétendre que les libertés existent véritablement pour des millions de gens soumis à des conditions écrasantes de vie et de travail ? » Il refuse les faux impératifs de la raison d'Etat, puisqu'en démocratie tout peut se dire et s'expliquer. Il demande aux médecins de prendre garde que les progrès techniques ne leur fassent pas perdre l'indispensable sens humain, ne les poussent à voler leur mort aux hommes.

Plus il semble se désintéresser des présidentielles, plus sa réflexion prend de hauteur, mieux il définit les grandes options au noms desquelles il peut attaquer, sévèrement et franchement, la politique du président en exercice, mieux il semble se définir comme un potentiel président pour tous.

La longue interview qu'il accorde le 21 février 1980 à *France-Soir* confirme cette impression. Il mesure d'un côté les erreurs du pouvoir et de l'autre la force grandissante du Parti socialiste qui a retrouvé son identité et s'affirme lui-même unitaire et réaliste. Il doit permettre enfin cette alternance qu'a bloquée naguère la force trop grande du Parti communiste, qu'il situe toujours malgré les injures et les mensonges, dans le cadre de la gauche. Comme on lui parle de ministres communistes, il écarte la question d'un geste et conclut : « J'ai surtout pesé le risque de maintenir la droite au pouvoir. » De toute façon, un président de la République de gauche élu en 1981 devrait aussitôt pour s'affirmer et se donner les moyens d'agir, dissoudre l'Assemblée nationale.

Trois jours après, le 24 février, on retrouve Michel Rocard à la télévision, toujours à « Cartes sur table ». Selon lui, le Parti socialiste dispose de deux présidentiables qui s'estiment mutuellement et dont l'opposition « est largement politique plus encore que personnelle », ce qui veut dire qu'elle existe sur tous les plans. Il est convaincu que lors du dépôt des candidatures aux élections dans le parti (19 octobre) un consensus se créera en sa faveur. Le lendemain *Le Matin* titre : « Rocard : Je suis prêt. », et il commente : « Son intervention était une opération de séduction en direction des sympathisants et militants socialistes. Rocard a-t-il réussi ? » François

Mitterrand pourrait répondre mais il se tait. Pourtant, il y a des réactions dans le parti.

Face à ce prétendant, le premier secrétaire reste le même, il revendique l'autorité de sa fonction : « Je n'ai pas besoin d'être candidat pour exposer ce qui incarne la démarche du socialisme en France », dit-il. Il affirme qu'il ne veut pas être soumis aux humeurs des courants, des journalistes et des dirigeants politiques. A la télévision, le 11 janvier, il consacre essentiellement son propos à la politique étrangère et à l'affaire afghane : « Il n'est pas acceptable qu'un pays puissant détermine par la force, par l'intervention de la force armée, le sort d'un pays plus faible ». Devant les secrétaires fédéraux du parti (en mars 80), il dénonce « les éléments de désagrégation qui ont commencé à compter du moment où la solidarité dans l'échec n'a pas correspondu à la solidarité dans le succès. » Il n'admet pas que l'on dénature ses propos, que l'on ne combatte pas les stratégies dangereuses de la division.

Tandis que Giscard d'Estaing fait sourire en se situant dans « la ligne du juste milieu », celle même du roi Louis-Philippe à la veille de la Révolution de 1848, Mitterrand lance un nouvel appel pour l'union à la conscience de toutes les électrices et électeurs de gauche. Tandis que Georges Marchais, empêtré dans les attaques de *L'Express* sur sa vie au temps de l'Occupation, devient plus nerveux et plus insultant, il rencontre pendant deux heures, à Strasbourg, le leader du Parti communiste italien Enrico Berlinguer, ce qui lui vaut de nouvelles attaques. Il en sourit : « Selon les mêmes, je suis autoritaire, péremptoire, anticommuniste systématique, rangé sous la bannière de l'impérialisme américain, " carteriste ", mais ni monstre, ni laquais, ni traitre, ni hyène, ni chacal, ni espion, ni même fasciste comme l'avait été Léon Blum... » Mieux vaut sourire de cette véhémence verbale que de se laisser submerger, car cela recommence à son retour de Saint-Domingue en avril 1980, où il participait à une conférence régionale de l'Internationale socialiste avec les délégués d'Argentine, d'Uruguay, du Paraguay, du Chili, de la Bolivie, du Pérou, du Salvador, du Nicaragua, du Guatemala... Un journaliste de *L'Humanité* l'accuse, au mépris de la plus élémentaire vérité, alors que son discours final avait été applaudi par tous, d'avoir défendu l'impérialisme américain. Il se fait encore rabrouer pour avoir discuté avec le leader communiste espagnol Santiago Carrillo de l'Afghanistan, de la mise sous surveillance du savant russe Sakharov, du refus des missiles SS 20 et des fusées Pershing. Les communistes français n'admettent pas le crime de proximité. Pour la droite, aussi violente dans l'attaque, elle joue son rôle et son animosité ne peut que l'encourager dans son action pour son parti et avec lui. L'atmosphère est pourtant plus lourde, plus tendue.

Malgré nos rencontres régulières et détendues, je ne décèle rien. Je ne puis dire qu'il ait vraiment vécu, en cette période, au plus profond, l'instant obscur du doute. Que sa méditation ait été plus approfondie, qu'il ait posé avec le plus grand soin le problème de la candidature aux présidentielles, examiné tous les cas de figure, analysé les possibilités de succès pour l'un, pour l'autre, pour lui-même, c'est certain. Qu'il n'ait jamais écarté sa propre candidature, j'en suis sûr. Elle était dans le rythme de sa vie, dans sa volonté de toujours, elle se liait à ses espoirs, à la noble ambition qui l'anime, aux actions qu'il voudrait mener. Son réalisme le contraint aussi à ne pas se dissimuler les risques et les responsabilités, à ne pas négliger les pressions, les difficultés, les obstacles, les hostilités, le poids des longues présences et des usures comme celui de l'expérience et d'un dynamisme intérieur qui ne s'est pas dégradé. Personnellement je n'ai jamais cru qu'il renoncerait, que l'amertume suscitée un moment par les divisions internes du PS pourrait le décourager, le détourner de sa mission. En fait il s'était vite repris. Il en a l'habitude ! Je pense, et je le dis très fort, que seule, à cette époque, dans cette conjoncture, la conviction profonde qu'un autre mieux que lui pouvait assurer la victoire des idées socialistes comme la force et l'unité du parti, aurait pu le faire renoncer. J'ai également remarqué qu'en ce premier semestre 1980, s'il ne parle pas de candidature ni surtout de sa candidature, il lui arrive de rappeler les décisions prioritaires qui devraient marquer les premiers moments d'exercice du pouvoir pour un Président socialiste.

Mitterrand maintient le cap sans souci des modes de l'instant. Devant les secrétaires des Fédérations, convoqués de nouveau en juin, devant les jeunes socialistes, dans les nombreuses réunions auxquelles il participe, François Mitterrand affirme son autorité et sa cote remonte dans les sondages. Inlassablement, il explique ce qu'il faut éviter de faire et l'état d'esprit nécessaire pour maintenir la cohésion et l'élan du parti. Il ne doit pas être une marqueterie de clans, de sectes, d'éléments jeunes, moins jeunes, de femmes, une confusion de jargons ésotériques, mais, surmontant les divisions et les particularismes, être un rassemblement autour des idées-force du socialisme, un ensemble de femmes et d'hommes qui veulent atteindre le même but.

Il y a quelque chose d'un peu décousu, il le sait et il me l'a dit, dans la traduction quotidienne de son expérience, de ses réflexions, de ses prises de position, dans tous ces discours, toutes ces discussions, ces réunions d'études, ces articles et ces interviews qui hachent le temps, et où les spécialistes vont cueillir des formules... Il éprouve donc le besoin au milieu des combats, des querelles, des luttes d'influence, avant le temps proche des grandes décisions et des nouvelles actions qu'elles entraîneront, de s'arrêter, de faire une synthèse, de bien dégager l'essentiel. Il y consacrera le temps des vacances, ce seront vacances de dur labeur : « Du matin au soir, en moyenne douze heures par jour, souvent tard dans la nuit, me disait Danielle Mitterrand, il n'a pas cessé de travailler. » Je le vois encore, en fin septembre, mettre la dernière main aux ultimes pages, rue de Bièvre.

Pour être poussé dans ses derniers retranchements, François Mitterrand demande en effet à Guy Claisse, un journaliste politique de gauche qui écrit dans *Le Matin,* où il se montre plutôt favorable à Michel Rocard, de venir travailler avec lui, en apportant une batterie de questions. Il a été choisi parce qu'il connaît les problèmes et doit, en raison de son indépendance et de sa réserve rigoureuse, se montrer sans complaisance. Guy Claisse jouera parfaitement son rôle, et sera d'ailleurs « séduit » par son hôte.

Etude des questions, mise au point, discussion, réponses, rédaction enfin avec les tâtonnements et les reprises obligatoires, et ce sera *Ici et maintenant* paru en novembre chez Fayard.

Ce n'est pas un manifeste, c'est le propos de François Mitterrand, fidèle, profondément, aux options socialistes, mais exprimant librement ses faits et gestes d'hier, ses réactions, et surtout son effort de recherche pour mieux comprendre les hommes et les problèmes de son temps, comme les tendances d'avenir qui se dessinent.

Son interviewer reconnaît qu'aucune question n'a été récusée, qu'il n'y a pas eu d'interdit. La première partie permet de mieux saisir qui est le François Mitterrand de 1980, sa place dans la vie de notre pays et dans les mouvements de la politique. Il conclut lui-même avec un sourire : « Je prie ceux que cela gêne de bien vouloir m'en excuser, je fais partie du paysage de la France. »

Il a toujours revendiqué un pays et un parti composés de femmes et d'hommes responsables et il rappelle que pour l'être pleinement il ne faut pas s'arrêter de comprendre, de chercher à comprendre toujours, il ne faut pas se figer ébloui par les apparences du moment. C'est ce qui ressort de sa conception de la vraie politique, celle qu'il veut révéler au travers des réalités contraignantes d'hier et d'aujourd'hui.

S'il répond de son mieux aux questions de vie quotidienne politique parce qu'elles lui sont posées, parce qu'elles se posent effectivement, il s'attache surtout à expliquer les faits, les causes, les prolongements. Signalons, dans ce sens, l'étude du rapport Kanapa qui, en 1977, conduit le Parti communiste à accepter la force de frappe nucléaire stratégique qu'il voulait la veille détruire ; elle est acceptée et en même temps annihilée par les conditions imposées à son utilisation ou l'analyse d'un projet d'organisation de l'Etat (juillet 1977), dans lequel le PC accepte un Premier ministre socialiste mais en le dépouillant, en fait, de tout pouvoir ; il ne s'agissait que d'armes supplémentaires pour détruire l'union de la gauche. De la même façon il démonte le mécanisme giscardien d'accaparation sournoise du pouvoir par noyautage, par transferts ou morcellements d'autorité, par lente dégradation des compétences parlementaires, etc. Ou bien il dénonce le manque de grands et fermes desseins de ce pouvoir en matière de politique étrangère. Cette analyse critique est compensée par l'épanouissement des thèmes positifs, de la maîtrise du progrès, aux méthodes pour vivre autrement dans le pays et avec les autres, aux dynamiques nouvelles et à la contagion des libertés.

Cette façon d'appréhender la vie et les problèmes, ce souci de les saisir avec réalisme, avec au cœur une inépuisable volonté d'espoir, cette ardeur pour trouver à la politique sa vraie dimension, définissent sa conception ; il veut les inclure dans la vie du Parti socialiste par des ouvertures multiples. Il favorise ainsi et encourage l'organisation des réunions spécifiques avec des intellectuels, des artistes, des savants, des techniciens et il est heureux de participer à cet effort commun. Un journaliste du *Matin* notait alors (il faut bien citer ses références, pour montrer qu'on n'est pas seul de cet avis) : « Quel autre homme public que François Mitterrand a su réunir autour de lui une telle pléiade de savants, de chercheurs et de créateurs ? »

En 1980, malgré les difficultés qui l'assaillent, tout commence par « les assises européennes pour le cinéma et l'image » organisées par Jack Lang à Hyères. Y seront étudiées les conditions d'une relance de notre cinéma « colonisé par l'industrie cinématographique américaine » (Lang), et la création d'un conseil supérieur de la radio et de la télévision. Comme il inaugure ces assises, François Mitterrand soulignera que le Parti socialiste est le lieu naturel de rassemblement des intellectuels et des créateurs. Cela s'achèvera en décembre par le colloque de Valençay, trois journées (trop courtes !) de libre discussion et de recherche entre socialistes politiques et les maîtres les plus éminents de notre biologie, sur les sciences de la vie et leurs rapports avec la société, notamment sur le bon usage de la loi pour appliquer les résultats des chercheurs dans l'environnement, la santé, les conditions de travail. « Pour la première fois en France et à l'étranger, écrit le professeur Chapeville dans *Le Nouvel Observateur,* biologistes et hommes politiques vont se rencontrer et parler ensemble pendant trois jours. Il était temps ! » Ajouterai-je que je l'ai toujours trouvé plus épanoui, mieux dans sa peau d'homme politique, après chacune de ces réunions.

L'été passe et s'efface la pénible grève des marins pêcheurs, tandis que les drames de Beyrouth, d'Afghanistan, et d'ailleurs, pèsent toujours douloureusement. M. Delpey, qui connaît trop bien Bokassa et ses diamants est toujours interrogé, mais survient, lumineux et tragique, l'espoir polonais du syndicat « Solidarité » que symbolise Lech Walesa... L'été s'écoule et François Mitterrand, lui, passe le meilleur de son temps à Latche ; il médite et poursuit sans relâche la rédaction de son livre. Même en septembre, il maintient son éloignement laborieux. On ne l'entend qu'une fois à la radio, le 8, ironique et détendu : « Je me sens, dit-il, des affinités avec quiconque voudra bien nous débarrasser des responsables politiques... qui font de si mauvaises besognes », laissant ainsi les portes ouvertes à toutes les bonnes volontés. Aux questions sur les candidatures, il répond que le Parti socialiste respectera la procédure et le calendrier fixés : début du processus le 19 octobre, désignation officielle le 26 janvier 81. En conclusion, il déclare qu'il sait tout sur le futur candidat, mais qu'il ne dira rien. Ce propos relance les jeux de la supputation. Rocard et les siens sont sûrs qu'il ne se présentera pas, les sondages sont d'ailleurs en sa faveur et en faveur de Giscard, l'entourage du premier secrétaire est perplexe et la base se sent un peu abandonnée, mais si lui-même joue les sphinx, certains commentateurs se demandent s'il peut vraiment abandonner, et les spécialistes des partis de la majorité continuent, malgré tout, à penser qu'il est pour Giscard l'adversaire le plus solide et le plus dangereux. Assurément, et je le sens bien comme ses proches, François Mitterrand ne pense pas avec enthousiasme à une nouvelle campagne présidentielle, il calcule méthodiquement les chances de succès, les dangers que son renoncement ferait courir à l'unité du parti, la difficulté de décevoir ceux qui toujours lui ont fait confiance. Si même en « écoutant » ses silences, on ne percevait rien de positif, rien de négatif non plus n'émerge. Pour moi, personnellement la durée même du silence me donne confiance.

Octobre, c'est du sérieux : comme prévu Georges Marchais est désigné officiellement comme candidat du Parti communiste et le 19, jour d'ouverture du processus socialiste, Michel Rocard lance un appel : « Ici, à Conflans-Sainte-Honorine, aujourd'hui, j'ai décidé de proposer aux socialistes d'être leur candidat à la présidence de la République. » Il est sûr de lui, bien que le ton ne soit pas juste, et, magnanime, offre à son rival de garder le poste de premier secrétaire... Deux ou trois jours après, j'ai entendu, rue de Bièvre, Mitterrand souligner l'erreur d'un appel devant tous les Français pour demander à son parti de le reconnaître comme son candidat. « De plus, ajoutait-il, j'aurais attendu la dernière minute pour me déclarer. » Ces impatiences soulignent celles de Pisani qui vient d'attaquer le premier secrétaire, et du publiciste Marti qui dans une émission télévisée sur la publicité, va vanter le « produit Rocard ».

Histoires parisiennes dont sourient les Fédérations et les sections, qui en dépit de tout travaillent et agissent. Le résultat est là : les politologues constatent que, sous la ferme direction de François Mitterrand, le parti a développé son implantation dans toutes les régions et dans toutes les couches sociales. Deux exemples : en Mayenne, 6,6 % de votes socialistes en 1967 et 26,2 % en 1978, tandis qu'en Moselle on passe de 4,4 % à 23,9 %. De plus, dans chaque catégorie sociale le quart vote socialiste. Cet affermissement se traduit encore, à cette date, dans sept élections législatives partielles : quatre socialistes avec un gain de deux sièges, un radical de gauche et deux RPR.

Le 8 novembre, à 9 h 30, le président du Comité directeur du PS, Louis Mermaz, lit la lettre de candidature de François Mitterrand[1]. Chevènement renonce aussitôt à la sienne et Rocard le fera dans l'après-midi. Beaucoup n'y croyaient plus, oublieux de sa méthode : réfléchir longtemps pour agir vite. C'est la méthode qu'il avait employée à Epinay. Viansson-Ponté écrivait que son action avait été ferme et rapide « au terme d'une longue, lente, prudente démarche méthodique et calculée ». Il vient de vivre au même rythme, et maintenant il

1. Il disait tout simplement : « En réponse aux Fédérations qui m'ont demandé d'être le candidat socialiste, je soumets ma candidature au vote des membres du Parti... »

rappelle qu'il n'est que candidat à la candidature, qu'il n'y aura pas de campagne avant sa désignation officielle par le parti. Il fait annuler toutes les interventions prévues à la télévision et à la radio, même pour parler de son livre qui vient justement de sortir en librairie. Il ne veut pas jouer aux querelles de l'instant, participer aux petits ballets fugitifs des ombres : Michel Debré, Marie-France Garaud, les écologistes d'ici ou de là, Arlette Laguiller chérie des bien-pensants qui aiment le paradoxe et rêvent du « grand soir » sans vraiment y croire. Et surtout le dernier qui exalte les gens d'esprit, Coluche : « Dommage me dit François Mitterrand, je l'aimais bien, il faisait bien son métier... » Pour lui, il assumera ses tâches habituelles mais en se tenant le plus possible à l'écart, pour mieux se concentrer en mettant au point le texte du programme qu'il présentera d'abord au parti. Il prendra aussi du recul et affirmera sa présence dans le monde par des voyages à l'étranger : après le congrès de l'Internationale socialiste à Madrid, en novembre, il passe quelques jours aux Etats-Unis, se rend en Israël soutenir son ami Shimon Peres au congrès du Parti travailliste. Il y rencontre aussi Dayan et Begin. L'année se terminera classiquement à Latche, en famille.

Le dernier « round ».

Tandis que la campagne électorale des candidats déclarés, surtout celle de Georges Marchais, se développe activement, François Mitterrand reste dans l'ombre, menant sans éclats extérieurs son action dans le parti et sa préparation, jusqu'au 24 janvier, marqué par le Congrès de Créteil et une grande manifestation, en nocturne au Palais des Congrès de Paris, où quelque vingt mille personnes viennent l'applaudir. Au Congrès, les suffrages de 83,65 % des militants le désignent comme candidat du parti. Il les remercie de l'avoir « appelé à conduire le combat des socialistes d'abord pour gagner, ensuite pour ouvrir le chemin d'une autre politique ». Il ne récusera pas cet honneur mais n'entend pas être seul : « C'est le parti tout entier qui s'engage dans la bataille politique. » Il est le candidat des socialistes et ne cédera rien sur les principes, mais, ajoute-t-il, « je veux l'être aussi, je dois l'être du rassemblement populaire, si nécessaire à la démocratie, à la transformation de notre société et à la grandeur de la France ».

Pour agir en toute liberté Mitterrand abandonne son poste de premier secrétaire à Lionel Jospin, « une lourde tâche qui n'est pas, dans mon esprit, un intérim ». Il remercie tous ceux qui de Pierre Mauroy à Michel Rocard l'ont aidé à développer le PS et conclut : « Rien ne sera facile ; je ne promets rien d'autre que le courage, la continuité de l'effort et la volonté de gagner. »

Les militants ont adopté en même temps un manifeste axé sur quatre grands thèmes : la paix, l'emploi, la liberté, la France, ainsi que les cent dix propositions concrètes et les dix commandements du candidat, base de l'action à mener pour l'élection. Les médias signalèrent l'événement, mais deux jours après les commentaires de beaucoup se bornaient à cette question : « Y aura-t-il des ministres communistes ? » On ne soulignait pas que le Parti socialiste avait retrouvé sa cohésion, son dynamisme, que la « discussion des chefs » n'avait finalement été qu'un débat interne, difficile sans doute, mais terminé sans rupture sinon sans déchirements, que, son unité retrouvée, le Parti socialiste faisait corps derrière son candidat et derrière son nouveau premier secrétaire, Lionel Jospin.

Près d'un an auparavant, dans *Le Quotidien de Paris,* Dominique Jamet découvrait en lui « le grand calme de qui sait maîtriser l'emploi de son temps ». Il en donne la preuve en s'envolant, à peine désigné, vers la Chine en compagnie de Defferre, Jospin et Estier. Une fois de plus, il veut prendre du recul devant l'événement et s'écarter d'une campagne qu'il veut retarder. Il lui semble capital aussi de sentir et apprécier directement la réaction des dirigeants chinois devant le candidat socialiste à la présidence de la République française, comme il a intérêt à confronter ses impressions d'il y a vingt ans, quand Mao l'avait reçu, avec l'image que va lui présenter le pays. Il ne m'a pas paru déçu par l'évolution constatée. Il a pu encore discuter avec Deng Xiaoping des problèmes internationaux, comprendre son refus de l'expansionnisme hégémoniste de l'URSS, et la nécessité souhaitée d'un barrage établi par les USA, la Chine et l'Europe, qui reste, à ses yeux, le maillon faible. Comme on lui demande alors si Deng Xiaoping est vraiment l'homme fort du régime, « Tout le montre, répond-il, à la fois son assurance, sa vivacité, sa bonne humeur et l'impression que donnent ses relations avec les autres. Tout semble indiquer que c'est lui qui inspire. » Avec quelque malice, on pourrait sans doute lui retourner son propre propos aujourd'hui.

Sitôt de retour, c'est la reprise : discussion avec Paul Quilès sur l'organigramme de la campagne, entretiens avec Seguela sur les affiches, et adoption du slogan « La force tranquille », mais une dernière détente, en Allemagne cette fois, où il retourne avec Willy Brandt à la découverte, quarante ans après, des lieux de sa captivité et de ses évasions. Comment n'aurait-il pas pensé alors : après deux évasions manquées, la troisième fut la bonne ; après deux échecs à la présidence, le troisième essai sera le bon ! C'est vrai, les situations répétitives existent, on les remarque, elles confortent, les plus grands esprits y ont été sensibles... Pourquoi pas lui ?

Nous n'allons pas écrire ici, jour après jour, le journal de cette campagne présidentielle, suivre, pas à pas, la ronde infernale des meetings, réunions et rencontres à travers la France, mais il faut rappeler les étapes essentielles, celles qui ont marqué la campagne, lui donnent son impact et sa dignité.

Tout commence à Beauvais, le 7 mars, pour s'achever le 24 avril à Toulouse, avec des séries quotidiennes de trois réunions ou plus. On peut citer, par exemple : Poitiers, Rennes et Niort, ou Béziers, Carcassonne, Perpignan, ou Dijon, Saint-Etienne, Saint-Chamond, Lyon et même une promenade à pied dans quatre quartiers de Paris. Il y a un rituel bien établi, des horaires mieux respectés qu'autrefois, et le foulard pour protéger la gorge du candidat aux sorties de réunions.

Il expose ainsi progressivement son programme, adaptant chaque fois son discours à certains particularismes locaux ; traitant donc des problèmes de l'énergie et du charbon à Merlebach, de la durée du travail et du chômage à Reims, de la nécessité de la relance économique au Creusot, des handicapés à Berck ou des réalités régionales, ce qu'il appelle « la France au pluriel » à Bagnols-sur-Cèze...

Il développera successivement toutes ses propositions de candidat et les commentera méthodiquement pour bien faire comprendre les finalités et expliquer les moyens d'imposer ce changement qu'il propose tant pour la réalité quotidienne, que pour la suppression des inégalités, que pour un espoir de justice sur tous les plans, que pour l'exaltation des possibilités créatrices de l'homme.

Pour que ce programme soit appliqué, pour que s'épanouisse le changement, il lui faut battre la droite, il lui faut gagner, mais il ne le fera pas seul et soudain, il crie pathétiquement à ses auditeurs de Lille : « Que ferai-je sans vous ? sans votre appui ?... Si je puis agir, c'est parce que vous êtes là ! » Partout il va répéter : « J'ai besoin de tout le monde, j'ai besoin de l'effort de tous, j'ai besoin de l'union et dès le premier tour, celui qui prépare et définit la victoire, la victoire des idées qui entraînera celle des réalités qu'elles recouvrent ! »

Qu'on ne s'y trompe pas, ce ne sont pas vaines promesses ;

son programme est une charte d'action, et solennellement il annonce : « Ce que je dis a valeur de contrat. » C'est parole donnée et on sait le prix qu'il y attache. Déjà, en 1978, dans son discours « du bon choix », Giscard d'Estaing, malgré l'intention maligne de faire peur, avait dit vrai : « Si François Mitterrand obtient une majorité dans le pays, il appliquera son programme. »

Il soutiendra évidemment les mêmes thèmes, les mêmes propositions, les mêmes développements sectoriels, avec la même vigueur, dans ses interventions, seul ou en discussion avec des amis politiques, à la radio où triomphent toujours son aisance et sa maîtrise du verbe et à la télévision. Il y présente, tout détendu, le visage confiant et imperturbablement calme de la « force tranquille » qu'imposent ses affiches. Mais il y a surprise : tout est changé, il a surmonté sa crispation devant l'appareil technique de la TV. La pratique de la vidéo lui a rendu sa vérité. Cette fois, les propos tenus et l'expression du visage sont en concordance et l'effet sur tous est sensible. Il y a encore les articles, déclarations et interviews dont la dernière avant le premier vote paraît dans *Combat socialiste* du 24 avril sous le titre : « Allons ensemble vers la victoire. »

Dans tous les cas, son propos se veut d'abord constructif. Mais il faut parfois l'alléger pour mieux faire passer le message, et puis il doit expliquer la nécessité du changement, donc dresser sans indulgence le bilan critique du septennat de Giscard d'Estaing en l'émaillant, pour faire vivre et vibrer la salle, de formules qui se retiennent : après le « petit télégraphiste » qui porte les propos de Brejnev de Varsovie à Venise, voici « le champion du monde des promesses non tenues », un regard sur cet homme qui a « du cœur deux mois tous les sept ans », et finalement cette question :« Comment peut-on être si bon candidat et si mauvais président ? » Les autres sont en général épargnés malgré une ironie pour l'effet Chirac qui n'est qu' « un effet anti-Giscard ». Finalement il est conduit à constater qu'il y a « dans le pays, un rejet profond de la politique menée depuis des années et chez les Français une réelle volonté de reconstruire la France avec plus de justice, de liberté et de démocratie ».

Il sera, bien sûr, contraint, pour répondre aux questions des commentateurs et à quelques inquiétudes, d'aborder certains problèmes pratiques et surtout d'expliquer que, élu, il dissoudra immédiatement l'Assemblée, choisira, parmi ceux qui l'ont soutenu, les membres d'un gouvernement de transition sans communistes pour prendre par décrets les mesures immédiates, indispensables à la vie du pays et à la mise en route des réformes annoncées.

Sans répit et sans impatience il répète ses options fondamentales et rappelle les problèmes urgents à traiter en priorité : l'emploi et le chômage avec la réduction du temps de travail. Il veut faire comprendre qu'il ne s'agit pas d'un jeu de doctrine mais d'une mutation profonde de la société, de nouveaux rapports des hommes avec la technique : que les machines tournent 24 heures sur 24, elles ont été créées pour cela mais que l'homme en tire un bénéfice. Il faut penser que notre avenir est dominé par le développement de l'électronique, de l'informatique, de la robotique ; c'est un tournant qu'il ne faut pas manquer, notre effort de développement doit aller dans ce sens : « La France doit être au diapason des grands de la technologie ! » Il le dit avec franchise, comme il explique la nécessité des nationalisations de la banque et de certains groupes, dont les intérêts particuliers ne doivent pas pouvoir faire obstruction à l'effort de renouveau industriel préconisé et voulu par le gouvernement de demain.

Ses adversaires répondent : flou, ruine, mise en quarantaine par le reste du monde, mais curieusement en pleine période électorale, le candidat Mitterrand est invité pour une journée à Rome par le président Pertini, avec qui il a un chaleureux entretien et il revient pour recevoir les dirigeants européens de partis socialistes (Willy Brandt, le chancelier Kreisky, Craxi, Olof Palme, Felipe Gonzales, Mario Soares, Michaël Foot, Joop Van de Uyl...) qui viennent discuter des problèmes de sécurité de l'Europe et de désarmement. Pour lui s'imposent une conception globale de la sécurité européenne, une nouvelle définition des droits et obligations des Européens membres de l'Alliance atlantique ainsi que des actions concertées pour réduire les tensions.

Tous ces dirigeants se retrouveront ensuite à l'UNESCO avec le directeur Mokhtar M'Bow, Senghor et Comencini pour un symposium international sur la science et la culture où Mitterrand proposera un pacte national sur la culture et la création d'un Conseil national rattaché à la présidence pour développer la concertation et la réflexion en commun.

Le dernier jour de la campagne, il rappellera l'ensemble de ses propositions à Verdun-sur-Garonne et à Toulouse en spécifiant que la démocratie est fondée sur l'alternance, qu'après sept ans un Président doit se retirer, que la France appuyée sur le socialisme doit faire le tour du monde, que la tâche sera rude, et que l'on entre dans « les temps de l'espérance et du courage », de la détermination aussi et de la continuité, de l'union à la base et de l'union de toutes les forces créatrices du Pays, bref il invite les Français à le suivre dans ses propositions comme dans l'esprit volontariste et ouvert, dans la ténacité tranquille dont il a fait preuve au cours de la campagne.

Le dimanche, François Mitterrand vote à Château-Chinon et y découvre les résultats : Valéry Giscard d'Estaing a 28,03 % des suffrages en France métropolitaine et 28,59 % avec les territoires d'Outre-Mer (contre 32,60 % en 1974). Il a réuni, comme titrait *Le Nouvel Observateur,* 72 % des Français contre lui ; lui-même a rassemblé, selon ses prévisions, 26,1 % des suffrages en métropole, le meilleur score réussi par un socialiste (25,84 % avec les territoires d'Outre-Mer) ; derrière, Chirac obtient 18,02 % des suffrages. Celui qui avait rêvé d'affronter Giscard au deuxième tour ne peut plus maintenant rêver qu'à un succès socialiste qui pourrait lui apporter le leadership de l'opposition. Pour Georges Marchais, avec 15,35 % des voix, il lui faut admettre qu'une partie de son électorat est passée dès le premier tour chez François Mitterrand qui déclare avant de regagner Paris : « Que nul ne relâche son effort, et le 10 mai sera jour de victoire pour les forces de la jeunesse, de renouveau et progrès. » Après avoir vu, le samedi soir à Paris, le film *Lily Marleen,* avoir voté à Château-Chinon, promené à travers sa ville les journalistes présents, et avoir guidé leur visite au musée local, il regagnera Paris, le lendemain : « Je flâne, dit-il, et je vais gagner. »

C'est un curieux contraste que trois moments illustrent parfaitement, les 27 et 28 avril, le dimanche 3 mai et le face à face télévisé. Le président sortant, pugnace et pressé, fait figure de challenger, quand son adversaire mène à son pas une campagne solide, sérieuse et dominatrice. Il est vrai que les conditions ont changé, et que les deux candidats de 1974 n'ont plus les mêmes atouts : l'heureuse aisance de Giscard en ce temps-là, la divine surprise qu'il provoqua n'existent plus ; il porte le poids de son septennat. Son rival, lui, a des avantages : le Parti socialiste, alors mal assuré, est maintenant bien installé dans le pays et dans toutes les couches sociales, lui-même malgré les contestations a finalement encore accru son impact, profitant en outre des faiblesses dévoilées de Giscard.

Donc le « candidat sortant » fonce, dès le lundi, avec des discours violents à Dôle et à Dijon que l'on pourrait résumer en une formule : avec Mitterrand ce sera : « l'ordre communiste ou le désordre socialiste ». Le mardi matin, je vois François Mitterrand partir, comme à l'accoutumée, comme si l'on n'était pas en période électorale, pour Nevers où il doit présider le Conseil général. Il me dit en hâte : « Il faut d'abord assumer ses fonctions et ses responsabilités. »

A Nevers, à la sortie de la session de l'assemblée départementale, les journalistes sont là ; c'est une vraie conférence de presse : il explique que le Conseil général a essentiellement traité des problèmes énergétiques. Puis, les fatalités de la campagne s'imposent : « J'ai été scandalisé, déclare-t-il, par le ton de Giscard d'Estaing hier à Dijon ; je lui dis : N'insultez pas ceux qui, contre vous, veulent conquérir la liberté de vivre hors des angoisses du chômage, dans un pays réconcilié... Je n'aime pas cette campagne de violence verbale... Giscard divise, je veux réunir... », et pour montrer sa force, il conclut : « Les Français n'ont pas besoin pour Président de ce monsieur superchômage, qui se propose à leurs suffrages. » Le soir, à Paris, il sera le seul à avoir accepté le débat organisé par le groupe « Choisir ». Six journalistes femmes vont le presser de questions sur ce thème : « Quel président pour les femmes ? » Il est très à l'aise et séduit par ses réponses précises et franches. D'entrée, il affirme : « Si vous avez des griffes, j'ai de la défense, on va bien voir. » Il répond souvent favorablement aux questions, mais sait manifester ses points de désaccord : « Je n'ai pas, dit-il, de raison de vouloir vous plaire à chaque fois. » Sa franchise plaît ; comment, d'ailleurs, refuser cet aveu : « Je n'ai pas la grâce féministe, je suis venu chercher mon miel de réflexion... »

Les désistements attendus se sont opérés lundi pour Michel Crepeau, Huguette Bouchardeau et Arlette Laguiller, mardi pour Georges Marchais, (« Je ne suis pas surpris, dit notre candidat, ce sont des gens responsables »), avec le ralliement de Philippe Dechartre pour les gaullistes de gauche du Mouvement pour le socialisme par la participation, et de René Dumont l'ancien candidat écologiste de 1974. Chirac votera à titre personnel pour Giscard, mais ne donne pas de consigne générale de vote sur le moment.

Deuxième grand contraste : le dimanche 3 mai. Tandis que Giscard va faire sa cour à « madame la France », porte de Pantin, devant des milliers de sympathisants à qui l'on offrait le voyage, la place, le sandwich et le spectacle, François Mitterrand travaillait dans une salle du Sénat avec une large équipe d'économistes, présidée par Pierre Mendès France, sur les problèmes du moment et la recherche des solutions. On retrouvait avec lui Attali, Delors, Charzat, Lalumière, Goux, Nora, Robert Lion. C'est du sérieux et cet effort utile au pays correspond bien à un goût que je l'ai toujours entendu affirmer et pratiquer, même s'il ne déteste pas la détente : « Je préfère le travail au spectacle. »

Entre-temps, avant le dernier temps fort, le tête-à-tête télévisé, pas de grandes actions spectaculaires ; François Mitterrand poursuit ses actions sectorielles, qui lui permettent de définir et commenter, chacune en leur lieu, ses propositions en faveur de catégories particulières : au carreau du Temple à Paris et dans la maroquinerie Elzevir il parle pour les commerçants, artisans et PME ; à la résidence Voltaire d'Alfortville des personnes âgées, aux foyers des Jeunes travailleurs de Meaux, il se demande : « Comment les jeunes peuvent-ils avoir confiance dans l'avenir quand leur premier emploi c'est le chômage ? » et explique comment il veut opérer « la réconciliation de notre jeunesse avec la société » ; il évoquera encore le problème des aides au Salon du logement... Il parle et il discute, il aime cette forme d'action, ce contact direct avec les individus, direct et sans concession. Dans ces rencontres, il parle comme à ses amis de la Nièvre, d'homme à homme, de leurs besoins, de leur métier, de la vie, sans jamais « payer un coup », ce qui lui semble fausser les rapports, même s'il lui arrive d'accepter un verre quand il tombe dans une réunion au moment où chacun a son verre en main...

Il y a encore les réunions peu nombreuses. Il n'y a pas eu de battage mais les foules sont là. A Montpellier, par exemple, où il se sent tout de suite en harmonie avec tous, il redit son programme, ses priorités, ses propositions particulières, il veut en faire comprendre l'esprit et l'ambition, porté par l'enthousiasme de la foule, contraint parfois de demander qu'on lui laisse achever ses phrases, il est à son mieux et c'est le délire quand il conclut sur l'union : « J'ai réuni les socialistes, j'ai réuni la gauche, je veux demain réunir les Français », ou encore : « Oui ! je veux gagner avec une marge telle que ce soit la France et pas seulement une partie de la France qui sera demain rendue à elle-même. » Il y aura Mulhouse et Nantes à la fin avec le même succès. D'aucuns entendront aussi avec surprise, un des grands compagnons de De Gaulle, le colonel Passy qui le reconnaît comme le seul capable de rassembler les Français, car il a, estime-t-il, cette vertu que de Gaulle jugeait essentielle à l'homme d'Etat, savoir dire : non.

Vient enfin le troisième temps fort, ce face à face, souhaité par Giscard au soir même des résultats du premier tour et organisé avec tant de peine. A Montpellier, précisément, François Mitterrand a évoqué l'affaire : « J'étais à Château-

Chinon, conte-t-il, regardant vaguement la télévision, quand je vis apparaître soudain le Président sortant. Il n'avait qu'une pensée, qu'une seule, celle de me convoquer à domicile, je veux dire au sien, je veux dire à la radio-télévision pour un débat, ou pour deux débats, en décidant de la forme. Pas d'accord ! J'accepte le débat ou toute discussion, mais je refuse le trucage. » Mitterrand est donc décidé malgré l'hostilité à l'idée de cette rencontre de certains de ses amis et même de sa femme, mais il pose ses conditions et charge Robert Badinter de la négociation qu'il amorce en précisant sa position dans une lettre à Giscard d'Estaing.

Le réflexe est normal car il se souvient d'avoir été piégé en 1974. La salle était préparée et hostile, les organisateurs partiaux, les commentateurs aux ordres. Le lendemain matin, la presse publiait un sondage « bidon », improvisé dans la nuit pour donner l'avantage au candidat de la droite. Radio et télévision en firent leurs délices.

Il exige donc cette fois un débat loyal, conduit par deux journalistes de l'extérieur, indépendants et acceptés par les deux partis. Les Giscardiens, furieux, font courir le bruit qu'il se dérobe parce qu'il a peur de ce débat « Comme si, réplique-t-il à Montpellier, Giscard d'Estaing, dans l'état où il est, était si redoutable. » Il faut dire que les sondages non publiés lui étaient déjà fort défavorables et mettaient François Mitterrand en position de force.

Sa formule, celle de l'honnêteté est finalement acceptée. Le débat sera conduit par deux journalistes de qualité : Michèle Cotta et Jean Boissonnat. Leurs questions permettront un débat équilibré. Il y aura évidemment des répliques souvent incisives, mais le ton même fera ressortir des différences essentielles entre les deux hommes. Giscard parle de demandeurs d'emploi et Mitterrand de chômeurs, en faisant sentir le drame humain qui se dissimule derrière ce mot. Giscard fait de l'anticommunisme et se vante d'avoir une majorité (Mais le RPR violemment critique sur tous les plans, suivra-t-il ?), qui devrait lui permettre de reprendre le travail tout de suite.

Mitterrand définit posément le processus légal qu'il suivra : pour ne pas perdre de temps, il nommera un gouvernement sans communistes, dissoudra l'assemblée et convoquera les électeurs avant le 1er juillet. Ces élections, il les gagnera grâce « à la formidable volonté de changement des Français », ce qu'on appellera « l'état de grâce », ajoutant : « Si vous ne comprenez pas cela, vous ne comprenez rien à ce qui se passe dans le pays. » Face aux attaques anticommunistes de Giscard, il précise sans ambiguïté : « Les travailleurs communistes sont nombreux... Je ne veux pas les exclure... Si une majorité de rassemblement populaire est élue, bien entendu je gouvernerai avec elle. » Pour Giscard, la mise en application de son programme de gauche ne peut que ruiner l'effort engagé pendant son septennat. Réplique : « Vous vous êtes toujours trompé, on ne peut plus vous croire. »

Giscard : « Depuis 1974, vous gérez le ministère de la parole. Moi, j'ai géré la France. » Riposte : « Vous êtes devenu l'homme du passif... Ma parole était celle de l'opposition et j'ai en plus créé un grand parti qui est devenu " menaçant ". » Giscard fait le procès des nationalisations, c'est le collectivisme, la bureaucratie, l'étatisation, la ruine. Réplique : un rappel de celles qui ont été réalisées par de Gaulle, puis il définit les termes : « C'est la droite qui étatise ; la bureaucratie, c'est vous qui l'avez faite... De toute façon, mon programme ne coûtera jamais aussi cher que les 135 milliards que coûte le chômage ». Giscard : « La gauche au pouvoir sera mal perçue à l'étranger. La France sera déconsidérée... » Réplique : le double jeu mené par Giscard a fait perdre à la France beaucoup d'autorité.

Soudain, au cours de la discussion, Giscard tend un doigt inquisiteur vers Mitterrand et interroge : « Le mark, savez-vous le taux du mark aujourd'hui ? » Lui paraît une seconde bloqué, il serre les lèvres, se raidit. Un blanc, et il riposte : « Ne jouez pas au professeur, ce n'est pas de mise ici... » Il donnera d'ailleurs ce taux peu après. Le lendemain matin, il en parlait devant moi : « Ce fut difficile, j'avais, immédiate, la réplique sur la langue : " Et le cours du diamant, pouvez-vous me le dire ? " J'ai fait un effort terrible pour refouler cette réplique qui aurait nui à la dignité du débat, qui ne me convenait pas ; puis tout s'est enchaîné et Giscard n'a pas récidivé. »

Mitterrand doit parler en dernier. Il en profite pour aborder, à la lumière de l'idée de liberté, certaines questions qui n'avaient pas été évoquées, et d'abord : « Quelle est la liberté d'un chômeur ? de quelqu'un qui travaille à des cadences infernales ? » Il ne veut pas oublier non plus que la liberté est liée étroitement à la conquête du savoir, à celle des droits sociaux, des droits collectifs et de la responsabilité, à la conquête du droit de vivre ou, internationalement, au droit des peuples à disposer d'eux-mêmes. Finalement, le but est d'apprendre à vivre ensemble dans une société développée et harmonieuse.

C'est fini, Giscard d'Estaing s'en va en hâte et en silence ; s'il n'admet pas qu'il ait pu perdre, il sait qu'il n'a pas gagné. Mitterrand quitte à son tour le studio avec sa femme, applaudi par les assistants, les techniciens. Le lendemain, en dehors des thuriféraires patentés du président sortant comme Lecanuet et Pinton, ses partisans dans l'ensemble sont plutôt discrets. Le bilan est favorable au candidat socialiste. On peut le résumer par cette phrase du *Matin :* « Curieusement, il s'est trouvé constamment en position de président potentiel, tandis que son adversaire ne parvenait pas à se sortir de la défensive. » Le bilan du septennat, décrit souvent avec des formules de Chirac, était lourd dans la balance et il ne savait pas même dire ses projets, tandis que son rival se déterminait avec franchise et netteté par rapport à ses propositions.

Giscard d'Estaing fournit lui-même la preuve de son échec en se lançant dès le lendemain dans de violentes attaques contre l'homme et contre son programme, coups de boutoir du sanglier acculé. Les Giscardiens se déchaînent et le général de Boissieu se fourvoie en déclarant qu'il ne remettrait jamais le grand collier de la Légion d'honneur à M. Mitterrand, faux résistant et insulteur de De Gaulle, s'il était élu président de la République. C'est un tollé ; la qualité incontestable de ceux qui protestèrent ou renvoyèrent leurs décorations fit peut-être comprendre au général l'erreur de suivre les conseils du pouvoir.

Force tranquille, donc force; Mitterrand répond le lendemain à la télévision, avec vigueur et sévérité. Il n'admet pas que l'on triche avec ses propositions et dénonce, répétant autant de fois le mot, les douze mensonges de Giscard : qu'il s'agisse de la taxation des plus-values, des droits de succession, des nationalisations, dont celle de la médecine, des allocations familiales, de l'emploi des jeunes... ses propositions ont été faussées, déformées, il ne peut l'admettre : « Il a cherché, dit-il, pendant sept ans à tromper les Français sur sa politique, il veut maintenant les tromper sur la mienne. »

Vendredi, c'est le dernier jour de la campagne; je me retrouve, rue de Bièvre, avec son frère Robert, Rousselet, Roland Dumas; on commente les derniers sondages occultés. Ils varient entre 51,5 % et 52,5 % des suffrages en faveur de François Mitterrand, qui, soucieux d'éviter tout emballement, demande à chacun de rester critique et mesuré, tant que le résultat officiel ne sera pas connu. En fait, l'espoir, un espoir teinté de certitude, est là. Derniers meetings, dernière intervention, très posée et maîtrisée, à la télévision. Il reste à attendre dimanche soir et la victoire, avec en France métropolitaine :

52,06 % des suffrages pour lui contre 47,93 % à Giscard. Le nouveau Président salue son prédécesseur et commente : « Cette victoire est celle des forces de la jeunesse, des forces du travail, des forces de création, des forces de renouveau qui se sont rassemblées dans un grand élan national pour l'emploi, la paix, la liberté... J'agirai avec résolution pour que, dans la fidélité à mes engagements, elles trouvent le chemin des réconciliations nécessaires. Nous avons tant à faire ensemble et tant à dire, aussi. »

Par toute la France l'enthousiasme déferle ; avec la fête, c'est le début de l'état de grâce, dont on parlera tant. Chacun se sent comme libéré d'on ne sait quelles pesanteurs, sans pouvoir ignorer pourtant que, demain, la tâche sera *rude,* mais en sachant qu'on l'accomplira avec une conscience claire, en hommes et en femmes responsables... Ce fut sans doute le sens de la grande explosion, joyeuse et grave, de la Bastille à Paris, de celle de nombreuses villes de province. Pour beaucoup d'entre nous — je parle en témoin parisien des deux événements — on retrouvait les journées délirantes de la Libération.

Je ne pus présenter mes félicitations au couple présidentiel que le mardi matin. La veille, la tête encore chantante des cris de joie de la victoire, ils avaient été retrouver Cluny, le point de départ de leur vie commune et saluer la tombe de Mme Renée Gouze, la mère de Danielle Mitterrand qui avait tant cru à l'action unificatrice et au destin de son gendre.

Au retour, Danielle Mitterrand fut scandalisée que la voiture présidentielle, escortée de quelques motards, n'ait pas eu à payer le péage, comme elle fut scandalisée de voir la rue de Bièvre bloquée et surveillée par la police : « Comment vont vivre nos voisins ? me dit-elle, il faut que je fasse quelque chose... » Mais déjà commençaient les envois de fleurs et d'un impressionnant courrier, le tout contrôlé sévèrement par les services de détection, installés dans la cave. Déjà se posaient les graves problèmes de demain. De son côté le Président se sentait agacé par les exigences du protocole et des services de sécurité. « Ils font leur travail, me dit-il, mais j'aurai du mal à supporter ces tracasseries et cette surveillance incessante... »

Je sais pourtant, pour le bien connaître, qu'au travers de tous ces obstacles, de toutes ces contraintes, il saura trouver les chemins de sa liberté, tout en veillant sur la nôtre.

Collection « H comme Histoire »

MAXIME MOURIN
Reddition sans conditions
ouvrage couronné par l'Académie française.

GUY MOLLET
Quinze ans après

PHILIPPE BOURDREL
Histoire des Juifs de France

GILBERTE BROSSOLETTE
Il s'appelait Pierre Brossolette
prix Femina-Vacaresco 1976
prix littéraire de la Résistance 1976-1977

DOMINIQUE DESANTI
1947, l'année où le monde a tremblé

FERNAND PICARD
L'Épopée de Renault

CHRISTIAN JELEN ET LÉOPOLD UNGER
Préface de Golda Meir
Le Grand Retour

KAREL KAPLAN
Dans les archives du Comité central

EL CAMPESINO
Jusqu'à la mort

HERVÉ HAMON ET PATRICK ROTMAN
Les Porteurs de valises

NERIN E. GUN
Les secrets des archives américaines
Pétain - de Gaulle - Laval

Les Filles de Karl Marx
Lettres inédites

ALISTAIR HORNE
Histoire de la guerre d'Algérie

LUCIEN STEINBERG
Les Allemands en France

DAVID IRVING
Insurrection ! Budapest 1956

La composition de ce livre
a été effectuée par Bussière à Saint-Amand,
l'impression et le brochage ont été effectués
sur presse CAMERON
dans les ateliers de la S.E.P.C. à Saint-Amand-Montrond (Cher)
pour les Éditions Albin Michel

AM

Achevé d'imprimer le 7 décembre 1981
N° d'édition 7401. N° d'impression 2291-1459
Dépôt légal : 1er trimestre 1982

Imprimé en France